LOS DELITOS DE PORNOGRAFÍA INFANTIL
Aspectos penales, procesales y criminológicos

LOS DELITOS DE PORNOGRAFÍA INFANTIL

Aspectos penales, procesales y criminológicos

JOSÉ MIGUEL DE LA ROSA CORTINA
Fiscal
Doctor en Derecho

tirant lo blanch
Valencia, 2011

En caso de erratas y actualizaciones, la Editorial Tirant lo Blanch publicará la pertinente corrección en la página web www.tirant.com (http://www.tirant.com).

© TIRANT LO BLANCH
EDITA: TIRANT LO BLANCH
C/ Artes Gráficas, 14 - 46010 - Valencia
TELFS.: 96/361 00 48 - 50
FAX: 96/369 41 51
Email: tlb@tirant.com
http://www.tirant.com
Librería virtual: http://www.tirant.es
DEPÓSITO LEGAL: V-2237-2011
I.S.B.N.: 978-84-9004-164-2
IMPRIME Y MAQUETA: PMc Media

Si tiene alguna queja o sugerencia envíenos un mail a: *atencioncliente@tirant.com*. En caso de no ser atendida su sugerencia por favor lea en *www.tirant.net/index.php/ empresa/politicas-de-empresa* nuestro Procedimiento de quejas.

ÍNDICE

I. ASPECTOS PENALES

1. ANTECEDENTES LEGISLATIVOS Y EVOLUCIÓN EN EL TRATAMIENTO PENAL DE LA PORNOGRAFÍA INFANTIL.. 11
2. INSTRUMENTOS INTERNACIONALES ... 20
   2.1. Naciones Unidas ... 20
   2.2. Unión Europea ... 22
   2.3. Consejo de Europa ... 28
   2.4. Otras instancias internacionales ... 29
3. OBJETO DEL DELITO ... 32
   3.1. El concepto de material pornográfico infantil ... 32
   3.2. La cuestión de la edad de la víctima ... 46
4. BIEN JURÍDICO PROTEGIDO ... 52
5. TIPO OBJETIVO ... 60
   5.1. Utilización de menores para fines pornográficos ... 60
   5.2. Tráfico de pornografía infantil ... 68
   5.3. Posesión ... 89
      5.3.1. Concepto ... 89
   5.4. Tráfico de pseudo pornografía infantil. Diferencias con la pornografía virtual y con la pornografía técnica ... 105
   5.5. Pornografía virtual y pornografía técnica ... 109
   5.6. *Iter criminis* ... 116
6. TIPO SUBJETIVO ... 116
7. SUBTIPOS AGRAVADOS ... 119
   7.1. Cuestiones generales ... 119
   7.2. Utilización de niños menores de 13 años ... 120
   7.3. Carácter particularmente degradante o vejatorio de los hechos ... 126
   7.4. Especial gravedad de los hechos atendiendo al valor económico del material pornográfico ... 135
   7.5. Representación de niños o incapaces víctimas de violencia física o sexual ... 141
   7.6. Pertenencia del culpable a una organización o asociación dedicada a la realización de tales actividades ... 146
   7.7. Hechos cometidos por ascendiente, tutor, curador, guardador, maestro o encargada del menor ... 151
8. CUESTIONES CONCURSALES ... 152
   8.1. Utilización de menores para la pornografía infantil y corrupción de menores ... 152
   8.2. Pornografía infantil y delitos contra la intimidad y el derecho a la propia imagen ... 152

8.3. Utilización de menores para elaborar pornografía infantil y prostitución 157
8.4. Pornografía infantil y agresiones o abusos sexuales 159
8.5. Pluralidad de sujetos pasivos 161
9. CONTINUIDAD DELICTIVA 163
10. CONSENTIMIENTO DE LA VÍCTIMA 168
11. CUESTIONES PENOLÓGICAS 170
11.1. Inhabilitación especial para el ejercicio de la patria potestad y para otros empleos 170
11.2. Otras inhabilitaciones 173
11.3. Comiso del equipo y del material informático 175
11.4. Individualización de la pena 176
11.5. Libertad vigilada 180
11.6. Responsabilidad de las personas jurídicas 183
11.7. Período de seguridad en el cumplimiento de la pena privativa de libertad 184
11.8. Suspensión de condena 185
12. REINCIDENCIA INTERNACIONAL 185
13. COMISIÓN DEL DELITO POR MENORES DE EDAD PENAL 186
14. ERROR 188
14.1. Error de tipo 188
14.1.1. Observaciones generales 188
14.1.2. Descargas accidentales 189
14.1.3. Error en cuanto a la minoría de edad 196
14.1.4. Error en cuanto a la difusión 197
14.2. Error de prohibición 199
15. IMPUTABILIDAD 201
16. OMISIÓN DE PROGENITORES Y ASIMILADOS DE IMPEDIR LA CONTINUACIÓN DE ACTIVIDADES PORNOGRÁFICAS . 205
17. RESPONSABILIDAD DE LOS PROVEEDORES DE SERVICIOS DE INTERNET 206

II. ASPECTOS PROCESALES

1. JURISDICCIÓN Y COMPETENCIA 212
2. CONEXIDAD 216
3. RECEPCIÓN DE LA *NOTITIA CRIMINIS* 218
4. VÍAS DE INVESTIGACIÓN 221
4.1. El agente encubierto 223
4.2. Delito provocado 226
4.3. La investigación del IP 228
4.4. Informática forense 235
4.5. Correo electrónico 243
4.6. Agendas de móviles 245

4.7. Supuestos en los que es necesaria autorización judicial 247
4.8. La cadena de custodia 251
4.9. El hash 252
5. MEDIDAS CAUTELARES, PENAS Y CONSECUENCIAS ACCESORIAS PARA PERSONAS JURÍDICAS Y ASIMILADAS 253
6. PERICIAL PÚBLICA Y RATIFICACIÓN EN JUICIO ORAL 254
7. PRINCIPIO ACUSATORIO 255
8. PRUEBA DE LA AUTORÍA 256
9. LA ESPECIALIZACIÓN EN LA PERSECUCIÓN 257
10. COOPERACIÓN JUDICIAL INTERNACIONAL 258

III. ASPECTOS CRIMINOLÓGICOS

1. PAPEL DE INTERNET Y DE LAS NUEVAS TECNOLOGÍAS .. 261
2. PERFIL DEL CONSUMIDOR DE PORNOGRAFÍA INFANTIL 272
3. LOS DENOMINADOS *DUAL OFFENDERS* 280
4. CLASIFICACIONES DE MATERIAL PORNOGRÁFICO INFANTIL 286
5. LOS MENORES VÍCTIMAS 288
6. OTROS MÉTODOS DE LUCHA CONTRA LA PORNOGRAFÍA INFANTIL EN LA RED 292

IV. ALGUNAS PROPUESTAS 295

BIBLIOGRAFÍA 305
Documentos e informes 311

I. ASPECTOS PENALES

1. ANTECEDENTES LEGISLATIVOS Y EVOLUCIÓN EN EL TRATAMIENTO PENAL DE LA PORNOGRAFÍA INFANTIL

La pornografía infantil no fue considerada como un problema hasta la década de los 70, en la que el Congreso de EEUU aprobó la Ley de protección de menores contra la explotación sexual, en 1977, año en el que con carácter novedoso se tipifica la distribución de pornografía infantil siempre que pudiera considerarse obscena. En 1984 se aprobó una enmienda para eliminar el requisito de la obscenidad, tipificándose la posesión de cualquier clase de pornografía infantil. Con estos tipos se consiguió, a finales de los 80, antes de la aparición de Internet, controlar la pornografía infantil en los medios impresos.

En España la tipificación de este delito fue incluso más tardía. Ni la posesión ni el tráfico de material pornográfico infantil estaban tipificados en nuestros Códigos históricos. Tampoco lo estuvo en el CP de 1995 en su redacción original, en el que solo se contemplaba como conducta punible la directa utilización de menores para la elaboración de este tipo de material[1].

Pronto surgieron voces postulando modificaciones legislativas para colmar lo que tras la eclosión de Internet se transmutó en una clamorosa laguna. Así ya en 1996 el Grupo Parlamentario Popular presentó una Proposición de Ley del siguiente tenor: "el Congreso de los Diputados insta al Gobierno para que se presente, en el plazo más breve posible, un Proyecto de Ley Orgánica que modifique parcialmente el Título VIII del nuevo Código Penal en el sentido de que... se penalice al que por cualquier medio vendiere, difundiere,

---

1 En este sentido MORALES PRATS, op. cit. págs. 175 a 205 y MORALES PRATS, Fermín y GARCÍA ALBERO, Ramón (VVAA) "Comentarios a la parte especial de Derecho Penal" Thomson Aranzadi, 7ª edición, 2008, pág. 355.

exhibiere o facilitare la difusión, venta o exhibición de materiales pornográficos, cuando en ellos aparezcan menores...”[2].

Aunque tal Proposición no fue aprobada, sí lo fue una transaccional propuesta por el Grupo Catalán, conforme a la que “el Congreso de los Diputados insta a presentar, en el plazo más breve posible, un Proyecto de Ley Orgánica en el que... se tipifique penalmente la conducta de quienes, por cualquier medio, vendieren, difundieren, exhibieren o facilitaren la difusión, venta o exhibición de materiales pornográficos, cuando en ellos aparezcan menores de edad”[3].

También una Recomendación del Defensor del Pueblo, dirigida al Ministerio de Justicia el 28 de noviembre de 1997 interesaba entre otras cuestiones la criminalización expresa de la venta y difusión de material pornográfico infantil.

La efectiva tipificación de esta conducta trae causa en la reforma penal de 1999. La tramitación del Proyecto de Ley Orgánica de reforma de los delitos contra la libertad sexual de 1999 se caracterizó por el consenso entre los grupos parlamentarios, que reconocían que existía una laguna en cuanto a la sanción del tráfico de pornografía infantil[4].

Tipificada la difusión, la evolución legislativa se dirigió claramente hacia una punición de la pornografía infantil más severa y mas omnicomprensiva.

Así, la reforma operada por LO 15/2003, de 25 de noviembre retoca los tipos. La Exposición de Motivos de esta Ley declara al respecto que *se ha abordado una importante reforma del delito de pornografía infantil, endureciendo las penas, mejorando la técnica en la descrip-*

---

2 BOCG, Congreso de los Diputados, Serie D, n.° 66, 4 de noviembre de 1996, pág. 5.

3 BOCG, Serie D, n.° 80, 2 de diciembre de 1996, págs. 16 y 17.

4 No obstante, para MORALES PRATS y GARCÍA ALBERO, op. cit. pág. 360 “no se advirtió que el art. 197.3 apartado segundo ofrece una vía parcial de incriminación de tales conductas... Idéntica circunstancias se identifica durante el proceso de reforma del art. 189 en 2003... en coherencia con lo expuesto debe interpretarse que el material pornográfico al que alude el art. 189.1 b) queda conceptualmente recortado en lo que hace referencia a cintas, videos o reproducción de imágenes... relativas a pornografía de menores cuando tales filmaciones se hayan tomado de forma subrepticia para el menor, supuestos a incriminar a través del delito del 197.3 apartado segundo en conexión con el art. 197.5”.

ción de las conductas e introduciendo tipos como la posesión para el propio uso del material pornográfico en el que se hayan utilizado menores o incapaces o los supuestos de la nominada pornografía infantil virtual.

La reforma 15/2003 estaba claramente influida por los instrumentos internacionales que fueron aprobándose sobre la materia. En concreto, por el Proyecto que cristalizó en la Decisión Marco 2004/68/JAI, de 22 de diciembre de 2003 del Consejo, *relativa a la lucha contra la explotación sexual de los niños y la pornografía infantil.* También ha tenido influencia en esta reforma el Convenio sobre Cibercrimen o Convenio de Budapest, adoptado el 8 de noviembre de 2001[5]. Igualmente ejerció su influjo el Protocolo Facultativo de la Convención de los Derechos del Niño relativo a la venta de niños, la prostitución infantil y la utilización de los niños en la pornografía, hecho en Nueva York el 25 de mayo de 2000[6].

Sin embargo, a diferencia de lo ocurrido en 1999, las líneas de la reforma de 2003 no fueron compartidas unánimemente. Un importante sector doctrinal ha sido muy crítico, especialmente con la tipificación de la posesión[7]. En cualquier caso la filosofía de la reforma

---

5 Ratificado por España el pasado 3 de junio de 2010.

6 ratificado por España (BOE 31 de enero de 2002).

7 Para CUESTA "a pesar de los conocidos efectos negativos de la legislación penal simbólica... se agudiza la actuación penal contra la demanda, contra los clientes del turismo sexual y de la pornografía infantil, fenómenos calificados expresamente por el Parlamento Europeo como "las prácticas que favorecen el paso al acto pederasta"... Las medidas propuestas contra los pederastas —por el mero hecho de serlo y al margen de los actos concretos cometidos— y la sanción penal (aun atenuada) de la simple posesión para consumo privado de materiales de pornografía infantil o de la adquisición de los mismos a través de Internet constituyen ejemplos privilegiados de esta tendencia internacional". CUESTA ARZAMENDI, José Luis de la "Las nuevas corrientes internacionales en materia de persecución de delitos sexuales a la luz de los documentos de organismos internacionales y europeos" Estudios de Derecho Judicial 21/1999 págs. 323 a 373.
Para MORALES PRATS y GARCÍA ALBERO, op. cit. pág. 355 "los grupos parlamentarios que han impulsado y aprobado la reforma de 2003 en la materia han optado por una opción de política criminal de amplia incriminación, opción a la que no estaban encorsetados ni obligados internacionalmente por el convenio de Budapest".

es muy clara: reducir espacios de impunidad y acabar con la oferta, entre otras vías, mediante la eliminación de la demanda[8].

La redacción definitiva de la Decisión Marco 2004/68/JAI exigía retoques para lograr la armonización con el Derecho comunitario[9] y así tres años después se puso de nuevo en marcha el mecanismo de reforma del Código Penal. El Proyecto de Ley Orgánica aprobado en Consejo de Ministros de 15 de diciembre de 2006[10] en su Exposición de Motivos se refería a los delitos de tráfico de pornografía, "cuya regulación penal se amplía incluyendo mas conductas", entendiendo la regulación vigente "ha puesto de manifiesto la existencia de algunos vacíos que afectan además, al grave problema de las agresiones o abusos sexuales de los que son víctimas los niños". Se introducen nuevos subtipos agravados y se recoge la responsabilidad penal de las personas jurídicas en este ámbito[11]. Este Proyecto no llegó a ser aprobado al agotarse la Legislatura.

---

8 En este sentido se ha apuntado cómo "primero se castigó penalmente la creación y elaboración de material pornográfico infantil; posteriormente, con motivo de la reforma operada en 1999 se actuó contra la cadena de distribución (todos los intervinientes en esta cadena, incluyendo la posesión orientada al tráfico); finalmente, con la reforma de 2003 se penaliza asimismo la mera tenencia o posesión de este material aun cuando sólo se destine al propio consumo. Es obvio que con ello el legislador español, en un intento de reducir el número de estos delitos, ha decidido actuar también contra el último eslabón de la cadena, esto es, el consumidor, partiendo de la hipótesis de que a menor número de consumidores menos demanda, y a menos demanda menos tráfico. O dicho en términos aun más simples: si no hay clientela no hay mercado". GUISADO MORENO, Ángela "El consumo de pornografía infantil en internet. El lado oscuro de la red". RCE núm. 81 - 2007 págs. 3-45

9 En el mismo sentido, MORILLAS FERNÁNDEZ, David Lorenzo "Análisis dogmático y criminológico de los delitos de pornografía infantil". Dyckinson. Monografías de Derecho Penal. 2005 pág. 26.

10 BIMJ año LXI nº 2031 de 15 de febrero de 2007.

11 De esta forma, en su apartado trigésimo noveno se modificaba la letra a) del apartado 1 y la letra b) del apartado 3, se añade la letra g) al apartado 3 y se modifica el apartado 8, dándose en definitiva la siguiente redacción: 1. Será castigado con la pena de prisión de uno a cuatro años: a) el que utilizare a menores de edad o a incapaces con fines o en espectáculos exhibicionistas o pornográficos, tanto públicos como privados, o para elaborar cualquier clase de material pornográfico, cualquiera que sea sus soporte, o financiare cualquiera de estas actividades o se lucrare con ellas. 3. Serán castigados con la pena de prisión de cuatro a ocho años los que realicen los actos previstos en

El Anteproyecto de reforma del Código Penal de 2008 retoca los tipos de pornografía infantil, incrementando las penas, tipificando la captación de menores para fines pornográficos, e introduciendo un subtipo agravado cuando las conductas se realizaren en el marco de las actividades de una persona jurídica[12].

El Informe del Consejo Fiscal al Anteproyecto de reforma del Código Penal de 2008, informe fechado en 4 de febrero de 2009 apunta la ausencia de una definición de lo que sea "material pornográfico", echa en falta la expresa tipificación de los anuncios de pornografía infantil, plantea la punición de las "imágenes realistas de un niño inexistente... practicando o participando en una conducta sexual-

---

el apartado 1 de este artículo cuando concurra alguna de las circunstancias siguientes: a) cuando la participación del menor o incapaz en los espectáculos pornográficos o exhibicionistas hubiera sido conseguida mediante violencia o intimidación o los hechos revistieran un carácter particularmente degradante o vejatorio g) cuando se hubiere puesto en peligro la vida o la salud del menor o incapaz 8. Cuando los delitos comprendidos en este capítulo se hubieren cometido en el marco o con ocasión de las actividades de una persona jurídica y procediere la declaración de su responsabilidad penal de acuerdo con lo establecido en el art. 31 bis de este Código se le impondrá la pena de clausura temporal de sus locales y establecimientos de dos a cinco años.

12 El texto del Anteproyecto es el siguiente: *1. Será castigado con la pena de prisión de uno a cinco años:*
*El que **captare** o utilizare a menores de edad o a incapaces con fines o en espectáculos exhibicionistas o pornográficos, tanto públicos como privados, o para elaborar cualquier clase de material pornográfico, cualquiera que sea su soporte, o financiare cualquiera de estas actividades o se lucrare con ellas.*
El que produjere, vendiere, distribuyere, exhibiere, ofreciere o facilitare la producción, venta, difusión o exhibición por cualquier medio de material pornográfico en cuya elaboración hayan sido utilizados menores de edad o incapaces, o lo poseyere para estos fines, aunque el material tuviere su origen en el extranjero o fuere desconocido.
3. Serán castigados con la pena de prisión de cinco a nueve años los que realicen los actos previstos en el apartado 1 de este artículo cuando concurra alguna de las circunstancias siguientes...
8. Cuando los delitos comprendidos en este capítulo se hubieran cometido en el marco o con ocasión de las actividades de una persona jurídica y procediere la declaración de su responsabilidad penal de acuerdo con lo establecido en el artículo 31 bis de este Código, se le impondrá la pena de clausura temporal de sus locales y establecimientos de dos a cinco años.

mente explícita, incluida la exhibición lasciva de los genitales o de la zona púbica de un niño" y la del "material pornográfico que describa o represente de manera visual a una persona real que parezca ser un niño practicando o participando en una conducta sexualmente explícita, incluida la exhibición lasciva de los genitales o de la zona púbica de un niño". Igualmente propone, con argumentos convincentes, la punición de la asistencia a espectáculos exhibicionistas o pornográficos en los que participen menores[13].

---

[13] Según este Informe "también en este caso, pretende, tal y como indica la exposición de motivos, la adaptación a la Decisión Marco 2004/68/JAI del Consejo, de 22 de diciembre de 2003, relativa a la lucha contra la explotación sexual de los niños y la pornografía infantil. Sigue notándose la ausencia de definición de lo que sea "material pornográfico". El art. 1 b9 de la Decisión Marco 2004/68/JAI lo define partiendo de que se trata de *una representación de manera visual.* Este concepto puede ser demasiado restrictivo, pues en la realidad criminológica se han detectado acciones consistentes en anuncios sobre líneas telefónicas eróticas presuntamente atendidas por menores. Quizás fuera conveniente una definición normativa del concepto "material pornográfico" que abarcara el material de audio, igualmente en cualquier tipo de soporte... La primera novedad es que se modifica la pena base del apartado primero, que pasa de ser de uno a cuatro años de prisión, a ser de uno a cinco años de prisión. El Proyecto de 2006 mantenía la penalidad actualmente vigente. En el apartado 1 a) se añaden dos verbos típicos, "*captare*" y "*se lucrare con ellas*". El Proyecto de 2006 incluía "se lucrare". La referencia a la captación y al lucro se encuentra en el artículo 2 de la Decisión Marco 2004/68/JAI... En el apartado 1 b) se añade el verbo típico "*ofreciere*". El ofrecimiento se menciona igualmente en el artículo 3 b) de la Decisión Marco 2004/68/JAI... La modificación del apartado 3 supone una agravación de la pena, que pasa a ser de 5 a 9 años de prisión, mientras que el texto vigente contiene una penalidad entre 4 y 8 años de prisión... Finalmente el apartado 8, que actualmente se refiere a las medidas del art. 129 CP, las sustituye por la clausura temporal de 2 a 5 años de la persona jurídica penalmente responsable en virtud del nuevo artículo 31 bis CP. No obstante, debe recordarse que en los supuestos en los que no se aprecie la responsabilidad de personas jurídicas es posible, de acuerdo con el texto del Anteproyecto, la adopción de las medidas contempladas en el artículo 129 CP, como consecuencias accesorias del delito respecto de asociaciones, sociedades, organizaciones y empresas, cuando se den los requisitos establecidos en dicho precepto y con la finalidad de prevenir la continuidad en la actividad delictiva y los efectos de la misma.
No obstante, existen algunos puntos en nuestra opinión susceptibles de mejora. La reforma 15/2003 estaba claramente influida por el Proyecto de Decisión Marco que dio lugar a la reseñada Decisión Marco 2004/68/JAI.

El Anteproyecto de reforma de 2008 cristalizó en la Ley Orgánica 5/2010, de 22 de junio, por la que se modifica la Ley Orgánica 10/1995, de 23 de noviembre, del Código Penal[14], que declara en su Exposición de Motivos que "en el ámbito de los delitos sexuales, junto al acrecentamiento del nivel de protección de las víctimas, especialmente de aquellas más desvalidas, ha de mencionarse la necesidad de trasponer la Decisión Marco 2004/68/JAI del Consejo, de 22 de diciembre de 2003, relativa a la lucha contra la explotación sexual de los niños y la pornografía infantil. Resulta indudable que en los casos de delitos sexuales cometidos sobre menores el bien jurídico a proteger adquiere una dimensión especial por el mayor contenido de injusto que presentan estas conductas. Mediante las mismas se lesiona no sólo la indemnidad sexual, entendida como el derecho a no verse involucrado en un contexto sexual sin un consentimiento válidamente prestado, sino también la formación y desarrollo de la personalidad

---

La redacción definitiva de la Decisión debiera dar lugar también a retoques para lograr la armonización con el Derecho comunitario. Y parece que este habría de ser el momento adecuado para realizar tal labor. Aun cuando el Anteproyecto se inspira en este instrumento del Consejo, no incorpora algunos extremos del mismo. A tales efectos debe tenerse presente que la Decisión Marco 2004/68/JAI considera como comportamiento punible que constituye una "infracción relacionada con la pornografía infantil", entre otros, el de ofrecimiento o facilitación por cualquier otro medio de pornografía infantil. Esta conducta, que en definitiva sancionaría los anuncios de pornografía infantil, que en la realidad criminológica aparecen insertos en materiales pornográficos generalistas, facilitando así el acceso y la comercialización de la pornografía infantil, no está recogida con la necesaria claridad y singularidad en la redacción actual del precepto en nuestro país. Tal tipificación específica entendemos es importante desde el punto de vista preventivo general, por lo que se propone su incorporación... También debemos subrayar que la asistencia a espectáculos exhibicionistas o pornográficos en los que participen menores no está tipificada, y ello resulta contradictorio con la expresa punición de la posesión de pornografía infantil. Si se opta por mantener el tipo de posesión de pornografía infantil debiera incorporarse esta conducta, asignándole una penalidad equivalente, por presentar aspectos comunes con la conducta sancionada en el art. 189.2. La ratio sería la misma: operar sobre la demanda de material pornográfico infantil, como medio para frenar la oferta, y en esta dirección se han orientado recientes reformas como la de la legislación penal sueca".

14 Conforme a su Disposición final séptima entra en vigor a los seis meses de su completa publicación en el «Boletín Oficial del Estado» (publicada el 23 de junio de 2010).

y sexualidad del menor... En el ámbito de las figuras de prostitución y pornografía infantil, la traslación de la Decisión Marco a nuestro ordenamiento determina la necesidad de tipificar nuevas conductas. Es el caso de la captación de niños para que participen en espectáculos pornográficos, que queda incorporada a la regulación en el artículo 189.1 Lo mismo sucede con la conducta de quien se lucra con la participación de los niños en esta clase de espectáculos, cuya incorporación se realiza en el apartado 1. a) del artículo 189...[15]. Para completar el elenco de normas destinadas a otorgar mayor protección a los menores, se considera adecuado crear la pena de privación de la patria potestad o instituciones análogas previstas en la legislación civil de las Comunidades Autónomas...".

Aunque la Exposición de Motivos no lo menciona, lo mas relevante de la reforma respecto a la pornografía infantil no es la referencia a la captación y a la conducta de lucrarse de la pornografía infantil (que no se basan en razones prácticas y que podrían fácilmente reconducirse a los verbos típicos preexistentes) sino el fuerte incremento penológico de las conductas tipificadas en el art. 189.1, que pasan de estar sancionadas con pena de prisión de uno a cuatro años a estarlo con pena de prisión de uno a cinco años. Del mismo modo, los subtipos agravados pasan de la pena de prisión de cuatro a ocho años a la de cinco a nueve años.

Parece que el Legislador no ha tenido en cuenta que la jurisprudencia del Tribunal Supremo ya había planteado reparos a las penas anteriores desde el punto de vista del principio de proporcionalidad, habiendo optado por una interpretación restrictiva de los subtipos agravados, línea exegética que, vistas las nuevas penas, probablemente no haga mas que intensificarse.

Igualmente cabe resaltar como novedad la introducción de la sanción penal a las personas jurídicas a través del nuevo art. 189 bis, la posibilidad de imponer a los condenados por delito de porno-

---

15 Esta modificación se proponía en ÁLVAREZ GARCÍA, Javier "Explotación sexual y pornografía infantil" Boletín de Información del Ministerio de Justicia ISSN 0211-4267, Año 60, Nº Extra 2015, 2006 (Ejemplar dedicado a: la armonización del derecho penal español: una evaluación legislativa), págs. 89-97. En nuestra opinión, puestos a adecuar nuestro ordenamiento a la Decisión Marco, podrían haberse llevado a cabo modificaciones mucho mas útiles, como las propuestas por el Consejo Fiscal en su Informe.

grafía infantil la medida de libertad vigilada, a ejecutar con posterioridad a la pena privativa de libertad (art 192.1 CP) y la facultad de imponer una nueva pena, la privación de la patria potestad (art 192.3 CP).

Expresamente la Disposición final sexta, de contenido ciertamente curioso, declara que en esta Ley se incorporan al Derecho español la Decisión Marco 2004/68/JAI del Consejo, de 22 de diciembre de 2003, *relativa a la lucha contra la explotación sexual de los niños y la pornografía infantil*. Como veremos, tal aserto no es del todo exacto.

La reforma no atiende a las interesantes propuestas de la Fiscalía General del Estado y se limita básicamente a incrementar las penas, siguiendo en nuestra opinión la línea que ha dado en llamarse de "populismo punitivo".

La doctrina reclamó igualmente el delito de apología y la publicidad de la pornografía, cuya tipificación derivaba del art 9.5 del Protocolo de Naciones Unidas[16]. La Ley Modelo elaborada por el *International Centre for Missing & Exploited Children* también propone castigar los anuncios de pornografía infantil El Legislador ha hecho igualmente oídos sordos a estas propuestas[17].

En esta misma línea, el art 8 del Convenio del Consejo de Europa para la protección de los niños contra la explotación y el abuso sexual[18] establece en su apartado segundo que *cada Parte adoptará las medidas legislativas o de otro tipo que sean necesarias para prevenir o prohibir la difusión de materiales que hagan publicidad de los delitos tipificados con arreglo al presente Convenio.*

---

16 Vid. art. 9.5 "Los Estados Partes adoptarán las medidas necesarias para prohibir efectivamente la producción y publicación de material en que se haga propaganda de los delitos enunciados en el presente Protocolo".

17 Vid. GORI, Marina y PERIS, Isabelle "Explotación sexual comercial infantil: contextualización y marco normativo en España" VVAA "Los derechos de la infancia y de la adolescencia" Ariel, 2006, pág. 309.

18 Hecho en Lanzarote, el 25 de octubre de 2007.

2. INSTRUMENTOS INTERNACIONALES

2.1. Naciones Unidas

Loa organismos internacionales se han pronunciado sobre la pornografía infantil, propugnando cada vez con más intensidad una respuesta penal coordinada, uniforme, severa y omnicomprensiva.

La Convención de los Derechos del Niño, de 20 de noviembre de 1989 (en adelante, CDN)[19], en su art. 34 c) compromete a los Estados parte a tomar todas las medidas necesarias, de carácter nacional o multilateral, para impedir "la explotación del niño en espectáculos *o materiales* pornográficos".

También ACNUR tuvo ocasión de subrayar la gravedad de las actividades de pornografía infantil en Europa[20].

Igualmente en el ámbito de las Naciones Unidas destaca la Resolución 1992/74 de la Comisión de Derechos Humanos, por la que se aprueba el programa de acción para la prevención de la venta de niños, la prostitución infantil y la utilización de niños en la pornografía y la Resolución 48/156 de 1993 de la Asamblea General, sobre necesidad de adoptar medidas internacionales eficaces para prevenir la venta de niños, la prostitución infantil y la utilización de niños en la pornografía.

---

[19] Ratificada por 191 estados. No la han ratificado Estados Unidos ni Somalia.

[20] "La trata de menores con fines de prostitución, producción de pornografía infantil y otras formas de explotación es un problema muy serio en Europa. Los Estados han de adoptar medidas para prevenir y erradicar la trata de menores, compartiendo con otros Estados información sobre esas prácticas, así como medidas para garantizar que los agentes de inmigración y la policía de fronteras estén alertados sobre ese problema. Los menores sufren explotación tanto por parte de aquéllos que trafican con ellos, como por parte de aquellas personas que utilizan sus servicios en el país de destino. El trato dispensado, por parte de los agentes de inmigración, de la policía, de los trabajadores sociales y de otros profesionales, a menores víctimas de la trata de menores se debe regir por los principios de protección de menores que, a su vez, deberán prevalecer sobre prioridades en áreas de inmigración y prevención del crimen. A la hora de tomar decisiones que les afecten, así como para apoyar su rehabilitación y capacitación, se deberán solicitar y considerar las opiniones y los deseos de los menores víctimas de tráfico". "Los menores no acompañados en Europa. Declaración de Buenas Prácticas ". Save the Children/ ACNUR www.savethechildren.net pág. 13.

Quizás el instrumento más importante en la materia es el Protocolo Facultativo de la Convención de los Derechos del Niño *relativo a la venta de niños, la prostitución infantil y la utilización de los niños en la pornografía*, hecho en Nueva York el 25 de mayo de 2000, que da un concepto de pornografía infantil, prevé la necesidad de sanción para estas conductas con penas adecuadas a su gravedad, así como la incautación y confiscación de bienes, materiales, activos, medios, etc., y las utilidades del delito y el cierre de los locales utilizados, propugnando al mismo tiempo la protección en todas las fases del proceso de los derechos e intereses de los niños víctimas de las prácticas prohibidas en el protocolo[21].

---

21 El Protocolo Facultativo de la Convención sobre los Derechos del Niño, relativo a la venta de niños, la prostitución infantil y la utilización de niños en la pornografía, hecho en Nueva York el 25 de mayo de 2000 y ratificado por España (BOE 31 de enero de 2002) presenta como puntos mas importantes los siguientes: 1) art. 3.1 Todo Estado Parte adoptará medidas para que, como mínimo, los actos y actividades que a continuación se enumeran queden íntegramente comprendidos en su legislación penal, tanto si se han cometido dentro como fuera de sus fronteras, o si se han perpetrado individual o colectivamente: c) La producción, distribución, divulgación, importación, exportación, oferta, venta o posesión, con los fines antes señalados, de pornografía infantil, en el sentido en que se define en el art. 2. 2) art. 3.4. Con sujeción a los preceptos de su legislación, los Estados Partes adoptarán, cuando proceda, disposiciones que permitan hacer efectiva la responsabilidad de personas jurídicas 3) art. 5.1 Los delitos a que se refiere el párrafo 1 del art. 3 se considerarán incluidos entre los delitos que dan lugar a extradición en todo tratado de extradición celebrado entre Estados Partes, y se incluirán como delitos que dan lugar a extradición en todo tratado de extradición que celebren entre sí en el futuro, de conformidad con las condiciones establecidas en esos tratados. 2. El Estado Parte que subordine la extradición a la existencia de un tratado, si recibe de otro Estado Parte con el que no tiene tratado al respecto una solicitud de extradición, podrá invocar el presente Protocolo como base jurídica para la extradición respecto de esos delitos. La extradición estará sujeta a las demás condiciones establecidas en la legislación del Estado requerido. 4) art. 6.1 Los Estados Partes se prestarán toda la asistencia posible en relación con cualquier investigación, proceso penal o procedimiento de extradición que se inicie con respecto a los delitos a que se refiere el párrafo 1 del art. 3, en particular asistencia para la obtención de todas las pruebas necesarias para esos procedimientos que obren en su poder. 5) Art. 8 medidas tendentes a evitar la victimización secundaria de los menores víctimas de estos delitos 6) Art. 8 2. Los Estados Partes garantizarán que el hecho de haber dudas acerca de la edad real de la víctima no impida la iniciación de las investigaciones pe-

2.2. *Unión Europea*

Sin temor a incurrir en hipérboles, cabría calificar de frenética la actividad tendente a aprobar documentos armonizadores en la lucha contra la pornografía infantil dentro de la Unión Europea[22].

La Carta Europea de los Derechos del Niño[23] establece que se adoptarán las medidas adecuadas para impedir que ningún niño, en el territorio de la Comunidad sea secuestrado, vendido o explotado con fines de prostitución o de producciones pornográficas o que desde la Comunidad se prepare o apoye la explotación sexual de los niños fuera de su territorio. Igualmente se establece que todo niño tiene derecho a ser protegido contra la utilización de su imagen de forma lesiva para su dignidad.

La Resolución del Parlamento europeo relativa a la protección y derechos del niño[24] insiste en la necesidad de "prohibición total de la producción, del comercio, del transporte y de la tenencia de material que incite a los abusos sexuales contra niños" (núm. 5).

Por su parte, la Resolución del Parlamento Europeo sobre la Comunicación de la Comisión sobre la lucha contra el turismo sexual

---

nales, incluidas las investigaciones encaminadas a determinar la edad de la víctima. 7) Art. 8.4. Los Estados Partes adoptarán medidas para asegurar una formación apropiada, particularmente en los ámbitos jurídico y psicológico, de las personas que trabajen con víctimas de los delitos prohibidos en virtud del presente Protocolo. 8) Art. 10 fomento de la cooperación jurídica internacional.

22 Especial interés tiene el Preámbulo de la Propuesta de Decisión Marco del Consejo de la Unión Europea, elaborada por la Comisión de las Comunidades Europeas en fecha 22 de diciembre de 2000, relativa a la lucha contra la trata de seres humanos y a la lucha contra la explotación sexual de los niños y la pornografía infantil (DO número C 062 E, de 27 de febrero de 2001, páginas 327 a 330) *"Numerosos casos de explotación sexual de niños y pornografía infantil se denuncian cada año. Los Estados miembros de la Unión Europea y los países candidatos se ven gravemente afectados por estas plagas de la sociedad. Se necesita una variedad de medidas que oscilen desde la rigurosa protección legal de todos los individuos, hasta medidas preventivas, pasando por medidas para garantizar la adecuada protección y asistencia de las víctimas. Las medidas deberían abordar la cadena entera de la trata, desde los traficantes captadores hasta los clientes, pasando por los transportistas y los explotadores"*.

23 Resolución A3-0172/92, de 8 de julio de 1992.

24 Resolución B4-0954, 0968, 0980 y 0990/97 DOCE C 371/210, 8.12.1997.

que afecta a niños[25] y el Memorándum relativo a la contribución de la Unión Europea a la intensificación de la lucha contra los abusos y la explotación sexual de que son víctimas los niños[26] insta a los Estados miembros a la introducción en los Códigos Penales de las siguientes figuras delictivas (núm. 2): utilización de menores de edad con fines o en espectáculos exhibicionistas o pornográficos, públicos o privados, o para la elaboración de cualquier clase de material pornográfico; producción, venta, distribución, exhibición o facilitación de la producción, de la venta, difusión, exhibición por cualquier medio o de la tenencia de material pornográfico en cuya elaboración hayan sido utilizados menores de edad y la mera asistencia a los espectáculos previstos en el apartado anterior.

La Resolución del Parlamento Europeo sobre medidas de protección de menores en la Unión Europea[27] en su punto 11 condena la pornografía infantil, ya sea el resultado de la filmación de escenas reales o de escenas técnicamente simuladas y en su punto 12 pide a los Estados miembros que incluyan en su legislación disposiciones destinadas a condenar la producción y posesión de material pornográfico en el que se utilice a niños.

La Acción Común de 24 de febrero de 1997 adoptada por el Consejo, sobre la base del art. k.3 del tratado de la Unión Europea, relativa a la lucha contra la trata de seres humanos y explotación sexual de los niños entiende por explotación sexual de los niños *"la explotación de niños para actuaciones y material pornográfico, sea producción, venta y distribución u otras formas de tráfico de material de este tipo, y la posesión de dicho material"*, y obliga a cada Estado a revisar la legislación y las prácticas existentes imponiendo penas eficaces, proporcionadas y disuasorias; se prevé también la sanción de las personas jurídicas que puedan resultar penalmente responsables de estos delitos, la confiscación de los medios y ganancias y el cierre temporal o definitivo de los establecimientos.

La Decisión 2000/375/JAI de 29 de marzo de 2000 relativa a la lucha contra la pornografía infantil en Internet, tras declarar ser consciente de que el abuso sexual de los niños y la producción, trata-

---

25 COM(96)0547-C4-0012/97.

26 C4-0556/96) de 6 de noviembre de 1997. Resolución A4-0306/97, DOCE C 358/37, 24.11.1997.

27 A4-0393/1996, de 12 de diciembre de 1996. DOC 20, de 20.01.1997.

miento, posesión y difusión de material pornográfico infantil pueden representar una modalidad importante de la delincuencia internacional organizada, cuya envergadura dentro de la Unión Europea suscita cada vez mayor preocupación, postula "adoptar medidas para fomentar una utilización segura de Internet retirando de la circulación todo el material pornográfico infantil, modificando los procedimientos penales e impulsando nuevas leyes"[28].

Debe resaltarse en materia de pornografía infantil la Decisión Marco 2004/68/JAI del Consejo, de 22 de diciembre de 2003, relativa a la lucha contra la explotación sexual de los niños y la pornografía. Su contenido podría sintetizarse en los siguientes puntos:

1) Los comportamientos punibles que constituyen una "infracción relacionada con la pornografía infantil", se realicen mediante sistemas informáticos o no, son: producción de pornografía infantil, o distribución, difusión o transmisión de pornografía infantil, ofrecimiento o facilitación por cualquier otro medio de pornografía infantil, o adquisición o posesión de pornografía infantil. Los Estados miembros adoptarán las medidas necesarias para garantizar la punibilidad de la inducción a la comisión de las infracciones mencionadas, así como la tentativa de comisión de las mismas;

2) Las sanciones previstas por cada Estado deberán ser "efectivas, proporcionadas y disuasorias".

3) Se incorpora una lista de circunstancias agravantes, sin perjuicio de otras circunstancias establecidas en la legislación nacional: que la víctima sea un niño que no haya alcanzado la edad del consentimiento sexual según el derecho nacional; que el autor haya puesto en peligro de forma deliberada o por imprudencia temeraria la vida del niño; que la infracción se haya cometido empleando violencia grave contra el niño o cau-

---

[28] Incorpora esta Decisión medidas obligatorias para los proveedores de Internet: información a las autoridades acerca del material pornográfico infantil que se difunda a través de ellos, retirada del material salvo que las autoridades decidan otra cosa, conservación de datos del tráfico de acuerdo con la ley y durante el tiempo que prevean las leyes nacionales y creación de sistemas de control para combatir la producción, tratamiento, posesión y difusión de material pornográfico infantil.

sándole un daño grave o que la infracción se haya cometido en el marco de una organización delictiva;

4) Cada Estado miembro podrá introducir disposiciones destinadas a inhabilitar a las personas físicas condenadas por estas infracciones para el ejercicio de actividades que supongan el cuidado de niños;

5) Se introduce la responsabilidad penal y civil de las personas jurídicas. Esta responsabilidad es complementaria de la de la persona física. La persona jurídica será responsable si la infracción es cometida en su provecho por cualquier persona, actuando a título individual o como parte de un órgano de la persona jurídica, o que ejerza un poder de decisión. Las sanciones para las personas jurídicas serán "efectivas, proporcionadas y disuasorias", incluirán multas de carácter penal o administrativo, y sanciones específicas como la prohibición temporal o permanente del desempeño de actividades comerciales, una medida judicial de liquidación, o la exclusión del disfrute de ventajas o ayudas públicas;

6) Con el fin de evitar que el delito quede impune por conflicto de competencia, la decisión introduce criterios de atribución. Un Estado tendrá poder de jurisdicción cuando: la infracción se cometa en su territorio (principio de territorialidad); el autor de la infracción tenga la nacionalidad de dicho Estado miembro (principio de personalidad activa); la infracción se cometa en provecho de una persona jurídica establecida en el territorio de dicho Estado miembro. El segundo criterio es especialmente importante para los Estados que no conceden la extradición de sus nacionales, ya que deberán establecer las medidas necesarias para perseguir judicialmente a sus nacionales por las infracciones cometidas fuera de su territorio.

7) Los Estados miembros deberán establecer programas de asistencia a las víctimas y a sus familiares.

Para el 20 de diciembre de 2006 a más tardar, los Estados miembros debían adoptar las medidas necesarias con el fin de adaptar su legislación nacional a la Decisión marco. Las disposiciones adoptadas por los países miembros deberán comunicarse a la Secretaría General del Consejo y a la Comisión. Sobre la base del informe redactado con esta información y del informe escrito de la Comisión, el

Consejo comprobará, antes del 20 de enero de 2008, la adecuación de las disposiciones nacionales a la presente Decisión marco.

En cuanto al valor de la Decisión Marco debe decirse que vincula a los Estados en cuanto a los resultados, dejando libertad de medios. Carece de efecto directo, pero aunque no pueda invocarse directamente ante los Tribunales, el derecho interno debe interpretarse conforme a la Decisión.

Este "principio de interpretación conforme" puede desplegar importantes efectos para integrar lagunas. Así por ejemplo, como sugiere RODRÍGUEZ MESA[29] la ausencia en nuestro ordenamiento de un concepto de material pornográfico puede superarse con la definición incluida en el art 1 de la Decisión Marco[30].

Debe finalmente tenerse en cuenta el Borrador de Directiva del Parlamento Europeo y del Consejo *on combating the sexual abuse, sexual exploitation of children and child pornography, repealing Framework Decision 2004/68/JHA*[31]de 2010 Esta directiva, de ser finalmente aprobada, derogaría la Decisión Marco de 2004, incorporando su contenido e incluyendo nuevos elementos. Desde el punto de vista del Derecho Penal sustantivo se modifica la definición de pornografía infantil para aproximarla al Convenio de Lanzarote y al Protocolo de la CDN; se promueve la tipificación de la organización de viajes para cometer actos de abusos a menores; se presta especial atención a la tipificación de actos contra menores en situaciones especialmente vulnerables; se incrementan las penas en general; se establece una gradación en las sanciones, teniendo en cuenta si ha habido contacto sexual con un menor; en pornografía infantil, la producción, que normalmente implica el reclutamiento y el contacto sexual con menores se considera mas grave que los simples actos de difusión y que la posesión; se incluye la tipificación de nuevas

---

29 RODRÍGUEZ MESA, María José "Explotación sexual y pornografía infantil. Un análisis de la regulación penal en España a la luz de los requerimientos internacionales y comunitarios" en "La adecuación del Derecho Penal Español al ordenamiento de la Unión Europea" Tirant Lo Blanch, 2009.

30 En este precepto se define la pornografía infantil como "cualquier material pornográfico que describa o represente de manera visual: i) a un niño real practicando o participando en una conducta sexualmente explícita, incluida la exhibición lasciva de los genitales o la zona púbica de un niño".

31 COM(2010)94 final 2010/0064 (COD).

formas de abusos *on line*, como las exhibiciones *on line* o el acceso intencionado a material pornográfico infantil para cubrir supuestos en los que no hay posesión o descarga[32]; se incorpora también el nuevo delito de *grooming*[33]. Desde el punto de vista del Derecho Procesal se incorporan nuevos criterios de jurisdicción para permitir la prosecución de hechos cometidos fuera de la Unión Europea y se establecen normas en protección de la víctima. Se introducen vías para bloquear el acceso a las páginas de pornografía infantil. Se incorporan igualmente disposiciones para asegurar que las condenas a inhabilitación para ejercer profesiones en relación con menores puedan implementarse en todo el territorio de la Unión Europea[34] y se hace hincapié en la investigación de la identidad de las víctimas de pornografía infantil[35].

---

32 Art 5.3 Knowingly obtaining access, by means of information and communication technology, to child pornography shall be punishable by a maximum term of imprisonment of at least one year.

33 Art 6 The proposal, by means of information and communication technology, by an adult to meet a child who has not reached the age of sexual consent under national law, for the purpose of committing any of the offences referred to in Articles 3 (3) and Article 5 (6), where this proposal has been followed by material acts leading to such a meeting, shall be punishable by a maximum term of imprisonment of at least two years.

34 Art 10.3 Member States shall take the necessary measures to ensure that, for the purpose of effectively implementing the measure consisting in temporarily or permanently preventing the person from exercising activities involving regular contacts with children, in particular insofar as the requesting Member State subjects access to certain activities to conditions to ensure that candidates have not been convicted of any of the offences referred to in Articles 3 to 7 of this Directive, information concerning the disqualification arising from conviction of any of the offences referred to in Articles 3 to 7 of this Directive is transmitted when requested under Article 6 of that Framework Decision from the central authority of the Member State of the person's nationality, and that personal data concerning such disqualification provided under Article 7(2) and (4) of that Framework Decision may in all cases be used for such purpose.

35 Art 14.4 Member States shall take the necessary measures to enable investigative units or services to attempt to identify the victims of the offences referred to in Articles 3 to 7, in particular by analysing child pornography material, such as photographs and audiovisual recordings transmitted or made available by means of information and communication technology

2.3. *Consejo de Europa*

En el ámbito del Consejo de Europa deben destacarse los siguientes instrumentos: la Recomendación 1065(87) del Comité de Ministros del Consejo de Europa, relativa al tráfico de niños y otras formas de explotación infantil, que establece la necesidad de que los Estados persigan la prostitución, la pornografía y la adopción ilegal; la Recomendación (89) 9 sobre criminalidad informática; la Recomendación 91(11) del Comité de Ministros sobre explotación sexual, pornografía y tráfico de niños y jóvenes, que plantea estudiar la licitud de sancionar penalmente la mera posesión de pornografía infantil y promueve la cooperación internacional; la Resolución 1099 (1996) de la Asamblea Parlamentaria[36]; y la Recomendación (2001) 16 del Comité de Ministros del Consejo de Europa sobre la protección de los niños contra la explotación sexual.

También dentro del ámbito del Consejo de Europa debe tenerse especialmente en cuenta el Convenio sobre Cibercrimen o Convenio de Budapest, adoptado el 8 de noviembre de 2001 (ETS n 185)[37], que también contribuyó a la tipificación de la posesión[38]. Su art. 9 promueve la tipificación de las siguientes conductas: a) producción

---

36 En su art. 12 se propone la creación de nuevos tipos penales que castiguen: la posesión de material pornográfico, como videos, documentos o fotografías de menores; la creación, transporte y distribución de material pornográfico que muestre a menores; la difusión o grabación de imágenes pornográficas de menores; clasificar todos los delitos según la gravedad del hecho; armonizar tan rápido como sea posible en el ámbito europeo el tratamiento que han de recibir los delincuentes sexuales; incorporar dentro de las legislaciones el principio de que un menor de menos de 15 años no pueda dar su consentimiento para mantener relaciones sexuales con un adulto

37 El Consejo de Europa comprende 43 países del área continental europea y su dedicación al desarrollo de los derechos fundamentales ha tenido su máxima expresión en la Convención Europea de los Derechos Humanos en 1950. El Comité de Ministros nombró un Comité de Expertos en delincuencia informática en el ciberespacio en el año 1997, germen del Convenio de Budapest.

38 "Con claridad, la mayoría de las conductas contempladas en el art. 9 del Convenio de Budapest ya habían quedado incriminadas en el CP español mediante la reforma de 1999, restaba no obstante la incriminación de la estricta posesión de pornografía infantil, medida que se ha acometido con la reforma del CP 2003". MORALES PRATS, Fermín y GARCÍA ALBERO, Ramón (VVAA) "Comentarios a la parte especial de Derecho Penal" Thomson Aranzadi, 7ª edición, 2008, pág. 354.

de pornografía infantil con la intención de difundirla a través de un sistema informático b) ofrecimiento o puesta a disposición de la pornografía infantil a través de un sistema informático, c) la difusión o la transmisión de pornografía infantil por medio de un sistema informático d) el hecho de procurarse o de procurar a otro pornografía infantil a través de un sistema informático y e) la posesión de pornografía infantil en un sistema informático o en un medio que posibilite el almacenamiento de datos informáticos[39].

Debe igualmente destacarse la Convención del Consejo de Europa para la protección de los niños contra la explotación y el abuso sexual, de 25 de octubre de 2007, también denominado Convenio de Lanzarote que ha sido considerado como el primer y más completo tratado internacional específico para la protección de niños, niñas y adolescentes frente a su explotación sexual. Su finalidad es la prevención y la persecución de la explotación sexual y el abuso sexual infantil, la protección de los derechos de los menores víctimas de los delitos sexuales y la promoción de la cooperación nacional e internacional contra la explotación y el abuso sexual infantil. Ha sido recientemente ratificado por España[40].

2.4. Otras instancias internacionales

El tráfico de pornografía infantil en Internet ha sido objeto de importantes encuentros internacionales de expertos, cuyas conclusiones han ido orillando el camino en la lucha contra la proliferación de estas conductas.

El I Congreso Mundial contra la explotación sexual de los niños, celebrado en Estocolmo los días 27 y 31 de agosto de 1996, con representantes de 122 países, parte de la premisa de la necesidad de proteger al menor de cualquier forma de explotación y violencia sexual, salvaguardando así su integridad física, psicológica, espiritual, moral y social. En este foro se aprobó la Declaración y el Programa de Acción Mundial contra la Explotación Sexual Infantil, dentro de la

---

39 Debe también tenerse en cuenta el Informe Preparatorio de la Convención sobre delincuencia en la red (*Explanatory Report of Convention on Cybercrime*) del Consejo de Europa.

40 Instrumento de Ratificación BOE Núm. 274 Viernes 12 de noviembre de 2010.

que se establece el deber de los Estados de esforzarse por desarrollar medidas contra la pornografía infantil, incluyendo la posesión[41].

En el Congreso de Lyon, de mayo de 1998, los representantes de 19 países y Organizaciones no gubernamentales, implantadas en el sector, efectuaron, entre otras, las siguientes recomendaciones: a) necesidad de adopción en la legislación de los ordenamientos nacionales de medidas que incriminen la producción, distribución, comunicación, importación, exportación y posesión de pornografía infantil, incluida la pseudopornografía, a través de Internet; b) armonización internacional en punto al límite edad en la conceptuación de los menores y en punto a la definición de pornografía infantil; c) incremento de la cooperación policial y judicial, tanto en cuestiones relativas a la aplicación de la ley penal como con relación a la asistencia técnica; d) solicitud a las Naciones Unidas para que impulse un borrador de legislación tipo, uniforme, contra la pornografía infantil; e) solicitud al Comité sobre Derechos de los niños de las Naciones Unidas al objeto de que impulse la aplicación de controles legales adecuados contra la pornografía infantil, cuando los gobiernos presenten sus informes nacionales a la Convención sobre derechos del niño; f) necesidad de promover el desarrollo de programas similares a los antivirus, que permitan filtrar o bloquear la pornografía infantil en Internet, a través de los proveedores de servicio en Internet (PSIs), mediante una base de datos central, actualizada regularmente con impresiones de imágenes de pornografía infantil[42].

La Conferencia Internacional de Lucha contra la Pornografía Infantil en Internet, celebrada en Viena en 1999 postuló como conclusión la tolerancia cero y la penalización en todo el mundo de la producción, distribución, exportación, transmisión, importación, posesión intencional y propaganda de este tipo de pornografía, y subrayando la importancia de una colaboración y asociación más estrechas entre los gobiernos y el sector de Internet.

---

41 Primer Congreso Mundial contra la Explotación Sexual Comercial de la Infancia, Estocolmo (Suecia), 27-31 de agosto de 1996, disponible en http://www.csecworldcongress.org/PDF/sp/Stockholm/Outome_documents/Stockholm%20Declaration%201996_SP.pdf.

42 Vid. MARCOS MARTÍN, Teresa "Pornografía infantil en Internet: los Derechos del niño y su protección internacional" VVAA "Los derechos de la infancia y de la adolescencia" Ariel, 2006, pág. 331.

El II Congreso Mundial contra la explotación sexual de los niños tuvo lugar en Yokohama, en el que tras constatarse progresos, también se detectó que millones de niños continuaban siendo explotados, y que la demanda de pornografía infantil seguía incrementándose. El denominado "compromiso de Yokohama" promovió la ratificación de los instrumentos internacionales contra la explotación sexual de los menores[43].

El III Congreso Mundial sobre Explotación Sexual de Niños, Niñas y Adolescentes se celebró en Río de Janeiro (Brasil). En noviembre de 2008 se firma la *Declaración de Río y el Plan de Acción para prevenir y detener la explotación sexual de niños y adolescentes*; reunidos 137 gobiernos y representantes de la sociedad civil. La Declaración de Río aboga por la criminalización de las imágenes virtuales de pornografía infantil, definiendo tal categoría en un sentido muy amplio[44]. También se postula, entre otras cuestiones, que los proveedores de servicios de Internet, las compañías de telefonía móvil, cyber cafés y otros actores que pueden estar indirectamente involucrados en la difusión de pornografía infantil deberían responsabilizarse de adoptar medidas de protección de los niños. Se promueve también modificar la terminología legal, sustituyendo el término pornografía infantil por el de imágenes de abusos a menores (child abuse images).

El Convenio nº 182 de la Organización Internacional del Trabajo, sobre las peores formas de trabajo infantil y la Acción Inmediata para su Eliminación de 17 de junio de 1999 impone la adopción de medidas eficaces para garantizar la erradicación de la explotación sexual comercial de menores de 18 años[45].

---

43 **Compromiso Mundial de Yokohama**, Segundo Congreso Mundial contra la Explotación Sexual Comercial de la Infancia, Yokohama (Japón), 17-20 de diciembre de 2001, disponible en http://www.csecworldcongress.org/PDF/sp/Yokohama/Outcome_documents/EL%20COMPROMISO%20MUNDIAL%20DE%20YOKOHAMA%202001_SP.pdf.

44 "Virtual child pornography includes visual depictions of child abuse that can be found in certain comics, animations, video games, cartoons, etc which does not involve a real child in its production. This can also include morphed images where the images of a real child is superimposed on the image of an adult to portray child sexual abuse".

45 Ratificado por España el 14 de marzo de 2001 (BOE nº 118 de 31 de enero de 2002). Por medio de dicho Convenio España se compromete a adoptar las medidas inmediatas y eficaces para conseguir la prohibición y la eliminación de las peores formas de trabajo infantil con carácter de urgencia

3. OBJETO DEL DELITO

La exégesis de los delitos de pornografía infantil se enfrenta al reto de la abundancia de elementos de carácter valorativo que se incluyen en la descripción de los comportamientos típicos[46], generando conclusiones hermenéuticas frecuentemente discrepantes.

3.1. El Concepto de material pornográfico infantil

Existen dificultades tanto para determinar qué significado atribuir al concepto de material pornográfico[47] como para aclarar qué debe entenderse por "infantil". Se trata de expresiones polisémicas que no están informadas por criterios comunes, variando según las distintas legislaciones[48]. En Estados Unidos la definición de pornografía infantil difiere incluso de uno a otro Estado[49].

(artículo 1) entendiendo por la expresión la peores formas de trabajo infantil, entre otras, la utilización, el reclutamiento o la oferta de niños para la prostitución, la producción de pornografía o actuaciones pornográficas (artículo 3. b).

46 En el mismo sentido, BEGUÉ LEZAUN, Juan José "Sobre las tribulaciones del bien jurídico objeto de protección en los delitos contra la libertad e indemnidad sexual" Revista del Ministerio Fiscal.

47 La SAP Zaragoza, sec. 3ª, nº 48/2009, de 17 de septiembre Pte.: Arriero Espes, Sara considera que para que un material, cualquiera que sea el soporte en que se halle, pueda ser considerado pornográfico, se exigen los siguientes requisitos: a) que el mismo consiste o represente obscenidades cuya única finalidad sea excitar el instinto sexual. b) Que dicha obscenidad exceda claramente el erotismo que tengan por admisible las convenciones sociales de cada lugar y momento. c) Que si se trata de una obra, carezca de justificación literaria, artística o científica.

48 Vid. Visible evidence-forgotten children. Save the children, 2006, pág. 1.

49 Siguiendo a WOLAK, FINKELHOR y MITCHELL, "the federal statute defines "child pornography" as the "visual depiction... of sexually explicit conduct" involving a "minor." The federal statute also specifies sexually explicit conduct includes certain sexual acts such as intercourse, bestiality, and masturbation, as well as "lascivious exhibition of the genitals or pubic area"; however, state statutes defining child pornography differ among jurisdictions. Definitions of child pornography vary from state to state, and state legislation may not mirror the language of the federal statute. WOLAK, Janis; FINKELHOR, David and MITCHELL, Kimberly "Child-Pornography Possessors Arrested in Internet-Related Crimes: Findings From the National Juvenile Online Victimization Study" 2005. Funded by

Incluso en la actualidad se defiende utilizar el término "imágenes de abusos a niños" en lugar de pornografía infantil, al entender que refleja mejor la esencia de estos materiales.

Se han intentado definiciones omnicomprensivas de la pornografía[50], aunque algunos autores son partidarios de prescindir de definiciones cerradas, para remitir la cuestión al caso concreto[51].

Así, se ha definido el concepto de material pornográfico en general como la "representación gráfica de carácter obsceno que se dirige a la excitación del impulso sexual, comprendiendo todas las formas de manifestación de la comunicación"[52].

Para la STS nº 1058/2006, de 2 de noviembre (Pte.: Berdugo y Gómez de la Torre, Juan Ramón) "es cierto que la distinción de pornografía de lo meramente erótico es, a veces, un problema complejo por cuanto depende de múltiples factores...".

El DRAE define la pornografía como "obra literaria o artística de carácter obsceno, es decir impúdico, torpe, ofensivo al pudor", y el erotismo como el "carácter de lo que excita al amor sensual".

Para la STS nº 803/2010, de 30 de septiembre (Pte.: Berdugo y Gómez de la Torre, Juan Ramón) el concepto de material pornográfico seria el resultado de la combinación de dos criterios: el contenido exclusivamente libidinoso del producto tendente a la excitación sexual de forma grosera y la carencia de valor literario, artístico o educativo.

---

the U.S. Congress Through a Grant to the National Center for Missing & Exploited Children®. www.oijj.

50 En esta línea ESTES, Richard J. "The sexual exploitation of children. A Working Guide to the Empirical Literature" University of Pennsylvania August, 2001 que aporta la siguiente definición: "films, videos, magazines, writings, photographs, computer images, or other materials that are sexually explicit and intended to cause sexual arousal in the viewer".

51 Así se ha defendido que "el ánimo libidinoso va inscrito en el propio concepto de lo pornográfico, por lo que corresponde al aplicador del Derecho y no al legislador, concretar en cada caso si el acto es de naturaleza erótica o pornográfica, elemento normativo del tipo de carácter jurídico versus elemento normativo del tipo de carácter socio-cultural" GARCÍA VALDÉS, Carlos "Acerca del delito de pornografía infantil" Estudios penales en recuerdo del profesor Ruiz Antón. Tirant Lo Blanch, Valencia 2004 pág. 417.

52 MADRIGAL MARTÍNEZ-PEREDA, Consuelo "Los delitos contra la libertad sexual", en Cuadernos de la Guardia Civil, núm. 15, 1996, pág. 123.

La importancia del contexto es fundamental. Ya la STS nº 1553/2000, de 10 de octubre (Pte.: Sánchez Melgar, Julián) consideraba que "la pornografía, en relación con su difusión a menores o incapaces, desborda los límites de lo ético, de lo erótico y de lo estético, con finalidad de provocación sexual, constituyendo por tanto imágenes obscenas o situaciones impúdicas, todo ello sin perjuicio de que, en esta materia... las normas deben ser interpretadas de acuerdo con la realidad social, como impone el art. 3.1 del Código civil"[53].

El Consejo de Europa perfiló la definición de la pornografía infantil en 1989 como "cualquier material auditivo o visual en el que se emplee a un menor en un contexto sexual"[54].

INTERPOL define la pornografía infantil como la descripción visual de la explotación sexual infantil, centrada en los genitales o el comportamiento sexual del menor[55].

El Protocolo relativo a la Venta de Niños, la Prostitución Infantil y la Utilización de Niños en la Pornografía define la pornografía infantil como toda representación, por cualquier medio, de menores dedicados a actividades sexuales explícitas, reales o simuladas, o toda representación de las partes genitales de un menor con fines primordialmente sexuales. Con esta definición pueden superarse las excesivamente restrictivas dadas por algún sector doctrinal[56].

Por su parte, el art. 9.2 del Convenio de Budapest conceptúa la pornografía infantil como todo material pornográfico que contenga la representación visual de: a) un menor comportándose de una forma sexualmente explícita; b) una persona que parezca un menor comportándose de una forma sexualmente explícita; c) imágenes realistas que representen a un menor comportándose de una forma sexualmente explícita. Por menor se entenderá toda persona menor de 18 años. No obstante, cualquier Parte podrá establecer un límite

---

[53] Esta definición es asumida por numerosas sentencias de la llamada jurisprudencia menor, v.gr., SAP Valencia, sec. 3ª nº 302/2009, de 20 de mayo Pte.: Marrades Gómez, Regina.

[54] Recomendación R(91) 11 e Informe del Comité Europeo de Problemas delictivos.

[55] INTERPOL, 61 Asamblea General de 1995, Recomendaciones sobre delitos contra menores.

[56] Como por ejemplo la de MORILLAS FERNÁNDEZ, op. cit. pág. 67 "...la pornografía infantil debe ser definida como toda representación visual y real de un menor desarrollando actividades sexuales explícitas".

de edad inferior, que será como mínimo de 16 años[57]. Los Estados podrán reservarse el derecho de no aplicar lo dispuesto en las letras b) y c).

La Decisión Marco 2004/68/JAI aún va mas lejos, definiendo la pornografía infantil como cualquier material pornográfico que describa o represente de manera visual: i) a un niño real practicando o participando en una conducta sexualmente explícita, incluida la exhibición lasciva de los genitales o la zona púbica de un niño o ii) a una persona real que parezca ser un niño practicando o participando en la conducta mencionada en el inciso i)[58] o iii) imágenes realistas de un niño inexistente practicando o participando en la conducta mencionada en el inciso i)[59].

El Convenio del Consejo de Europa para la protección de los niños contra la explotación y el abuso sexual, hecho en Lanzarote, el 25 de octubre de 2007[60], en su art 20.2 establece que por «pornografía infantil» se entenderá todo material que represente de forma visual a un niño manteniendo una conducta sexualmente explícita, real o simulada, o toda representación de los órganos sexuales de un niño con fines principalmente sexuales.

En estos cuatro últimos instrumentos se coincide en la exigencia de que el material sea visual.

Quizás el punto mas polémico en relación con la pornografía infantil es el de si procede la inclusión o no de los meros desnudos[61].

---

57 MORALES PRATS y GARCÍA ALBERO, op. cit. pág. subrayan cómo "el Convenio de Budapest también incluye la denominada pornografía técnica, esto es la que se proyecta sobre una persona que aparece en la imagen como si fuera menor adoptando comportamientos sexuales de manera explícita; igual ocurre con la denominada pseudopornografía, alusiva a imágenes realistas que representen a un menor en los referidos comportamientos sexuales".

58 En este caso cualquier Estado miembro podrá excluir de responsabilidad penal las conductas relacionadas con la pornografía infantil cuando la persona real que parecía ser un niño tuviera de hecho al menos 18 años en el momento de la representación;

59 El art 3.2 b también introduce la posibilidad de exclusión de responsabilidad en determinados supuestos.

60 Instrumento de Ratificación BOE Núm. 274 Viernes 12 de noviembre de 2010.

61 Este punto ha sido estudiado por la doctrina norteamericana: "The recent trend of producing and distributing materials that contain nude visual de-

Siguiendo una línea restrictiva, la STS nº 376/2006, de 8 de marzo (Ponente: Saavedra Ruiz, Juan) excluyó del concepto de material pornográfico el mero desnudo. En efecto, esta sentencia, declara que la imagen de un desnudo no puede ser considerada objetivamente material pornográfico, porque, efectivamente, aunque la pornografía es un concepto que no está definido en el Código Penal, lo cierto es que comporta... un añadido a las imágenes de obscenidad o situaciones impúdicas, lo que no puede predicarse sin más de un desnudo... Es cierto que el Fiscal, que acoge la doctrina anterior, entiende que en este caso además de las fotografías se realizaron «grabaciones en vídeo», considerando que ello constituye «un plus en la acción que el acusado llevó a cabo». Sin embargo, la grabación desprovista de contenido obsceno debe llevarnos a la misma conclusión, puesto que el hecho de que la imagen sea en movimiento no implica por sí solo la existencia del elemento pornográfico.

También en esta línea, la STS nº 1342/2003, de 20 de octubre (Pte.: Jiménez Villarejo, José) considera que "la imagen de un desnudo —sea menor o adulto, varón o mujer— no puede ser considerada objetivamente material pornográfico, con independencia del uso que de las fotografías pueda posteriormente hacerse y que no consta cuál fuese en la ocasión de autos". Sigue esta estela la STS nº 105/2009, de 30 de enero (Pte.: Sánchez Melgar, Julián).

Para la STS nº 803/2010, de 30 de septiembre (Pte.: Berdugo y Gómez de la Torre, Juan Ramón) por "elaboración de cualquier clase de material pornográfico" podemos entender tanto fotografías como

---

pictions of children which skirt the fine line between constitutionally protected works of art and unconstitutional child pornography is alarming. Although the Supreme Court has clearly held that the State may completely restrict child pornography, the question remains whether certain nude visual depictions of children constitute child pornography. Nonetheless, it appears, at least relatively clear, that nude visual depictions of children can and do have the same harmful effects on children as child pornography, although to a lesser degree. To fully protect children from psychological and emotional harm, States should enact legislation which restricts the production, distribution, and possession of nude visual depictions of children" GRASZ, L. Steven and PFALTZGRAFF Patrick J. "Child pornography and child nudity: why and how states may constitutionally regulate the production, possession, and distribution of nude visual depictions of children" Temple Law Review Volume 71 (c)1998 Temple University of the Commonwealth System of Higher Education pág. 634.

videos, como cualquier soporte magnético que incorpore a un menor en una conducta sexual explícita, entendiendo por ésta el acceso carnal en todas sus modalidades, la masturbación, zoofilia, o las practicas sadomasoquistas, pero no los simples desnudos".

Asumiendo estos principios, la SAP Girona, sec. 3ª, nº 422/2009, de 10 de junio[62] concluye con que "ninguna de las fotos puede calificarse de pornográfica porque no se efectúan actos de contenido sexual... la imagen de un desnudo —sea menor o adulto, varón o mujer— no puede ser considerada objetivamente material pornográfico con independencia del uso de las fotografías". La SAP Baleares, sec. 1ª, nº 75/2009, de 22 de octubre[63] estima que unas fotografías en que aparecen menores desnudos en la playa carecen de contenido sexual. También en un supuesto de menores desnudos, la SAP Madrid, sec. 17ª, nº 238/2009, de 5 de marzo[64] declara que "es cierto que las conversaciones transcritas en la causa que se corresponden a las mantenidas por el acusado atribuyen al intercambio unas connotaciones que solo vendrían a confirmar el hecho ilícito si se hubiese constatado el objeto material del delito con remisión de imágenes de pornografía infantil. Nadie niega las aficiones del acusado y las respuestas ofrecidas por el mismo a la carga sugestiva del otro usuario que era el periodista que realizaba la investigación. Pero ello no convierte en pornográfico un material que no solo descontextualizado, sino en el mismo contexto en el que fue ofrecido carece de entidad para atacar la indemnidad, seguridad y dignidad de la infancia".

La SAP Las Palmas, sec. 6ª, de 8 de octubre de 2010[65] aplica estos criterios restrictivos y declara que "en el caso que se analiza en autos aparecen fotos en la que se observa a los niños en la mayoría de los casos con poses absolutamente normales. Es cierto que en otras sí podría decirse que tienen una carácter insinuante, pero no pornográfico u obsceno que es lo que exige el tipo. Hizo fotos a los menores que aparecen en las actuaciones, en la cocina, o en la playa. Aparece un video con un niño en la playa que visionado por la Sala se concluye que carece del carácter de material pornográfico que le otorga la acusación... En cuanto a otras fotos... la imagen de un desnudo

---

62 Pte.: Ramírez Souto, Fátima.

63 Pte.: Izquierdo Téllez, Carlos.

64 Pte.: Coronado Buitrago, María Jesús.

65 Pte.: Moya Valdés, Emilio.

no constituye objetivamente material pornográfico, y en el caso que se analiza, si bien aparecen en algunas fotos menores, no tienen el carácter de pornográficas que pretende la acusación. Al igual que en el caso anterior de delito de elaboración de material pornográfico, podrían considerarse, a los sumo, las imágenes eróticas o sensuales, pero pornográficas, no".

También un sector de la doctrina[66] descarta los desnudos como integrantes del concepto de pornografía.

Otros sectores doctrinales defienden que no pueden aplicarse los mismos parámetros para definir la pornografía de adultos cuando el representado es un menor[67]. Desde esta perspectiva, no podría descartarse tal calificación para un desnudo *a priori*. Cuando las circunstancias de producción, distribución o tenencia pusieran de manifiesto la utilización del material con fines sexuales habría de considerarse material pornográfico[68], partiendo de que no es que el

---

66 Así se ha mantenido que "con cierta frecuencia los materiales que se intercambian en la red son fotografías de menores desnudos, que sin embargo no realizan actos o gestos obscenos con connotación sexual. El precepto se refiere a material pornográfico y en principio, lo pornográfico implica... la realización de actos de carácter sexual. En coherencia con lo expuesto habrá que concluir con que en tales supuestos no cabe sanción penal, al faltar un elemento del tipo, en concreto, la cualidad de pornográfico". FERNÁNDEZ TERUELO, Javier Gustavo. "La sanción penal de la distribución de pornografía infantil a través de internet: cuestiones claves" Universidad Nacional de Educación a Distancia. Boletín de la Facultad de Derecho, nº 20 2002 pág. 262.

67 En esta línea se ha defendido que "el concepto jurídico de pornografía también puede variar en función de los sujetos que intervienen en el hecho sexual representado. Así, mientras que la mera exhibición del cuerpo humano de una persona adulta desprovista de ropa en pose erótica difícilmente se considera como tal, el criterio varía cuando el representado es un menor" GÓMEZ TOMILLO Manuel "Derecho penal sexual y reforma legal: Análisis desde una perspectiva político criminal" Revista Electrónica de Ciencia Penal y Criminología http://criminet.ugr.es/recpc ISSN 1695-0194 pág. 33.

68 En este mismo sentido se ha dicho que "no es posible considerar automáticamente como pornográficos los simples desnudos en la medida en que en ellos no se incorpora una conducta sexual explícita. Puede ser decisivo en estos casos el contexto. También debe recordarse en este sentido que para que un material se ajuste al concepto de pornografía es preciso que resulte apto per se de modo general para involucrar intensamente en un contexto sexual a las personas que entren en contacto con dicho material" BOLDOVA

desnudo de un niño no pueda calificarse como material pornográfico, sino que para concluir en tal sentido debe valorarse tanto la forma de presentar el desnudo como el uso a que se destina el material[69]. Esta corriente considera fundamental a la hora de calificar como pornográfico un determinado material el contexto libidinoso o no en el que se enmarca[70].

PASAMAR "Comentarios al código penal. parte especial". "Títulos VII-XII y faltas correspondientes" Tirant lo Blanch, 2004

También sigue esta exégesis CABRERA para quien "en el caso de los desnudos o semidesnudos, que por sí solos no tienen porqué tener connotaciones pornográficas parece que lo adecuado será atender al contexto y a la finalidad que se persiga con la imagen para establecer si tiene la consideración de obscena, esto es, si está exclusiva o primordialmente dirigida a provocar la excitación sexual del que la contemple". CABRERA MARTÍN, Myriam "La pornografía infantil: nuevos retos para el Derecho Penal" Jornadas sobre Derecho de los menores. Documentos de trabajo. Publicaciones de la Universidad Pontificia Comillas, 2003, pág. 402

Para URIARTE VALIENTE, op. cit. pág. 4 "resultará sumamente interesante, atender a las circunstancias y contexto en el que la información aparezca en la red, siendo totalmente distinto la exhibición de un menor de edad desnudo en una revista médica, que en una página web dedicada exclusivamente a un contenido pornográfico. De igual modo puede resultar indicativo del carácter o finalidad pornográfica, la forma de referirse a los menores como *lolitas* o *teenager*".

69 En este mismo sentido se ha defendido que "justamente, la no concurrencia de estos fines, la no satisfacción de deseos libidinosos o la no preordenación a la exhibición a otros del material poseído, sea cual sea el significado erótico o sexual que pueda deducirse del mismo, llevó de nuevo al TS en sentencia de 20-10-2003 a entender que el realizar fotos de niños desnudos no integra por si mismo el tipo penal, pues la imagen de un desnudo —sea menor o adulto— no puede ser considerada objetivamente material pornográfico, con independencia del uso que de las fotografías pueda posteriormente; esto es, que si no se prueba el propósito de uso de las fotos y la materialización de la exhibición, no hay elaboración de material pornográfico" GARCÍA PÉREZ, Juan Jacinto. Código Penal Sepín pág. 1063

70 Para MORALES PRATS y GARCÍA ALBERO, op. cit. pág. 351 "la acotación del concepto de pornografía... reclama una mayor argumentación. En determinados casos podrá acudirse a la legislación extrapenal, pero lo determinante es que el conjunto de la obra o espectáculo esté dominado por un contenido y contexto groseramente lúdico o libidinoso en el que se persigue la excitación o bien a satisfacción de instintos sexuales, verificándose la carencia o casi inexistencia de valores artísticos, literarios o pedagógicos".

Por nuestra parte, a la vista de la definición amplia que da el Protocolo de la CDN y teniendo sobre todo en cuenta las peculiaridades especiales que concurren cuando son menores las personas involucradas[71], puede defenderse la no necesidad de que se incluyan comportamientos obscenos[72]. En esta zona de penumbras, dentro de las clasificaciones de la pornografía infantil (vid. epígrafe III.4), entendemos tendrían relevancia penal las categorías denominadas *posado erótico* (fotografías de niños en posados con contenido sexual y en distintos grados de desnudez)[73] y *posados explícitamente eróticos* (fotografías poniendo énfasis en los genitales). No serían incardinables en el tipo las categorías de *iniciación* (fotografías sin contenido sexual recopiladas de fuentes legales tales como revistas y catálogos).

---

71 En este sentido se ha defendido que "en el caso de los menores de edad, no cabe duda alguna de que cualquier imagen de los mismos que presente un contenido de naturaleza sexual, con toda seguridad va a estimarse socialmente que, en mayor o menor medida, ofende al pudor, y por lo tanto y en definitiva, deberá reputarse pornográfica. Este planteamiento va a llevarnos a concluir que, a diferencia de lo que ocurre con los adultos, en que no toda representación de contenido sexual tiene que ser considerada pornográfica, sino que por el contrario, existen muchos otros estadios intermedios, como puede ser la simple insinuación o el erotismo, cuando de menores de edad se trata, la representación de imágenes de los mismos dotadas de contenido sexual, va a resultar en un mayor número de casos pornográfica, al aparecer contraria al pudor social". URIARTE VALIENTE Luis M. "Delitos relativos a la pornografía infantil y corrupción de menores" Centro de Estudios Jurídicos, pág. 3.

72 En el mismo sentido, para WORTLEY y SMALLBONE "pornography involving a child does not have to involve obscene behavior, but may include sexually explicit conduct that is lascivious or suggestive. For example, in United States v. Knox (1993)8 a man was convicted for possessing videos in which the camera focused on the clothed genital region of young girls" WORTLEY, Richard and SMALLBONE, Stephen "Child Pornography on the Internet" Problem-Oriented Guides for Police ISBN: 1-932582-65-7 May 2006 www.cops.usdoj.gov.

73 "Save the Children believes that the easy access to child erotica could lead to an increase in children and young people being sexually abused and exploited. This development is linked to the commercial sexual exploitation of children where the economic rule of supply and demand suggests that more children will be used to fulfil this demand". Position paper on child pornography and Internet-related sexual exploitation of Children. Save the Children Europe Group May 2004 pág. 13.

En cuanto a las categorías denominadas *erótica* (fotografías tomadas subrepticiamente de niños en los que aparecen distintos grados de desnudez), creemos que no pueden darse reglas tajantes y habrá que estar a las concretas circunstancias concurrentes para determinar ante un desnudo si merece la calificación de pornográfico.

La clave estaría en que el material visual, fotográfico, de video o de audio se centre bien en un comportamiento sexual de un menor, bien en sus órganos sexuales, bien en su sexualidad.

Los simples *desnudos* de menores recopiladas de fuentes legales deberían en todo caso quedar al margen del tipo.

Ya contamos con pronunciamientos que se decantan por un concepto mas amplio de material pornográfico infantil: la SAP Álava, secc. 2ª nº 376/2008, de 2 de diciembre[74] afirma que "...algunas de las fotos de Victoria estando desnuda son pornográficas... pues es claro que se trata de un material en el que se usa a la niña en un contexto sexual, puesto que no tiene otro sentido el " zoom" reiterado hacia la zona genital (la vagina) de la niña, y posteriormente el acusado guarda ese video y fotos. Un desnudo de una hija, saliendo de la ducha, puede considerarse material no pornográfico, pero cuando ya la imagen se centra reiteradamente en esa parte del cuerpo, no cabe duda que se transforma en material pornográfico. El acusado no da en el juicio oral una explicación razonable sobre ese "zoom", lo que hace más claro que trataba de poseer material pornográfico... Además, aunque la ponderación de si una foto o video es o no pornográfico es más bien objetiva, correspondiendo al propio Tribunal enjuiciador su apreciación, la declaración del agente... es significativa para conocer que el acusado tenía conciencia de que no era un material lícito, puesto que el agente de la autoridad señala en el juicio oral, en una declaración verosímil, que el acusado le manifestó que había realizado esas fotos y video para " saciar su necesidad sexual y (luego) no hacer daño a su hija"...

La SAP Alicante, sec. 3ª, nº 239/2009, de 5 de mayo[75] analiza un supuesto en el que el acusado aprovechando que una menor estaba dormida, con su teléfono móvil, le hizo fotografías del torso desnudo, sin que se vea la cara, y de los genitales, a corta distancia, obte-

---

74 Pte.: Tapia Parreño, José Jaime.

75 Pte.: Merlos Fernández, José María.

niendo imágenes de dichas partes del cuerpo de carácter explícita y únicamente sexual. En este caso —se acusaba de posesión de pornografía infantil—, la sentencia declara que tales fotografías "sin reserva reputan su contenido como explícita y exclusivamente sexual, sin que pueda vislumbrarse ninguna otra finalidad de su producción o tenencia, ni artística, ni documental, ni científica, ni como valor de recuerdo afectivo personal, lo que permite calificar las repetidas fotos como material pornográfico... En el presente caso, el carácter explícito y exclusivamente sexual de las fotos, sus caracteres de fragmentación del cuerpo, focalización de órganos genitales y su detalle, así como su nulo valor artístico, reclama la calificación, sin más ambages, como material pornográfico".

La SAP Palencia, sec. 1ª, nº 1/2011, de 17 de enero[76] considera que entra dentro de la definición "cualquier material audiovisual que utiliza niños en un contexto sexual". La SAP Pontevedra, sec. 5ª, nº 61/2010, de 10 de diciembre[77] considera material pornográfico infantil unas imágenes "por las posturas adoptadas por los menores, con las piernas ligeramente abiertas exhibiendo los genitales".

Esta línea ha sido asumida por nuestro Tribunal Supremo. Para la STS nº 1055/2009, de 3 de noviembre (Pte.: Delgado García, Joaquín) siguiendo el apartado c) del art. 2 del Protocolo Facultativo de la Convención sobre los Derechos del Niño, declara que "el objeto del delito ha de ser material pornográfico, entendiendo por tal toda representación por cualquier medio de un menor de edad dedicado a actividades sexuales explícitas, reales o simuladas, o toda representación de sus partes genitales con fines primordialmente sexuales".

El simple desnudo, sin hacer hincapié en los órganos sexuales, difícilmente podrá encajar en el concepto de material pornográfico. Como criterios para evaluar la naturaleza del material, en casos límite, se han propuesto los siguientes: 1) cómo fueron producidas u obtenidas las imágenes 2) cómo han sido almacenadas 3) el uso al que se ha aplicado el material[78].

---

76 Pte: Donis Carracedo, Miguel.

77 Pte: Fariña Conde, Victoria Eugenia.

78 LANNING, Kenneth V. "Child Molesters: A Behavioral Analysis For Professionals Investigating the Sexual Exploitation of Children". Fifth Edition. National Center for Missing & Exploited Children 2010 pág. 104.

Una misma representación visual puede ser considerada o no pornografía infantil dependiendo del uso que se haga de la misma: una fotografía de los genitales de una niña tomada con fines formativos por personal sanitario tendrá tal carácter si finalmente es utilizada en un chat de pedófilos. Cuando se alega (por abogados, agentes de policía, artistas, médicos) un uso profesional del material (formación, investigación etc), tal alegación debiera someterse a dos estándares: 1) si el material tiene realmente una aplicación profesional y 2) si el uso que se le ha dado es acorde con tal aplicación profesional[79].

Por otro lado, el material pornográfico puede contenerse en cualquier tipo de soporte[80]. En este sentido, por material pornográfico cabe entender tanto el material fotográfico como el material de video como —incluso— el material de audio[81]. Las grabaciones de audio con conversaciones sexualmente explícitas utilizando a menores entendemos podrán considerarse también material pornográfico. En efecto, la redacción del art. 189.7 cuando tipifica la denominada pseudo pornografía infantil, se refiere al material pornográfico en el que se hubiera utilizado la voz (audio) o la imagen del menor, por lo que parece que el legislador trata de abarcar estas dos modalidades pornográficas. Refuerza tal interpretación el inciso del nº 1 del art. 189 cuando se refiere a *"elaboración de material pornográfico, cualquiera que sea su soporte"* De todas formas, la cuestión no es pacífica

---

79 Para LANNING, op. cit. pág. 105 "if such individuals do have a professional use for the images, but are also showing them to neighbourhood children, masturbating with them, or trading them on the Internet in sexually oriented newsgroups they should be prosecuted".

80 MORALES PRATS y GARCÍA ALBERO, op. cit. pág. 350 consideran que "la reforma del CP de 2003, respondiendo al desasosiego incriminador del legislador en esta materia añade una referencia a que el referido material pornográfico puede adoptar cualquier tipo de soporte, alusión de todo punto innecesaria dada la amplitud con que ya venía redactado con anterioridad el CP". Para estos autores "en la medida que el tipo se refiere al tráfico por cualquier medio el delito puede proyectarse tanto a supuestos de difusión gráfica, fotográfica, analógica, digital o de cualquier otra especie".

81 En esta línea, ESCOBAR JIMÉNEZ, Rafael "Análisis de los delitos relacionados con la pornografía de menores" Centro de Estudios Jurídicos. Edición electrónica. 2006 pág. 5.

y no faltan opiniones que consideran que es necesario que exista representación visual[82].

Cabría incluso defender que el material pornográfico se puede integrar por una representación pictórica o escultórica realizada sobre un modelo menor de edad real[83].

No puede, de lege data, incluirse el material escrito (novelas, relatos etc)[84], aunque no faltan propuestas en tal sentido[85] ni ejem-

---

82 Para MORILLAS FERNÁNDEZ, op. cit. pág. 68 "las conversaciones telefónicas pornográficas con menores no integra el delito de pornografía infantil, por no existir representación visual, sin perjuicio de que pueda calificarse de corrupción de menores".

83 Algunos autores como GÓMEZ TOMILLO, op. cit. acogen un concepto amplio incluyendo "cintas magnetofónicas, películas de vídeo o cualquier otro formato; el mero empleo del menor o incapaz como modelo fotográfico o, incluso, pictórico, etc".

84 Vid. HEALY, Margaret A "Computer Crime Research Center Child pornography: an international perspective" August 02, 2004 Source: United Stated Embassy Stockholm pág. 4: "despite national differences, some international bodies have been able to arrive at common definitions of child pornography, most of which focus on visual, rather than written material. The Council of Europe defines child pornography as "any audiovisual material which uses children in a sexual context." Council of Europe, Recommendation R(91)11 and Report of the European Committee on Crime Problems (1993). International Criminal Police Organisation ("INTERPOL") delegates define child pornography as "the visual depiction of the sexual exploitation of a child, focussing on the child's sexual behaviour or genitals." Interpol Recommendations on Offences Against Minors, INTERPOL 61st General Assembly (1995)".

85 Según información aparecida en el diario La Razón en su edición de 4 de febrero de 2010 el Partido Popular presentó una proposición no de Ley en junio de 2008 en la que entre otras propuestas se contenía la de prohibir la publicación de cualquier tipo de relato pedófilo.
En este sentido se ha defendido que "la incesante propagación de material pornográfico infantil hace imprescindible erradicar este tipo de contenido haciéndolo extensivo también a imágenes, mensajes y textos escritos que sean susceptibles de representar a un niño como objeto de deseo sexual y fomentar agresiones/abusos/acosos sexuales infantiles y además contra otros sujetos especialmente vulnerables" Vid. GORI, Marina y PERIS, Isabelle "Explotación sexual comercial infantil: contextualización y marco normativo en España" VVAA "Los derechos de la infancia y de la adolescencia" Ariel, 2006, pág. 310.

plos en Derecho comparado[86]. Desde luego el material escrito no está abarcado ni por el Convenio de Budapest, ni por el Protocolo de la CDN ni por la Decisión Marco 2004/68/JAI.

Con independencia de las dificultades que tales propuestas conllevan, puede defenderse *de lege ferenda* la tipificación de la difusión de relatos explícitos pornográficos de sexo con menores y la tipificación de la apología de la corrupción de menores[87]. En esta línea ha causado gran alarma la detección de asociaciones de pedófilos que defienden en Internet su opción sexual[88], no pudiendo ser esta

---

86 En la sentencia Dodge v R (2002) A Crim R 435, en Australia Occidental un interno que estaba cumpliendo una larga sentencia por delitos sexuales contra menores fue condenado por escribir 17 historias de sexo explícito sobre hombres realizando actos sexuales con niños de menos de 10 años, historias que luego proporcionó a otro interno. KRONE, Tony "A Typology of Online Child Pornography Offending" "Trends & issues in crime and criminal justice" No. 279 Australian Government Australian Institute of Criminology July 2004.
En Canadá la Ley C-20 también incluye el written material en la definición de pornografía infantil Vid. CURRY, Ann "Child Pornography Legislation in Canada: Its History and Current Developments" www.ualberta.ca/~macurry/pdf pág.

87 En este sentido, HEALY, M. en el "Documento preparado para el Segundo Congreso Mundial contra la Explotación Comercial de los Niños" expone cómo están proliferando en Internet textos sin imágenes en los que se describen actividades sexuales de niños y adultos y que provocan el mismo estímulo para realizar actividades con niños que las imágenes, de forma que además actúan como anuncios o publicidad respecto a la práctica de actividades sexuales con niños.

88 La polémica también se planteó en Norteamérica: "it is clear that while there may be some people prepared to sacrifice children to potential abusers simply to protect someone's freedom of expression rights, the public is not. They seem willing to do the same regarding crimes against children on the Internet and the extent to which some of these groups will go is evident in the ACLU's recent decision to defend NAMBLA (North American Man Boy Love Association). NAMBLA advocates sex between adult men and boys and is being sued by the family of a murdered boy. The boy's killer viewed NAMBLA's website shortly before the murder and had NAMBLA publications in his possession" "Child sexual exploitation and the internet" A report prepared by the Canadian Resource Centre for Victims of Crime October 17, 2000.
En esta línea, "Paedophile WWW pages and links to support groups suggests collective organisation (for example, Danish Pedophile Association, European Boylover Base, NAMBLA, German Pedo Association and

conducta castigada conforme a nuestra legislación penal[89]. Así por ejemplo, la *North American Men / Boy Love Association* (NAMBLA) tiene como objetivo declarado "poner fin a la opresión extrema de las relaciones consensuadas de hombres y chicos" por medio de "la construcción de un entendimiento y apoyo a tales relaciones", así como "educar al público en general en la naturaleza benevolente del amor entre hombre y chico".

Tampoco debe entenderse incluido el material que solo subjetivamente sirve a un propósito sexual para un determinado individuo (dibujos, fotos no pornográficas, ropa de niños, catálogos etc), sin perjuicio de que puedan ser utilizadas como elemento de corroboración de otras pruebas[90].

Quizás *de lege ferenda*, vistas la cantidad de cuestiones que se plantean, sería necesario dar un concepto legal de pornografía infantil.

Las cuestiones relativas a los materiales denominados de pseudopornografía, pornografía virtual y pornografía técnica serán tratados en los epígrafes 5.4 y 5.5.

3.2. La cuestión de la edad de la víctima

A efectos de los tipos relativos a pornografía infantil, deben entenderse abarcados todos los menores de dieciocho años, con independencia de que concurra consentimiento o no. Estos tipos se emancipan, por tanto, de la edad fijada para posibilitar el consentimiento

---

Pedophile Liberation Front" FORDE, Patrick and PATTERSON, Andrew "Paedophile Internet Activity" "Trends & issues in crime and criminal justice" No. 97 Australian Government Australian Institute of Criminology pág. 3.

89 Como se ha expuesto, "advocating a particular sexual practice is not the same as conspiring to commit illegal acts, and this loophole is very convenient for many groups that operate on the borderline". LESCE, Tony "Pedophiles on the Internet: Law Enforcement Investigates Abuse." Law and Order 47, no. 5(May 1999).

90 HEALY, op. cit. pág. 4.

en las relaciones sexuales[91]. En este sentido se pronuncian las SSTS nº 796/2007, de 1 de octubre y nº 803/2010, de 30 de septiembre[92].

Desde una perspectiva de Derecho comparado y de Derecho internacional, no es pacífica la fijación de una concreta edad a partir de la cual entender penalmente relevante el material pornográfico. En Australia, la legislación sobre pornografía infantil sólo se refiere a edades inferiores a 16 años[93]. En Estados Unidos no hay una postura uniforme, variando las edades relevantes de un Estado a otro, si bien la legislación federal la cifra en los 18 años[94].

---

91 La Ley Modelo propuesta por el *International Centre for Missing & Exploited Children* a estos efectos entiende que "child," for purposes of child pornography, should be defined as "anyone under the age of 18 years." Child Pornography: Model Legislation & Global Review Copyright © 2006, International Centre for Missing & Exploited Children pág. 1.

92 "Las conductas descritas en el art. 189 tienen en común que el sujeto pasivo es un menor de 18 años (o incapaz) y que su consentimiento es no válido al existir una presunción legal en el sentido de que no concurren condiciones de libertad para el ejercicio de la sexualidad por parte de estos, cuando dicho ejercicio implica su utilización por terceras personas con fines pornográficos o exhibicionistas, lo que implica que un sector doctrinal considera, en cuanto al cual sea el bien jurídico protegido, que no es tanto la indemnidad sexual de la personalidad del menor, como su dignidad como menor o su derecho a la propia imagen, lo que justifica esa irrelevancia del consentimiento de los menores de 18 años que deciden intervenir en la elaboración del material pornográfico, incluso sin mediar abuso de superioridad o engaño, cuando ese consentimiento, por el contrario, si seria valido para la practica de relaciones sexuales cuando no mediasen tales circunstancias".

93 ANESVAD, Informe sobre la pornografía infantil en Internet http://www.anesvad.org/informe.pdf.

94 "With regard to child pornography, state statutes vary in their age definitions of a "child" or "juvenile," with some states designating younger than 18 years old, younger than 17 years old, or even younger than 16 years old as their thresholds (U.S. Department of Health and Human Services, National Clearinghouse on Child Abuse and Neglect Information, and National Center for Prosecution of Child Abuse, 1999). In this Bulletin the terms "child" and "juvenile" refer to legally underage people". FINKELHOR, David and ORMROD, Richard "Child Pornography: Patterns From NIBRS" Office of Juvenile Justice and Delinquency Prevention December 2004J. U.S. Department of Justice Office of Justice Programs www.ojp.usdoj.gov. Siguiendo a WOLAK, FINKELHOR y MITCHELL, "...further disparity exists in the definition of "minor" or "child." The federal statute defines "minor" as "any person under the age of [18] years." While a majority of states follow the federal statute, some state laws define "minor" or "child" as a youth

El Convenio de Budapest[95] pese a considerar menor a toda persona de menos de 18 años, deja libertad a los Estados para que puedan establecer el límite en 16 años.

En todo caso, la Decisión Marco 2004/68/JAI (art. 1 b) considera como niño a todo menor de 18 años por lo que en el ámbito europeo al menos se va a producir una unificación en cuanto a la edad a partir de la cual se entra dentro de la pornografía infantil.

El Convenio del Consejo de Europa para la protección de los niños contra la explotación y el abuso sexual, hecho en Lanzarote, también considera a estos efectos a los menores de 18 años (art 3 a).

Otra cuestión que se plantea en relación con la edad de las personas que aparecen en el material pornográfico es la relativa a la acreditación de la misma.

Los especialistas pediátricos aplican la denominada escala de Tanner, a fin de identificar las fases de desarrollo en niños en la fase de pubertad, desde los 13 a los 18[96]. En España no suele utilizarse.

La prueba de que el material se refiere a menores de 18 años o a menores de 13 (a efectos del subtipo agravado[97]) no requiere con carácter general, desde luego, ni localizar al menor afectado ni una pericia específica, pudiendo alcanzar tal conclusión el Juzgador por la observación directa del material. En este sentido, la SAP Coruña, sec. 2ª, nº 28/2009, de 6 de julio[98] declara "que algunas de las menores que aparecen en las fotografías enviadas son menores de 13 años se deduce de la constatación directa de este Tribunal tras el visionado de las mismas". Para la SAP Madrid, sec. 6ª, nº 52/2010, de 3 de

---

younger than 14, 16, or 17.6 Delaware law includes any person 18 years of age and younger in its definition of "child." WOLAK, Janis; FINKELHOR, David and MITCHELL, Kimberly "Child-Pornography Possessors Arrested in Internet-Related Crimes: Findings From the National Juvenile Online Victimization Study" 2005. Funded by the U.S. Congress Through a Grant to the National Center for Missing & Exploited Children®. www.oijj.

95 Convenio del Consejo de Europa sobre la Ciberdelincuencia de 23 de noviembre de 2001.

96 HEALY, op. cit.

97 La cuestión sin embargo pierde virulencia al haberse consolidado la jurisprudencia que descarta la aplicación de este subtipo agravado para quienes no han tenido contacto directo con el menor (vid. epígrafe 7.2).

98 Pte.: Fernández Galiño, Mª Dolores.

febrero[99] basta con examinar las fotografías para inferir "que todos los intervinientes en las mismas son inequívocamente menores de edad, a la vista de su incipiente desarrollo de los denominados caracteres secundarios (pechos o vello pubiano)".

La STS nº 292/2008, de 28 de mayo (Pte.: Ramos Gancedo, Diego Antonio) ha señalado que "en lo referente a la prueba de localización e identificación de las menores para determinar su edad exacta, es claro que se trata de una diligencia prácticamente de imposible realización y que, además, el dato en cuestión ha podido ser establecido en la sentencia por propia percepción de los Magistrados Juzgadores a la vista de las propias fotografías que no dejan lugar a dudas". En la misma línea y avanzando algo mas en el proceso de determinación de la edad por el examen fotográfico, la STS nº 739/2008, de 12 de noviembre (Pte.: Sánchez Melgar, Julián) declara que "es suficiente con examinar tales fotografías para percatarnos, por los rasgos infantiles de la mayoría de los que allí aparecen, que en la elaboración de ese material pornográfico fueron utilizadas personas menores de trece años"[100].

En algunos casos procede aplicar el principio *notoria non egent probationem*: así, la SAP Barcelona, sec. 2ª, nº 188/2009, de 16 de marzo[101], considera que cualquier adulto medio viendo los fotogramas... advierte por el aspecto que se trata de niños, lejos algunos siquiera de la prepubertad lo que se evidencia no solo de su aspecto sino claramente del desarrollo de sus órganos genitales externos, por lo que ninguna otra prueba era precisa de lo que integra un hecho notorio: que los menores utilizados lo eran efectivamente y que algunos de ellos tenían menos de trece años. En este mismo sentido

---

99 Pte.: Rodríguez González-Palacios, Pedro Javier.

100 La STS nº 782/2007, de 3 octubre señala que es claro que en casos de pornografía infantil no suele disponerse de la filiación de los menores explotados, por lo que la calificación deberá basarse en su aspecto externo, en la medida en que permita concluir que se trata de menores de dieciocho o de trece años, añadiendo que para ello no son precisos conocimientos técnicos, bastando con la experiencia y el conocimiento común, en la medida en que permitan excluir otras posibilidades más favorables tras la observación directa del material incautado. En definitiva, es al Tribunal a quien corresponde este aspecto de la valoración de la prueba.

101 Pte.: Magaldi Paternostro, María José.

cabe reseñar la SAP Barcelona, sec. 2ª, nº 35/2009, de 26 de enero[102] en la que se afirma que "ninguna otra prueba era precisa de lo que integra un hecho notorio: que los menores utilizados tenían menos de trece años". También la SAP Guipúzcoa, sec. 1ª, nº 72/2009, de 26 de febrero[103] declara que "basta examinar tales vídeos y fotografías para concluir, sin margen de duda alguna, por los rasgos externos, claramente infantiles, de la mayoría de los que allí aparecen, que, en la elaboración de ese material pornográfico, fueron utilizados niños y menores de edad. Para formular este juicio no es preciso contar con conocimientos científicos, pues la experiencia y el saber común permiten inferir, a partir del aspecto externo, que las personas involucradas en un contexto sexual inequívoco son menores de edad e, incluso, en muchos casos, niños de edad inferior a trece años". En supuestos de menores de corta edad, la constatación es fácil. En este sentido puede citarse la SAP Palencia, sec. 1ª, nº 1/2009, de 29 de enero en la que se afirma que "las descritas son imágenes de las que por las características morfológicas de los niños intervinientes y carencia de vello púbico, se puede concluir sin ningún género de dudas en la edad de dichos menores".

En esta línea, la SAP Madrid, sec. 29ª, nº 374/2010, de 17 de diciembre[104] considera que "los rasgos cuasi infantiles de los protagonistas supone una evidencia cierta de su edad menor que hace innecesaria una probanza expresa de esa minoría de edad, pues lo evidente no precisa ser demostrado, siendo constatable por la propia apreciación del Juez".

Algunos autores consideran que no debería incluirse en la conducta descrita en el art. 189 CP el material elaborado con personas que según la legislación de su país de origen han alcanzado la mayoría de edad aunque no la tengan conforme a la nuestra[105].

En nuestra opinión, el delito se cometerá tanto en su modalidad de distribución como en la de simple posesión, cuando las conductas se cometan en España aun cuando el material pornográfico se haya elaborado en un país en el que la conducta sobre los menores sea

---

102 Pte.: Magaldi Paternostro, María José.

103 Pte.: Subijana Zunzunegui, Ignacio José.

104 Pte: Ferrer Pujol, Francisco Buenaventura

105 MORILLAS FERNÁNDEZ, op. cit. pág. 188.

atípica[106]. Así por ejemplo quien posee en territorio español una publicación de pornografía infantil en la que se insertan fotografías de menores de 17 años, elaborada en Australia está cometiendo un delito. Ello no obsta a que el respeto al principio de culpabilidad lleve a aplicar cuando proceda el error de prohibición (así por ejemplo, el turista australiano que viaja a España con una publicación de este tipo en la creencia de que si es legal en Australia también lo será en España).

Desde luego, las dudas sobre si las personas que aparecen en el material son o no menores habrán necesariamente de interpretarse en beneficio del reo. En este sentido, la SAP Alicante, sec. 1ª nº 58/2006, de 30 de enero[107] declara que "no pudiéndose establecer con absoluta certeza que en efecto se trate de niños, es decir menores de 18 años, refiriéndose el informe pericial... en todo momento a "posibles" menores... procede la absolución del procesado por este segundo delito".

Cuando el material se refiere a jóvenes cercanos a los 18 años, si no existe identificación, las posibilidades de persecución son mínimas[108]. Cuando la persona representada ha traspasado las últimas fases de desarrollo sexual puede ser imposible dictaminar con precisión si es mayor o menor de edad.

---

106 Con reticencias se ha defendido que "en algún país puede no estar fijada en los dieciocho años, sino en una edad inferior, con lo que si se rueda allí una cinta pornográfica en la que intervienen nacionales menores de dieciocho años pero mayores de edad con arreglo a sus normas y en ellas no se castiga tal actividad, podrá perseguirse penalmente en España gracias a lo dispuesto en el art. 23.4 e) de la LOPJ aunque no deja de ser chocante" ORTS BERENGUER, Enrique y SUÁREZ-MIRA RODRÍGUEZ, Carlos "Los delitos contra la libertad e indemnidad sexuales" Tirant Lo Blanch "Colección los delitos", 2001 pág. 256

107 Pte.: Durá Carrillo, José Antonio.

108 En esta línea se ha escrito que "las imágenes y videos de las comúnmente llamadas "Lolitas" (adultas aniñadas) inundan las páginas web de servidores alojados en todas las partes del mundo. Perseguibles únicamente si sirven de paso o tapadera a otros contenidos mas explícitos en los que participen menores cuyos rasgos físicos permitan, a priori, aseverar que así lo son" SALOM CLOTET, Juan "Pornografía infantil en Internet" Cuadernos de la Guardia Civil. Revista de Seguridad Pública. Número XXXVI, 2007 pág. 18.

Estos problemas obviamente no se dan cuanto las víctimas están identificadas. En ocasiones la identificación es facilitada por el propio imputado, cuando en su colección junto al material reseña nombres direcciones y fechas. En otras ocasiones la identificación es muy complicada, pues puede ser material muy antiguo y procedente del extranjero[109].

Debe tenerse en cuenta en todo caso que en Estados Unidos existen bases de datos de menores víctimas de pornografía infantil identificados[110] y que también INTERPOL dispone de tales bases. Según el Informe de actividades de INTERPOL en el año 2007 se identificaron y rescataron a más de cien víctimas utilizando la base de datos de INTERPOL sobre imágenes de delitos contra menores (ICAID), siendo ya más de 600 las víctimas identificadas y rescatadas en 33 países desde la creación de dicha base[111]La Brigada de Investigación Tecnológica del Cuerpo Nacional de Policía tiene acceso a la base de datos de menores víctimas de abusos que posee INTERPOL y que permite la colaboración internacional para identificar escenarios de delitos, autores y víctimas.

4. BIEN JURÍDICO PROTEGIDO

El Derecho de Menores ha de estar inspirado sobre el principio Maxi/Min, enraizado en la teoría de la Justicia de John Rawls: exigencia del máximo grado de protección para los menos aventajados, o como expresa PÉREZ LUÑO en relación con los niños, "garantía de la máxima protección para los que tienen menos edad"[112].

---

109 Cerca de 40 niños víctimas de abusos y agresiones sexuales han sido identificados en España tras el análisis minucioso y especializado del material intervenido en las distintas operaciones contra la pornografía infantil.

110 National Center for Missing & Exploited Children's (NCMEC) Child Victim Identification Program (CVIP) and Child Recognition and Identification System (CRIS).

111 Máiquez, M. (2008): Pederastia, el peor de los virus, Diario 20 Minutos, 04/10/2008, http://www.20minutos.es/noticia/417250/2/ (15/10/2008).

112 PÉREZ LUÑO, Antonio Enrique "La protección de los datos personales del menor en Internet" Revista Española de Protección de Datos, nº 5, julio-diciembre de 2008 pág. 43.

Consecuentemente, la tipificación expresa de estas conductas cuando los sujetos pasivos son menores se justifica porque los mismos necesitan, por serlo, de una especial protección[113].

A la hora de especificar más, existe un intenso debate doctrinal en el que frente a autores que defienden que debe mantenerse la libertad sexual como bien jurídico protegido para todas las conductas tipificadas en el art. 189[114], otros impugnan abiertamente tal postulado, explorando otros bienes jurídicos subyacentes[115]. Algunos autores otorgan un papel relevante al bien jurídico intimidad y pro-

---

113 En este sentido, RODRÍGUEZ PADRÓN, Celso "Los delitos de utilización de menores o incapaces en fines o espectáculos exhibicionistas o pornográficos, o para la elaboración de material pornográfico" Cuadernos de Derecho Judicial. Como dice este autor "el problema radica en determinar con precisión y, sobre todo, acierto, qué extensión hemos de otorgar a esa dimensión especial".

114 En esta línea BOLDOVA PASAMAR, op. cit. ha mantenido que "Cuando la utilización sexual supone la captación del sujeto pasivo en soporte mecánico o técnico (informático, digital, etc.), como es el caso de la pornografía, al atentado contra la libertad sexual se acompaña un menoscabo del derecho a la propia imagen".
También en esta línea BEGUÉ LEZAUN, op. cit. considera que "el bien jurídico objeto de protección, es la libertad sexual de las víctimas, entendida ésta, como el adecuado desarrollo de la personalidad del sujeto pasivo en su aspecto sexual en tanto que menor de edad o incapaz... Ello puede ser predicado, sin demasiado esfuerzo, de la totalidad de las conducta que, referidas a la pornografía infantil, se encuentran tipificadas en los ordinales *1º* y *2º* del *artículo 189* del Código, toda vez, aún cuando se incriminan conductas periféricas a la elaboración de material pornográfico tales como la tenencia preordenada a la distribución y la tenencia con fines de "autoconsumo", siempre resultará preciso que, previamente, un menor de edad o incapaz haya sido sometido, para elaborar el material poseído, a conductas aptas para socavar el desarrollo de su personalidad en el ámbito sexual".

115 Para MORALES PRATS, op. cit. págs. 175 a 205 "el bien jurídico protegido en el art. 189 Código penal no puede cifrarse en la libertad o indemnidad sexual del menor, "lo que se comprueba, básicamente, por la irrelevancia del consentimiento de los menores de dieciocho años que deciden intervenir en la producción de dicho material incluso sin mediar abuso de superioridad o engaño, cuando su consentimiento se estimaría válido para la práctica de relaciones sexuales sin mediar tales circunstancias".

pia imagen[116]. Otros autores traen a primer plano la dignidad de la persona[117].

La doctrina norteamericana encuentra el bien jurídico protegido en la necesidad de proteger a las víctimas menores, que aún en el caso de los supuestos de incriminación de la mera posesión, se ven revictimizadas por quien utiliza el material obtenido para su satisfacción sexual en violación de sus derechos[118].

---

116 Defienden ORTS BERENGUER y SUÁREZ-MIRA RODRÍGUEZ, op. cit., pág. 245 que "el bien jurídico lesionado en el art. 189.1 no es distinto de los demás delitos del título VIII, cuando el sujeto pasivo es un menor de edad o un incapaz, con el añadido de la intimidad, sobre la que dichos sujetos no tienen plena disponibilidad, según se señala en el art. 4 LO 1/1996".
Para MORILLAS FERNÁNDEZ, op. cit. pág. 179 "En relación con el 189.1 b) "es la intimidad del menor el objeto tutelable... en tanto se procede a comercializar con una iconografía obtenida de manera ilegítima, conforme al art. 4.3 de la LO 1/1996, de 15 de enero, sobre protección jurídica del menor en tanto se utiliza su imagen de forma contraria a sus intereses, independientemente de que medie el consentimiento del infante o de sus representantes legales, debiendo rechazar la dignidad en virtud de ese ámbito de actuación demasiado genérico en beneficio de la primera como representación mas acorde y específica de lo que el legislador ha pretendido proteger con la tipificación de esta conducta". Por ello para este autor el que obtiene las imágenes y por tanto emplea al menor y posteriormente trafica con las imágenes, si no se ha valido de esa situación de clandestinidad en la obtención de la iconografía, un concurso de delitos entre las letras a) y b) del art. 189 por cuanto existen dos bienes jurídicos diferentes lesionados: la indemnidad sexual relativa y la intimidad del menor o incapaz.

117 Considera GARCÍA VALDÉS, op. cit. pág. 414 que "en este tipo de delincuencia los bienes jurídicos en juego no se reducen a la libertad sexual sino que se incardinan con la dignidad de la persona y los derechos inherentes a la misma".

118 Es particularmente interesante el análisis de WOLAK, FINKELHOR y MITCHELL, op. cit. pág. 32 para quienes "child pornography (CP) possession investigations should be aggressively pursued on all fronts on behalf of child victims. CP possession is a serious crime meriting continued and increased law-enforcement activity. That many of these images circulate online adds a new dimension of injury to the victims in these cases. Part of the potential trauma of being pictured in child pornography is that depicted children may know their images are on public display and it is unlikely the images can be completely and permanently removed from online circulation. Law-enforcement efforts against CP possessors

A fin de llegar a una conclusión debe recordarse que la LO 11/1999 trajo consigo la introducción junto al bien jurídico de la libertad sexual, un segundo bien jurídico, la indemnidad o integridad sexual de los menores e incapaces[119]. Se acuñó como nuevo *nomen* del Título VIII el de "Delitos contra la libertad e indemnidad sexuales", añadiendo por tanto la indemnidad, que no figuraba en la redacción original del Código de 1995. La Exposición de Motivos se refería a ella con las siguientes palabras: *la integridad sexual de los menores e incapaces, cuya voluntad, carente de la necesaria formación para poder ser considerada verdaderamente como libre, no puede ser siempre determinante de la licitud de unas conductas que, sin embargo, podrían ser lícitas entre adultos*. La indemnidad sexual se ha identificado con el libre desenvolvimiento de la personalidad en su vertiente sexual y pivotaría en torno a la protección frente a conductas perjudiciales para el desarrollo de la personalidad, sobre la base de que tal desarrollo exige proteger las condiciones mínimas de igualdad, respeto a la dignidad y un adecuado proceso de aprendizaje en libertad del comportamiento sexual. La distinción (relativa) entre libertad e indemnidad sexual se cimenta sobre la protección del derecho a decidir sobre la propia sexualidad (libertad sexual) y

---

are made on behalf of real child victims, and the crime of CP possession should not be minimized simply because the children in the images are often nameless and cannot speak for themselves... Some may even be deterred from greater crimes by the embarrassment and disruption arrest and conviction caused in their lives, even if they are not incarcerated. It is impossible to measure the amount of child sexual victimization prevented by the arrests of CP possessors, but it is likely there is a prevention effects. Arrests of CP possessors put needed pressure on the online, child pornography trade. The trade in child pornography has created a market for images of children being sexually victimized. Criminals who photograph and videotape the sexual victimization of children feed this market. CP possessors promote the market each time they acquire an illegal image. Law enforcement investigations put pressure on this market that may reduce the number of images produced and children sexually victimized".

119 En el mismo sentido, FERNÁNDEZ TERUELO, op. cit. pág. 256.

la protección del derecho a formar en libertad tal capacidad de decisión[120] (indemnidad sexual)[121].

Además, tras la LO 11/1999 puede entenderse que la libertad y la indemnidad sexuales no son los únicos bienes jurídicos en juego, sino que también hay que tener especialmente en cuenta los derechos inherentes a la dignidad de la persona humana[122].

En este contexto debe partirse además del dato de que el art. 189 acuña varios tipos en los que se castigan distintas conductas que protegen diferentes bienes jurídicos.

Debe también partirse de la idea de que afirmar de un tipo que protege esencialmente un bien jurídico concreto no excluye la coexistencia de otros valores o intereses protegidos de carácter accesorio.

Pasando ya a analizar los tipos de pornografía infantil debe entenderse que en las modalidades delictivas de la letra a) del apartado 1 del art. 189 (utilización de menores para la producción de pornografía), el bien jurídico protegido será la libertad sexual (si el sujeto pasivo es mayor de 13 años y no consiente) o la indemnidad sexual (si el sujeto pasivo es menor de 13 años y si siendo mayor, se presta voluntariamente a la elaboración del material pornográfico). También se protegería la dignidad de la infancia en general[123]. Por

---

120 BEGUÉ LEZAUN, op. cit. subraya cómo "la mayoría de la doctrina considera que el bien jurídico indemnidad sexual puede en realidad entenderse incluido en un concepto amplio del bien jurídico libertad sexual: en definitiva "la participación de la víctima en el comportamiento sexual del sujeto activo no sería libre, bien por serle impuesta al sujeto pasivo una determinada conducta de naturaleza sexual contra su voluntad expresa, bien por no serle permitido formar en libertad tal voluntad, bien porque la víctima no es capaz todavía de tomar esa decisión o no lo será nunca".

121 CABRERA MARTÍN, op. cit. pág. 401 señala cómo "los efectos negativos que la implicación de un menor en determinadas actividades sexuales con fines o intereses pornográficos puede tener para el libre desarrollo de la personalidad y el adecuado proceso de formación de ese menor, así como para su integridad física, psíquica y espiritual".

122 Vid. CABRERA MARTÍN, op. cit. pág. 401 y GARCÍA VALDÉS, op. cit., pág. 414.

123 La SAP Valladolid sec. 2ª 866/2002, de 30 de noviembre en este sentido considera que "el bien jurídico protegido en el delito del art. 189 núm. 1 letra a) viene referido a la necesidad de preservar la indemnidad sexual de los sujetos pasivos, que por su condición de menores o incapaces, deben ser objeto de una especial protección por el Ordenamiento Jurídico, en cuanto

tanto, en el primer tipo el bien jurídico principal sería la libertad o la indemnidad sexual[124] de los concretos menores afectados.

En el tipo del art. 189.1 b) (distribución de pornografía infantil) no se puede asignar como bien jurídico la libertad/indemnidad sexual del o de los menores que aparecen en el material, pues el ataque a este bien ya se ha consumado[125]. Por tanto, el bien jurídico habría que identificarlo con la indemnidad sexual de los menores en general, como tipo de peligro[126], y la dignidad de la infancia en

---

y esencialmente los menores que nos ocupan, dada su edad, no tienen capacidad para orientar el ejercicio de su propia sexualidad. La apreciación que hace la sociedad acerca del adecuado ejercicio de la sexualidad, rechaza la realización de actos envilecedores o degradantes, y no puede consentir que se someta a unos niños de tan corta edad como son los fotografiados que nos ocupan, a actos respecto a los cuales no tienen capacidad para consentir...".

124 La STS de 21 de marzo de 2000 apunta cómo "se considera irrelevante el posible consentimiento de tales personas menores de edad, porque el legislador, al sancionar este tipo de conductas, pretende proteger penalmente a las personas que carecen de la madurez necesaria para decidir sobre la orientación de su vida sexual y, en definitiva, para usar de la libertad sexual, con la finalidad de hacer posible una decisión responsable al alcanzar la mayoría de edad y, con ella, normalmente la consiguiente madurez humana".

125 En este sentido para MORILLAS FERNÁNDEZ, op. cit. pág. 188 "el art. 189 engloba una serie de supuestos típicos que en unos casos por su confusa redacción y otros por la inclusión de tipos de dudosa legitimidad, no permiten tratar la figura de la pornografía infantil bajo una perspectiva de unidad de bienes jurídicos... esta figura delictual representa un delito pluriofensivo no circunscribiéndose su objeto tutelable a un único ámbito —la indemnidad sexual— sino que con él coexisten otros aplicables de forma subsidiaria o independiente. Piénsese en el supuesto de utilización de un menor de 10 años para la elaboración de material pornográfico... el bien jurídico protegido es la indemnidad sexual relativa. Si un sujeto distinto interviene transmitiendo las fotos a un tercer sujeto que solo las va a poseer... la indemnidad sexual ya no es objeto tutelable".

126 Para CABRERA MARTÍN, op. cit. pág. 402 "la pornografía infantil puede constituir una poderosa forma de justificación de las conductas y preferencias pederastas, en la medida en que el intercambio de material de este tipo pone en contacto a personas que padecen este trastorno de la inclinación sexual, las retira del aislamiento y la marginación en la que hasta ahora habían tenido que vivir su tendencia y les hace creer que su inclinación constituye una opción sexual válida, con las consecuencias que ello puede acarrear al inhibir los frenos de cara a un posible paso al acto pederasta".

general[127]. En un plano accesorio también habría de hacerse referencia al derecho a la intimidad y a la propia imagen de los menores afectados[128].

Por otra parte, el tipo del art. 189.2 (posesión de pornografía infantil) no supone ataque contra la libertad o la indemnidad sexual[129],

---

En esta línea FERNÁNDEZ TERUELO, op. cit. pág. 260 en relación con el apartado b del art. 189.1 ha mantenido que "lo que a mi juicio con este precepto se reprime es, en primer lugar, un peligro abstracto para el conjunto de los menores o cuando menos para aquellos que por encontrarse en determinadas situaciones sociales, económicas o geográficas, sean víctimas potenciales de este tipo de prácticas, en la medida en que como ya dijimos, el abastecimiento del mercado con estos materiales genera nuevas necesidades". Este autor también admite que "en segundo lugar, y ya respecto a los menores cuya imagen aparece recogida en los distintos soportes, existe una evidente lesión de su intimidad personal, en la medida en que se ponen a disposición de múltiples personas aspectos relativos a la imagen o intimidad sexual protegidos constitucionalmente y de un modo autónomo en el propio Código Penal (art. 197.5)".

127 En contra, se ha considerado que "el legislador de 1999, pese a los excesos intervencionista y penalizadores detectados en determinados actos del Derecho Penal sexual, ha evitado incriminar comportamientos atentatorios contra bienes jurídicos de contenido mas espiritualizado referidos a valores supraindividuales. Así al permanecer fuera de lo típico la producción o difusión de pornografía infantil ficticia, cabe sostener que el bien jurídico protegido en estos delitos se vincula a la libertad sexual de los concretos menores utilizados para la producción del material pornográfico, sin que proceda acudir a valores genéricos referidos a la dignidad de la infancia o la moral sexual. Ello es así incluso en el nuevo tipo delictivo de posesión del referido material del segundo párrafo del art. 189.1, que ha sido perfilado con arreglo a una serie de límites que impiden una interpretación en clave de tutela de bienes jurídicos colectivos". TAMARIT SUMALLA, Josep Mª "La protección penal del menor frente al abuso y explotación sexual. Aranzadi, 2000 pág. 69.

128 Para BOLDOVA PASAMAR, op. cit. "en las hipótesis de tráfico y posesión de pornografía infantil de la letra b) del mencionado apartado 1 del art. 189, a través del medio de reproducción correspondiente se perpetúa el atentado a la libertad sexual del menor o incapaz que tuvo lugar con su participación en la escena pornográfica o en la acción exhibicionista. En las conductas típicas del apartado b), puesto que la pornografía implica el empleo de la imagen, el ataque contra el derecho a la propia imagen del menor de edad o incapaz aparece también como un aspecto inherente a las mismas".

129 Sin embargo, para la SAP Palencia, sec. 1ª, nº 1/2009, de 29 de enero "el bien jurídico protegido por este delito es el de la indemnidad sexual de los menores, es decir su bienestar psíquico, en cuanto constituya una condición

estructurándose como tipo de peligro, en cuanto la existencia de demanda oferta genera el incremento de la producción. Debe también subrayarse que se ataca igualmente la dignidad de la infancia en general[130]. Algunos autores añaden que a través de la adquisición y posesión de pornografía infantil se perpetúa el ataque sufrido por los menores y se contribuye al mantenimiento de estas prácticas[131].

En esta línea, la Consulta 3/2006 de la Fiscalía General del Estado considera que ", los tipos de los arts. 189.1 b) y 189.2, a di-

---

necesaria para su adecuado y normal proceso de formación sexual, que en estas personas es prevalente sobre el de la libertad sexual, dado que por su edad necesitan una adecuada protección por carecer de la madurez necesaria para definir con responsabilidad sobre este tipo de comportamientos que pueden llegar a condicionar gravemente el resto de su vida, por lo cual es indiferente, a efectos jurídico-penales, que el menor o incapaz consienta en ser utilizado para este tipo de conducta".

130 En la posesión de pornografía GIMBERNAT, op. cit. págs. 18 a 20 ha defendido como bien jurídico protegido la dignidad de los menores de edad e incapaces en tanto el consumidor de material pornográfico "contribuye al mantenimiento y expansión de una nueva y degradante industria que tiene por objeto y presupuesto la comisión de gravísimos delitos sexuales contra niños y niñas, pues aquella solo puede desarrollarse sobre la base de que el material filmado va a generar beneficios, encontrando compradores".

131 Es sugerente el enfoque de GARCÍA VALDÉS, op. cit. pág. 420 que considera que "estamos ante un comportamiento estructuralmente semejante al clásico delito de receptación —que se comete por ejemplo cuando se compran objetos robados con conocimiento de su ilicitud de origen— ya que la razón por la cual esa conducta se considera punible reside, por una parte, en que el receptador ataca el mismo bien jurídico (la propiedad) que el delincuente originario, pues al adquirir la cosa sustraída perpetúa y agudiza la situación patrimonial antijurídica creada por el ladrón y por otra, en consideraciones de prevención general, ya que el perista supone un estímulo para que se cometan delitos contra la propiedad, en cuanto que —por acudir a un ejemplo característico— muchos robos de joyas no se cometerían si el autor no contara con que a posteriori iba a encontrar una persona que diese salida a las alhajas sustraídas. De la misma manera, el adquirente de pornografía infantil, por una parte y cada vez que pasa en el video las imágenes reproducidas... perpetúa el ataque a la libertad y dignidad de los niños que han sido grabados previamente; y por otra parte, contribuye al mantenimiento y expansión de una nueva y degradante "industria" que tiene como objeto y presupuesto la comisión de gravísimos delitos sexuales contra niñas y niños, pues aquella sólo puede desarrollarse sobre la base de que el material filmado va a generar beneficios, encontrando compradores".

ferencia del tipo del art. 189.1 a) no protegen bienes personalísimos sino la seguridad de la infancia en abstracto y su dignidad, adelantando las barreras de protección y atacando el peligro inherente a conductas que pueden fomentar prácticas pedofílicas sobre menores concretos"[132].

Por último el tipo de art. 189.7 (distribución de pseudo pornografía) sería también un tipo de peligro, aún mas abstracto que el del art. 189.1 b), tendente a impedir que se extiendan las representaciones de pseudopornografía infantil, con el potencial de estímulo de difusión de comportamientos pedófilos y, en definitiva, de explotación sexual de los niños que éstas implican, habiéndose puesto de relieve también razones de tipo práctico para evitar la impunidad de conductas en las que no es fácil distinguir si se trata de pornografía real o pseudo pornografía[133], con lo cual en definitiva cumpliría una función de tipo de cierre para evitar portillos hacia la impunidad.

5. TIPO OBJETIVO

5.1. Utilización de menores para fines pornográficos

La letra a) del apartado primero del art. 189 CP castiga al que utilizare a menores de edad o a incapaces con fines o en espectáculos exhibicionistas o pornográficos, tanto públicos como privados, o para elaborar cualquier clase de material pornográfico, cualquiera que sea su soporte, o financiare cualquiera de estas actividades.

La redacción delimita con nitidez este tipo del descrito en la letra b) del mismo precepto. Sintéticamente podríamos decir que siempre que exista una conducta que tenga directa repercusión sobre un menor concreto (no sobre las imágenes obtenidas) habrá de reconducirse la acción a la letra a).

El inciso *cualquiera que sea su soporte* es un añadido aportado por la reforma operada por LO 15/2003.

La pena prevista era la de prisión de uno a cuatro años. Tras la reforma operada por Ley Orgánica 5/2010, de 22 de junio el tramo

---

132 En el mismo sentido, ad pedem litterae, la SAP Madrid, sec. 6ª, nº 52/2010, de 3 de febrero Pte.: Rodríguez González-Palacios, Pedro Javier.

133 Vid. CABRERA MARTÍN, op. cit. pág. 406.

superior de la pena se eleva, pasando ahora a prisión de uno a cinco años.

Las sucesivas reformas han ido incorporando nuevas conductas punibles, en un afán de "evitar la existencia de indeseables espacios de impunidad entre los medios posibles de atentar contra el bien jurídico"[134].

La reforma 5/2010 ha añadido dos nuevas conductas: captar a menores de edad y lucrarse con las actividades descritas.

La acción típica puede desarrollarse a través de dos conductas:

En la modalidad de utilización de menores en espectáculos, el menor debe intervenir en el mismo. No será subsumible en este tipo el desempeño por el menor de tareas subalternas como pudieran ser las de vendedor de entradas, camarero etc. La tipicidad requiere que el menor tenga un papel en el espectáculo sexual. No obstante cabría entender comprendidos supuestos en los que el menor participara en el espectáculo aún sin realizar actos sexuales o exhibicionistas[135]. Podemos decir por tanto que el menor debe participar en el espectáculo aunque no es necesario que tenga un rol sexual activo en el mismo.

En lo que se refiere a qué deba entenderse por espectáculo, parece que ha de operarse con un concepto amplio, pues el propio tipo incluye tanto los públicos como los privados, por lo que habrá de ser irrelevante el modo de captar a la clientela o el número de asistentes[136].

---

134 TAMARIT SUMALLA, Josep Mª "La protección penal del menor frente al abuso y explotación sexual. Aranzadi, 2000 pág. 127.

135 En este sentido se ha defendido que "debe entenderse que la ratio del precepto no limita el ámbito de incriminación a los supuestos en que el menor es parte activa de conductas o escenas de tipo obsceno. En este sentido, el precepto abarca también conductas en las que el menor se limita a presenciar la conducta obscena protagonizada por mayores de edad, por cuanto en tales casos el menor queda involucrado en un contexto atentatorio a su indemnidad sexual" MORALES PRATS, Fermín y GARCÍA ALBERO, Ramón (VVAA) "Comentarios al Código Penal" Thomson Aranzadi, Tomo II Parte especial 5ª edición, 2008, pág. 592. En el mismo sentido, MORALES PRATS, Fermín y GARCÍA ALBERO, Ramón (VVAA) "Comentarios a la parte especial de Derecho Penal" Thomson Aranzadi, 7ª edición, 2008, pág. 351.

136 En esta línea ESCOBAR JIMÉNEZ, op. cit. pág. 3 considera que "el término *espectáculo* admite un amplio significado pues puede consistir en cualquier

La representación periódica y frecuente del mismo espectáculo constituirá normalmente un delito continuado[137].

En nuestra opinión, la asistencia a espectáculos de esta índole no está tipificada[138], aun cuando ello resulta contradictorio con la expresa punición de la posesión de pornografía infantil. En este sentido se pronuncia el Informe del Consejo Fiscal al Anteproyecto de reforma del Código Penal de 2008, informe fechado en 4 de febrero de 2009, que propuso que "también podría incluirse expresamente como conducta delictiva, la asistencia a espectáculos exhibicionistas o pornográficos en los que participen menores, que no está expresamente tipificada, pese a que sí se castiga la posesión de pornografía infantil". No obstante, no faltan autores que defienden por distintas vías la tipicidad de estas conductas[139].

---

clase de representación escénica realizada en directo, siendo indiferente que sea público o privado. En definitiva, la función o montaje se lleva a cabo para ser contemplada por personas con independencia de su número. Piénsese, a tal efecto, en el sujeto que contrata o consigue que la actuación del menor se realice únicamente ante él. De hecho, la segunda acepción que a la voz *espectáculo* asigna el Diccionario de la R.A. pone el énfasis en la representación misma sin detenerse en el número de los que la presencian.

137 Vid. JIMÉNEZ VILLAREJO, op. cit. pág. 1485

138 En el mismo sentido, MORILLAS FERNÁNDEZ, op. cit. pág. 266, si bien este autor apunta la posibilidad de que cabría incriminar la conducta de los asistentes por la vía del art. 450 CP. No obstante la pena sería la de multa de seis a veinticuatro meses, por lo que esta vía de punición supondría en todo caso un privilegio injustificado respecto de la posesión de pornografía, castigada con pena de multa o de prisión.

139 Algunos autores defienden incluso la punibilidad *de lege data*: así, para GÓMEZ TOMILLO, op. cit. "no existe problema para entender captados estos supuestos, en la medida en que se está aportando una cantidad de dinero que permite sustentar esa clase de actividad. Asimismo, desde un punto de vista teleológico, lo que carecería de sentido sería que la Ley sancionase la mera tenencia de material pornográfico de estas características y, sin embargo, dejase impune la asistencia al espectáculo mismo. Ciertamente se producen efectos poco meditados por parte del legislador. Así, la equiparación punitiva del mero espectador y el explotador, o el diferente castigo a quien asiste a un espectáculo y a quien posee material de estas características. Tales defectos merecen una consideración en una potencial reforma legislativa, pero no autorizan a excluir la sanción de lo que inequívocamente es captado por la Ley. Siendo la cuestión discutible, deberá afirmarse que quien asiste por precio a un espectáculo de estas características, coopera a la verificación del tipo del delito descrito en el artículo 189.1 a), y, por

El Convenio de Lanzarote dispone en su art 21.1.c) que cada Parte adoptará las medidas legislativas o de otro tipo que sean necesarias para tipificar como delito el *asistir, con conocimiento de causa, a espectáculos pornográficos en los que participen niños*[140].

La conducta consistente en utilizar a menores para atender una línea telefónica erótica también sería subsumible en el art. 189.1 a)[141].

La segunda modalidad se integra por dos elementos: la elaboración de material pornográfico mediante la realización de imágenes y escenas de esa naturaleza, y el empleo en la realización de los mismos de un menor (STS nº 947/2009, de 2 de octubre). En esta línea, la SAP Pontevedra, sec. 5ª, nº 61/2010, de 10 de diciembre[142] considera irrelevante que el material pornográfico infantil "no estuvieran destinados a su difusión pública. El conocimiento de lo que grababa y fotografiaba y la voluntad de hacerlo integra el tipo subjetivo del delito".

No se requiere que quien utiliza a menores para elaborar material pornográfico tenga intención después de distribuirlo[143].

---

consiguiente, es, como mínimo, cómplice, pues, no se puede negar que incrementa *ex ante* el riesgo de que la conducta principal tenga lugar 79. La discusión puede ser intrascendente si se tiene en cuenta la redacción del 189.1 b) donde se sanciona con la misma pena la facilitación de la producción que la producción, exhibición, etc".
En esta línea, ESCOBAR JIMÉNEZ, op. cit. pág. 5 y URIARTE VALIENTE, op. cit.

140 El art 21.2 admite la introducción de limitaciones a esta punición.

141 En el mismo sentido GÓMEZ TOMILLO, op. cit. También se pronuncia en este sentido, ESCOBAR JIMÉNEZ, op. cit. pág. 6 que igualmente incluye en el radio del tipo "los relatos y dramatizaciones radiofónicas emitidas en directo que, propiamente, no pueden considerarse como espectáculo".

142 Pte: Fariña Conde, Victoria Eugenia

143 SAP Valencia, sec. 5ª, nº 178/2005, de 17 de mayo Pte.: Bosca Pérez, Domingo "el tipo se cumple, y con largueza, por el hecho de que el acusado utilizó a la menor (y ahora solo se exige menor de edad) en la confección del amplio reportaje pornográfico de constante referencia, sea para su uso exclusivo y reservado como para su difusión entre terceros, y cuyo calificativo de tal consta por el mismo contenido explícito de las escenas fotografiadas, en un medio sórdido y sucio por completo ajeno a la menor idea de expresión artística".

Debe entonces plantearse cómo calificar la conducta de quien participando en la elaboración del material pornográfico, distribuye posteriormente el material elaborado. Aun cuando se ha mantenido que cometería dos delitos, en nuestra opinión la conducta debe tipificarse exclusivamente conforme al art. 189.1 a), partiendo de que la ulterior conducta no sería autónoma sino que habría de considerarse comprendida dentro de la fase de agotamiento[144].

En el mismo sentido se ha pronunciado el TS, que considera que "no puede penarse doblemente, dado que la difusión en este contexto vendría a ser el agotamiento del delito porque se elabora para difundir o —en su caso— para la exclusiva conservación y visionado. Por ello, la aplicación del párrafo b) del art. citado solo tiene autonomía cuando el distribuidor no es el que ha elaborado ese material, y lo mismo puede decirse del delito de mera posesión para uso propio, que solo tendría autonomía cuando el poseedor no es el elaborador del material. Solo cuando el delito de difusión tiene la autonomía que se predica es cuando surge como bien jurídico propio el de la protección de la indemnidad, dignidad y seguridad de la infancia en abstracto... Cuando en casos como el presente se da la identidad en el sujeto activo, solo cabe la sanción por el párrafo 1º del art. 189-1º, pues en el bien jurídico que protege el tipo ya tiene acogida el párrafo b), y por ello la respuesta penal cubre todo el campo de la antijuridicidad y culpabilidad." (STS nº 947/2009, de 2 de octubre)[145].

La STS nº 795/2009, de 28 de mayo[146] admite, sin entrar a examinar la cuestión, la compatibilidad entre el art. 189.1 a) y 189.1 b), cuando además de elaborarse el material, se distribuye. No obstante, en el caso analizado en esta sentencia, la elaboración del material pornográfico tiene lugar entre octubre y noviembre de 2003 y la distribución en 2007 y según se desprende de los hechos probados, la

---

144 Para BOLDOVA PASAMAR, op. cit. "esta polémica es estéril para la aplicación de una figura delictiva, la de las letras a) y b), que se comporta como tipo mixto alternativo, es decir, una sola de esas conductas basta para realizar el tipo y aunque se realicen varias de ellas es uno solo el delito cometido en relación con un mismo sujeto pasivo. Por consiguiente, las acciones típicas de la letra b) no son un *aliud* ni un *plus* de las acciones típicas de la letra a), sino un *idem* en fase de agotamiento".

145 Pte.: Giménez García, Joaquín.

146 Pte.: Saavedra Ruiz, Juan.

distribución se refería a material no exclusivamente producido por el condenado[147].

Aborda también este problema y decide —en nuestra opinión erróneamente— en favor de la total compatibilidad entre el tipo de utilización del art. 189.1 a) y el de difusión del art. 189.1 b) la SAP Albacete, sec. 1ª, nº 13/2009, de 23 de abril: "en los supuestos en los que una misma persona utilice a los menores para elaborar material pornográfico y posteriormente sea el mismo sujeto el que los distribuya entre terceras personas no existe ningún obstáculo para castigar ambas infracciones por separado, pues la lesión al menor es diferente en uno y otro caso y, en consecuencia, han de castigarse

---

[147] Declara esta resolución lo siguiente: HECHOS PROBADOS: PRIMERO.– Gerardo y su esposa Enma se encargaban ocasionalmente del cuidado de Salvadora, nacida el 20 de abril de 1994, sobrina de Enma. SEGUNDO.– Gerardo y Enma, actuando de común acuerdo y con la intención de obtener una satisfacción sexual, introdujeron a Salvadora, al menos desde que tenía 9 años de edad, en sus juegos sexuales que incluían besos en la boca y tocamientos en los pechos, nalgas y genitales; Gerardo, estando en la cama con la menor, le realizó tocamientos en los labios vaginales y en el ano llegando a introducirle el dedo en ambas cavidades, lo que sucedió incluso estando Enma en la cama con ellos sabiendo lo que aquél hacía; tales hechos se repitieron en varias ocasiones, produciéndose las penetraciones en el mes de septiembre del año 2003, el día 1 y el día 7, en el mes de octubre del año 2003, el 18 y el 25, y en el mes de noviembre, el 25, estando con Enma en el sofá. Además, Gerardo y Enma, desde que Salvadora contaba menos de trece años, le vinieron haciendo fotografías sola y con ellos estando desnudos, apareciendo en algunas tocándole los pechos y en otras con diversas poses de provocación sexual. TERCERO.– Los hechos anteriores fueron reflejados por Gerardo en un diario en formato Word al que tituló "camino", que abrió el día 17 de mayo de 2003 y terminó el 14 de febrero de 2004. CUARTO.– En el mes de enero del año 2007 Gerardo, con la misma intención de satisfacer un deseo sexual, a través de una de las redes de intercambio de ficheros por internet denominadas P2P, y, en concreto, usando del programa denominado Emule, descargó y compartió con otros usuarios de la red ficheros de contenido pornográfico con imágenes de contenido sexual explícito con niñas menores de 13 años. En concreto, el día 8 de enero de 2007, el acusado a través de su ordenador personal ubicado en su vivienda y con IP 83.165.240.109, usando del nick " Triqui ", compartió archivos con fotografías de tal tipo con la denominación " Chipiron ". En el momento de la intervención tenía más de 50.000 archivos con imágenes de tal tipo, guardándose en el ordenador que ambos miembros de matrimonio usaban y a al que Salvadora tenía acceso.

como un concurso real de delitos, sin que haya de entenderse que la conducta descrita en el apartado b) quede subsumida en el apartado a) del artículo 189 del CP, pues en la segunda de las infracciones además de ser distinto el bien jurídico protegido es diferente también el ánimo que guía al sujeto, que no es directamente el satisfacer sus deseos sexuales, sino el obtener un beneficio del tipo que sea con la posterior distribución, difusión o venta, siendo este tipo delictivo un delito de mera actividad a diferencia del descrito en el apartado a) en el que existe una lesión directa al menor utilizado para elaborar el material pornográfico".

Lo que si es factible en estos casos en los que cuando además de elaborarse el material el mismo autor lo distribuye, tal duplicidad de actividades pueda tenerse en cuenta a la hora de individualizar la pena[148].

El Legislador, en su afán por abarcar todas las conductas relacionadas con la elaboración del material pornográfico incurre en *abundantia iuris*. Así, el tipo de financiación es redundante, pues quien financia es coautor aunque no se hubiera especificado[149]. En nuestra opinión, la financiación de estas actividades abarcaría cualquier aporte de medios materiales o personales a sabiendas para la elaboración del material[150].

---

148 "La doble acción de elaboración y difusión por la misma persona puede tenerse en cuenta a la hora de individualizar la pena" (STS nº 947/2009, de 2 de octubre)

149 En este sentido se ha entendido que es "de creación algo superflua. En la mayoría de los casos el que financia un espectáculo exhibicionista o pornográfico o la elaboración de material pornográfico utilizando menores o incapaces es realmente coautor del delito puesto que promueve la actuación criminal, actúa de acuerdo con los ejecutores materiales y ejerce con ellos el domino del hecho" JIMÉNEZ VILLAREJO, José en CONDE PUMPIDO TOURÓN, Cándido (Dir.) "Comentarios al Código Penal" Volumen 2º. Bosch, 2007 pág. 1486

En esta línea MORALES PRATS y GARCÍA ALBERO, op. cit. pág. 352 consideran que "la reforma de 1999 equiparó las conductas... a la financiación de las mismas de modo que por mas que esta previsión específica elevó a la categoría material una conducta que de otro modo hubiera constituido una cooperación necesaria ex art. 28 y en cuanto tal una reforma de participación equiparada a la autoría a efectos punitivos".

150 Algunos autores restringen el concepto: A favor de restringir el ámbito de la financiación GÓMEZ TOMILLO, op. cit. ha considerado "se puede plantear la duda de si es suficiente con proporcionar medios económicamente valua-

Cuando en la elaboración de material pornográfico son utilizados varios niños se cometen tantos delitos como menores[151]. Como ha declarado el TS, en cuanto al bien jurídico protegido, éste se integra por el derecho al desarrollo equilibrado del menor en concreto en relación a su desarrollo sexual, por eso, si en el material pornográfico se emplean varios menores, tratándose de bienes jurídicos personalísimos, existirán tantos delitos de elaboración de material pornográfico con menores o incapaces, como hubiesen sido empleados. (STS nº 947/2009, de 2 de octubre). En el mismo sentido se pronunció la Consulta 3/2006 de la Fiscalía General del Estado.

Sujeto pasivo puede ser el menor de dieciocho años, esté o no emancipado, así como el incapaz, conforme a la definición contenida en el art. 25 CP.

Cuando se utiliza a un mismo menor varias veces para elaborar material pornográfico, sin que concurra unidad de acto procedería pero con unidad de resolución cabrá aplicar el delito continuado. En este sentido se pronuncia la SAP Pontevedra, sec. 5ª, nº 61/2010, de 10 de diciembre[152].

La acción dirigida a elaborar material pornográfico se emancipa de todo lo relativo al espectáculo, adquiriendo autonomía. Abarcaría cualquier acción dirigida a captar la imagen o la voz de un menor en un contexto pornográfico, conforme a la definición asumida *supra*[153].

---

bles para que tengan lugar tales hechos (quien presta la cámara con la que se graban las imágenes, cede el local en el que tiene lugar, etc.) o si, por el contrario, el tipo se refiere tan sólo a la aportación dineraria. Estimamos que nada apoya una interpretación extensiva del tipo, por lo que debería entenderse que tan sólo la contribución directamente crematística integra las exigencias típicas, lo que no es óbice para que en los supuestos descritos se pueda aplicar las reglas de la participación en el delito y, singularmente, las de la complicidad, necesaria o no".

151 En el mismo sentido, JIMÉNEZ VILLAREJO, op. cit. pág. pág. 1486.

152 Pte: Fariña Conde, Victoria Eugenia. Esta resolución considera cada vez que se estuviera usando al mismo menor para elaborar material pornográfico se estaría afectando nuevamente al bien jurídico protegido, con lo que existiendo unidad de resolución, los supuestos de pluralidad de actos de elaboración llevarían a la existencia del delito continuado del art. 74 del CP.

153 En esta línea ESCOBAR JIMÉNEZ, op. cit. pág. 7: "la elaboración de material pornográfico hace referencia a toda actividad que, mediante artificios

Es un delito esencialmente doloso, si bien el conocimiento de la minoría de edad de la persona utilizada puede serlo en la modalidad de dolo eventual (STS nº 947/2009, de 2 de octubre).

Caben las formas imperfectas de ejecución y de participación (STS nº 947/2009, de 2 de octubre).

La realización en unidad de acto de varias escenas constituye un único delito (STS nº 947/2009, de 2 de octubre).

Debe tenerse presente que el tipo se refiere al material pornográfico utilizando términos amplios: cualquier clase de material pornográfico, cualquiera que sea su soporte. Desde esta perspectiva, cabría entender típica la conducta de pintar un cuadro representando a un menor en una conducta sexualmente explícita, siempre que se haya utilizado a un menor existente. Incluso aunque no se utilizara a un menor si se utiliza su imagen para elaborar el cuadro pornográfico, cabría tipificar su difusión conforme al art 189.4 CP (pseudopornografía infantil)[154].

Tanto en la modalidad de espectáculo como en la de elaboración de material es indiferente el consentimiento del menor o incapaz, dada la imposibilidad de prestar un consentimiento eficaz (en este sentido, STS nº 947/2009, de 2 de octubre).

5.2. Tráfico de pornografía infantil

En la letra b) del art. 189.1 se castiga al que produjere, vendiere, distribuyere, exhibiere o facilitare la producción, venta, difusión o exhibición por cualquier medio de material pornográfico en cuya elaboración hayan sido utilizados menores de edad o incapaces, o lo

---

técnicos, suponga la directa recepción o grabación de la acción en la que está interviniendo el menor o incapaz".

154 El concepto de material pornográfico en Canadá (art 163 Criminal Code of Canadá) abarcaría pintura y escultura, al conceptuarla como "film, video and other visual representation, whether or not it was made by electronic or mechanical means..." CURRY, Ann "Child Pornography Legislation in Canada: Its History and Current Developments" www.ualberta.ca/~macurry/pdf pág. 6. En este país ya se ha dado el caso de la clausura de una exposición pictórica en la que se representaban niños y adultos en escenas sexuales, siendo los niños imaginarios.

poseyere para estos fines, aunque el material tuviere su origen en el extranjero o fuere desconocido.

La reforma 5/2010 ha añadido una nueva conducta típica: a las de producir, vender, distribuir, exhibir o facilitar la producción, venta, difusión o exhibición por cualquier medio de material pornográfico se añade ahora la de ofrecer.

La pena prevista era la de prisión de uno a cuatro años. Tras la reforma operada por Ley Orgánica 5/2010, de 22 de junio el tramo superior de la pena se eleva, pasando ahora a la pena de prisión de uno a cinco años. La pena prevista es la misma contemplada para la utilización, lo que se en nuestra opinión se compadece mal con la distinta gravedad de una y otra conducta.

La diferencia esencial de los tipos del art. 189.1 b) frente a los de la letra a) es que aquellos "mantienen la desvinculación de las conductas de tráfico de la previa producción del material hasta el punto de no exigirse el conocimiento de la autoría de las mismas"[155] o en palabras del TS "hay que entender se refiere a las conductas del sujeto activo relativas al tráfico o difusión de imágenes pornográficas sin que el mismo haya participado previamente en la elaboración o filmación de las mismas, siendo indiferente la concurrencia o no de ánimo de lucro" (STS nº 795/2009, de 28 de mayo[156]).

Como recoge la Consulta 3/2006 de la Fiscalía General del Estado "una interpretación racional de los tipos del art. 189.1 a), 189.1 b) y 189.2 lleva a la conclusión de que dentro del 189.1 a), han de ubicarse todas las conductas en las que se opera sobre menores concretos, afectándose a los mismos, directa (captando a los menores, convenciéndoles para que se presten a la elaboración del material, filmando etc.) o indirectamente (financiando la grabación, proporcionando local, etc.). Por contra, tanto en el tipo de 189.1 b) como el 189.2 el sujeto activo actúa sobre un material ya elaborado, en cuyo proceso de confección no ha participado, no habiendo por tanto con su acción incidido sobre la conducta sexual del menor. Siempre que exista una conducta que tenga repercusión sobre un menor (no sobre las imágenes obtenidas) habrá de reconducirse la acción a la letra a)".

---

155 MORILLAS FERNÁNDEZ, op. cit. pág. 269.

156 Pte.: Saavedra Ruiz, Juan

En idénticos términos (sin citar la Consulta) se pronuncia la SAP Albacete, sec. 1ª, nº 13/2009, de 23 de abril[157].

La distribución es un concepto amplio, que puede abarcar distintas acciones dirigidas a poner a disposición de terceros material pornográfico

La reproducción puede hacerse en cualquier material apto para soportar y conservar la grabación (STS nº 947/2009, de 2 de octubre).

Parece que la inclusión del término "producción" en el art. 189.1 b) debiera interpretarse como referente a actuaciones materiales tales como la del impresor que edita la publicación o la fábrica donde se duplican las películas, pero no abarcará actividades de financiación o de organización de las sesiones de captación de imágenes, pues estas acciones quedarían englobadas en el art. 189.1.a).

El inciso "aunque el material tuviere su origen en el extranjero o fuere desconocido" persigue evitar espacios de impunidad, emancipándose el juicio de tipicidad de la efectiva localización de las concretas víctimas[158].

Debe en este punto analizarse la tipificación de la conducta consistente en compartir archivos mediante la utilización en Internet de un programa de los denominados P2P.

Las redes de ordenadores P2P aprovechan, administran y optimizan el uso de banda ancha que acumulan de los demás usuarios en una red por medio de la conectividad entre los mismos, obteniendo un rendimiento superior a las conexiones y transferencias de otros métodos centralizados convencionales (servidores)[159]. Su finalidad es compartir toda clase de archivos en cualquier formato digital (audio, video, texto, software o datos). Con el uso de programas P2P se crea una "carpeta de intercambio", carpeta donde, además de almacenarse los archivos bajados, se produce automática y ordinariamente, su puesta en común y difusión con otros usuarios,

---

157 Pte.: García Bleda, José

158 Se ha considerado esta inclusión como "un avance importante en la lucha contra este tipo delictivo" MARTÍN-CASALLO LÓPEZ, Juan "Internet y pornografía infantil" Actualidad informática Aranzadi nº 40 julio de 2001.

159 Vid. SAP Madrid, secc. 4ª 30/2009, de 12 de marzo.

generándose un efecto multiplicador[160]. La ubicación de los archivos al ser descargados es la carpeta "Incoming", en el Emule, o "My sha-

---

160 La SAP Las Palmas sec. 6ª nº 35/2008, de 31 de marzo explica cómo funcionan los sistemas de intercambio de archivos "comencemos por apuntar que el e-mule es un programa que nació en el amanecer del 13 de mayo de 2002 para intercambio de archivos (su nombre es un apócope de electronic mule, en inglés literalmente mula electrónica que hace referencia a edonkey o burrito electrónico). Usa un sistema de créditos por el cual quien más sube (lo que damos) a la red, más descarga (lo que recibimos). Ya que los créditos se registran de forma descentralizada en cada uno de los usuarios de la red para evitar que sean falsificados, únicamente tendremos créditos en los usuarios a los que le hayamos subido algún archivo... Podría decirse que funciona así: Existen una multitud de usuarios que disponen del mismo programa e-mule, con el que se puede pedir que alguien nos envíe uno (s) archivo (s) como canciones, películas, programas, etc. etc. Al mismo tiempo, se podría decir que hay otros "super usuarios" (en realidad no son tales) con un programa diferente (servidores) que almacenan los nombres de todos los archivos que los que están conectados a él tengan para compartir o soliciten de otros, incluso esos mismos servidores se conectan entre sí para solicitar si saben quien dispone en cualquier parte del mundo, de esos archivos. Al conectarnos por primera vez, obviamente, no tendremos nada que compartir (sólo se comparten aquellos archivos que previamente estén en una carpeta del programa e-mule llamada por defecto incoming), pero nuestras solicitudes se cursarán igual por los servidores, aunque quizás con un nivel de prioridad menor ya que nada compartimos. A medida que vamos recibiendo archivos (o pedacitos de ellos, ya que el programa e-mule corta en trocitos cada archivo compartido), vamos ofreciéndolos a quien quiera solicitarlos, a través de los servidores. Esto hará que nuestro nivel de prioridad suba y tengamos más rapidez de respuesta a nuestras peticiones. Los servidores, y esto es importante, no tienen ningún archivo de los que los usuarios pongan a compartir, sólo los nombres y la ubicación del que lo está compartiendo. Si hay varios que los solicitan al mismo tiempo, el servidor los ordenará y pondrá en cola según unos criterios como: haberlo solicitado antes, tiempo que se lleva conectado al ordenador,... Una vez nos toca el turno, el servidor se desentiende y el usuario demandante se conecta con el usuario que comparte y se traspasan el archivo. Es decir, en definitiva, el e-mule es un software, un programa del tipo P2P, o sea Peer to Peer (en inglés), de punto a punto y de Usuario a Usuario (en español). La red trabaja mediante Servidores que son los encargados de interconectar a los usuarios entre sí. El e-mule se basa en una red de intercambio de archivos donde lo que uno baja, es lo que otros comparten o viceversa y así sucesivamente. El e-mule no coge ningún archivo que el usuario no quiera (basta que lo pase de la carpeta incoming donde se almacena por defecto a cualquier otra), pero eso sí, como mínimo se han de compartir los archivos que se están bajando".

red folders" en el Ares, donde, hasta que el usuario del ordenador los extrae o los borra, permanecen a disposición de otros usuarios de la red y de los referidos programas. De ello resulta que cuando un usuario del programa mantiene archivos en esas carpetas de acceso libre, está facilitando la difusión del contenido de tales archivos entre los demás usuarios que deseen proceder a su descarga. No ocurre así cuando traslada tales archivos a otras carpetas de su exclusivo uso particular.

El programa E-mule, como el Edonkey y otros similares, son programas que se caracterizan por ser aptos para la comunicación y la transferencia de archivos a través de Internet. Mediante los mismos sus usuarios se incorporan a una red informática creada para compartir todo tipo de archivos digitales, en los que, al tiempo que se descargan archivos ajenos, se permite a terceros la descarga de los archivos propios.

La principal peculiariedad de estos programas es que no necesitan un servidor central ya que usan una estructura descentralizada, lo que dificulta su identificación, a diferencia de lo que ocurre con las paginas web y con el correo electrónico.

Esta forma de distribución ha sido denominada "pasiva", en el sentido de que quien se inserta en el sistema no necesita autorizar para que cada usuario pueda aprovecharse de los propios archivos. Otra característica de EMule es que no solo se comparte lo que se pueda tener almacenado en *incoming* o en su caso, en la carpeta compartida creada en sustitución de ésta, sino que durante el propio proceso de la descarga del archivo el usuario comparte el contenido de lo que descarga con el resto de los usuarios del mismo programa. El Emule se basa en una red de intercambio de archivos donde lo que uno baja es lo que otros comparten, o viceversa, y así sucesivamente. El programa, por lo tanto, no utiliza ningún archivo que el usuario no desee, pero, eso sí, como mínimo ha de compartir los archivos que se están bajando: a medida que se van recibiendo archivos (o fragmentos del mismo, ya que el programa desmembra cada archivo compartido) que se van ofreciendo a quien quiera solicitarlos, lo que hace que el nivel de prioridad suba y haya más rapidez de respuesta a las peticiones formuladas.

Pese a que algunos autores han expresado reticencias[161], en principio en nuestra opinión la conducta de los que comparten en la red archivos de pornografía infantil debe entenderse comprendida dentro del tipo de distribución[162]. En este sentido se ha pronunciado el Tribunal Supremo. También la Consulta de la Fiscalía General del Estado 3/2006, de 29 de noviembre, *sobre determinadas cuestiones respecto de los delitos relacionados con la pornografía infantil* declara que estos supuestos de intercambio de archivos de material pornográfico infantil son claramente subsumibles en el concepto de distribución pues si bien el sujeto no envía material pornográfico a los destinatarios, permite que otros accedan al mismo, poniéndolo por tanto a disposición de terceros.

Además, en principio, la presencia del archivo en la carpeta *incoming* indica que el archivo ha sido guardado por el usuario y que está disponible para ser compartido con otros usuarios (vid. mas ampliamente, SAP Madrid, sec. 1ª nº 133/2010, de 26 de marzo[163]).

---

161 En cuanto a los programas de archivos compartidos... también es difícil encuadrarlo en la distribución, porque esta conducta es eminentemente activa y consiste en repartir algo entre varias personas, mientras que en estos programas la difusión del material se realiza de manera pasiva, permaneciendo en la piscina común hasta que alguno de los usuarios decide buscar entre todos los archivos existentes. ROJO GARCÍA, Juan Carlos. "La realidad de la pornografía infantil en Internet". Revista de Derecho Penal y Criminología. Universidad Nacional de Educación a Distancia. Facultad de Derecho. 2ª época. Enero 2002. Nº 9 pág. 247.

162 En este sentido como ha apuntado FERNÁNDEZ TERUELO, op. cit. pág. 264 "cabe plantearse también si pueden ser subsumibles en el concepto de distribución aquellos supuestos en que mediante una serie de programas los usuarios de los mismos comparten todo tipo de archivos en tiempo real y en numerosos formatos con otros usuarios. La principal peculiaridad es que estos programas no necesitan un servidor central ya que usan una estructura descentralizada. El que lo descarga y ejecuta en su PC establece qué archivos propios quiere compartir con el resto de los usuarios del programa, los cuales inmediatamente pasarán a formar parte de una base de datos global, accesible a todos los que en ese momento estén conectados. A mi juicio, en estos supuestos nos encontramos una especie de distribución que aunque pasiva, es formalmente típica, ya que si bien el sujeto no envía material pornográfico a los destinatarios permite que otros accedan al mismo".

163 Pte.: Porres Ortiz de Urbina, Eduardo de.

Esta línea es seguida por una pluralidad de resoluciones del Tribunal supremo, como las SSTS nº 873/2009, de 23 de julio[164], nº

---

[164] Esta resolución declara que *al ser Emule un programa de archivos compartidos, para tener acceso al mismo, el solicitante debe compartir los que pone en la carpeta "incoming"; de suerte que cuanto más material comparta, más posibilidades tiene de acceder a otros archivos, porque la esencia del programa es precisamente el intercambio. El usuario se baja unos archivos, los pone a disposición de otros usuarios, y ello le permite, a su vez, obtener otros, y así sucesivamente. Se trata de un programa caracterizado por ser apto para la comunicación y la transferencia de archivos a través de Internet incorporándose, así, sus usuarios a una red informática creada para compartir todo tipo de archivos digitales (en inglés "peer-to-peer", que se traduciría de par a par o de igual a igual, más conocida como redes P2P). En la carpeta de descarga por defecto ("incoming") se almacenan los ficheros descargados. Se pueden determinar las carpetas a compartir con los demás usuarios, pero hay algo común en todos, la carpeta de descarga siempre es compartida.* Continúa la sentencia declarando que *ante unos elementos probatorios de una evidente carga incriminatoria como el número de archivos, el uso del programa de intercambio de archivos (Emule) y la activación de la carpeta de entrada en el momento en que los guardias civiles accedieron al domicilio del acusado, éste replica de forma reiterada en el recurso de casación con el argumento de que mediante el programa Emule descargaba o "bajaba" archivos, pero no los distribuía o "subía" a terceros ya que la velocidad de subida o de distribución "la tenía en cero", precisamente con el fin de impedir e imposibilitar el reenvío o la difusión. Esta alegación exculpatoria no convenció al Tribunal de instancia y tampoco la considera esta Sala como argumento sólido para desvirtuar la prueba de cargo. Y ello es así porque, en primer lugar; si el sistema Emule de que se valía para descargar los archivos de internet y acopiar en su ordenador el material pornográfico se basa en el intercambio de archivos, de modo que cuantos más comparta más puede almacenar, lo cierto es que el acusado poseía más de tres mil archivos. Esto constituye un importante indicio de que compartía sus archivos con otros internautas de la Red, ya que es la única forma de conciliar razonablemente la reciprocidad del programa con la importante cifra de material pornográfico almacenado por el acusado. En segundo lugar, cuando operaba con la carpeta de entrada ("incoming") su ordenador compartía sus archivos con otros internautas, pues para poder descargar en su carpeta de entrada precisa tener accionada la velocidad de salida, aunque sea al mínimo. De ahí que, aunque redujera el número de archivos que subía o reenviaba a otros internautas, es claro que siempre existía un número mínimo de archivos reenviados cuando operaba con la referida carpeta. En tercer lugar, en su declaración de la fase de instrucción... no se refirió en absoluto el encausado a que la causa de no distribuir material pornográfico a terceros fuera que la velocidad de salida de su ordenador la hubiera puesto a cero con ese fin. Se trata de un dato que por su singularidad y por su significación no*

1110/2009, de 16 de noviembre[165], o la nº 1055/2009, de 3 de noviembre[166].

Esta línea que podríamos denominar objetiva, en tanto anuda con cierto automatismo la utilización de los programas P2P al ánimo de difundir tiene también reflejo en la jurisprudencia menor (vid. SAP Burgos, sec. 1ª, de 4 de mayo de 2009, rec. 7/2009)[167].

---

podía fácilmente haberlo omitido. Todo apunta por tanto a que incluso como tal hecho exculpatorio no parece veraz, máxime si se pondera que un olvido de esa índole no es propio de un experto en informática, condición de lo que dio muestras con sus respuestas en el curso del proceso.

165 Pte.: Delgado García, Joaquín. El TS casa la sentencia de instancia que entendió que no había resultado fehacientemente acreditado que la aceptación y transferencia total o parcial a otros usuarios que por 562 veces se realizó desde el equipo del acusado a través del programa eMule, lo hubiera sido por expresa voluntad de este y no de modo automático o por defecto como es propio de los programas peer to peer. El Tribunal de instancia condena solo por posesión. Para el TS que condena por tráfico "...interesa destacar lo que se dice en su apartado c) en el que consta que tenía instalados diversos programas de intercambio (eMule, Azuerus y Ares) en los que se hallaron 63 archivos fotográficos y 6 videos de pornografía infantil. Se concreta que el antes referido como designado "Russian pedo 8yo girl.avi" aparecía transferido a otros usuarios 562 veces a través del citado programa eMule".

166 Para esta resolución "el funcionamiento automático inherente a estos sistemas de intercambio eMule y Lphant (y otros) que utilizan el sistema conocido como "peer to peer" (de igual a igual). Tal automatismo, del que en estos sistemas no se puede prescindir, consiste en que quien lo utiliza se descarga para sí aquellos que haya previamente seleccionado mediante palabra o palabras "clave", de modo que cuando esto se realiza sus propios archivos quedan a disposición de los usuarios del mismo sistema; repetimos, de modo automático y sin posibilidad de que alguien pueda aprovecharse de una descarga en su favor sin que al propio tiempo sus archivos estén disponibles para los demás usuarios. Es más, cuanto mayor sea el número de archivos de uno, más facilidad tendrá este para acceder a los de otros, pues al respecto hay que guardar una cola, y en esta cola se asciende más aprisa cuantos más archivos propios existan; solo cabe beneficiarse de la descarga cuando uno se queda el primero de esa cola... En estos términos hay que entender el concepto de difusión o distribución "pasiva", en el sentido de que quien se inserta en el sistema no necesita autorizar o dar la venia para que cada usuario pueda aprovecharse de los propios archivos. Por tanto, hallarse insertado en eMule o Lphant lleva consigo la puesta a disposición de sus propios archivos, como algo inseparable de las descargas en favor de cualquiera de sus usuarios, y ello ha de considerarse distribución a los efectos del art. 189.1.b) CP".

167 Pte.: Redondo Argüelles, Roger.

No obstante, el propio Tribunal Supremo ha matizado, llegando a soluciones en las que no se aplica el tipo de distribución por el mero hecho de utilizarse un programa P2P. El TS profundiza y tiene en cuenta el cúmulo de circunstancias concurrentes para apreciar o no el dolo de difundir, teniendo muy presente el principio de proporcionalidad, que puede sufrir un grave quebranto si se opera con automatismos. En este sentido es paradigmática la STS nº 105/2009, de 30 de enero[168]: "la exasperación penológica conduce a interpretar este último tipo penal (art. 189.1 b) bajo la verdadera voluntad del legislador, que es reprimir toda conducta en la que se interviene en la cadena de producción o en la fase de distribución o exhibición de tal material pornográfico (máxime si se utilizan menores de trece años), pero no en el simple visionado de lo que está ya "exhibido" (difundido) en la red, sin intervención alguna del acusado en su proceso de producción o cadena de distribución, que es precisamente la actividad que se incrimina con tal penalidad... Y claro es que puede darse por acreditada tal actividad de difusión cuando las imágenes que se reproducen son de una cantidad tan ingente que puede entenderse existe una especie de "redifusión" de las mismas, desde el ordenador del sujeto activo de este delito, al poner de nuevo en la red un enorme material que se ha ido "recopilando" en variadas ocasiones por el autor... Estos han sido los casos más habituales de la doctrina de esta Sala Casacional hasta el momento... Pero que eso esa así, no puede llevarnos a una interpretación tan abierta que sancione penalmente con penas de prisión que arrancan en cuatro años y se prolongan hasta los ocho años, conductas de internautas que lo único que hacen es navegar por la red, y todo lo más guardar tales imágenes en el sistema ("incoming") que se crea automáticamente por diferentes programas informáticos al uso... En este caso, tal archivo podrá ser considerado registrado para uso personal, lo que entrará de lleno en este tipo penal que se aloja en el art. 189.2 del Código penal, y que abre las barreras penales con una pena mucho más ajustada a la actividad del infractor, salvaguardando el principio de proporcionalidad en la aplicación del derecho penal... Pues, con independencia de las críticas doctrinales a su inclusión, lo cierto es que forma parte del derecho positivo, e incluso proporciona una mejor herramienta al intérprete que la consideración en todo caso

---

168 Pte.: Sánchez Melgar, Julián.

de tal distribución o difusión, por mor del diseño de una serie de programas informáticos en la red..."[169].

También debe mencionarse la STS nº 236/2009, de 30 de enero que mantiene "...que el problema de la distribución (o, en otros términos, facilitar su difusión) de archivos pornográficos en los que hayan intervenido menores... debe ser analizado caso por caso, en función de las características del material intervenido, el conocimiento por parte del autor de los hechos de los medios informáticos, la distribución que se produzca a terceros (por ejemplo acreditando la llegada a terminales de usuarios concretos, ajenos al autor de la difusión, en la que debe enmarcarse la búsqueda aleatoria de la policía judicial)...".

A fin de afirmar el dolo de difusión, la STS nº 130/2010, de 17 de febrero (Pte.: Martínez Arrieta, Andrés), declara que los actos de divulgación requieren inexcusablemente el dolo de actuar con tal finalidad, deducido de cualquier circunstancia, pero especialmente de la intervención del autor en la confección de tales materiales o en la elaboración de actividades para ser "colgados en la red" (difundidos), o del concierto de actos de intermediación o pública exhibición, y cuando se trata de una acción de compartir archivos recibidos, tal dolo se ha de inducir del número de elementos que son puestos en la red a disposición de terceros, para lo que se tendrá en cuenta la estructura hallada en la terminal (archivos alojados en el disco o discos duros, u otros dispositivos de almacenamiento), el número de veces que son compartidos (pues este parámetro deja huella o rastro en el sistema informático), la recepción por otros usuarios de tales imágenes o vídeos como procedentes del terminal del autor del delito. Y cuantas circunstancias externas sean determinadas para llegar a la convicción de que tal autor es consciente de su actividad de facilitar la difusión de pornografía infantil, entre las que se tomará el grado de conocimiento de la utilización de sistemas informáticos que tenga el autor del delito[170].

---

169 "Esto es lo que ocurre en el caso enjuiciado, en donde la posesión de tales fotos (6 en total, cuando la barrera que puso la policía judicial actuante lo era de 5), colma las exigencias típicas del aludido art. 189.2 del Código penal, sin abarcar una actividad de difusión de imágenes, que además no se ha probado que fuera el efecto perseguido por el autor".

170 Es en este sentido interesante la SAP Zaragoza, sec. 3ª, nº 48/2009, de 17 de septiembre (Pte.: Arriero Espes, Sara) que tras asumir literalmente esta

En el mismo sentido se pronuncian las SSTS nº 340/2010, de 16 de abril (Pte.: Varela Castro, Luciano), nº 588/2010, de 22 de junio (Pte.: Berdugo y Gómez de la Torre, Juan Ramón), nº 107/2010, de 16 de febrero (Pte.: Ramos Gancedo, Diego Antonio)[171], nº 130/2010, de 17 de febrero (Pte.: Martínez Arrieta, Andrés)[172] nº 680/2010, de 14 de julio (Pte.: Ramos Gancedo, Diego Antonio)[173] y la STS nº 842/2010, de 7 de octubre (Pte.: Colmenero Menéndez de Luarca, Miguel)[174].

---

línea jurisprudencial, llega a la conclusión de que concurre el dolo de difusión pues el acusado, "como consecuencia de la entrada y registro en su domicilio se le ocuparon 11.115 archivos de pornografía infantil, que ha reconocido haberse descargado del programa Emule, exponiendo en el juicio tanto dicho origen como que conocía el funcionamiento de dicho programa, sabiendo que cuando se descarga algún archivo se comparte con el resto de usuarios de la red, resulta acreditado la incardinación de los hechos en el tipo penal enunciado... Además el acusado admitió que cuando se realizó la diligencia de entrada y registro se estaba descargando material pornográfico, que lo guardaba en la carpeta "incoming", conociendo que es un archivo automático que se comparte".

171 Esta resolución llega a inferir ese dolo de difusión en un usuario de P2P: "la razonabilidad de la inferencia de la voluntad del acusado de compartir los archivos de contenido pornográfico con menores de trece años se saca de la ingente cantidad de aquéllos, totalmente incompatible con una descarga ocasional y no pretendida, sino procurada, habitual y continua; así como del mantenimiento de la mayor parte de los mismos en la carpeta de eMule precisamente destinada para compartir con otros usuarios de la red".

172 "el recurrente, es experto en informática y sabe que la descarga de archivos mediante la utilización del programa utilizado lleva consigo la comunicación a otros usuarios del material pornográfico con menores que el acusado tenia en su ordenador".

173 Esta resolución afirma el ánimo de difusión en base a que "el mero uso del programa Emule, el elevadísimo número de archivos intervenidos (lo que evoca necesariamente un nivel también muy alto de archivos compartidos con terceros), los al menos básicos conocimientos informáticos acreditados en el acusado y el tan execrable como evidente contenido de esos archivos claramente identificados por nombres alusivos a la corta edad de sus víctimas protagonistas, terminan dibujando una conclusión fáctica claramente incriminatoria del acusado en cuanto el mismo se descargaba voluntariamente de Internet fotografías y vídeos pornográficos en que se utilizaban menores de edad aún a costa y a sabiendas de que simultáneamente estaba distribuyendo a terceros ese mismo material".

174 "no es correcto deducir tal conocimiento del mero uso del programa, sino que es preciso, en cada caso, establecer su existencia desde el análisis de las circunstancias acreditadas...".

Aplicando el acuerdo del Pleno, la STS nº 1098/2010, de 13 de diciembre (Pte: Sánchez Melgar, Julián) declara que *para llegar al elemento subjetivo, el Tribunal sentenciador se ha valido de la multitud de archivos compartidos a través de la red mediante el programa Emule, lo que es indicativo de su conocimiento, al repetir continuamente tales prácticas, además de mantener una ingente cantidad de correos electrónicos en donde se produce la difusión, que en este caso no ofrece duda, dada la falta de automatismo de dicho sistema de comunicación, que requiere seleccionar el destinatario, insertar el archivo correspondiente, y activar el mecanismo difusor, lo que igualmente concurre en este caso al utilizar con tanta frecuencia el sistema de descarga compartida a través del programa utilizado, que prioriza las descargas cuanto más material se comparte —y por consiguiente, se difunde—, lo que se determinó así mediante la prueba pericial que arrojó como resultado tal difusión.*

Aplicando también el acuerdo del Pleno pero llegando a una conclusión diferente, la STS nº 1128/2010, de 29 de noviembre (Pte.: Martín Pallín, José Antonio) excluye el ánimo de difusión en un supuesto en el que pese a utilizarse un programa de intercambio de archivos, solamente se localizan dos archivos. Para el TS para aplicar el art 189.1 b) "tiene que existir un ánimo de distribuir, difundir o divulgar, y de realizar concretos actos de difusión de manera consciente, lo que no se desprende de la relación del hecho probado que no ha detectado que el recurrente esté en posesión en su disco duro de cientos o miles de archivos, lo que pudiera denotar una integración en una red de distribución. El relato de hechos probados se limita a reseñar la existencia de dos archivos".

Esta línea más matizada y respetuosa con el principio de culpabilidad y proporcionalidad ha sido asumida en numerosas resoluciones de la jurisprudencia menor. Así la SAP Zaragoza, sec. 6ª, nº 180/2009, de 25 de mayo[175] excluye la aplicación del tipo de tráfico condenando

---

175 Pte.: Ballestín Miguel, Alfonso "para cualquier persona usuaria de las herramientas informáticas y que en concreto tenga instalado el programa Emule y lo haya utilizado, al menos el tiempo que el propio recurrente reconoce haberlo hecho, sabe que al descargarse ficheros en la carpeta Incoming (lo que se efectúa automáticamente), tales ficheros quedan a disposición de otros usuarios que de esta forma acceden a los mismos ya que, precisamente, la característica del programa estriba en que se trata de archivos compartidos de forma y modo que todo usuario de Emule que se descarga

sólo por posesión cuando no se puede acreditar que el acusado conocía que utilizando el programa P2P necesariamente compartía el material, teniendo en cuenta que no se encontraron archivos en el disco duro[176].

---

archivos, bien en este caso de contenido pedófilo o de materias inocuas, tales como películas, música, etc. etc. en el momento de la descarga en el fichero Incoming puede hacer tres cosas: a) Dejarlo en dicho fichero con lo que está permitiendo explícitamente el compartir estos archivos con terceros usuarios del programa porque el fichero Incoming es un acceso transparente a terceros. b) Borrarlo si lo desea. c) Llevarlo de dicho fichero Incoming a un disco duro externo, pasarlo a un CD etc. con lo que se impide la difusión a terceros... Estas posibilidades y la consecuencia de compartir con terceros los archivos incluidos en la carpeta Incoming es de general conocimiento para cualquier usuario del programa... Precisamente, al ser el Emule un programa de archivos compartidos, para tener acceso a él, el solicitante debe compartir los archivos que pone en la carpeta Incoming; de suerte que cuanto más material comparta, más posibilidades tiene de tener acceso a otros archivos porque la esencia del programa es precisamente el intercambio de archivos. El usuario se baja unos archivos, los pone a disposición de otros usuarios, y ello le permite, a su vez, obtener otros archivos y, así, sucesivamente... La esencia del programa es el intercambio, y para intercambiar hay que compartir... En esta situación la mera alegación de ignorancia no basta para la exculpación, esta debe ser acreditada de forma suficiente".

176 "La jurisprudencia del Tribunal Supremo ha mantenido la existencia del delito referido cuando se obtenían y se mantenían archivadas en el disco duro fotos de contenido pornográfico, en las que aparecen menores de 13 años —sentencia de 6 de noviembre de 2007—, o cuando el sujeto activo se encuentra en actos de simultánea descarga y trasferencia de archivos de naturaleza pedófila —sentencia de 27 de noviembre de 2008—, pero en supuestos similares al que ahora es objeto de análisis, en los que no consta probado que las correspondientes imágenes se guardaran durante un tiempo prudencial en el disco duro del sistema informático, ha llegado a la conclusión de que es razonable considerar creíble la alegación del acusado de que no tenía intención de difundir los archivos que se descargó, ni de que lo estuviera haciendo por el mero hecho de descargarlos en su ordenador —sentencia de 30 de enero de 2009—. Parece, por tanto, evidente concluir que si no consta indubitadamente acreditado que el ahora acusado tenía conocimiento de los efectos que respecto de terceros se derivaban de la utilización del programa eMule, mal puede afirmarse que con la mera descarga de los archivos pedófilos de anterior mención pretendiera su difusión intencionada... Es cierto que, como ha señalado la jurisprudencia del propio Tribunal Supremo, ha de entenderse que determinados conocimientos informáticos suponen, "per se", el conocimiento del efecto difusor

En la misma línea, la SAP Pontevedra, sec. 5ª, nº 38/2009, de 18 de junio[177] también opta por no dar por probado el ánimo de distribuir pese a utilizarse un programa P2P, al no haberse acreditado el número de archivos que tenía en la carpeta incoming ni en otras carpetas del disco duro ni que se hubiera realizado descargas desde la carpeta incoming del acusado. Se le condena como poseedor porque tenía grabados CD's con material de pornografía infantil[178]. La SAP Zaragoza, sec. 3ª, nº 37/2009, de 5 de junio[179] se decanta igualmente por no dar por probado el ánimo de difusión: "los peritos vinieron a reconocer que el archivo bajado parcialmente el 29 de noviembre

---

del programa eMule utilizado para las descargas, y así lo ha expresado en supuestos tales como la conexión a Internet durante un periodo continuado en el tiempo, participación en redes de hackers, haber leído libros sobre el tema, o no limitarse a participar como visitante u observador de páginas, sino dedicarse a obtener, preparar y suministrar páginas de tal naturaleza, pero en el supuesto analizado lo único que consta probado sobre los conocimientos informáticos del acusado es que sabía como acceder al programa eMule para las descargas de archivos, pero no que conociera otros entresijos o posibilidades de dicho programa, y más concretamente del efecto difusor automático que con tal descarga se producía, por lo que, a falta de acreditación del elemento subjetivo del delito de difusión de pornografía infantil que ha sido objeto de acusación por el Ministerio Fiscal, no es procedente dictar el pronunciamiento condenatorio interesado para dicho acusado, en relación con tal delito".

177 Pte.: Ferrer González, José.

178 Conforme a esta resolución, "no pudiera apreciarse el delito del artículo 189.1b), pues a pesar de que al reconocer el acusado que había usado del programa de P2P denominado Emule para obtener los archivos con imágenes de pornografía infantil habría de estimarse que, mientras los guardaba en la carpeta "incoming" de su ordenador, estaba, a la vez, posibilitando que otros usuarios de la red pudieran usar de tales archivos para obtener una copia de los mismos, tal hecho, por si solo no sería suficiente para integrar el tipo subjetivo del delito, sin que se hubieran probado otros elementos fácticos que fueran suficientes para inferir que el acusado, al bajar los archivos a su carpeta "incoming" actuaba también con el dolo de facilitar su divulgación a terceros, pues ni se probó cual fuera el número de archivos con aquel contenido que hubieran estado guardados en la carpeta "incoming" o en otras carpetas del disco duro de su ordenador, ni siquiera se ha probado que se hubiera llegado a producir algún acto (descarga) de acceso efectivo de un tercero a través del internet a algún archivo con pornografía infantil guardado la carpeta "incoming" o en otras del dispositivo de almacenamiento del ordenador del acusado".

179 Pte.: Ruiz Ramo, José.

de 2006, —sólo se habían bajado cinco partes de siete— no lo había remitido el acusado a terceras personas, ni tampoco el resto de los archivos o carpetas, así como que la carpeta de archivos compartidos estaba vacía el día del registro —incoming—, así como el resto de las carpetas, por lo que el Ministerio Fiscal deduce el propósito de distribución que animaba al acusado en la acción misma del visionado de tal material, y así explicó en su informe que en tanto se descargan las imágenes, estas se transfieren a terceros, al concebirse de esta manera el sistema informático utilizado para tal descarga... Así la cuestión, procede examinar si el acusado tenía conocimiento del efecto difusor del programa que utilizaba, efecto automático como hemos puesto de manifiesto, y, en el supuesto de que tuviere conocimiento, si tenía la voluntad de que tal efecto difusor tuviere lugar. Parece de todo punto evidente que quien no tiene conocimiento de algo, mal puede pretender su difusión, con lo que, obviamente, no puede hablarse, nunca en tal supuesto, de querer el efecto difusor. Debemos pues centrar la cuestión en el conocimiento por parte del acusado del efecto difusor del programa utilizado. En el caso que nos ocupa el programa denominado E-Mule... No se ha acreditado que el acusado tuviera especiales conocimientos en materia de informática, cuestión que correspondía a la acusación, más allá de los conocimientos mínimos necesarios para la simple utilización del programa, o que conociera las posibilidades de dicho programa, y más concretamente el conocimiento del efecto difusor, lo que lleva a la absolución por el delito de que venía siendo acusado por el Ministerio fiscal..."

También descarta el ánimo de difusión la SAP Zaragoza, sec. 1ª, nº 143/2009, de 9 de marzo[180].

---

[180] Pte.: Cantero Arízteguí, Francisco Javier. "el acusado en el caso de autos, en el acto del juicio oral, ateniéndose a su derecho, no declaró, lo que motivó, y pudo ser apreciado por la Sala, el desconcierto de su propia letrada ante tal situación y el contenido de las declaraciones prestadas durante la instrucción, lógicamente reveladoras del desconocimiento del efecto difusor, lo que revela el estado en que se encontraba de no saber qué hacer el acusado, lo que unido a la circunstancia de no tener terminada la Educación Secundaria Obligatoria... y el hecho de que a su edad —no tiene todavía los veinticuatro años cumplidos— sea aprendiz de electricista, hace suponer fundadamente que, fuera de los elementos mínimos y necesarios para la simple utilización del programa E-Mule, por ello sin mas pretensiones, conociera otros entresijos o posibilidades de dicho programa, y más concre-

Dentro de las sentencias que no aprecian ánimo de difusión pese a utilizarse el programa P2P debe igualmente mencionarse la SAP Madrid, sec. 1ª, nº 18/2010, de 15 de enero[181] que utiliza los siguientes razonamientos: "en el caso presente la carpeta incoming estaba vacía, y si bien los peritos de la guardia civil negaron la afirmación del perito de la defensa de que ello significaba que no estaba compartiendo nada, con el argumentos de que si el usuario quería podía compartir los archivos descargados en otra carpeta que hubiera configurado alternativamente a incoming, reconocieron que no pudieron detectar esa configuración alternativa, porque no intervinieron al tiempo en la entrada y registro en que se habrían podido hacerlo. Este dato, unido a que no se haya practicado en el plenario prueba relativa a como se determinó la IP que llevó a acordar el registro del domicilio del acusado, a que se desconozca la recepción por otros usuarios de imágenes o videos de pornografía infantil como procedentes del ordenador del acusado, y a que no se cuente con datos suficientes sobre el nivel de conocimiento del sistema eMule por parte del acusado en lo referente a que supiera o sospechara que al tiempo de bajarse los archivos los estaba poniendo a disposición de terceros, genera un margen de incertidumbre sobre si asumía esa posibilidad de cara a hacerle responsable del tipo penal que le imputa el Ministerio Fiscal a título de dolo eventual, incertidumbre que debe resolverse a su favor".

También la SAP Madrid, sec. 6ª, nº 52/2010, de 3 de febrero[182] rechaza este ánimo de difusión en cuanto que "de todo el material informático intervenido, unos 14 discos duros, internos y externos, solamente se encontró material pornográfico infantil en un disco duro externo, el encontrado en el dormitorio del acusado conectado a un televisor, sin que en el examen del ordenador conectado a Internet, se visionaran archivos con contenido de pornografía infantil en los archivos ocultos y de sistema y del programa Emule, lo que refuerza aún mas la convicción de este Tribunal de que el material encontrado con ese contenido estaba destinado solo para el consumo del acusado y no para su distribución, como el citado ha manifestado en

---

tamente el conocimiento del efecto difusor, lo que lleva a la absolución del delito del que venia siendo acusado por el Ministerio Fiscal".

181 Pte.: Perdices López, Araceli.

182 Pte.: Rodríguez González-Palacios, Pedro Javier.

todo momento, sin que la acusación haya aportado otras pruebas de las que inferir la misma".

La STS nº 1012/2010, de 15 de octubre apunta a que la difusión no es posible tenerla por acreditada cuando el imputado traslada los archivos descargados a otras carpetas de su exclusivo uso particular.

En otras sentencias se afirma el ánimo de difusión tras un cuidadoso análisis de las circunstancias concurrentes. Así, la SAP Barcelona, sec. 3ª, nº 26/2010, de 8 de enero[183] deduce tal ánimo en tanto "el acusado creó expresamente en el programa eMule una carpeta para compartir archivos identificándola con el nombre "pthc". Podríamos pensar que "pthc" no es mas que la reunión mas o menos arbitraria de varias consonantes, pero lo cierto es que dicha sigla (que responde a la abreviación de Pre Teen Hardcore) es utilizada en Internet para referirse al contenido pornográfico en el cual se presenta sexo fuerte (Hardcore) con menores de edad, por lo que no cabe duda alguna de que el acusado era plenamente consciente del contenido pornográfico de los archivos que estaba compartiendo con el resto de usuarios de la red".

Puede a modo de síntesis, considerarse que no es suficiente acreditar el uso de un programa P2P para apreciar el tipo de difusión frente al de posesión. Habrán de ponderarse a tales efectos factores tales como: 1) los conocimientos informáticos del acusado 2) el número de archivos pornográficos acopiados 3) el estado de la carpeta *incoming* 4) la configuración de otra carpeta alternativa a la carpeta incoming, apta para compartir 5) la acreditación de que otros internautas han accedido a los archivos del ordenador del acusado 6) cuantas circunstancias externas sean determinantes para llegar a la convicción de que el autor es consciente de su actividad de facilitar la difusión de pornografía infantil[184].

Esta nueva posición ha sido sancionada por el Pleno no Jurisdiccional para la Unificación de Criterios de la Sala de lo Penal

---

183 Pte.: Grau Gasso, José.

184 En este sentido para SALOM CLOTET, op. cit. "el hecho de descargarse contenidos de pornografía infantil perfecciona el tipo de difusión de pornografía... desde el inicio de la descarga. Por tal motivo, se antoja fundamental tener la certeza de que el usuario que se encuentra descargándose un archivo supuestamente ilícito... lo hace con absoluta conciencia de ello".

del Tribunal Supremo, celebrado el 27 de octubre de 2009, en donde se acordó que " una vez establecido el tipo objetivo del art. 189.1.b) del Código penal, el subjetivo deberá ser considerado en cada caso, evitando incurrir en automatismos derivados del mero uso del programa informático empleado para descarga los archivos"[185].

No obstante, debe recordarse que el tipo no exige un elemento subjetivo del injusto dirigido a la difusión, pese a que alguna resolución ha llegado a constatar ese nivel de exigencia (vid SAP Barcelona, sec. 2ª, nº 188/2009, de 16 de marzo)[186]. Por ello no se requeriría el dolo directo de primer grado sino que bastaría para colmar las exigencias subjetivas el dolo directo de segundo grado y el dolo eventual en relación con el conocimiento y voluntad de difundir. En este sentido es interesante la SAP Barcelona, sec. 2ª, nº 35/2009, de 26 de enero[187] que declara que "no siendo necesario para el cumplimiento del tipo subjetivo la presencia de un dolo directo (perseguir directamente facilitar la difusión), bastando el dolo eventual (saber que otros pueden acceder y acceden a mis archivos y aun así descargarlos y mantenerlos a disposición de otros usuarios)". En este mismo sentido debe mencionarse la SAP Cantabria, sec. 1ª, nº

---

185 El acuerdo plenario contiene un voto particular del Magistrado Julián Sánchez Melgar: "Este Acuerdo Plenario significa que hay que estudiar, caso por caso, los pormenores de tal difusión en el supuesto enjuiciado, para deducir si se ha producido un acto de difusión que pueda incluirse en el tipo penal, lo que se producirá sin automatismos referidos a la mera redistribución o redifusión que el fichero creado por defecto por el sistema informático al uso realice de forma mecanizada, es decir, en función del grado de conocimiento que el autor tenga de tal acontecimiento, de donde habrá de deducirse el mencionado elemento subjetivo del tipo".

186 Pte.: Magaldi Paternostro, María José. La sentencia considera que "las conductas típicas mediante conceptos no solo poco precisos sino de amplísimo significado posible y de la asociación a su realización de penas muy graves lo que ha conducido al Alto Tribunal, en aras del respeto al principio penal de proporcionalidad de las penas, no solo a exacerbar las exigencias de la prueba de la "distribución", "facilitación" y "difusión" (también para deslindar la figura de la también punible posesión de pornografía infantil para uso propio) sino a configurar dogmáticamente el delito como un tipo de resultado (o quasi resultado) cuando es un tipo de mera actividad y a exigir además del dolo un no expreso elemento subjetivo del injusto cristalizado en la finalidad de difundir dichas imágenes".

187 Pte.: Magaldi Paternostro, María José.

3004/2009, de 26 de enero[188] que tras declarar no acreditado que existiese un dolo directo o de primer grado de compartir archivos "pues no cabe dar por probado sino que el acusado tenía los 2.104 archivos que le fueron hallados en su ordenador en una carpeta que no permitía ser compartidos con terceras personas por lo que la finalidad de la descarga que consta indubitadamente acreditada es la de la visualización por el propio imputado" considera que "él conocía y aceptaba —ya se entienda como dolo de segundo grado o como dolo eventual— que con su acción estaba permitiendo la descarga de tales archivos a terceras personas que se conectaran a las que él efectuaba. Y ello porque, frente a lo alegado por la defensa del acusado, no cabe presumir en quien utiliza un programa de ordenador, e incluso dos programas con un mismo objetivo de descarga de archivos, el desconocimiento del funcionamiento del mismo, más bien todo lo contrario, más aún cuando consta una utilización frecuente de tales programas..."[189].

También la STS nº 680/2010, de 14 de julio (Pte.: Ramos Gancedo, Diego Antonio) considera suficiente el dolo eventual: "es típico "facilitar" la difusión o la exhibición de esas imágenes que, en lo que al dolo se refiere, basta con que sea eventual, es decir que el agente actúe con conocimiento de la previsibilidad de que la utilización del

---

188 Pte.: Sagüillo Tejerina, Ernesto.

189 Deduce esta utilización la sentencia "...de las descargas efectuadas en fechas 6 y 11 de septiembre, del gran número de archivos que poseía descargados por el mismo método y de que incluso cuando se produjo la entrada y registro en su domicilio se encontraba funcionando uno de tales programas de descarga tal como se desprende de la información policial en relación con dicha diligencia. De su declaración en fase de instrucción, pese a su evidente ánimo exculpatorio, deriva que algún conocimiento tenía puesto que afirma que había cambiado de "Emule" a "Ares" para evitar compartir archivos, lo que, sin perjuicio de no poder afirmarse su certeza pues el "Emule" continuaba en su ordenador ni su correspondencia con la realidad, pone de manifiesto que el imputado utilizaba tales programas aun en el caso de que estuviese compartiendo los archivos con terceros, es decir que era consciente de que terceros podían hacer uso de los archivos que él descargaba y que, pese a ello, efectuaba tales descargas... Por último a la vista de la pantalla del ordenador durante el funcionamiento del programa, hay un icono con el nombre de "compartidos" que se destaca cuando se pasa a descargar el archivo y que... muestra que el archivo que se pone en la lista de descargas automáticamente pasa a ser compartido y, aunque el usuario no lo puede evitar, resulta que el programa se lo indica".

programa permite el acceso a terceras personas del material así obtenido".

En los casos de posesión preordenada a la difusión el juicio de inferencia es mas dificultoso que, por ejemplo, en la posesión para el tráfico de droga, en el que puede operarse con patrones cuantitativos mas o menos estandarizados[190]. A efectos de inferir el ánimo de difusión no pueden utilizarse los parámetros propios del tráfico de droga, es decir, no puede, a partir de determinada cantidad de material pornográfico poseído, deducirse el ánimo de difusin, pues no siendo este material consumible, es perfectamente posible que el acopio aún de grandes cantidades de material responda a un afán meramente coleccionista, que por lo demás es frecuente en este tipo de infractores[191].

Esta línea dirigida a relativizar la operatividad del número de archivos pornográficos poseídos en orden a acreditar el ánimo de

---

190 En este sentido se ha considerado que "en este ámbito no es hacedero fijar convenciones interpretativas sobre posesión para el propio consumo, como las trazadas para el tráfico de drogas, y conceptualmente son inapelables criterios estándar como patrones de consumo diario o patrones de acopio o abastecimiento para el propio consumo. Salvo que existan múltiples copias de un mismo material, el juicio de inferencia se torna muy dificultoso..." MORALES PRATS, Fermín y GARCÍA ALBERO, Ramón (VVAA) "Comentarios a la parte especial de Derecho Penal" Thomson Aranzadi, 7ª edición, 2008, pág. 361 En el mismo sentido, MORALES PRATS, Fermín y GARCÍA ALBERO, Ramón (VVAA) "Comentarios al Código Penal" Thomson Aranzadi, Tomo II Parte especial 5ª edición, 2008, pág. 393.

191 En el mismo sentido, URIARTE, op. cit. pág. 5, para quien "para inferir el ánimo del sujeto activo, no puede acudirse a la cantidad del material pornográfico poseído, de manera análoga a como se hace en los delitos contra la salud pública, toda vez que un importante acopio de pornografía infantil puede obedecer al comportamiento propio de un coleccionista y no de un distribuidor. Podrán valorarse no obstante otras circunstancias indiciarias que rodean a la posesión para inferir la finalidad de la misma, como pudieran ser conversaciones mantenidas con otros consumidores en las que se anuncia la distribución, o participación en actividades que requieren distribución (comunidades virtuales de intercambio, p.ej.) o en definitiva, el venir distribuyendo de manera efectiva la pornografía infantil".

difusión ha sido expresamente asumida por la STS nº 873/2009, de 23 de julio (Pte.: Jorge Barreiro, Alberto G.)[192].

En todo caso, como subraya la SAP Palencia, sec. 1ª, nº 1/2009, de 29 de enero "no es necesario que se demuestre el efectivo traslado de un archivo a tercera persona desde el ordenador del acusado".

Un buen número de sentencias que absuelven por difusión condenan por posesión, de modo que este último tipo, tan denostado doctrinalmente, está cumpliendo una importante función como dinamizador del principio de proporcionalidad. El art. 189.2 CP permite imponer una pena más ajustada a la actividad del infractor, en supuestos en los que pese a utilizarse un programa P2P, el número de archivos descargados y los conocimientos del acusado arrojan dudas sobre su conocimiento, aún desde el prisma eventual, de la difusión.

Ciertamente, los términos amplios del tipo llevan a penar con la misma dureza conductas cuya antijuridicidad dista años luz, concretamente la del consumidor que utiliza los programas P2P para proveerse de material y las del verdadero vendedor con ánimo de

---

192 "El argumento nuclear que utiliza el Tribunal de instancia para inferir que los archivos pornográficos estaban también destinados a ser distribuidos a terceros es el del número o cantidad de archivos intervenidos. Parte, pues, del hecho base de un número elevado de archivos para colegir el fin de la distribución, juicio de inferencia que refuerza con la asimilación a lo que sucede en la constatación del delito contra la salud pública del tráfico de sustancias estupefacientes... La fuerza determinante o concluyente que se le atribuye en la sentencia al indicio del número de archivos parece excesiva, ya que el supuesto de almacenamiento de archivos digitales pornográficos no es equiparable como indicio cuantitativo probatorio a lo que sucede en el ámbito del tráfico de drogas. Pues en éste, a partir de una cantidad relevante de almacenamiento de sustancia estupefaciente, se considera razonable inferir que no se halla destinada al propio consumo, inferencia que no cabe extrapolar sin notables matizaciones y reservas al mundo de la pornografía infantil. Y ello porque en este último es hasta cierto punto habitual que el consumidor de esa clase de imágenes pornográficas sea un asiduo coleccionista de archivos de esa naturaleza, sin que el importante número de material acopiado signifique necesariamente de por sí que dedique una parte a la distribución a terceros".

lucro[193]. En nuestra opinión sería conveniente introducir un tipo intermedio entre la mera posesión y la difusión en sentido estricto[194].

5.3. Posesión

5.3.1. Concepto

El art 189.2 CP tipifica la conducta del que *el que para su propio uso posea material pornográfico en cuya elaboración se hubieran utilizado menores de edad o incapaces.*

Es el que la doctrina y la jurisprudencia llama "delito solitario" (vid. STS nº 1055/2009, de 3 de noviembre).

La penalidad asignada es, respetando el principio de proporcionalidad, muy inferior al tipo de producción y de distribución: tres meses a un año de prisión o multa de seis meses a dos años.

193 En este sentido se ha considerado que "se encadenan conductas de muy diversa naturaleza y gravedad. Por ejemplo se colocan al mismo nivel a aquellos que se dedican a la difusión de pornografía infantil por precio, con meros consumidores que de forma ocasional pueden efectuar intercambio de este tipo de material" ÚBEDA DE LOS COBOS, Julio José "La persecución de la pornografía infantil. Problemas relacionados con su distribución por Internet" La Ley Penal, Nº 37, Sección Estudios, abril 2007, Editorial LA LEY.

194 En esta línea se ha considerado que "la transmisión a una o pocas personas de pequeñas cantidades de dicho material es una conducta de orden principalmente privado, cuya correspondencia sistemática correcta es el apartado 2 del art. 189, donde se regula la posesión para uso propio de material pornográfico en cuya elaboración se hubieran utilizado menores de edad o incapaces" SÁNCHEZ DAFAUCE, Mario "Consideraciones a propósito del proyecto de ley de 2009 de modificación del código penal" Tirant on line (*Tol 1852191*).

Su tipificación tiene lugar en la reforma 15/2003[195]. Pese a la polémica jurisprudencial[196] y doctrinal[197] que tal novedad provocó y pese a lo discutida que fue en su trámite parlamentario[198],

---

195 Como se ha apuntado desde la perspectiva del Derecho comparado "no ha supuesto una primicia en el ámbito internacional en tanto gran parte de las legislaciones europeas e internacionales tipificaban con anterioridad en sus respectivos cuerpos normativos los nuevos tipos penales introducidos en el art. 189 del Código Penal español antes incluso de la aprobación de la referida Decisión Marco. A modo de ejemplo, cabe resaltar como la simple posesión de material pornográfico infantil fue incriminada en el Reino Unido, Canadá y Estados Unidos a finales de los años ochenta y principios de los 90" MORILLAS FERNÁNDEZ, David Lorenzo "Los delitos de pornografía infantil en el Derecho comparado" Cuadernos de política criminal segunda época 2004 nº 84 pág. 32.

196 ESQUINAS recoge "un precedente de la orientación despenalizadora de la simple posesión en el sistema judicial canadiense, en concreto en el marco de la jurisprudencia emitida por el Tribunal Superior de la región o provincia de Columbia Británica (*British Columbia*). Así, a través de la Sentencia de la causa *Regina versus Sharpe*, de 13 de enero de 1999, se declaró la incompatibilidad entre la prohibición penal de la posesión de pornografía infantil real, contenida en la Sección 163.1 del Código Criminal, y la «Carta de Derechos y Libertades de Canadá», en particular por lo que concierne a la libertad de expresión y el derecho a la privacidad personal. En efecto, considera la Corte que, al castigarse la simple posesión del material pornográfico se está afectando a un aspecto muy privado e íntimo de la vida de una persona y, a juicio de los magistrados, este hecho debe ser valorado con un peso considerable. ESQUINAS VALVERDE, Patricia "El tipo de mera posesión de pornografía infantil en el código penal español (art. 189.2): razones para su destipificación". Revista de Derecho Penal y Criminología, 2ª Época, nº 18 (2006) págs. 171-228 © UNED pág. 6.

197 Son numerosos los autores que consideran que no existe bien jurídico protegido y que puede suponer un intento de proteger penalmente una determinada concepción de moral sexual colectiva.
También se ha defendido su atipicidad sobre la "teoría del coste menor, por cuanto... la posesión de este material pornográfico supone un freno en el ciclo sexual de los pedófilos, pues en la medida en que vean satisfechas por esta vía sus necesidades sexuales, se evitarán o reducirán otras conductas de mayor gravedad para menores e incapaces, tales como abusos, agresiones sexuales, etcétera". GUISADO MORENO, Ángela "El consumo de pornografía infantil en internet. El lado oscuro de la red". RCE núm. 81 - 2007 págs. 3-45.

198 Tanto la enmienda nº 52 del PNV como la nº 108 del Grupo Socialista propusieron su supresión.

tanto la Decisión Marco 2004/68/JAI[199] como el Convenio de Budapest[200] optan claramente por promover la punición de la posesión de pornografía infantil[201]. Incluso algunas voces desde la Fiscalía promueven una mayor punición de esta figura delictiva[202].

---

199 La Decisión Marco autorizaba la no punición en los casos en que las imágenes poseídas se refirieran a menores con edad para consentir relaciones sexuales cuando éstos hubieran consentido y las imágenes fueran destinadas exclusivamente a uso privado.
En este sentido, para CABRERA MARTÍN, op. cit. pág. 416 "la posición europea encuentra su justificación en el hecho de que el consumidor de pornografía infantil, al igual que el cliente de la prostitución infantil, promueve y mantiene la explotación sexual de menores".

200 Convenio del Consejo de Europa sobre la Ciberdelincuencia de 23 de noviembre de 2001.

201 No obstante, en el art 9.4 del Convenio de Budapest se admite la posibilidad de reservarse las partes el derecho a no aplicar la tipificación de la posesión.

202 La Memoria de la Fiscalía General del Estado de 2008 recoge la siguiente propuesta de reforma legislativa: "el Fiscal de Pontevedra plantea la reforma del delito de posesión de pornografía infantil (art. 189.2 Código Penal), y más concretamente en lo que concierne a la aplicación de las circunstancias de cualificación previstas en el artículo 189.3 a los supuestos de tenencia de pornografía infantil para el propio consumo, castigados en el artículo 189.2 último párrafo. A tal efecto, argumenta que de igual modo que la transmisión de pornografía infantil castigada en el artículo 189.1.b) del Código Penal es sancionada más severamente en los supuestos en los que concurre alguna de las circunstancias previstas en el artículo 189.3, parece lógico, no existiendo obstáculo alguno para ello, que ese plus de antijuridicidad que se traduce en una mayor reprochabilidad de la conducta se refleje igualmente en el tratamiento punitivo de los supuestos de tenencia de pornografía infantil para el propio consumo. A ello —aclara— no se opondrían criterios de proporcionalidad, pues frente a la pena de 3 meses a 1 año de prisión o multa que se prevé en el artículo 189.2 para la mera tenencia de pornografía infantil, se podría establecer una pena de 1 a 3 años de prisión para la tenencia en las circunstancias previstas en el artículo 189.3, que continuaría siendo inferior a la pena de prisión de 1 a 4 años que se establece en el artículo 189.1 para la producción o difusión de este material. Por otro lado —asegura el Fiscal autor de la propuesta— esta previsión legal sería muy positiva para la persecución de esta clase de delitos, ya que, en la práctica, se ha podido comprobar que nos encontramos ante un comportamiento que supone una progresión delictiva que va desde el inicial consumo de pornografía infantil, al intercambio de la misma, posterior almacenamiento masivo, y finalmente, producción de la propia pornografía infantil, de manera que en la mayor parte de las ocasiones no se trata de simples poseedores de

También el *Primer Congreso Mundial contra la Explotación Sexual Comercial de menores,* celebrado en Estocolmo del 27 al 31 de agosto de 1996 abogó por incriminar y exigir de manera efectiva la responsabilidad penal de los proveedores de servicios, clientes e intermediarios en la prostitución, tráfico y pornografía infantil, incluida la posesión de material pornográfico infantil, la pornografía basada en computadoras y otras actividades sexuales ilegales. En el mismo sentido, la Recomendación R (91) 11 del Comité de Ministros del Consejo de Europa a los Estados Miembros *sobre la explotación sexual, la pornografía, la prostitución y el tráfico de niños y jóvenes* abogaba por castigar la producción y distribución de material pornográfico que implique a niños, incluso estudiando la posibilidad de sancionar penalmente la mera posesión de este tipo de material.

---

pornografía infantil para el propio consumo, sino de productores o distribuidores de pornografía infantil a los que sólo se les puede imputar posesión, por ausencia de pruebas; a lo que cabe añadir que, de acuerdo con esa misma experiencia, se puede afirmar que prácticamente toda la pornografía infantil que circula por internet es intercambiada por los consumidores, siendo realmente difícil su compra, y mucho más fácil obtener dicho material mediante el intercambio, de modo que cabe concluir que la pornografía infantil hoy en día no se vende, sino que se intercambia. Partiendo de esas dos consideraciones —razona la Fiscalía de Pontevedra—, puede fácilmente llegarse a dos importantes conclusiones: de un lado que, el simple poseedor de pornografía infantil es también intercambiador o productor de dicho material, pues no puede haber obtenido el material de otra forma, sin perjuicio de que en la concreta investigación en la que se le haya identificado no se haya podido acreditar la producción o transmisión de pornografía infantil; de otro lado, que el simple poseedor de pornografía infantil es un productor en potencia. Las anteriores consideraciones permiten concluir que, cuando el simple poseedor de pornografía infantil incurre, además, en alguno de los supuestos del artículo 189.3 del Código Penal (entre ellos, la pertenencia a una organización, la tenencia de fotografías de menores de 13 años o el carácter particularmente degradante o vejatorio para el menor de la pornografía poseída) nos encontramos ante un sujeto que, con toda seguridad, se encuentra en un estadio de la progresión delictiva mucho más avanzado que el simple poseedor, existiendo muchas probabilidades de que también sea transmisor o productor de pornografía infantil, y como el bien jurídico que se trata de proteger con esta figura delictiva es la protección integral de la infancia, adelantando las barreras del derecho penal a estos actos previos al abuso directo sobre el menor, parece lógico castigar con mayor severidad a quien se encuentra más cerca de ese abuso directo". (Fiscalía de Pontevedra, Memoria de la Fiscalía General del Estado de 2008, pág. 1017).

En esta línea se tipifica esta conducta en los países de nuestro entorno jurídico cultural, asignándole por regla general una penalidad superior a la prevista en el CP español[203]. Son numerosos los países de intachable tradición democrática que castigan la simple posesión[204].

---

203 En Francia, el art. 227-23 del CP castiga el hecho de detentar una imagen o representación de un menor cuando muestren un carácter pornográfico, con pena de multa y dos años de prisión; En Alemania, el § 184.b.IV del Strafgesetzbuch impone hasta dos años de prisión o multa a quien lleve a cabo actos para procurarse la posesión de documentos pornográficos que reproduzcan un hecho real o con apariencia de realidad, o a quien posea dichos documentos. En Italia el Codice penale italiano art. 600-quater, establece una pena máxima de tres años de prisión y multa para aquel que, «conscientemente se provea o disponga de material pornográfico producido por medio de la explotación sexual de menores de dieciocho años». En Holanda se castiga el tráfico de ponografía infantil en el art. 240b sec. 1 del Código Penal, que ha sido reformado en abril de 1995 para incluir la posesión. También Noruega modificó su Código Penal en 1992 para incluir la posesión.

204 Vid. el análisis de Derecho comparado de HEALY, op. cit.: "...Several other Asian nations have recently adopted child pornography laws. In 1995, Taiwan passed a law criminalising the production of paintings, video tapes, photographs, CD-ROMs, "electronic signals" and other products depicting indecent conduct or sexual interaction involving persons under 18 years of age. The 1993 child protection law passed in the Philippines (Republic Act No. 7610) includes a provision which prohibits the employment or coercion of children under 18 years of age to perform in obscene exhibitions or indecent shows, whether live or video, or to model in obscene publication or pornographic materials. It also imposes sanctions on the sale or distribution of such materials. Sri Lanka (Penal Code Sec. 286A) passed similar legislation in 1995 which protects children up to 18 years of age. In Australia, all States and Territories except New South Wales, have promulgated legislation which makes the mere possession of child pornography illegal. Legislation already existed which makes possession for the purposes of distribution, sale, or exhibition against the law. In order to prosecute for production of child pornography, Norwegian prosecutors resort to other sections of the penal code relating to inducing minors to sexual behaviour and contributing to acts of indecency. Section 207a of the Austrian Penal Code, passed in July 1994, imposes criminal sanctions for both commercial and amateur production and distribution of child pornography as well as for possession and/or acquisition of the same. Canadá has a very comprehensive child pornography law. Section 163 of the Penal Code makes it a crime to import, produce, print, or publish any child pornography which includes representations of children under 18 who are engaged in or who are depicted as engaged in explicit sexual activity. Furthermore, mere pos-

En este sentido, puede hacerse referencia a la existencia de tipos criminalizadores de la simple posesión en Andorra, Araba, Australia, Barbados, Bélgica, Bosnia, Bulgaria, Canadá, Croacia, Chipre, Dinamarca[205], El Salvador, Estonia[206], Finlandia, Francia, Grecia[207], Honduras, Hong Kong, Hungría Islandia[208], Irlanda, Israel, Italia, Lienchestein, Luxemburgo[209], Lituania, Malta, Marruecos, Holanda, Nueva Zelanda, Panamá, Papúa Nueva Guinea, Noruega, Paraguay, Perú, Polonia, Rumanía, Eslovaquia, Sudáfrica, Sri Lanka, Suecia, Suiza, Tonga, Turquía, Reino Unido y Estados Unidos[210].

Pese a ello, como exponíamos *supra*, la tipificación de la mera posesión ha sido objeto de duras críticas doctrinales, que suelen esgrimir el argumento de la inexistencia de un bien jurídico protegido[211].

---

session of child pornography is also now prohibited in Canadá In England and Wales, the law makes it a criminal offense to take, distribute, exhibit or possess even one "indecent" photograph of a child (Protection of Children Act 1978). The law defines a child as a person under 16. The determination of "indecency" is a matter for the court.

205 El art 235 del Código Penal danés castiga, *inter alia,* la difusión y posesión de otras reproducciones visuales de material pornográfico relativo a menores de 18 años.

206 Los arts. 177 y 178 del Código Penal estonio castiga el uso de un menor o el uso de cualquier otra forma para manufacturar o almacenar pornografía infantil.

207 El art 348a del Código Penal griego sanciona distintos delitos relativos a la pornografía infantil, incluyendo la posesión, la compra y la difusión.

208 El art 210 del Código Penal de Islandia castiga la posesión de fotografías, películas, o material comparable representando niños en una forma sexual u obscena.

209 El art 383 del Código Penal de Luxemburgo castiga no solo la elaboración y posesión (para comerciar, distribuir o exhibir públicamente) de escritos, impresos, imágenes, fotografías, películas u otros objetos de naturaleza pornográfica sino también la comisión de delitos de pornografía infantil de cualquier modo.

210 Fuente: International Centre for Missing & Exploited Children (Feb. 10, 2006).

211 Se ha considerado que "en este precepto, vulnerando la máxima de protección exclusiva de bienes jurídico penales, castiga una tendencia moral del sujeto. Por tanto, ha de entenderse esta punición como ilegítima por incasable con el Derecho penal propio de un estado social y democrático de derecho". QUERALT JIMÉNEZ, Joan J. "Derecho penal español. Parte especial" Quinta edición. Atelier, 2008 pág. 223. En esta línea para JIMÉNEZ VILLAREJO, op. cit. pág. 1488 esta tipificación "puede responder bien al

Tanto en Alemania[212] como en Estados Unidos[213] y en Reino Unido[214] la doctrina no comparte estos escrúpulos y encuentra sin dificultades dogmáticas un bien jurídico protegible.

---

deseo de impedir que exista una demanda de pornografía infantil u otra parecida capaz de estimular su producción, bien a la decisión de castigar conductas que sean reprochables desde la mera perspectiva de la moral sexual. Entendemos que ninguna de estas dos razones tiene entidad suficiente para dotar de fundamento a un tipo penal que se acerca peligrosamente a los tipos de autor propios de un Derecho Penal no democrático. Para MORALES PRATS y GARCÍA ALBERO, op. cit. pág. 361 "se ha optado por la opción mas inquisitiva reclamada por algunos sectores, cifrada en la represión genérica de la mera posesión, según el modelo que ofrecen algunos países de la Unión Europea. Por consiguiente, la mera y estricta posesión queda incriminada, lo que significa que en todo caso el tipo queda descargado de la prueba de una preordenación al tráfico en las conductas de posesión a incriminar ex art. 189.1 b) apartado segundo".

212 Señala ESQUINAS VALVERDE, op. cit. pág. 6 que "en el marco de la literatura científico-penal germana se defiende mayoritariamente la presencia de un interés jurídico fundamental en la persecución de tales conductas... la protección del menor de catorce años frente a actuaciones de abuso o maltrato sexual por parte de los adultos... se castiga aquí también por una conexión, aunque sólo muy lejana, con el fundamento general de todo el precepto, que es el de evitar la posibilidad de que los menores sean convertidos en «protagonistas» de tales representaciones pornográficas; y tal propósito se intenta perseguir por medio de una indirecta erradicación» del mercado de pornografía infantil".

213 "Every image of child pornography that is acquired encourages the further growth of this illicit industry, from "custom" child pornography —the sale of images of child rape created to order for the consumer— to "real-time" child pornography, where subscribers pay to watch the streamed online rape of children as it occurs. Criminalizing simple possession of child pornography may not only curb industry growth but also prevent further incidents of sexual abuse" Child Pornography: Model Legislation & Global Review 2006 Copyright © 2006, International Centre for Missing & Exploited Children. Pág. 9.

214 "This increase in looking, collecting and possession is leading to more children being abused than otherwise would have been the case, because (i) it is very likely to cause a proportion of this enlarged population of lookers, collectors and possessors to go on to abuse children (ii) it also creates a demand for new child abuse images to be produced, and in order to produce these new images more new children will be recruited to be abused" CARR, John "Child abuse, child pornography and the internet" www.make-it-safe.net/.../Child_pornography_internet_Carr2004.pdf Child abuse, child pornography and the internet www.make-it-safe.net/.../Child_pornography_internet_Carr2004.pdf pág. 14.

En Canadá el Tribunal Supremo admitió la constitucionalidad del tipo de posesión, si bien introdujo excepciones: no deben castigarse las grabaciones visuales creadas por o representando al acusado, siempre que no representen actividad sexual ilegal y se posea exclusivamente por el acusado para su uso personal[215]. Esta excepción ha inspirado el sistema de excepciones de la Decisión Marco 2004/68/JAI, que permite no castigar cuando en los supuestos de producción y posesión, se produzcan y posean imágenes de niños que hayan alcanzado la edad del consentimiento sexual, con el consentimiento de los mismos y exclusivamente para su uso privado[216]. España no ha hecho uso de esta habilitación.

Se ha defendido la gravedad de la posesión de pornografía infantil, en base al estudio N-JOV[217], del que se desprende que más del 80% de los arrestados por posesión tenían imágenes de niños prepubescentes, y el 80% tenían imágenes de menores penetrados sexualmente. Aproximadamente el 21% de los detenidos tenía imágenes de niños soportando esclavitud, actos de sexo sádico y otros tipos de violencia sexual. Más del 39% tenían videos de niños con imagen y sonido. Aunque lo normal es que no llegue a conocerse la identidad de los menores explotados, muchas de esas imágenes son de niños víctimas de abusos. Quienes poseen esos archivos —sea para gratificación sexual, curiosidad, como medio de lucrarse o por otras razones—, están añadiendo a las penurias de la víctima el trauma de saber que sus imagines están circulando globalmente en Internet sin esperanzas de que pueda ponerse fin a tal circulación[218].

Ya en 1990, en el caso Osborne v. Ohio la *Supreme Court* norteamericana[219] mantuvo la constitucionalidad de la condena por po-

---

215 (*R. v. Sharpe*, [2001] 1 S.C.R. 45, S.C.C. 2).

216 No obstante, la Decisión Marco matiza que aun en el caso de que se demuestre que ha habido consentimiento, éste no se considerará válido si se ha obtenido valiéndose, por ejemplo, de una mayor edad, madurez, posición, estatus, experiencia o relación de dependencia de la víctima con el autor.

217 National Juvenile Online Victimization (N-JOV) Study.

218 Vid. WOLAK, FINKELHOR y MITCHELL, op. cit. pág. 27.

219 [*Osborne v. Ohio* 495 U.S. 103, 111 (1990)] "The pornography's continued existence causes the child victim continuing harm by haunting the children for years to come".

En esta misma línea, el Tribunal Supremo, en *New York v. Ferber* 458 U.S. 747, 759 (1982) declara: "The material produced are a permanent record

sesión en base a que atacando la posesión decrece la demanda y correlativamente se reduce la oferta de este material[220]. Quizá el argumento mas convincente es el de que cada vez que se usan imágenes pornográficas de un menor, se vuelve a abusar de él, de manera que el consumidor es un abusador por representación, y teniendo en cuenta que el consumidor no disfrutaría del material si alguien no hubiera abusado por él[221]. También se ha argumentado que la posesión de pornografía infantil es análoga a la receptación: los poseedores de pornografía infantil se benefician de la previa comisión de un delito[222].

Se trata en definitiva de operar sobre la demanda de material pornográfico infantil, como medio para acabar con la oferta[223]. Igualmente se trata de preservar la dignidad de la infancia y de evitar la canalización de conductas gravemente atentatorias contra los derechos fundamentales del sector mas vulnerable de la población[224] También se ha justificado su tipificación en base a que a tra-

---

of the children's participation and the harm to the child is exacerbated by their circulation".

220 En el caso Osborne v. Ohio, 495 U.S. 103, 111 (1990) el acusado fue condenado por posesión y visionado de pornografía infantil. La Supreme Court mantuvo la constitucionalidad de la condena por posesión en base a que "[i] t is also surely reasonable for the State to conclude that it will decrease the production of child pornography if it penalizes those who possess and view the product, thereby decreasing demand".

221 "Every republication of a child abuse image, in a way, re-abuses the child depicted within it. Partly for this reason, some people worry about the focus on investigating child abuse images solely because they might lead to an actual abuser... possessors are simply active abusers by proxy. They could not possess or look at the images if someone else did not do the abusing for them. CARR, John "Child abuse, child pornography and the internet" www.make-it-safe.net/.../Child_pornography_internet_Carr2004.pdf Child abuse, child pornography and the internet www.make-it-safe.net/.../Child_pornography_internet_Carr2004.pdf, pág. 16.

222 CURRY, Ann "Child Pornography Legislation in Canadá: Its History and Current Developments" www.ualberta.ca/~macurry/pdf, pág. 4.

223 Para LANNING, op. cit. pág. 109 "every time individuals download child pornography on the Internet, they are leaving an implied message behind that the material has value and they will be back to get more. Since there is a limited amount of existing material, at some point someone has to produce new images".

224 En el mismo sentido GÓMEZ TOMILLO, op. cit. y MORALES PRATS, op. cit. Para GIMBERNAT "el adquirente de pornografía infantil cada vez que

vés de la posesión de material pornográfico infantil se desensibiliza a otros menores y puede ser eficazmente utilizado en los procesos de *grooming*[225]. No trata de protegerse con el mismo la moral sexual colectiva[226].

Para la Asociación Contra la Pornografía Infantil (ACPI) de España, estos materiales desarrollan una función legitimadora e incitadora de demanda de prácticas de abuso y explotación sexual a

---

pasa el video de las imágenes reproducidas perpetúa el ataque a la dignidad y libertad de los niños que han sido grabados previamente y por otra parte contribuye al mantenimiento y expansión de una nueva y degradante industria que tiene como objeto y presupuesto la comisión de gravísimos delitos sexuales contra niños y niñas pues aquella solo puede desarrollarse sobre la base de que el material filmado va a generar beneficios, encontrando compradores". GIMBERNAT ORDEIG, Enrique, Prólogo a la 5.a ed. del Código Penal, Edit. Tecnos, Madrid, 2000, págs. 18 a 20.

También la jurisprudencia menor justifica la existencia del tipo que "protege la indemnidad, la seguridad y la dignidad de la infancia en abstracto, se adelantan las barreras de protección y se trata de combatir el peligro inherente a conductas que puedan fomentar prácticas pedofílicas sobre menores concretos, siendo el objeto material del delito el material pornográfico... el legislador trata de evitar la más mínima fisura en la represión de estas conductas y así introduce la penalización de la posesión de material pornográfico para uso propio en cuya elaboración se hubieran utilizado menores de edad o incapaces"(SAP Vizcaya, sec. 1ª, nº 4/2009, de 28 de enero Pte.: Iracheta Undagoitia, Ana Belén)

225 "Personal arousal or stimulation is certainly one reason for collecting child pornography. But there are more sinister uses. One is to desensitize potential victims. Today's children are creatures of the media. What they see in the movies must be "what other kids do," and the predatory pedophile skillfully introduces child pornography among other child-enticing "games" offered during the "grooming phase." This allows him to gradually lower the child's resistance. This is yet another reason to radically increase the penalties for simple possession of child pornography. It is not just some degenerate form of entertainment; it is a deadly weapon that creates new victims". VACHSS, Andrew "Let's Fight This Terrible Crime Against Our Children" Parade, February 19, 2006.

226 Para MORILLAS FERNÁNDEZ, op. cit. pág. 318 "la cuestión objeto de debate en nuestro país radica sobre la necesidad y eficacia de tipificar este hecho con el propósito de reducir las tasas de pornografía infantil y de menores sujetos a este tipo de explotación, por cuanto admitir otros postulados o intereses tutelables en el precepto penal que se alejen de la figura del menor, v.gr. la moral sexual colectiva, carecen de fundamento alguno en un Estado social y democrático de Derecho".

niños, niñas y adolescentes: "en primer lugar, es responsable de la explotación sexual de miles de niños y niñas distribuidos por todo el mundo, a los que se utiliza para confeccionar todo tipo de fotografías y vídeos que van desde la exhibición de sus cuerpos hasta la violación y la tortura. Pero por otro lado repercute además sobre el conjunto de todos los niños y niñas al incitar e invitar constantemente a sus consumidores para que lleven al terreno de la realidad sus "fantasías". Muchos de estos pedófilos y pederastas terminan produciendo después su propio material pornográfico con nuevos menores"[227].

Entendemos, pues, carentes de fundamento los escrúpulos mantenidos por algunos sectores doctrinales.

La reforma 15/2003 ha incluido la posesión preordenada al tráfico en el tipo básico del art. 189.1 b), eliminando el carácter atenuado con el que fue inicialmente creada[228], por lo que el tipo de posesión se configura con perfiles nítidamente diferenciados del tipo de difusión.

Su tipificación claramente apunta a que el bien jurídico libertad sexual como bien personalísimo ha quedado superado, siendo la razón de ser de esta figura la de evitar la circulación del material y en definitiva tratar de impedir futuras conductas pedófilas configurándose pues como tipo de peligro abstracto[229].

Para la STS nº 84/2008, de 12 de febrero (Pte.: Soriano Soriano, José Ramón) *el legislador estableció una figura típica de peligro, en cuanto anticipa las barreras protectoras del derecho penal a situaciones que a su juicio pueden provocar o favorecer su exhibición, venta, distribución, facilitación u otro tipo de conductas a que se refiere el apartado b) del número 1º del art. 189 C.Penal.*

---

227 ACPI: Pornografía Infantil y prostitución, "Consecuencias", Acción Contra la Pornografía Infantil (ACPI), en http://www.asociacion-acpi.org/consecuencias.htm (15/07/08).

228 En el mismo sentido, MORILLAS FERNÁNDEZ, op. cit. pág. 294.

229 Para BOLDOVA PASAMAR, op. cit. "el sentido de la punición se centra en evitar o prevenir que en el futuro se sigan utilizando de este modo a menores o incapaces por la existencia de un mercado negro que lo demanda en forma de material pornográfico. Ello supone, en consecuencia, tan solo un peligro abstracto para los bienes jurídicos de contenido sexual de menores de edad e incapaces". También lo considera tipo de peligro abstracto GÓMEZ TOMILLO, op. cit.

No cabe, en nuestra opinión, a través de este tipo incriminar conductas de simple visionado de la pornografía. Esta es la línea mayoritariamente seguida por la doctrina alemana[230]. La posesión implica una tenencia prolongada temporalmente, que con carácter general y operando en Internet, implicará la correspondiente descarga del material[231]. No obstante la tendencia expansiva hacia la criminalización de cualquier comportamiento pedófilo ha llevado a defender la tipificación del mero visionado[232], que de hecho, es ya

---

230 Expone ESQUINAS VALVERDE, op. cit. pág. 209 que "la mayoría de la literatura penal alemana exige que en el caso de envío de información por Internet o vía telemática, la misma se encuentre ya almacenada en el disco duro del ordenador o en otro soporte o medio permanente de conservación de los datos, situado en el ámbito o esfera de disposición del sujeto (por ejemplo, en un disquete)... En cualquier caso, como puede apreciarse, la postura científica más extendida afirma que simplemente con reclamar o abrir, acceder a los datos en la Red y *contemplar* las imágenes en la pantalla, no resulta perpetrado el tipo de posesión. En cambio, debería esperarse hasta el almacenamiento efectivo de las mismas en el propio soporte de información o la memoria del ordenador".

231 En el mismo sentido, URIARTE, op. cit. pág. 6, para quien "debe delimitarse restrictivamente el concepto de posesión, que en ningún caso podrá abarcar el simple visionado de la pornografía sin que éste vaya acompañado de un acto expreso de "ocupación" de la misma, como podría ser el grabado a través de cualquier medio, la impresión de la imagen, o cualquier otro acto de adquisición que permita de algún modo al sujeto volver a acceder al disfrute de ese material sin depender de la colaboración o actuación de un tercero... En este sentido, no sería posesión el almacenamiento en el ordenador de una dirección URL que ofreciera pornografía infantil, pues la efectiva conservación de la pornografía en ese sitio no dependería de la voluntad del usuario, sino del titular de la página web".

También se pronuncia en esta línea MARTÍN-CASALLO LÓPEZ, Juan "Internet y pornografía infantil" Actualidad informática Aranzadi nº 40 julio de 2001 que considera impune "la simple visita, una única vez, a un fichero de material pornográfico".

Igualmente ÚBEDA DE LOS COBOS, Julio José "La persecución de la pornografía infantil. Problemas relacionados con su distribución por Internet" La Ley Penal, Nº 37, Sección Estudios, abril 2007, Editorial LA LEY para quien "no posee material pornográfico el que se limita a acceder a páginas con pornografía en la red, pero sin descargarlas. Por tanto, esta conducta es impune".

232 En este sentido WORTLEY/ SMALLBONE. op. cit. "possession of (not just production and trading of) child pornography is an offense. In the case of

típico en Estados Unidos[233]. También la Ley Modelo elaborada por el *International Centre for Missing & Exploited Children* propone castigar no solo la descarga, sino también el simple visionado de pornografía infantil[234] Algunos autores consideran que semejante expansión puede generar problemas probatorios e inseguridad jurídica[235]. No obstante, es preciso estar atentos a la evolución de las conductas de consumo de pornografía infantil en la red, pues si se consolida la tendencia a consumir mediante el visualizado *on line*, quizás debiera, *de lege ferenda*, tipificarse este comportamiento, que no tiene encaje en el concepto de posesión.

Esta es la línea seguida por el art 20.1. f) del Convenio del Consejo de Europa para la protección de los niños contra la explotación y el abuso sexual, hecho en Lanzarote, el 25 de octubre de 2007, que dispone que cada Parte adoptará las medidas legislativas o de otro tipo que sean necesarias para tipificar como delito las siguientes conductas intencionales, cuando se cometan de forma ilícita... f) el acceso a pornografía infantil, con conocimiento de causa y por medio de las tecnologías de la información y la comunicación. Si tenemos en cuenta que la letra e) del mismo precepto exige la tipificación de la posesión, es claro que el Convenio aboga por la tipificación del mero

---

the Internet, images do not have to be saved for an offense to have occurred-they simply need to have been accessed.

233 Knowingly accessing child pornography with the intent to view it [18 U.S.C. § 2252A(a)(5)(B)].

234 "The definition should include, at a minimum, the visual representation or depiction of a child engaged in a (real or simulated) sexual display or act or performance. Moreover, it is imperative that, with the advent of the Internet and new technology, mention be made of all the forms child pornography can take including, but not limited to, film, DVD, CD-ROM, diskette, CD-R, and other electronic media; of all the ways child pornography can be distributed, including via Internet; and of all the ways child pornography can be possessed, including by simply viewing an image on the Internet or by downloading an image to one's computer". Child Pornography: Model Legislation & Global Review Copyright © 2006, International Centre for Missing & Exploited Children pág. 1.

235 En esta misma línea ha entendido ESQUINAS VALVERDE, op. cit. pág. 225 que "no cabe castigar penalmente una conducta de tenencia de material pornográfico... que no llegue a satisfacer los requisitos propios de la posesión desde el punto de vista jurídico-civil —es decir, relación material de dominio de una cierta estabilidad temporal—".

acceso. No obstante, el apartado 4º de este mismo precepto permite reservarse el derecho de no aplicar esta disposición.

También la Declaración del III Congreso Mundial de Río, en su punto II.4 aboga por la tipificación del mero acceso a la pornografía infantil[236].

El tipo penal de posesión requiere la concurrencia de los siguientes elementos: a) una posesión de material pornográfico, en cuya elaboración se hubieren utilizado menores o incapaces, lo que se integra mediante el concepto de pornografía... junto al dato de la aparición de menores o discapacitados, dentro de un escenario sexual; b) que este material se tenga para uso personal de quien lo almacene, excluyéndose cualquier actividad que suponga producción o difusión, es decir, alguna de las modalidades de producir, vender, distribuir, exhibir o facilitar estas actividades por cualquier medio, o la mera posesión para esos fines... c) un elemento subjetivo, constituido por el dolo del agente, que aquí bastará con la conciencia de que se posee en su sistema o terminal, tales archivos que constituyen pornografía infantil (lo que igualmente se habrá de probar en cada caso).(STS nº 105/2009, de 30 de enero Pte.: Sánchez Melgar, Julián)[237].

Los subtipos agravados del art. 189.3 no se aplicarían a estas conductas. En este sentido, vid. STS nº 795/2009, de 28 de mayo (Pte.: Saavedra Ruiz, Juan)[238].

No obstante, la concurrencia de los presupuestos fácticos de alguno de los subtipos agravados puede y debe utilizarse a la hora de individualizar la pena del tipo de posesión. Así lo entiende la SAP Pontevedra, sec. 5ª, nº 38/2009, de 18 de junio[239], que declara que "... algunas de las imágenes archivadas por el acusado muestran, por los rasgos infantiles de los niños y niñas, que en la elaboración de ese material pornográfico fueron utilizadas niñas menores de trece

---

236 "Criminalize the intentional production, distribution, receipt and possession of child pornography, including virtual images and the sexually exploitative representation of children, as well as the intentional consumption, access and viewing of such materials where there has been no physical contact with a child".

237 En el mismo sentido, SAP Barcelona, sec. 3ª, nº 584/2009, de 25 de junio Pte.: Grau Gasso, José.

238 . Esta sentencia declara que "en relación con el tipo privilegiado se excluye la aplicación del tipo agravado".

239 Pte.: Ferrer González, José.

años... ello supone una agravación del hecho que lleva a que la pena se imponga en el máximo legal de un año de prisión". También debe mencionarse la SAP Las Palmas, sec. 1ª, nº 42/2009, de 6 de abril que considera que "los hechos son de la suficiente gravedad como para quedar perfectamente justificada la imposición de pena de prisión y en el máximo legal. Cierto que las circunstancias agravatorias previstas en el art. 189.3.a y b, "minoría de trece años y carácter particularmente degradante o vejatorio", no presentan una agravación punitiva para la conducta que se aprecia del art. 189.2, a diferencia de lo que así acontece para la del art. 189.1, más no por ello cabe anudar el fundamento mismo de la agravación al tipo penal que se aprecia, el del 189.2, dentro de la individualización punitiva, desde el mismo momento que el legislador considera especialmente reprobable la conducta cuando concurren tales circunstancias[240].

El dolo en la conducta de poseer, frente a alegaciones relativas a la posibilidad de descarga por error, puede afirmarse a través de la prueba indiciaria: cuando hay múltiples archivos, cuando están ordenados por carpetas, cuando los archivos han sido transferidos a otras unidades de almacenamiento ajenas al ordenador, cuando el historial de búsquedas refleja un propósito de hacerse con este tipo de material... Es en este sentido interesante la STS nº 533/2009, de 20 de mayo (Pte.: Martínez Arrieta, Andrés) que declara que "el dolo

240 Pte.: Alemán Almeida, Secundino. Continúa esta resolución declarando que "se podrá alegar que no cabe esa equiparación pues las conductas del apartado 1º son esencialmente activas en relación a la utilización de material pornográfico pedófilo frente al simple consumo del apartado 2º, más tal argumento ya tendría su respuesta legal en la ausencia de la agravación para las de dicho apartado 2º. Sin embargo, ello no excluye su objetiva gravedad en el caso concreto pues de lo contrario se estaría equiparando desde el punto de vista punitivo el mero consumo de pornografía infantil, sin circunstancias especialmente reprobables, con aquél que consume material pedófilo con menores que notoriamente tengan edad inferior a trece años, o representando escenas sadomasoquistas o de violación que francamente resultan degradantes y vejatorias. Con tal diferenciación en la proyección de la pena a imponer, se conseguiría al tiempo ofrecer un resultado proporcional, ya que se sancionaría más severamente el consumo de material pornográfico con circunstancias de especial e intensa penosidad para las víctimas, de forma que redundara en un menor consumo de este tipo de material, en una menor difusión, y a la postre, en el fin último de su erradicación total".

no puede ser percibido por los sentidos... la prueba del dolo en su doble acepción de prueba del conocimiento y prueba de la intención es un hecho, sólo que se trata de un hecho subjetivo cuya probanza lo es por medios diferentes de los hechos naturales. Así como el hecho natural puede ser comprobado por prueba directa, el hecho psíquico dada su naturaleza interna, salvo improbable confesión de la persona concernida, sólo puede ser aprehendido —más que comprobado— por una constelación de indicios que enlazados entre sí equivalen a su existencia, de suerte que esa constelación de indicios viene a ser el verdadero objeto de la determinación probatoria, pues la certeza de tal conocimiento o intención, dada su naturaleza interna, resulta indemostrable, lo que no es equivalente a que sea inaprendible intelectualmente y racionalmente aceptable por estar fundados en máximas de experiencia socialmente aceptadas... en el caso de autos, la acreditación del dolo en la conducta del acusado, de la tenencia para uso propio de material pornográfico infantil, resulta de la propia cantidad de material pornográfico infantil intervenido, en una cantidad muy importante, que se guardaba en el ordenador y en discos de almacenamiento extraíble, como los Ces, y DVDs, y este material se encontraba ordenado en carpetas y subcarpetas, lo que implica una acto volitivo de ordenación de un material poseído, indicativo del dolo en la realización de la acción que, se reitera, consiste en la tenencia para uso propio de material pornográfico con menores como sujetos de la acción". (vid. este punto ampliado en el epígrafe 15.1.2).

Para que la conducta sea punible, la acción de búsqueda de pornografía infantil ha de haberse llevado a cabo con éxito, debiendo quedar extramuros del tipo la búsqueda infructuosa. En otras palabras, no es punible en nuestra opinión la tentativa[241].

A fin de calibrar la gravedad de la concreta conducta y motivar la pena específica a imponer, se ha considerado que no solo debe valorarse el número de imágenes intervenidas, la edad de los menores o el tipo de acto sexual, sino también el mayor o menor tiempo durante

---

241 En el mismo sentido para ESQUINAS VALVERDE, op. cit. pág. 217 "aún más criticable se antoja la mencionada posibilidad, prevista en la normativa germana, de sancionar con la pena de la consumación incluso la *tentativa* de hacerse con el material pornográfico, de modo que ya la búsqueda (también la que resulte infructuosa) de las correspondientes páginas en Internet podría ser vista como un «inmediato comienzo de la ejecución".

el que se ha poseído el material, el mayor o menor grado de organización del material o cómo fue adquirido el mismo[242].

5.4. Tráfico de pseudo pornografía infantil. Diferencias con la pornografía virtual y con la pornografía técnica

El apartado séptimo del art. 189 castiga al que *produjere, vendiere, distribuyere, exhibiere o facilitare por cualquier medio material pornográfico en el que no habiendo sido utilizados directamente menores o incapaces, se emplee su voz o imagen alterada o modificada.*

En primer lugar debe advertirse que el precepto solo castiga la difusión, no la mera posesión de este singular material pornográfico, que afecta a la imagen y a la dignidad del menor pero no a su libertad ni indemnidad sexual, pues no se lleva a cabo ningún comportamiento —ni siquiera indirecto— con matiz sexual sobre el menor. En la llamada pseudo pornografía infantil (también denominada "morphing") no se utiliza realmente al menor o incapaz sino que se abusa de su imagen o voz manipulándola con artificios técnicos.

Como se expuso *supra*, cabría aquí subsumir la conducta de quien elabora y exhibe un cuadro pornográfico empleando la imagen de un menor real, aunque el mismo no hubiera llevado a cabo el acto sexual representado.

La pseudo pornografía ha sido clasificada en tres tipos: 1) imágenes de cuerpos digitalmente alteradas y sexualizadas, como la imagen de un niño en bañador al que se le quita dicha prenda con programas de ordenador 2) imágenes separadas en una fotografía, como la mano de un niño sobreimpuesta a un pene de un adulto 3) montajes de fotos, alguna de las cuales representa a un menor y otras tienen contenido sexual[243].

La pena asignada, en razón a esa importante especialidad, es atenuada respecto del tipo básico de distribución. En efecto, frente a la pena de uno a cinco años prevista en el apartado primero, este apar-

---

242 KRONE, Tony "A Typology of Online Child Pornography Offending" "Trends & issues in crime and criminal justice" No. 279 Australian Government Australian Institute of Criminology July 2004.

243 KRONE, op. cit.

tado séptimo prevé la de prisión de tres meses a un año o multa de seis meses a dos años. Se establece por tanto una pena equiparada a la de la posesión de pornografía infantil, sin duda en atención a que el material que se difunde no tiene tal naturaleza *strictu sensu*.

Este tipo de nuevo cuño fue introducido por la reforma operada por LO 15/2003, pese a que algún sector doctrinal ha considerado que la pseudopornografía ya estaba incluida desde la reforma de 1999[244]. El Informe del CGPJ de 26 de marzo de 2003 consideró al respecto que "el legislador quiere proteger la indemnidad sexual... anticipando la tutela penal"[245].

El tipo exige que se opere con la imagen[246] o la voz de un menor, por lo que quedarían fuera del mismo los supuestos en los que no utilizándose a menores o incapaces ni siquiera indirectamente en la elaboración del material, se recurre a artificios informáticos (pornografía virtual) o de otra índole para elaborar el material pornográfico (adultos disfrazados y maquillados para simular la minoría de edad, la denominada pornografía técnica).

Por ello no entran dentro del tipo los simples comics, o dibujos animados o generados por ordenador que representen a menores en

---

244 Para MORALES Y GARCÍA ALBERO "la técnica de tipificación empleada en la reforma de 1999 ya permitía aprehender en la órbita del tipo los supuestos de pseudopornografía, entendiendo por tal aquella en la que se insertan fotogramas o imágenes de menores reales en escenas pornográficas animadas o no en las que no intervienen realmente, pues en tales casos se verifica objetivamente una utilización del menor para los fines contemplados en el art. 189.1 a)". MORALES PRATS, Fermín y GARCÍA ALBERO, Ramón (VVAA) "Comentarios a la parte especial de Derecho Penal" Thomson Aranzadi, 7ª edición, 2008, pág. 352.

245 El Informe del CGPJ añadía que la intervención del Derecho penal en un estadio previo incluso a la propia puesta en peligro del bien jurídico es discutible, máxime cuando esos comportamientos de pornografía virtual no se encuentran necesariamente en una relación de causa a efecto con la efectiva puesta en peligro del bien jurídico.

246 "El caso de la pseudopornografía infantil... consiste en realizar fotomontajes con imágenes de menores y escenas sexuales (colocar de la cara de un menor sobre imagen de un adulto, añadir la fotografía de un niño o una niña en una escena de sexo...). En tales casos, se incorporan imágenes de menores reales —aunque sea parcialmente—, por lo que la lesividad de la conducta es mayor". Anesvad "Informe sobre la pornografía infantil en Internet".

un contexto sexual[247]. Debe tenerse en cuenta que actualmente existen programas de diseño gráfico que permiten elaborar imágenes de menores de gran calidad[248], por lo que se ha apuntado que la falta de tipificación de la pornografía infantil virtual puede generar problemas probatorios a la acusación[249]. La pornografía infantil virtual

---

247 En el mismo sentido, GÓMEZ TOMILLO, op. cit. y MORALES PRATS, Fermín y GARCÍA ALBERO, Ramón (VVAA) "Comentarios a la parte especial de Derecho Penal" Thomson Aranzadi, 7ª edición, 2008, pág. 362 Para estos autores "estos recortes en la órbita de incriminación hacen que la reforma de 2003 no haya adoptado una línea legislativa como la de otros países en los que el Derecho Penal pasa a tutelar intereses relativos a una difusa moral colectiva".

248 Se ha defendido la necesidad de tipificar estas conductas: "*Com o desenvolvimento da tecnologia, as legislações penais dos países passaram a sofrer de um gap em relação às imagens de "fantasia" de abuso sexual de menores. Somente uma nova ação legislativa seria capaz de afastar essa ameaça aos esforços estatais de combate à pornografia infantil, através da criação de uma subcategoria estreitamente definida de imagens ilícitas (cartoons, desenhos e imagens animadas envolvendo menores em cenas obscenas). Uma atuação legislativa é necessária para impedir a disseminação dessa nova categoria de pornografia infantil na Internet. Sem isso, fica impossível para a polícia prender ou mesmo para o Ministério Público denunciar as pessoas que possuem, produzem e divulgam esse tipo de imagens ("fantasy style")"... No mínimo, a circulação desse tipo de material serve para inculcar e desenvolver uma cultura ou sentimentos pedófilos*". REINALDO FILHO, Democrito "A Pornografia Infantil Virtual e as Dificultades Jurídicas para Comatê-La - O caso do Second Life" Revista de Derecho Informático ISSN 1681-5726 No. 110 - septiembre de 2007.

249 "*A outra conseqüência é que a não tipificação da "pornografia infantil* ***virtual****" pode dificultar a persecução criminal, em casos de efetivo crime de disseminação de material pedófilo. Uma vez identificados os autores do ato produção ou divulgação do material na Internet, estes podem, durante o procedimento judicial, alegar que não se trata de imagens ou representações de crianças reais e, assim, escapar à condenação. Esse tipo de alegação, como estratégia de defesa, tem o efeito de lançar sobre os ombros da Promotoria o ônus processual da prova do crime, isto é, a obrigação de provar que o material eventualmente apreendido trata-se efetivamente de* ***pornografia infantil****, fruto da reprodução de um abuso sexual perpetrado contra uma criança. Prova técnica desse tipo sempre será de difícil produção e a conseqüência, como se disse, pode ser a absolvição dos incriminados. A solução seria a lei transferir para a defesa o onus probandi, nessas hipóteses*" REINALDO FILHO, Democrito "O Crime de Divulgação de Pornografia Infantil pela Internet - Breves Comentários à Lei 10.764/03 No. 066" - enero de 2004.

ha penetrado en la popular plataforma virtual “Second Life”, siendo perseguida por las autoridades judiciales alemanas. En Estados Unidos se tipificaron estas conductas, partiendo de que numerosos estudios defendían que los efectos de la pornografía infantil virtual eran tan perversos como los de la real[250].

En el delito de tráfico de pseudo pornografía infantil el bien jurídico protegido sería la indemnidad sexual de los menores en general, como tipo de peligro[251]. En nuestra opinión el bien jurídico principal no es el de la propia imagen[252].

El tipo no exige que el material elaborado tenga virtualidad para generar engaño sobre la realidad de la representación[253] aunque

---

250 BERGELT Kelley “Stimulation by simulation: is there really any difference between actual and virtual child pornography?”, 2003 culsnet.law.capital.edu/LawReview/BackIssues/31-3/Bergelt6.pdf pág. 2.

251 En este sentido BOLDOVA PASAMAR, op. cit. entiende que “se utilizan imágenes o sonidos que proceden de esas personas para insertarlos en un contexto sexual al que son totalmente ajenos. Esto, en principio, puede llegar a constituir una intromisión ilegítima en el derecho al honor, la intimidad personal y la propia imagen, que es susceptible de protección civil... Por lo tanto, desde el punto de vista de la protección penal en el marco de los delitos del Título VIII sólo puede considerarse estamos ante un peligro abstracto para los bienes jurídicos de los delitos sexuales. Por un lado, se quieren prevenir posibles abusos sexuales contra menores por parte de paidófilos que se vean inclinados a ello por la estimulación que en ese sentido puede provocar el consumo de dicha clase de pornografía y, por otro lado, se pretende evitar también que surjan nuevas formas de pornografía infantil que traten de eludir la ley penal, pero provoquen los mismos efectos en sus consumidores... Otra cosa es que para la utilización virtual se haya vulnerado la intimidad de determinados menores o incapaces mediante el empleo de artificios técnicos de transmisión, grabación o reproducción del sonido o de la imagen, en cuyo caso esta nueva figura delictiva podría entrar en concurso medial con el delito del art. 197, si concurren sus requisitos objetivos y subjetivos”.

252 Para MORALES PRATS y GARCÍA ALBERO, op. cit. pág. 362 “cabe identificar un desvalor material de la conducta relacionada con la afección de la dignidad del menor o su derecho a la propia imagen, conectado con la idea anglosajona de privacy, entendiendo por ésta el derecho a no ser molestado o intranquilizado en la esfera privada en la que el sujeto organiza de modo originario el libre desarrollo de su personalidad”.

253 En el mismo sentido, para URIARTE, op. cit. pág. 8 “la perfección técnica del montaje entiendo que es penalmente irrelevante, toda vez que el tipo penal no castiga ninguna forma de engaño en el que pudiera ser determi-

parece lógico dejar extramuros del mismo todo material que por lo burdo de su manufactura claramente ponga de relieve su naturaleza de montaje.

En el tipo estarían incluidos supuestos tales como "la inserción de voz de menores en cómics de carácter pornográfico, que incorporan comportamientos sexualmente explícitos"[254].

Las críticas contra este tipo han sido furibundas, considerando muchos autores que atenta contra el principio de intervención mínima[255].

5.5. Pornografía virtual y pornografía técnica

Frente a posturas descriminalizadoras, la Decisión Marco 2004/68/JAI engloba dentro del concepto de material pornográfico (art. 1 b iii en relación con el art. 1 b i) "imágenes realistas de un niño inexistente... practicando o participando en una conducta sexualmente explícita, incluida la exhibición lasciva de los genitales o de la zona púbica de un niño". También se contempla dentro del concepto de pornografía infantil en el art. 1 b) i) cualquier material pornográfico que describa o represente de manera visual a una persona real que parezca ser un niño practicando o participando en una conducta sexualmente explícita, incluida la exhibición lasciva de los genitales o de la zona púbica de un niño. Esta extensión de la pornografía típica se ve suavizada también por la posibilidad de excluir la responsabilidad penal cuando la persona real que parecía ser un niño tuviera de hecho al menos 18 años en el momento de la representación.

También el Convenio de Budapest sobre cibercrimen incluye en el concepto de pornografía infantil (vid. art. 9) las imágenes realistas de niños inexistentes en conductas sexualmente explícitas y las imá-

---

nante la credibilidad del trabajo realizado, sino simplemente el desvalor que supone el empleo de imágenes o voz de menores o incapaces en situaciones que puedan atentar contra la dignidad de los mismos".

254 MORALES PRATS y GARCÍA ALBERO, op. cit. pág. 363.

255 En sentido contrario, para GÓMEZ TOMILLO, op. cit. "con carácter general, la expresa consideración de la conducta, siguiendo la estela de los tratados internacionales, merece ser valorada positivamente, a salvo de la ubicación sistemática de la figura, más próxima a los delitos que tutelan el derecho a la intimidad o a la propia imagen".

genes de personas que parecen menores en conductas sexualmente explícitas, si bien permite a los Estados parte exceptuarlas.

En esta línea, EUROPOL propone la tipificación de la pornografía generada por ordenador[256].

El Protocolo de Naciones Unidas no abarca, sin embargo en su definición, ni la pornografía virtual ni la técnica.

La exclusión de la pornografía técnica (imagen de un mayor de edad que aparenta ser menor) y la pornografía virtual (imágenes realistas generadas por ordenador) de nuestro Código Penal[257], exclusión que se mantiene tras la reforma 5/2010, supone objetivamente un incumplimiento de la Decisión Marco 2004/68/JAI que impone la tipificación de estas conductas[258].

---

256 Así ha recomendado lo siguiente "The production, possession and distribution of child pornography and virtual child pornography should be punishable in every country". EUROPOL PUBLIC INFORMATION Annex I Child Pornography Legislation within the European Union Europol 2005 pág. 23.

257 Expone Anesvad en su "Informe sobre la pornografía infantil en Internet" cómo "la informática permite la alteración de imágenes por ordenador. Esto permite crear lo que se denomina pornografía infantil técnica: se altera la imagen de adultos que participan en actos de contenido sexual para que parezcan menores de edad. Este tipo de contenidos presenta una menor lesividad, en la medida en que no utiliza menores reales, pero contribuye a fomentar y normalizar el consumo de pornografía infantil. Pero el uso más actual y novedoso es lo que se ha dado en llamar pornografía virtual, que consiste en la creación de contenidos sexuales con imágenes no reales (dibujos, animaciones, infografías...). Esto suscita un hondo debate jurídico, y provoca problemas a la hora de perseguirlo legal y judicialmente, en el caso de pornografía infantil. Se trata de la creación de imágenes no reales de menores involucrados en actos sexuales, con la particularidad de que ni existen las personas ni las situaciones reproducidas. Aunque, como ocurre con la pornografía infantil técnica, fomenta el consumo de otros materiales que sí lo hacen, Estamos ante una pornografía en la que no se producen daños a menores, sino que se trata única y exclusivamente de fantasías hechas realidad virtualmente".

258 En este sentido, el Informe del Consejo Fiscal al Anteproyecto de reforma del Código Penal de 2008, informe fechado en 4 de febrero de 2009: "si se quiere incorporar íntegramente la Decisión Marco habría que añadir dentro de la esfera típica los actos relativos al material pornográfico referido a imágenes realistas de un niño inexistente, sin perjuicio —al poder atentar la punición indiscriminada de la pornografía infantil virtual contra el principio de intervención mínima— de hacer uso de las exclusiones de

Frente a estas definiciones expansivas se ha considerado que castigar delitos de pornografía generada por ordenador, sin que esté afectado ningún menor puede suponer un atentado al derecho a la libertad de expresión. La cuestión tampoco es pacífica en Derecho

---

responsabilidad que el art. 3.2 c) de la Decisión Marco contempla (cuando haya quedado acreditado que el productor produce el material pornográfico virtual y está en posesión del mismo estrictamente para su uso privado, o cuando el acto no entrañe ningún riesgo de difusión del material)... Del mismo modo la Decisión Marco contempla la represión de otra modalidad de pseudo pornografía infantil que no tiene reflejo ni en el texto vigente ni en el Anteproyecto: en efecto, se contempla dentro del concepto de pornografía infantil en el art. 1 b) i) cualquier material pornográfico que describa o represente de manera visual a una persona real que parezca ser un niño practicando o participando en una conducta sexualmente explícita, incluida la exhibición lasciva de los genitales o de la zona púbica de un niño. Esta extensión de la pornografía típica se ve suavizada también por la posibilidad de excluir la responsabilidad penal cuando la persona real que parecía ser un niño tuviera de hecho al menos 18 años en el momento de la representación (art. 3.2 b Decisión Marco y art. 227-23 Código Penal francés). Esta ampliación del concepto de pornografía infantil tampoco tiene parangón en nuestro derecho vigente. En algunos países estas imágenes realistas o virtuales tienen menor pena que las reales (Italia, artículo 609 quater bis, donde se reducen en un tercio), por la crítica doctrinal de que no se protege la libertad sexual o indemnidad de víctimas concretas, sino otro tipo de derechos, como la intimidad, libre desarrollo de la personalidad o propia imagen, o incluso la moral sexual colectiva (concepto que desapareció del Código entre 1995 y 1999, y que motivó en general el aplauso de la doctrina penal), por lo que quizá tengan difícil acomodo dentro del concepto de libertad e indemnidad sexual. Otros países equiparan las imágenes reales y las realistas (así, el parágrafo 184 b StGB alemán o el 207 bis austriaco).
En la misma línea del Consejo Fiscal, RODRÍGUEZ MESA ha considerado que "la propia Decisión Marco permite que los Estados excluyan la responsabilidad penal cuando el que simula ser un niño es un adulto mayor de 18 años y en los supuestos de niño inexistente, cuando el productor produce el material pornográfico y está en posesión del mismo exclusivamente para su uso privado. A sensu contrario ello significaría la obligación de los Estados miembros de castigar la pornografía en la que se represente a un niño inexistente o un adulto que simula ser niño en los supuestos en los que el material se difunda" RODRÍGUEZ MESA, María José "Explotación sexual y pornografía infantil. Un análisis de la regulación penal en España a la luz de los requerimientos internacionales y comunitarios" en "La adecuación del Derecho Penal Español al ordenamiento de la Unión Europea" Tirant Lo Blanch, 2009 pág. 335.

comparado[259]. Sin embargo, cabe justificar la tipificación en que estas conductas "pueden constituir una provocación para la comisión de abusos sobre menores y una exaltación de las conductas pederastas"[260], en que banalizan y pueden contribuir a la aceptación de estas conductas y en que atacan la dignidad de la infancia en su conjunto[261]. Los expertos en las audiencias del Senado norteamericano previas a la aprobación de la *Child Pornography Prevention Act*

---

259 HEALY, op. cit., da algunos datos sobre el estado de la cuestión en Derecho comparado: "in the United Kingdom, the law explicitly prohibits "pseudo-photographs" which definition includes "data stored on a computer disc or by other electronic means which is capable of conversion into a photograph". [Criminal Justice and Public Order Act 1994 Sec. 7(8) (9)]. In Austria, the law prohibits not only real child pornography, but also material that suggests to an objective spectator that its production involved the sexual abuse of a child/minor. Similar statutes in the Netherlands (Penal Code Sec. 240b) and in Canadá (Penal Code Sec. 163) could be applied to computer generated pornography. In the United States, however, the current federal child pornography statutes and most state statutes apply only to depictions of actual children and not "pseudo" or computer generated pornography. The state of Virginia, however, has passed a statute which criminalises simulated child pornography in which "a person who is depicted as or presents the appearance of being less than eighteen years of age in sexually explicit visual material is prima facie presumed to be less than eighteen years of age." (Code of Virginia 18.2-374.1). The same statute includes computer generated reproductions. However, such "pseudo" child pornography may be prosecuted pursuant to federal obscenity statutes. INTERPOL, in their October 1996 General Assembly, plans to adopt a resolution that will recommend all countries enact legislation that criminalises child pornography and that such legislation should include "future forms of support such as computers and other virtual representations".

260 En este sentido, CABRERA MARTÍN, op. cit. pág. 416.

261 Para HEALY, op. cit. "Child advocates voice the position that the harm of child pornography extends far beyond the individual victim. They assert that children as a whole are the victims of computer generated pornography which displays child victims as sexual objects. Many law enforcement officers argue that the harm reaches beyond the individual child when pornography is used to seduce other children. They add that neglecting to prohibit computer generated child pornography could well re-establish the commercial trade-filling bookstores with computer generated images, desensitising society and fuelling demand for such material. Additionally, if it becomes impossible to distinguish computer generated pornography from that which depicts an actual child, prosecution of" genuine" child pornography would become virtually impossible and child pornographers would be furnished with another avenue of defence".

of 1996 (CPPA) pusieron de manifiesto cómo la pornografía virtual generaba un incremento en la adicción sexual dirigida contra los niños[262].

Por otro lado, también se ha alegado una razón práctica: muy pronto —ya es difícil— será imposible distinguir entre imágenes reales e imágenes generadas por ordenador[263]. La regulación de la carga de la prueba ha sido fundamental en algunos países a efectos de optar por criminalizar estas conductas[264].

La derivación más importante de la existencia de tipos que castigan la pornografía infantil aunque sea virtual es la mayor facilidad para sostener la acusación, al no tenerse que acreditar que el menor es real[265].

---

262 Child Pornography Prevention Act of 1995: U.S. Senate Judiciary Comm. Hearing on S. 1237, 104th CONG. 1 (1996).

263 BERGELT Kelley "Stimulation by simulation: is there really any difference between actual and virtual child pornography?", Capital University Law Review 2003 culsnet.law.capital.edu/LawReview/BackIssues/31-3/Bergelt6.pdf pág. 587 El corolario es claro "The statutes that have been enacted to protect children will be unenforceable because the risk of punishment has been substantially lowered if simulated child pornography is legal.184 Individuals could potentially escape criminal conviction because law enforcement will be unable to ascertain the difference between an actual or simulated child".

264 Este es el caso australiano, vid. KRONE, op. cit. "children actually or apparently under 16 It is not necessary to prove that a child depicted was in fact less than 16 years of age at the time the image was created. It is enough that they appear to be under that age. The legislation therefore applies to images of a person over the age of 16 who is made to appear younger than that. Standard medical indicators of the physical developmental stages of children may be used to assess whether an image depicts a child under the age of 16".

265 Así en Estados Unidos tras la sentencia de la *Supreme Court* en el caso *Ashcroft vs. Free Speech Coalition* de abril de 2002 (vid. infra) la acusación se enfrenta a líneas defensivas en las que lo que se alega es que los niños representados no son reales sino virtuales. Frente a estas estrategias los Fiscales han desarrollado líneas para desmontarlas. Es particularmente interesante el análisis de WOLAK, FINKELHOR y MITCHELL, op. cit. pág. 22 "prior to the Free Speech Coalition ruling, prosecutors had to prove CP images met statutory requirements regarding the ages of the children depicted and the sexual explicitness of the pictures. The Free Speech Coalition ruling added an additional requirement. Now prosecutors must also show that the children depicted are real and not "virtual" images ge-

Por lo demás, difícilmente pueden entenderse incluidos productos de pornografía infantil —aunque no afecten a menores concretos— dentro del ámbito protegido por la libertad de expresión[266].

La cuestión no es pacífica. La tipificación de determinadas modalidades de difusión de pornografía infantil virtual, no sólo ha generado controversias[267] sino incluso declaraciones de inconstitucionalidad por afectar a la libertad de expresión. En efecto, en Estados Unidos, la CPPA amplió la prohibición federal a través del parágrafo §2256(8)(B) que prohibía un amplio espectro de imágenes sexualmente explícitas, adentrándose en la denominadas pornografía infantil virtual[268]. El Tribunal Supremo norteamericano, en la decisión 00-795, de 16 de abril de 2002 (Ashcroft, Attorney General, et al. *v.* Free Speech Coalition et al.) considera tal disposición contraria a la libertad de expresión reconocida en la primera enmienda, rechazando, entre otros, el argumento de que la pornografía infantil virtual fomenta los deseos de los pedófilos y les anima a emplearse en conductas ilegales, pues la mera tendencia de la

---

nerated by computer. This virtual image defense has raised consternation among some law-enforcement agents and prosecutors, who worry it will be difficult to counter, hamper efforts to combat child pornography, and result in fewer arrests and prosecutions. In the cases that went to trial, the prosecutors used several strategies to counter the virtual-image defense including: – Having a federal law-enforcement agent testify to the origins of the images – Having a forensics expert compare CP images to virtual images and testify that the CP images were not virtual – Presenting a doctor's affidavit that the children were real and having the jury decide whether the pictures depicted real children".

266 En esta línea de exclusión de la pornografía infantil del arco protector de la libertad de expresión se pronunció la Supreme Court norteamericana en varias resoluciones: *New York v. Ferber* 458 U.S. 747(1982) y *Osborne* v. *Ohio* 495 U.S. 103, *reh g denied,* 496 U.S. 913 (1990).

267 GIL RUBIO, Jaime "Pedofilia virtual" Diario La Ley, Nº 6961, Sección Tribuna, 5 Jun. 2008, Año XXIX, Editorial LA LEY.

268 Se incluían no solo imágenes pornográficas empleadas usando niños sino también cualquier representación visual, abarcando cualquier fotografía, película, video, dibujo o imágenes generadas por ordenador que sean o aparenten ser de un menor realizando actos sexualmente explícitos y cualquier imagen sexualmente explícita que se anuncie, promocione, presente, describa o se distribuya de manera que transmita la impresión de que representa un menor realizando actos sexualmente explícitos.

expresión hacia el fomento de actos ilegales no es razón suficiente para prohibirlo[269].

No obstante, tras la mencionada decisión judicial, el Congreso Norteamericano ha continuado con trabajos legislativos para mantener la prohibición de pornografía infantil virtual respetando al mismo tiempo la libertad de expresión[270]. Finalmente, la PROTECT Act promulgada en el año 2003 vuelve a tipificar, con definiciones mas precisas, ajustándose al principio de taxatividad, la pornografía virtual[271] y la pornografía técnica[272].

---

269 La sentencia puede consultarse a texto completo en www.supremecourtus.gov/oral_arguments. Entresacamos algún párrafo clave, en nuestra opinión: "Virtual child pornography is not.intrinsically related to the sexual abuse of children. While the Government asserts that the images can lead to actual instances of child abuse, the causal link is contingent and indirect. The harm does not necessarily follow from the speech, but depends upon some unquantified potential for subsequent criminal acts. The contention that the CPPA is necessary because pedophiles may use virtual child pornography to seduce children runs afoul of the principle that speech within the rights of adults to hear may not be silenced completely in an attempt to shield children from it. See, e.g., Sable Communications of Cal., Inc. v. FCC, 492 U. S. 115, 130.131. That the evil in question depends upon the actor.s unlawful conduct, defined as criminal quite apart from any link to the speech in question, establishes that the speech ban is not narrowly drawn. The argument that virtual child pornography whets pedophiles. appetites and encourages them to engage in illegal conduct is unavailing because the mere tendency of speech to encourage unlawful acts is not a sufficient reason for banning it".

270 Ernie Allen, Testimony before the Committee on the Judiciary, Stopping Child Pornography: Protecting our Children and the Constitution, Oct. 2, 2002, available at ttp://judiciary.senate.gov/testimony.

271 Se incluyen las representaciones visuales, consistentes en imágenes digitales, o generadas por ordenador, que no pueda distinguirse de un menor implicado en conductas sexuales explícitas (PROTECT Act 2003, section 502).

272 Se crea una categoría de pornografía infantil que implica a un menor, o a un individuo que aparenta ser un menor, y además es obscena. Se define la obscenidad como representación visual de un menor o individuo que aparenta ser menor, involucrado en bestialismo, abusos sádicos o masoquistas, contacto sexual, incluyendo sexo genital-genital, oral-genital, anal-genital, or oral-anal, ya sean personas del mismo o de diferente sexo y sin valor literario, artístico, político o científico. (PROTECT Act, 2003, section 504).

5.6. Iter criminis

Aunque hemos adelantado nuestro criterio contrario a la punición de la tentativa en relación con el tipo de posesión, la regla general en los demás casos debe ser la de la posibilidad de castigar las formas imperfectas de ejecución.

Debe a estos efectos tenerse presente que el apartado segundo del art 24 del Convenio de Lanzarote dispone que cada Parte adoptará las medidas legislativas o de otro tipo que sean necesarias para tipificar como delito toda tentativa intencional de cometer cualquiera de los delitos tipificados con arreglo al presente Convenio.

En su apartado tercero el referido Convenio prevé la posibilidad de que las partes se reserven el derecho de no tipificar como delito la tentativa intencional, en todo o en parte, a los delitos tipificados con arreglo al apartado 1.b) (la oferta o puesta a disposición de pornografía infantil), d) (la adquisición para sí o para otro de pornografía infantil), e) (la posesión de pornografía infantil) y f) del artículo 20 (el acceso a pornografía infantil, con conocimiento de causa y por medio de las tecnologías de la información y la comunicación), al apartado 1.c) del artículo 21 (asistir, con conocimiento de causa, a espectáculos pornográficos en los que participen niños), al artículo 22 (hacer presenciar, con fines sexuales, a un niño que no haya alcanzado la edad fijada para el consentimiento sexual, aun sin que él participe, abusos sexuales o actividades sexuales) y al artículo 23 (grooming).

La Decisión Marco 2004/68/JAI también establece la necesidad de tipificar la tentativa en relación con la producción, distribución, difusión o transmisión de pornografía infantil.

6. TIPO SUBJETIVO

Como ya se apuntó *supra*, lo único que los tipos de pornografía infantil exigen en sus distintas modalidades es que el sujeto activo conozca que los que intervienen son menores o incapaces, o que hubiera aceptado tal posibilidad concurriendo dolo eventual[273]. La STS

---

[273] Para FERNÁNDEZ TERUELO, op. cit. pág. 261 quien "distribuye las imágenes pornográficas debe ser consciente de que quienes aparecen en las mismas son menores o personas incapaces, siendo suficiente que el mismo

nº 921/2007, de 6 de noviembre declara que "no es preciso... ningún elemento subjetivo del injusto, y basta con que el acusado haya recibido esos videos y fotos y, una vez que ha tenido conocimiento de su contenido, no los ha borrado o destruido, y esto acredita el dolo necesario para esta infracción penal". Para la STS nº 1055/2009, de 3 de noviembre "el sujeto activo de este delito ha de actuar con dolo, en cualquiera de sus modalidades, directo o eventual".

El tipo de distribución, como también se expuso, exige igualmente que el dolo abarque que se está difundiendo el material pornográfico infantil.

No tendría trascendencia penal la comisión de estos delitos por imprudencia[274].

El desconocimiento de la naturaleza del material obviamente excluye el dolo, como se asume en la curiosa SAP Barcelona, sec. 7ª, nº 467/2009, de 22 de mayo[275].

---

acepte dicha posibilidad, pues no existen en el tipo razones para excluir en dolo eventual" Admite también el dolo eventual JIMÉNEZ VILLAREJO, op. cit. pág. 1487.

274 Para la STS nº 1055/2009, de 3 de noviembre "la imprudencia respecto de estos hechos no constituye delito, al no estar prevista como tal en nuestro CP (art. 12)".

275 Pte.: Rovira del Canto, Enrique "frente a la negativa de los hechos imputados por parte de la acusada, sosteniendo que sí vendía películas pornográficas pero desconocía la existencia de tal pornografía infantil entre el material que vendía, que recogía el material del suministrador y lo ponía a la venta sin mirar su contenido, habiendo aportado las facturas o albaranes de adquisición correspondientes según sostuvieron los agentes policiales que han depuesto como testigos, y que si estaban debajo del mostrador era porque no cabían en la estantería donde los colocaba los CDs y Dvds, trabajando en el bazar su hijo y ella, y no reconociendo la letra ni la escritura de los Dvds intervenidos y referenciados, sosteniendo que ella no abría los envoltorios de las películas, que no conoce casi el español a pesar de llevar 6 años en España, ni tampoco su hijo y que no sabe quien escribió las anotaciones en español en los Dvds, no se alzó prueba de cargo alguna, sino que por el contrario tales manifestaciones, en cuanto a su escaso conocimiento del castellano fueron corroboradas por los agentes policiales que depusieron como testigos en el acto de la vista, así como por su propio hijo que depuso como testigo asistido, al igual que la acusada, del correspondiente intérprete, negando asimismo que alguno de ellos hubiera escrito las palabras en castellano de los Dvds, y afirmándose además por los agentes que intervinieron en la actuación policial en el Bazar que preguntaron a

No es preciso ánimo de lucro[276].

En relación con el tipo del art. 189.1 a) no es necesario que medie una remuneración económica a favor del menor[277]. En este sentido se ha pronunciado ya la STS nº 195/1998, de 16 de febrero[278].

Con acierto sintetiza la SAP Girona, sec. 3ª, nº 422/2009, de 10 de junio[279] que "el dolo en este delito surge en cuanto el usuario de ese producto se hace cargo y conoce sin duda el verdadero contenido de la grabación. Desde ese momento, si mantiene el archivo en condiciones de ser usado y obtenido por otros, cabrá hablar del delito de difusión de material pornográfico con menores, y si lo guardare para

---

la acusada si les permitía efectuar la inspección, que así se lo permitió en su escaso español y que si bien en la estantería había películas incluso de dibujos animados, debajo del mostrador encontraron una cajita con varios Dvds y 8 películas parecidas a la entregada por el denunciante previamente, llegando a afirmar el Mosso núm. NUM001 que todas ellas con el precio de 5 euros estaban precintadas con un celo transparente pequeño, pero a la vista de cualquier posible comprador, sin que por tanto pueda apreciarse una pretendida ocultación de la acción de venta o puesta a disposición de tales materiales; es más, revisados los 8 DVDs intervenidos bajo el mostrador, sólo 1 resultó con contenido de pornografía infantil y no los 7 restantes, resultando que el total de Dvds conteniendo pornografía infantil fue en total de dos, habiendo sido el primero de ellos no atribuido por la acusada al comprador, sino escogido directamente por éste junto con otro disco de pornografía de adultos de entre otros muchos que había, según sostuvo el propio testigo Sr. Jesús María, llegando a afirmar que la acusada le vendió pornografía pero no pornografía infantil, y que ni se la ofreció, cobrándole lo mismo por uno que por otro disco, y que se dio cuenta del contenido cuando lo visionó en su domicilio particular, dando cuenta seguidamente a los Mossos d'Esquadra.

276 MORALES PRATS, op. cit. págs. 175 a 205 subraya que "el tipo penal no queda recortado por la exigencia de ánimo de lucro en la conducta del autor, pues este elemento subjetivo del injusto es ajeno al tipo, lo que parece un acierto desde el punto de vista político-criminal, dado que múltiples conductas de introducción de material pornográfico en Internet (sobre todo protagonizadas por pedófilos) no vienen informadas por un ánimo o intencionalidad de tales características".
En el mismo sentido, MORALES PRATS y GARCÍA ALBERO, op. cit., pág. 360.

277 MORILLAS FERNÁNDEZ, op. cit. pág. 252.

278 Pte.: Martín Canivell, Joaquín.

279 Pte.: Ramírez Souto, Fátima.

sí eliminando la posibilidad de uso compartido, del delito de posesión de ese material".

7. SUBTIPOS AGRAVADOS

7.1. Cuestiones generales

La introducción de subtipos agravados en los delitos relacionados con la pornografía infantil ha sido promovida desde numerosas instancias internacionales[280].

En nuestro Código se regulan en el apartado tercero del art. 189, que les asignaba una penalidad de cuatro a ocho años.

Tras la reforma operada por Ley Orgánica 5/2010, de 22 de junio se produce un fuerte incremento punitivo, pasando a ser la pena asignada la de prisión de cinco a nueve años. Parece que el Legislador no ha tenido en cuenta los escrúpulos que pueden detectarse en el TS desde la perspectiva de la proporcionalidad, que le han llevado a una aplicación restrictiva de los subtipos.

Desde luego, tales subtipos se aplican a las conductas de utilización de menores (art. 189.1 a) y no se aplican a las conductas de mera posesión (art. 189.2). La duda surge en relación con las conductas de distribución de material (art. 189.1 b). Un sector doctrinal excluye la aplicación de algunos subtipos agravados a las conductas de difusión del art. 189.1 b). Se analizará la cuestión en relación con cada uno de los subtipos.

La STS nº 340/2010, de 16 de abril intenta establecer una doctrina general, que no obstante ha sido con posterioridad matizada: "el apartado 3 del artículo 189 recoge seis supuestos de agravación. Dos

---

280 En el Informe "Child Pornography: Model Legislation & Global Review 2006 Copyright © 2006" del International Centre for Missing & Exploited Children pág. 5 podemos leer lo siguiente: "sentencing provisions should take into account aggravating factors and enhancements. Aggravating factors may include the number of images manufactured/produced/distributed/possessed; the severity of the offender's existing criminal record; the sexual violence toward children (including rape, torture, and bondage) being depicted in the images that were manufactured/produced/distributed/possessed; and any potential threat or risk the offender may pose to the community upon release".

referidos al material pornográfico. Dos a las condiciones del sujeto activo. Y las otras dos solamente cabe entenderlas referidas a los actos de utilización del apartado 1.a) o de elaboración del material del apartado 1. b) del citado artículo 189 del Código Penal. Cuando el legislador ha querido referir el elemento que justifica la agravación al resultado plasmado en el material pornográfico lo ha dicho de manera inequívoca. Así en el apartado 3 d) del citado artículo 189 (que éste represente especial violencia física o sexual). O en el apartado c) del mismo artículo 189 3 (valor económico del material). De la misma manera que son inequívocas las referencias de agravación que conciernen a condiciones del sujeto activo".

Aunque no se prevé un tratamiento específico para los supuestos en los que concurra más de un subtipo, entendemos que tal circunstancia habrá de tenerse especialmente en cuenta a la hora de determinar la concreta pena a imponer dentro de esa horquilla amplia de cuatro a ocho años[281] (o de cinco a nueve tras la entrada en vigor de la LO 5/2010). También en este sentido, la STS nº 588/2010, de 22 de junio (Pte.: Berdugo y Gómez de la Torre, Juan Ramón) declara que "es de destacar que el legislador no ha previsto régimen alguno para cuando —hecho más que previsible— concurran mas de una de las seis circunstancia agravatorias, lo que hubiera sido más que congruente con el aspecto de severa represión típica que se desprende de este precepto y que se aviene, con el no menos grave daño a los bienes jurídicos de menores e incapaces utilizados para la elaboración de estos materiales de pornografía degradantes, pero es evidente que en tal caso jugaran las reglas de individualización de las penas".

7.2. Utilización de niños menores de 13 años

El art 189.3 a) castiga a los que realicen los actos previstos en el apartado 1 *cuando se utilicen a niños menores de 13 años.*

---

281 En esta línea "se echa en falta que no se haya contemplado un resultado agravado cuando concurran dos o más circunstancias (por ejemplo, la preceptiva imposición en su mitad superior)". ÚBEDA DE LOS COBOS, Julio José "La persecución de la pornografía infantil. Problemas relacionados con su distribución por Internet" La Ley Penal, Nº 37, Sección Estudios, abril 2007, Editorial LA LEY.

La *ratio* del subtipo radica en fortalecer la protección penal para los menores de 13 años de edad, partiendo de que tal edad es la que se fija en nuestro ordenamiento para tener capacidad de consentimiento sexual, como se desprende de los artículos 181.2 y 180.1.3º CP[282]. En todo caso debe subrayarse que el menor mayor de 13 años no tiene capacidad plena en materia sexual, siendo penalmente sancionables los contactos sexuales con concurrencia de engaño con menores hasta los 16 años (art. 182.1 CP) y en todo caso las relaciones sexuales con prevalimiento (art. 181.3 CP). También son sancionables las conductas de exhibicionismo (art. 185 CP), de exhibición de pornografía (art. 186 CP), de pornografía infantil (art 189) y frente a conductas corruptoras (art. 189.4 CP) cuando el sujeto pasivo tenga menos de 18 años.

Este subtipo se adapta a las previsiones del art. 5.2 b) de la Decisión Marco 2004/68/JAI[283].

En el informe de la Comisión, de 16 de noviembre de 2007, sobre la aplicación de esta Decisión Marco se indica, en relación con la variabilidad de la edad de consentimiento sexual que "*varía en la legislación de los Estados miembros y va de los trece años en España a los diecisiete años en Irlanda (16 en Alemania, 14 en Austria, 16 en Bélgica, 15 en Dinamarca, 13 en España, 14 en Estonia, 16 en*

---

282 No está de más recordar que "en España, la edad legal para consentir es una de las mas bajas del mundo y la mas baja de la Unión Europea que se mueve alrededor de los 15 años". En este sentido, en las Observaciones Finales al Informe presentado por España al Comité de Derechos del Niño, el Comité "expresa su preocupación por el hecho de que la edad relativamente baja para el consentimiento sexual, los 13 años de edad, vuelva a los niños mas vulnerables a la explotación sexual, recomendando al Estado español que considere la posibilidad de elevar la edad" RODRÍGUEZ MESA, María José "Explotación sexual y pornografía infantil. Un análisis de la regulación penal en España a la luz de los requerimientos internacionales y comunitarios" en "La adecuación del Derecho Penal Español al ordenamiento de la Unión Europea" Tirant Lo Blanch, 2009 pág. 330.

283 Conforme a la Directiva "*cada Estado miembro adoptará las medidas necesarias para garantizar que las infracciones siguientes se castiguen con sanciones penales privativas de libertad de una duración máxima de al menos entre cinco y diez años*" la letra c) "*...y en las letras a), b) y c) del apartado 1 del artículo 3, cuando la víctima sea un niño que no haya alcanzado la edad del consentimiento sexual según el Derecho nacional y pueda darse al menos una de las circunstancias mencionadas en los guiones segundo, tercero y cuarto de la letra b) del presente apartado*".

Finlandia, 15 en Francia, 14 en Hungría, 17 en Irlanda, 14 en Italia, 16 en Letonia, 14 en Lituania, 16 en Luxemburgo, 16 en los Países Bajos, 15 en Polonia, 15 en la República Checa, 16 en el Reino Unido, 15 en Eslovaquia y 15 en Suecia)".

Cuando —como ocurre en la inmensa mayoría de los supuestos— el menor que aparece en el material pornográfico no ha podido ser identificado[284], se plantearán importantes problemas de prueba, si las características físicas son cercanas a los 13 años. Podrá acudirse a la pericial forense y a la percepción directa del Tribunal, pero en todo caso ante la duda habrá de optarse por inaplicar el subtipo. Lógicamente no habrá ningún problema cuando a la vista de las características del menor claramente tenga menos de 13 años (vid. *infra* epígrafe 3.2 sobre la cuestión de la edad de la víctima).

En todo caso debe partirse de que la decisión final es estrictamente judicial. El Juez puede valerse de su experiencia personal y llegar a conclusiones razonadas y razonables, sin el auxilio de peritos o incluso contra la opinión de éstos. A fin de evaluar si el material representa o no a menores de 13 años es interesante la STS nº 1107/2009, de 12 de noviembre[285] que declara que "es suficiente con la experiencia... en todo caso es el Tribunal a quien corresponde la valoración de la prueba." También debe mencionarse la STS nº 492/2000, de 21 de marzo (Pte.: Puerta Luis, Luis Román), que da por acreditada la menor edad de 12 años de una niña, confirmando la sentencia de instancia en la que el Tribunal sentenciador declara que "no tiene la menor duda de que la niña tenía notoriamente al tiempo de los hechos una edad de menos de doce años, dada su complexión y características físicas; y para llegar a esta conclusión entendemos que no se necesitan otros datos que los proporcionados por esa fotografía".

El dolo del sujeto activo debe abarcar la minoría de 13 años del menor, al menos en su modalidad eventual[286].

---

284 Debe tenerse en cuenta que INTERPOL dispone de una Base de Datos de Identificación de Víctimas que en ocasiones permite tomar conocimiento de la identidad de los menores afectados.

285 Pte.: Martín Pallín, José Antonio.

286 Para GÓMEZ TOMILLO, op. cit., pág. 32 "la apreciación de esta circunstancia agravante especial requiere que el dolo del sujeto activo la abarque; por consiguiente, no procede su consideración, sobre la base del artículo 14.2

En relación con la aplicabilidad del subtipo agravado a los supuestos del artículo 189.1.b) CP (difusión de pornografía) la Fiscalía del TS la ha fundado en tanto el número 3 del artículo 189 CP agrava la pena a quienes "*realicen los actos previstos en el apartado 1 de este artículo*", siendo así que el número 1 incluye los apartados a) y b), por lo que abarcaría ambos, no respetando el tenor del precepto considerar que la primera circunstancia del número 189.3 CP agrava los hechos del apartado a) y no los del apartado b) del 189.1 CP (*ubi lex non distinguit nec nos distinguere debemos*) También alega que las dos letras del número 1 del artículo 189 CP contienen conductas a las que el legislador señala la misma penalidad, lo que acredita que se consideran de equivalente gravedad, y ello pese a que las conductas del apartado a) protegen la indemnidad sexual de menores concretos y las del apartado b) defiende la indemnidad sexual de los menores en general como tipo de peligro.

La STS nº 873/2009, de 23 de julio (Pte.: Jorge Barreiro, Alberto G.) aborda la cuestión de un modo matizado, considerando que "cuando el legislador se refiere a "utilizar" menores de 13 años está aplicando el verbo "utilizar" como sinónimo de usar, aprovechar, emplear o servirse de dichos menores, y estas acciones pueden integrar directamente las conductas previstas en la letra a) del apartado 1, pero no necesariamente todas las descritas en la letra b), pues la difusión o posterior utilización de imágenes producidas por otro no significa usar o utilizar a los menores, sino difundir los soportes ya elaborados en los que sí se han utilizado menores de 13 años en persona, de forma que sería necesario establecer en cada caso, en relación con la letra b) del apartado 1, si ha concurrido o no esta utilización... si la posesión para uso propio no admite el subtipo agravado y se castiga con la pena de tres meses a un año de prisión o con multa de diez meses a dos años, y la conducta básica de la posesión destinada a su difusión conlleva una pena única de prisión de uno a cuatro años, parece una exasperación punitiva excesiva alcanzar la pena de cuatro años cuando el sujeto no ha elaborado ni ha intervenido en la producción del material pornográfico". En el mismo sentido se pronuncia la STS nº 340/2010, de 16 de abril. (Pte.: Varela Castro, Luciano).

---

del Código Penal, en los casos en los que se yerre sobre la edad del menor, por ejemplo, por su prematuro desarrollo físico".

Sin embargo, ya existe una jurisprudencia muy asentada contraria a la aplicación de este subtipo a las conductas de difusión tipificadas en el art. 189.1 b), que en el fondo se basa en la necesidad de respeto al principio de proporcionalidad, que podría quedar afectado si se aplica la pena del subtipo en supuestos de difusión sin ánimo de lucro a través de programas P2P.

Así, la STS nº 1110/2009, de 16 de noviembre (Pte.: Delgado García, Joaquín) considera que "no cabe aplicar la agravación específica... es claro que no es lo mismo utilizar niños que utilizar imágenes de niños, razón por la cual esta singular agravación solo debe apreciarse cuando haya existido un contacto directo entre el acusado y el menor de esa edad, lo que ordinariamente ocurrirá en las actividades de producción de esa pornografía, sin que pueda ser bastante al respecto la mera distribución o difusión de fotografías o vídeos relativos a menores de trece años". Para la STS nº 1055/2009, de 3 de noviembre (Pte.: Delgado García, Joaquín) "parece claro que no es lo mismo el trato del productor con el niño que la distribución únicamente de las fotografías o videos antes obtenidos por otros. El principio de legalidad de los arts. 25.1 CE y 1.1 CP así lo exige".

La STS nº 674/2010, de 5 de julio con ponencia de Marchena Gómez, tiene especial interés porque es el Fiscal quien denuncia la inaplicación del subtipo agravado, alegando que la jurisprudencia es contradictoria. El TS, tras reconocer los criterios contradictorios, declara que "superadas las dudas iniciales, hoy en día puede afirmarse que la línea jurisprudencial que propugnaba la exclusión del tipo agravado previsto en el art. 189.3.a) del CP, respecto de aquellos casos en los que el autor no participa en lo que pudiera denominarse el primer escalón productor o distributivo, limitándose de forma exclusiva a su intercambio, ha acabado por imponerse".

Resoluciones posteriores han ratificado esta interpretación estricta[287].

---

[287] La STS nº 752/2010, de 14 de julio Pte.: Saavedra Ruiz, Juan declara que "la circunstancia agravatoria de la letra a) del apartado 3º se refiere a "cuando se utilicen menores de 13 años", es decir, no emplea expresiones como "tratarse de menores de 13 años" o "representar a dichos menores", sino que la acción se refiere a utilizar, lo que es sinónimo de usar, aprovechar, emplear o servirse de dichos menores, y estas acciones pueden integrar directamente las conductas previstas en la letra a) del apartado 1º, pero no

No obstante, la STS nº 1055/2009, de 3 de noviembre pese a excluir la aplicación al caso del art. 189.3 a) tiene en cuenta que el material intervenido se refiere a menores de 13 años a efectos de imponer mayor pena en el proceso de individualización[288]. También

---

necesariamente todas las descritas en la letra b), pues la difusión o posterior utilización de imágenes producidas por otro no significa usar o utilizar a los menores sino difundir los soportes ya elaborados en los que sí se han utilizado menores de 13 años en persona, de forma que sería necesario establecer en cada caso, en relación con la letra b) del apartado 1º, si ha concurrido o no esta utilización. Por otra parte, si la posesión para uso propio no admite el subtipo agravado y se castiga con la pena de tres meses a un año de prisión o con multa de seis meses a dos años, y la conducta básica de la posesión destinada a su difusión conlleva una pena única de prisión de uno a cuatro años, parece una exasperación punitiva excesiva alcanzar la pena de cuatro a ocho años cuando el sujeto no ha elaborado ni ha intervenido en la producción del material pornográfico".

Para la STS nº 592/2009, de 5 de junio el art. 189.1, b) "castiga conductas relacionadas con la difusión de imágenes pornográficas " en cuya elaboración " se haya utilizado a menores. Lo que sitúa el uso de éstos en un momento anterior y externo a las propias conductas incriminadas. En cambio, el mismo artículo, en su inserto 3, a), prevé la utilización de "niños menores de trece años"; esto es, contempla las acciones que consisten en servirse —directamente— de personas comprendidas en esa franja de edad. Y, siendo así, es obvio que tal circunstancia de agravación de los comportamientos primeramente descritos, sólo podrá estar referida a los que de ellos sean semántica y conceptualmente compatibles con ese modo de operar sobre personas (de carne y hueso), en las que se den los rasgos descritos. Porque si es claro que la producción de imágenes de menores exigirá normalmente su utilización, lo es también que esto, en cambio, no se dará cuando se trate, por ejemplo, de la distribución de aquéllas, o del acceso a las mismas a través de Internet." También sigue esta línea la STS nº 795/2009, de 28 de mayo. Igualmente se decantan por considerar que quienes no han utilizado menores concretos no pueden cometer el subtipo agravado las SSTS nº 107/2010, de 16 de febrero, nº 130/2010, de 17 de febrero, 674/2009, de 20 de mayo, nº 672/2010, de 8 de julio.

288 "En cuanto a la gravedad del hecho hay otros dos datos que pesan significativamente en su contra: 1º. El dato de que la pornografía infantil lo haya sido mediante imágenes de menores de trece años; aunque no se aprecie la agravación del 189.3.a), ha de tenerse en consideración para la individualización de la pena. 2º. Y lo que es más importante, el elevado número de fotografías y videos que se hallaron en su ordenador... Así las cosas, entendemos que no hemos de imponer el mínimo de un año de prisión, sino elevarlo hasta dos años".

en este sentido se pronuncia la STS nº 873/2009, de 23 de julio (Pte.: Jorge Barreiro, Alberto G.).

7.3. Carácter particularmente degradante o vejatorio de los hechos

La letra b del art. 189.3 exaspera la sanción *cuando los hechos revistan un carácter particularmente degradante o vejatorio.*

Los conceptos utilizados son ciertamente indeterminados, habiendo por ello sido objeto de críticas[289].

No obstante, en nuestra opinión, existen ciertos supuestos en los que la aplicación de este subtipo no debería generar ningún tipo de duda (sadomasoquismo, zoofilia, prácticas sexuales con bebés y otros hechos análogos especialmente vejatorios para con los niños)[290].

---

289 MORALES PRATS y GARCÍA ALBERO, op. cit. pág. 364 consideran que no tiene fundamento "por cuanto los componentes del mismo parece ya ser inherentes al tipo básico; la crítica debe redoblarse, si se atiende a que además se ha previsto un tipo agravado concerniente al empleo de menores de trece años con lo que los solapamientos típicos están servidos con grave riesgo para el principio non bis in idem en su vertiente material".

290 Vid. SAP Las Palmas, sec. 1ª, nº 42/2009, de 6 de abril (Pte.: Alemán Almeida, Secundino) "una escena sadomasoquista con una menor también notoriamente inferior a trece años, en que atada de manos practica una felación para luego, atada de pies y manos, ser penetrada analmente... constituye, sin necesidad de mayor explicación, no solo una escena de clara significación de explotación sexual, sino objetivamente degradante y vejatoria, especialmente reprobable a la vista de la edad de la víctima.

Para URIARTE op. cit. pág. 17 "merecerá la cualificación que aquí abordamos, cuando el comportamiento finalmente desarrollado por los menores de edad o incapaces exceda de la simple exhibición pornográfica de su cuerpo, como podrían representar los supuestos de relaciones sexuales entre niños de muy corta edad, prácticas homosexuales, introducción de objetos en sus órganos sexuales, orinar o defecar sobre los mismos, así como cualquier otra conducta imaginable que pudiera exceder de los criterios referidos, debiendo no obstante ser la labor de los Tribunales la que vaya sentando a través de sus pronunciamientos los supuestos concretos que se hagan merecedores de esta calificación, pero debiendo tenerse en cuenta en todo caso, que nos estamos refiriendo a menores de edad o incapaces, lo que deberá matizar siempre la gravedad de los comportamientos con parámetros específicos distintos de los que pudieran considerarse para personas adultas".

En esta línea, la STS nº 1098/2010, de 13 de diciembre considera que el bestialismo integra este subtipo: "la práctica sexual de niños o niñas con animales, es tan degradante o vejatorio en el sentido de humillante y repugnante, que para su caracterización jurídica no harán falta excesivas explicaciones".

Algunas resoluciones son reticentes a apreciar este subtipo: así, la SAP Pontevedra, sec. 4ª, nº 41/2009, de 13 de octubre[291] declara que "los archivos que relata el Ministerio Fiscal en su escrito de acusación, se encuentran comprendidos en el tipo básico porque... no es fácil la distinción de niveles de intensidad pornográfica, pues el uso de menores es ya, de por sí, degradante..." En esta línea, la STS nº 592/2009, de 5 de junio declara que "no resulta arbitrario incluir las imágenes descritas en la sentencia en el tipo básico art. 189.1 b), porque, con toda seguridad, la imaginación pedófila es fértil en modalidades todavía más aberrantes del uso de menores con semejante finalidad, para las que habrá que reservar la exasperación del tratamiento punitivo" y la STS nº 588/2010, de 22 de junio profundizando en esta dirección considera que "tratándose de menores de trece años, toda penetración sexual por cualquiera de las vías de los arts. 179 y 182 CP, supone necesariamente un grado de brutalidad y determina vejación, menosprecio y humillación para dicho menor, por lo que para entender que se trata de una conducta merecedora de la agravación legalmente prevista, habrá de apreciarse la concurrencia en el hecho de un grado de brutalidad, degradación o vejación superior al que insito en el hecho realizado sobre un menor de 13 años; contemplado por el legislador como naturalmente anejo a hechos de esta índole como agravación especifica en el apartado a) del mismo art. 189.3 para los que utilizan a niños menores de 13 años en la interpretación jurisprudencial antes expuesta".

La aplicabilidad de este subtipo a los supuestos de difusión (art. 189.1 b), genera dudas. Desde el punto de vista doctrinal, BOLDOVA restringe la aplicación a los tipos de utilización del menor (art 189.1 a)[292].

---

291 Pte.: Berengua Mosquera, Antonio

292 Para este autor "nos encontramos con un tipo agravado semejante al previsto para el delito de agresión sexual en el art. 180.1.1ª. Debe destacarse, sin embargo, la diferencia de que en la agresión sexual el carácter particularmente degradante o vejatorio viene referido exclusivamente a la violen-

En este punto existe división en las Audiencias Provinciales: se decanta por la exclusión de la aplicación del subtipo para los que meramente difunden o trafican con el material pornográfico la SAP Zaragoza, sec. 3ª, nº 48/2009, de 17 de septiembre[293] y la mencionada SAP Pontevedra, sec. 4ª, nº 41/2009, de 13 de octubre. En el mismo sentido, la SAP Barcelona, sec. 3ª, nº 26/2010, de 8 de enero[294] considera que "tampoco es posible aplicar la agravación prevista en el art. 189.3.b) a quienes no han intervenido en la elaboración de dicho material pornográfico, sino que se dedican únicamente a capturar y difundir dicho material en la red de Internet... si el apartado a) del art. 189.3 del Código Penal solo es aplicable a quien ha intervenido en la elaboración del material pornográfico, por razones de congruencia, tenemos que concluir que el apartado b) del mismo precepto legal tiene que ser interpretado de la misma forma y, consiguientemente, tampoco puede ser aplicado a quien no ha tomado parte activa en la elaboración del material pornográfico".

Sigue la interpretación opuesta la SAP Valencia, sec. 3ª nº 302/2009, de 20 de mayo[295] que aprecia en un delito de distribución (a través de e-mule) el subtipo agravado del art. 189-3 b) basándose en que "algunos de los mismos contenían escenas especialmente humillantes para la indemnidad sexual de los menores, ya que se eyaculaba sobre su rostro, realizaban felaciones, e incluso aparecen animales realizando actos sexuales con los niños". Debe tenerse en cuenta que la sentencia no se plantea si el subtipo puede aplicarse a los meros distribuidores, y de hecho también aprecia el subtipo agravado del art. 189-3 a). También la SAP Barcelona, sec. 2ª, nº

---

cia o intimidación ejercidas, mientras que aquí dicha característica alude a los hechos. Por lo tanto, se está refiriendo a las conductas de la letra a) del art. 189.1, de utilización de menores o incapaces con fines exhibicionistas o pornográficos o para elaborar pornografía, incluida la financiación de estas actividades, carece de sentido su aplicación a las conductas de la letra b) consistentes en el tráfico o posesión para el tráfico de pornografía infantil, puesto que tales hechos se sitúan ya en la fase de agotamiento del hecho de utilizar sexualmente al menor o incapaz de forma degradante o vejatoria BOLDOVA PASAMAR "Comentarios al código penal. parte especial". "Títulos VII-XII y faltas correspondientes" Tirant lo Blanch, 2004.

[293] Pte.: Arriero Espes, Sara.

[294] Pte.: Grau Gasso, José.

[295] Pte.: Marrades Gómez, Regina.

343/2009, de 19 de mayo[296] aplica este subtipo agravado en un supuesto de distribución (189.1 b) en el que el material se integraba por ficheros que contenían imágenes en las que se mostraban menores de edad notoriamente inferior a los trece años, de ambos sexos e inidentificados, practicando sexo explícito con otros menores y mayores de edad, de forma oral, vaginal y anal, mostrándose desnudos, practicando masturbaciones, introduciéndose objetos vía vaginal o anal, o siendo objeto de prácticas sadomasoquistas. (De nuevo aquí también se aplicó el subtipo agravado de utilizar a menores de 13 años).

Sigue esta línea la SAP Ciudad Real, scc. 2ª nº 10/2010, de 25 de marzo[297] considerando que "los niños que aparecen en las imágenes y fotografías intervenidas son, la gran mayoría de ellos, de edades notablemente inferiores a los trece años y aparecen realizando prácticas sexuales explícitas, con personas mayores de edad, e incluso con animales, circunstancia esta ultima que hace aun si cabe mas reprochable los hechos, ya que, si degradante y vejatorio, es someter a " criaturas" a practicas sexuales para el disfrute desviado de las apetencias sexuales, entendemos que dichos calificativos de degradante y vejatorio, alcanza su máxima expresión e incluso se quedan cortos, cuando se degrada a un ser humano a la categoría de animal, por lo que es evidente, para la generalidad de la sociedad, que los hechos han de ser calificados de especialmente vejatorios..., y si ello, merece todo el reproche penal, para quienes directamente ejecutan dicho material pornográfico, es claro que el legislador, ha querido tratar con igual dureza a quienes son autores por receptación de hechos que se ejecutan precisamente por ser demandados por personas como el acusado".

La STS nº 592/2009, de 5 de junio (Pte.: Andrés Ibáñez, Perfecto) parece aceptar la aplicabilidad de este subtipo agravado al tipo de distribución de material pornográfico. Aunque no lo aprecia, el fundamento de su exclusión no es el de que solamente sea aplicable a quienes utilizan a menores de carne y hueso, como la misma sentencia hace para rechazar la aplicación del subtipo de utilizar a menores de 13 años[298].

---

296 Pte.: Martín García, Pedro.

297 Pte.: Catalán Martín de Bernardo, Carmen Pilar.

298 La sentencia establece lo siguiente: "el art. 189.3,b) Cpenal incluye una previsión extraordinariamente abierta: que "los hechos revistan un carác-

Sin embargo, la STS nº 340/2010, de 16 de abril (Pte.: Varela Castro, Luciano) es terminante en la exclusión de la aplicación del subtipo agravado a quienes no han participado en la elaboración del material. En efecto, declara el TS que “aunque el material pudiera considerarse merecedor de la especial agravación del apartado 3. b), ya que, pese a la escasa argumentación, los hechos probados refieren situaciones de bestialismo, tal elemento no puede considerarse en relación con el acusado que autor de la modalidad típica del artículo 189.1, b), no ha participado en la elaboración del material pornográfico”.

Finalmente, la STS nº 674/2010, de 5 de julio (Pte.: Marchena Gómez, Manuel) abre el portillo de la posible aplicación de este subtipo a supuestos en los que la acción se limita a la difusión: “no resulta fácil excluir la aplicación del tipo agravado a aquellos casos en los que el usuario que no ha participado en el proceso de creación o producción de esos archivos, una vez abiertos todos o algunos de los que dispone, opta conscientemente por su distribución o los mantiene en la carpeta incoming, susceptible de descargas incontroladas, pese a conocer el carácter singularmente degradante y vejatorio de su contenido. Esa mayor intensidad de la ofensa al bien jurídico, producida por una acción en la que no ha de faltar el dolo directo o eventual, justificaría la aplicación del tipo agravado, sin que exista argumento gramatical —como acontece en el apartado a) del mismo precepto, que emplea el vocablo utilicen a niños— o contextual que lo impida. Conviene reparar, además, en que el bien jurídico protegido en supuestos como el que ahora es objeto de enjuiciamiento, tiene mucha más relación con el derecho a la intimidad y a la propia imagen de los menores (arts. 18 CE, art. 4.1 de la LO 1/1996, de

---

ter particularmente degradante o vejatorio”. No hay duda de que, en una primera aproximación, todo uso de menores con fines de gratificación sexual puede —debe— ser calificado de degradante y vejatorio para ellos. Por tanto, aquí se trataría de determinar si, y por qué, en este caso, la naturaleza de las imágenes obliga a acentuar tal connotación peyorativa. Esto requiere un ejercicio de justificación, que no se ha dado, pues no consta en la calificación del Fiscal y tampoco hay rastro de él en el acta del juicio. Así, en ausencia de una argumentación explícita al respecto por parte de quien mantiene la calificación de los hechos que funda el recurso, hay que decir que no resulta arbitrario incluir las imágenes descritas en la sentencia en el tipo básico, porque, con toda seguridad, la imaginación pedófila es fértil en modalidades todavía más aberrantes del uso de menores con semejante finalidad, para las que habrá que reservar la exasperación del tratamiento punitivo”.

Protección Jurídica del Menor y 16 de la Convención de Naciones Unidas de Derechos del Niño, de 20 de noviembre de 1989) y, en fin, a su dignidad constitucionalmente protegida (art. 10 CE), que a una indemnidad sexual que el mero consumidor de esas imágenes, no ha llegado a vulnerar. Y desde la perspectiva de la protección del bien jurídico, parece evidente que quien, conociendo el contenido de esos archivos, pese a su carácter particularmente vejatorio los difunde, intensifica la ofensa a esos bienes tutelados. Los efectos lesivos que para esos bienes jurídicos tiene la incorporación indiscriminada a la red de tales imágenes, resultan prácticamente irreparables. De ahí la procedencia de mayor pena".

Esta STS nº 674/2010, de 5 de julio aún admitiendo la posibilidad de aplicar el subtipo a los meros difusores, exige no obstante la concurrencia de un dolo específico: "para la apreciación de la agravación referida al carácter particularmente vejatorio o degradante de los hechos grabados, resulta esencial que el dolo del autor abarque todos los elementos del tipo objetivo, entre los que se incluye, sin duda alguna, esa significación ultrajante de los hechos... Quien acopia archivos pornográficos que al mismo tiempo distribuye, sólo podrá ser merecedor de una pena agravada si el hecho probado refleja el conocimiento que aquél tenía sobre las humillaciones y vejaciones que encerraban algunas de las imágenes. Es un hecho notorio que el software utilizado por los programas de intercambio de archivos P2P permite iniciar la descarga y cesión a otros usuarios sin que tales archivos hayan sido todavía abiertos —incluso, totalmente descargados— en el ordenador cuyo titular resulta luego imputado. En definitiva, no se puede agravar la conducta de quien difunde archivos particularmente vejatorios —por así permitirlo la tecnología del programa de intercambio utilizado— si no consta acreditado el conocimiento del autor respecto del contenido de tales archivos. De ahí la importancia de que, tanto en la investigación inicial como en la resolución de instancia, se precise si los archivos alojados en alguno de los discos empleados por el imputado fueron efectivamente abiertos, acto del que queda reflejo en el sistema y que puede ser objeto de descripción en el correspondiente informe pericial".

Abiertamente la STS nº 1098/2010, de 13 de diciembre (Pte: Sánchez Melgar, Julián), admite la aplicación de este subtipo hechos al que se limita a la difusión: "el autor del recurso extiende indebidamente la restricción de tal apartado a) -utilización de menores- al resto de subtipos, entendiendo que únicamente caben cuando el autor ha tenido contacto directo con las víctimas de los abusos sexuales que son reproducidos en imágenes, para el recreo propio del pedófilo, sin valorar que el resto de agravaciones se desconectan de tal utilización y adquieren virtualidad jurídica propia con tal que respondan a la esencia de su enunciado tipológico… Ciertamente el legislador pudo haber tomado la posición del recurrente, disponiendo que el productor de las imágenes o secuencias videográficas en la que se pongan de manifiesto tales desvalores incurrirá en una especial agravación de la pena, pero lo cierto es que identifica la respuesta penológica a todas las conductas que se describen en el apartado b) del art. 189.1 del Código penal, de manera que iguala distribución o difusión, a producción, y por más que sean comportamientos claramente diferenciados en punto a la antijuridicidad material de la acción, ha sido decisión del legislador el igualarlos en la meritada respuesta punitiva".

En todo caso, la aplicación de este subtipo requiere de una explicación justificativa específica. En este sentido, la STS nº 130/2010, de 17 de febrero (Pte.: Martínez Arrieta, Andrés) declara que "la agravación requiere una especialidad, superadora de la normal repulsión que provoca un archivo pornográfico con menores, que el tribunal debe explicar y sobre el que la Sala no puede sustituir al órgano de enjuiciar sin lesionar las posibilidad de defensa del recurrente quien se vería imposibilitado de discutir la aplicación del derecho ante una instancia superior"[299]. En esta misma línea se pronuncia la ya reseñada STS nº 674/2010, de 5 de julio[300].

---

[299] En esta misma línea, la STS nº 340/2010, de 16 de abril (Pte.: Varela Castro, Luciano) declara que "la agravación requiere una especialidad, superadora de la normal repulsión que provoca un archivo pornográfico con menores, que el tribunal debe explicar y sobre el que la Sala no puede sustituir al órgano de enjuiciar sin lesionar las posibilidad de defensa del recurrente quien se vería imposibilitado de discutir la aplicación del derecho ante una instancia superior. Tal exigencia de específica argumentación se viene exigiendo de manera constante... todo uso de menores con fines de gratificación sexual puede —debe— ser calificado de degradante y vejatorio para ellos. Por tanto, aquí se trataría de determinar si, y por qué, en este caso, la naturaleza de las imágenes obliga a acentuar tal connotación peyorativa. Esto requiere un ejercicio de justificación".

[300] Es cierto que el juicio histórico alude a "... prácticas sadomasoquistas". Sin embargo, tal expresión, lejos de encerrar un presupuesto fáctico susceptible de subsunción en la agravación prevista en el art. 189.3.b), sugiere un con-

En un supuesto de utilización de menores para la elaboración de material pornográfico, la STS nº 803/2010, de 30 de septiembre (Pte.: Berdugo y Gómez de la Torre, Juan Ramón) introduce importantes criterios para interpretar este subtipo, resaltando su similitud con

---

cepto valorativo con una elasticidad que en nada favorece la formulación del juicio de tipicidad. Si asociamos el sentido gramatical de tal locución —como expresa el Diccionario de la Real Academia— a toda "... tendencia sexual morbosa de quien goza causando y recibiendo humillación y dolor ", está fuera de dudas que la práctica totalidad de las imágenes que obran en la causa serían susceptibles de ser encajadas en aquel significante. En la inmensa mayoría de los casos, la desproporción entre los órganos sexuales del autor y su víctima y la degradación e ignominia que encierran las escenas que han sido objeto de captación fotográfica, justificarían por sí solas la aplicación del tipo agravado. Sin embargo, una propuesta interpretativa que combinara la flexibilidad del significado gramatical de la palabra sadomasoquismo, con el carácter siempre humillante y doloroso de las prácticas sexuales con niños, convertiría lo básico en agravado, confundiendo las respectivas porciones de injusto que han sido claramente definidas por el legislador.

En definitiva, la aplicación del tipo agravado previsto en el art. 189.3.b) requiere algo más que una mención puramente valorativa en el "factum". El Fiscal pone el acento en la mención que la sentencia hace en el FJ 2º al hecho de "...miccionar sobre un menor". Pero tampoco es suficiente una referencia ejemplificativa en la fundamentación jurídica. No se trata, claro es, de relativizar la intensa significación antijurídica de esas prácticas, ni de sustraer tales conductas al merecimiento de pena previsto por el art. 189.3.c). Lo que resulta incuestionable es que el imputado, cuya conducta es calificada a partir del tipo agravado, ha de tener todas las oportunidades de defensa que nuestro sistema constitucional le reconoce, sin que lo valorativo pueda sustituir a lo descriptivo, alimentando un espacio de indefensión que esta Sala no puede avalar.

En cualquier caso, más allá de la necesidad de que la imputación y consiguiente aplicación del tipo agravado se construya sobre hechos, conviene también precisar la importancia de que la presencia de esos archivos tenga un significado cuantitativo y cualitativo, cuando menos, relevante. Tal idea ha de tener también acogida en el "factum", de suerte que éste encierre todos los elementos necesarios para formular el juicio de subsunción. Nada impide, claro es, que la sucinta descripción de las escenas más destacadas vaya acompañada, mediante la correspondiente remisión, de una referencia numérica a los concretos archivos gráficos en los que la acción particularmente vejatoria quedó grabada. Sólo así el imputado estará en condiciones de ejercer el principio de contradicción, haciendo valer su derecho de defensa, y esta Sala podrá desplegar la capacidad revisora propia del recurso de casación.

la agravación contenida en el art. 180.1.1 para las agresiones sexuales. En primer lugar se establece que "nada tiene que ver con la vejación inherente al acceso carnal, el cual en sí mismo, tratándose de menores, podría considerarse como degradante o vejatorio, sino a la especial naturaleza de los hechos que acentúa esa connotación peyorativa y que han de ser ejecutados con la finalidad de ocasionar una especial sensación de humillación a la víctima. El trato degradante o vejatorio equivale a realizar acciones con el fin de humillar, deshonrar, hacer despreciar o envilecer a alguien afectado a su dignidad humana, siempre y cuando ese especial salvajismo o brutalidad refleje un grado tan llevado a perversión del sujeto que justifique la exasperación de la pena tan notable como la que establece el subtipo agravado del art. 189.3 en relación con el tipo básico, art. 189.1[301]. Esta misma resolución admite la aplicación del subtipo ante un supuesto de coprofilia, aunque tal comportamiento solo tenga lugar en uno de los archivos intervenidos[302].

---

[301] Conforme a estos criterios se rechaza que pueda integrarse el subtipo por "penetraciones anales y vaginales, felaciones, cunnilingus, relaciones sexuales con varias personas e incluso lésbicas, realizadas por la menor, siendo como eran consentidas por ésta —no olvidemos con una edad muy próxima a la mayoría de edad y alcanzada ésta continuando sus encuentros sexuales con el acusado—, en modo alguno pueden ser consideradas degradantes o vejatorias, sino como una forma de ejercer la propia sexualidad admitida en el actual contexto socio-cultural...

[302] "Respecto al contenido de las tres citas videográficas, la sentencia de instancia... analiza sus imágenes y concluye que no pueden sustentar la aplicación del subtipo agravado con argumentos que no pueden asumirse en su totalidad... aparece grabada una escena en la que el acusado defeca sobre Ascension y extiende sus excrementos sobre el abdomen de la misma; el argumento de la Sala, que admite implícitamente su contenido degradante y vejatorio, pero entiende que una sola grabación en el conjunto total de las escenas grabadas y visto su contenido, esa exclusiva grabación no puede servir para sustentar la aplicación al total de tan agravatoria norma, no resulta asumible porque —como se sostiene en el motivo—, el art. 189.3b no exige que sean varias las grabaciones para que pueda aplicarse el subtipo cualificado, bastando una sola grabación, cuyo contenido sea particularmente degradante o vejatorio, para tal aplicación, de modo que cuando se repitan los hechos en el tiempo con el mismo sujeto pasivo, concurriendo los requisitos del art. 74 CP, no existen obstáculos para que los hechos puedan calificarse y valorarse a través del expediente del delito continuado... Consecuentemente el comportamiento que se refleja en las imágenes, además de su componente sexual, el acusado y la menor están desnudos,

Utilizando unos parámetros mucho mas amplios, para el ATS nº 1839/2010, de 14 de octubre (Pte.: Saavedra Ruiz, Juan) "resulta aplicable el art. 189.3 b) por cuanto se indica en los hechos que varios de esos archivos contenían imágenes y videos en que aparecen menores realizando felaciones, dichas acciones constituyen actos particularmente vejatorios y degradantes para éstos".

A la vista de lo expuesto, parece necesaria una unificación de la doctrina del TS tanto en cuanto a qué deben entenderse por actos particularmente vejatorios y degradantes y en cuanto a si el subtipo puede aplicarse a los meros difusores.

7.4. Especial gravedad de los hechos atendiendo al valor económico del material pornográfico

En la letra c) del art. 189.3 CP se castiga como subtipo agravado la conducta *cuando los hechos revistan especial gravedad atendiendo al valor económico del material pornográfico.*

El subtipo parece estar inspirado en las voces que denuncian el enorme volumen económico generado por la pornografía infantil. No obstante, y sin perjuicio de confirmar que sigue existiendo un gran negocio alrededor de esta actividad criminal, tal como ha evolucionado en Internet, del negocio lucrativo y de las organizaciones delictivas se ha pasado mayoritariamente al trueque y a la actividad individualizada de pedófilos[303].

---

tumbados en el suelo, y se besan y acarician, supone una situación escatológica que produce sentimientos de asco, repugnancia y es especialmente envilecedor para la menor por la sensación de humillación y sentimiento que produce. En este sentido las sentencias 1239/2000 de 5.7 y 1855/2000 de 4.12, aplicarán la agravación especifica del núm. 1 del art. 180.1 CP, en casos de agresión sexual, considerando conductas particularmente degradantes y vejatorias para la mujer, el orinar y defecar encima de ella.

303 En esta línea SALOM CLOTET, op. cit. pág. 18 ha apuntado que "de las continuas actuaciones policiales llevadas a cabo en este sector se viene observando que los beneficios no son tan cuantiosos y no hay organizaciones delictivas detrás, sino la inclinación sexual de usuarios de la red que han encontrado en ésta el camino o medio para satisfacer sus pretensiones sexuales... El concepto arcaico de trueque se constituye, según la experiencia acumulada, en el principal sistema de acopio de material pedófilo".
En contra, se ha mantenido la enorme cuantía de las cifras generadas por esta actividad delictiva: "child pornography has become a multi-billion do-

La indeterminación del subtipo —de nuevo— ha generado duras críticas[304].

El subtipo se refiere al material pornográfico, por lo que parece claro que podrá aplicarse al tipo de difusión. Otra cosa es la operatividad real que puede predicarse del mismo.

Quizás el problema mas grave que presente este subtipo es la dificultad de valorar económicamente el material pornográfico[305]. No parece que pueda asignársele un valor, teniendo en cuenta además que en la actualidad el volumen más importante de material que circula en Internet deriva de intercambios gratuitos entre pedófilos.

Para la Consulta de la Fiscalía General del Estado 3/2006, tras descartar el concurso de delitos incluso en su modalidad ideal cuando se interviene material en el que aparecen plurales menores, "una vía adecuada para traducir penológicamente la mayor antijuridicidad

---

llar commercial enterprise and is among the fastest growing businesses on the Internet. Distribution over the Internet has facilitated instant access by thousands and possibly millions of individuals throughout the world. Financial companies must be vigilant and they should be required to proactively look for and report child pornography to law enforcement or another mandated agency". Child Pornography: Model Legislation & Global Review Copyright © 2006, International Centre for Missing & Exploited Children pág. 5.

304 MORALES PRATS y GARCÍA ALBERO, op. cit. pág. 364 critican el subtipo "tanto por su indeterminación... como por su desconexión con el bien jurídico protegido, por cuanto el parámetro de referencia de la gravedad atiende al valor económico del material pornográfico; si lo que se pretende es agravar la responsabilidad penal por la contumacia de la conducta y el grado de profesionalidad y organización de los responsables, debe tenerse presente que estas componentes de incremento en el desvalor material de conducta ya están contempladas en el tipo agravado previsto en la letra e) del art. 189.3, razón por la cual el tipo agravado comentado atiende a una componente meramente económica, desconectada con los intereses desprotegidos en el precepto".
En esta misma línea QUERALT JIMÉNEZ, op. cit. pág. 225 entiende que "estamos ante unos elementos valorativos muy vagos, cuya delimitación vuelve a ser difícil por el Juez, dado que el legislador elude su responsabilidad de promulgar una lex certa".

305 Así QUERALT JIMÉNEZ, op. cit. pág. 225 considera que "no se especifica cuantía alguna, ni método o medio para valorarlo, teniendo en cuenta además que son objetos ilegales por lo que son extra comercium y deberán ser destruidos".

de conductas en las que el material pornográfico incautado tenga especial entidad podría eventualmente encontrarse en la aplicación del subtipo agravado del art. 189.3 c) (cuando los hechos revistan especial gravedad atendiendo al valor económico del material pornográfico)".

Un supuesto aislado viene constituido por la SAP Barcelona, sec. 2ª, nº 343/2009, de 19 de mayo[306], que aplica el subtipo agravado de especial gravedad atendiendo al valor económico en un supuesto de distribución (189.1 b) en el que el material se integraba por multitud de ficheros... (en cantidad superior al millar), incluyendo archivos de vídeo (también se aplicó el subtipo agravado de utilizar a menores de 13 años).

Sin embargo, la SAP Madrid, sec. 7ª, nº 51/2009, de 5 de mayo[307]analiza un supuesto en el que el acusado tenía archivados numerosos videos y más de 6.000 fotografías. Ni siquiera se llegó a acusar por el subtipo agravado de especial gravedad atendiendo al valor económico.

Mas llamativa incluso es la SAP Barcelona, sec. 3ª, nº 26/2010, de 8 de enero[308], que analiza un supuesto en el que al condenado se le intervinieron mas de 15.000 archivos de pornografía infantil. Pese a ello se considera que "tampoco es posible aplicar el subtipo agravado previsto en el art. 189.3.c) del Código Penal... toda vez que no se ha practicado prueba alguna durante el acto del juicio encaminada a determinar el valor económico del material pornográfico intervenido y, en ausencia de dicha información, difícilmente podemos valorar la gravedad de los hechos".

La SAP Pontevedra, sec. 4ª, nº 41/2009, de 13 de octubre[309] es paradigmática como expresión de las reticencias a aplicar este subtipo. Considera que "en lo que concierne a la agravación del artículo 189.3.c)... se estima, de acuerdo con un sector doctrinal, que se desconecta del bien jurídico protegido pues hace una referencia a la gravedad en relación con el valor económico del material pornográfico, del que desde luego nada consta y por tanto se estima que no es aplicable".

---

306 Pte.: Martín García, Pedro.

307 Pte.: Aparicio Carril, Mª Luisa.

308 Pte.: Grau Gasso, José.

309 Pte.: Berengua Mosquera, Antonio.

Sigue la tendencia restrictiva la STS nº 107/2010, de 16 de febrero (Pte.: Ramos Gancedo, Diego Antonio), que desestima la casación interpuesta por el Fiscal para que se apreciara este subtipo porque "no consta en el "factum" ni siquiera por aproximación cual pudiera ser el valor económico de dicho material, ni que el acusado pudiera beneficiarse de algún modo en su conducta de compartir el mismo con otros desconocidos internautas"[310]. También en esta dirección cabe citar la STS nº 588/2010, de 22 de junio (Pte.: Berdugo y Gómez de la Torre, Juan Ramón)[311].

---

310 En el caso analizado por la sentencia se intervienen mas de 1900 archivos de fotografías y vídeos, muchos con imágenes vejatorias pornográficas de menores de trece años.

311 "Entiende el Ministerio Fiscal que el archivo por el que se inician las investigaciones es un archivo comprimido que contenía una carpeta con un total de 1839 archivos de fotografías y videos, volumen cuya mera cantidad implica un importante valor económico... El motivo no puede prosperar... El valor económico o la especial entidad del material pornográfico incautado podrá ser la prueba de haberse cometido un numero importante de atentados contra la indemnización sexual de los menores o incapaces, por lo que debería determinarse con arreglo a los criterios similares a los que se utilizan en ámbitos delictivos en los que existen tipos agravados de parecidas características, ello implica la exigencia de que conste alguna valoración económica del material incautada y que en aplicación, por regla general, deberá limitarse a quienes los han elaborado, producido o difundido mediante una compensación económica por cuanto debemos subrayar que el tipo penal básico del art. 189.1.b) no queda recortado por la exigencia de animo de lucro en la conducta del autor, lo que resulta un acierto desde un punto de vista político-criminal, dado que múltiples conductas de introducción de material pornográfico en Internet (sobre todo protagonizadas por pedófilos) no vienen informados por un animo o intencionalidad económica. Las nuevas tecnologías han favorecido la producción y trafico de carácter aficionado, de carácter gratuito, a lo que ha contribuido la aparición del vídeo domestico y la telemática de masas, que imponen las nuevas autopistas de la información —en especial Internet— o de verificación de "chats" en los que se implica a menores... Puede indicarse pues que la tecnología informática ha acabado por consolidar las pautas y patrones de la producción y trafico de la pornografía infantil. Cualquier escenario de la red tiene acceso a los servicios "on line" en una autopista de información a la que se encuentran conectados millones de personas. En este contexto, cualquier usuario puede erigirse en productor, difusor o receptor de material pornográfico infantil... En el caso presente no consta en el "factum", ni siquiera por aproximación cual pudiera ser el valor económico de dicho material, ni que el acusado

Para la Consulta de la Fiscalía General del Estado 3/2006 "...en última instancia, podrá traducirse la potencial mayor gravedad de la distribución o posesión de imágenes de plurales menores por medio de las reglas de dosimetría penal, utilizando las posibilidades que ofrece la regla 6ª del art. 66 CP, conforme a la que cuando no concurran atenuantes ni agravantes aplicarán la pena establecida por la Ley para el delito cometido, en la extensión que estimen adecuada, en atención a las circunstancias personales del delincuente y a la mayor o menor gravedad del hecho".

Sigue esta vía la STS nº 873/2009, de 23 de julio (Pte.: Jorge Barreiro, Alberto G.), que aunque no aplica el subtipo agravado, tiene en cuenta para la individualización judicial de la pena el elevado número de archivos pornográficos que se le intervinieron al acusado (más de tres mil).

Especialmente interesante es la STS nº 674/2010, de 5 de julio (Pte.: Marchena Gómez, Manuel), que introduce unos criterios interpretativos claros y concretos para poder aplicar el subtipo: "la apreciación del art. 189.3 c), con el fin de excluir una interpretación puramente objetiva, exige: a) la determinación pericial del valor económico de los archivos; b) que ese importe tenga una relevancia económica trascendente, sin que la determinación de la cuantía de referencia pueda hacerse, como propugna algún sector doctrinal, mediante la rígida aplicación de las pautas jurisprudenciales fijadas en relación con delitos de naturaleza patrimonial o contra la salud pública; d) la constancia de un propósito lucrativo por parte del imputado, que ha de obtener, o estar en disposición de obtener, un provecho económico derivado de su cesión o intercambio; d) la descripción en el "factum" de esa dimensión económica añadida, sin que su concurrencia pueda identificarse con la preferencia tecnológica en la descarga que el software otorga a quienes ya han compartido con otros internautas un elevado número de archivos"[312].

---

pudiese beneficiarse de algún modo en su conducta de compartir el mismo con otros desconocidos internautas".

312 Declara la sentencia reseñada lo siguiente: "estima el Fiscal que la aplicación del tipo agravado que sanciona con mayor pena los hechos "...cuando revistan especial gravedad atendiendo al valor económico del material pornográfico", es compatible con supuestos como el que es objeto de enjuiciamiento. Y es que aunque no se haya cuantificado económicamente el valor de los archivos ocupados, la propia sentencia reconoce la importancia cuan-

titativa del material ocupado, a saber, más de 290.000 archivos fotográficos y de vídeo. Incluso, ese material pornográfico le permite al imputado la opción de beneficiarse con transferencias más rápidas de contenido similar. En suma, concluye el Fiscal, el indudable valor económico de esos archivos existe con independencia de que su tenedor comercie efectivamente con ellos, bien mediante el pago de dinero, bien mediante la permuta... El motivo no puede tener acogida... La existencia misma de este tipo agravado es objeto de controversia. No han faltado críticas en el ámbito dogmático que llaman la atención acerca de la extravagancia que representa que un delito que no exige el ánimo de lucro para su comisión, construya una agravación a partir del valor económico de los archivos detentados... La sentencia de instancia ha excluido la aplicación del art. 189.3.c) a partir de una doble idea: a) la ausencia de una prueba pericial que cuantifique el valor económico de los archivos; b) la necesidad de no presumir esta circunstancia en contra del reo... No es difícil imaginar supuestos de aplicación del precepto antes mencionado. El intercambio de archivos de pornografía infantil en la red existe, no sólo para atender las patológicas inclinaciones sexuales de sus consumidores, sino porque, en no pocos casos, puede representar un más que lucrativo negocio. La existencia de webs en las que se cobra por los contenidos descargados o la fijación de algún tipo de contraprestación económica para el libre acceso al material susceptible de intercambio, introduce un elemento económico que justifica, en situaciones de notoria gravedad, la aplicación del tipo agravado. Sin embargo, no es esto lo que ocurre en el presente caso... En efecto, la instrucción judicial abierta a raíz de la denuncia formulada por los agentes de la autoridad no se orientó a la determinación de los presupuestos fácticos precisos para valorar la dimensión económica del intercambio y, una vez fijada su magnitud, para hacer viable la aplicación del tipo agravado. Tiene razón la Audiencia Provincial cuando erige como obstáculo para aplicar el tipo agravado la ausencia de cualquier informe pericial acerca del valor económico de los archivos aprehendidos en poder de Secundino... Pero a ese obstáculo cabe añadir otro. Y es que la aplicación del tipo agravado no puede hacerse depender, exclusivamente, de la posesión de una ingente cantidad de archivos cuyo valor económico no consta y, lo que es más importante, respecto de los cuales no se ha acreditado la realización de ningún tipo de operación lucrativa por parte del imputado. La tesis del Fiscal, que sitúa en el ámbito típico del supuesto agravado la hipotética ventaja que se derivaría de la preferencia que otorgan los programas de intercambio a quienes han descargado ya una cantidad elevada de archivos, no puede ser compartida por la Sala. Sólo una interpretación extensiva permitiría identificar el valor económico de los archivos y la consiguiente ventaja lucrativa que ello proporcionaría a su titular, con la supuesta preferencia en el ritmo de las descargas. Esa ventaja tecnológica en el proceso de descarga no es una ventaja económica. Ni siquiera la evocación de la figura jurídica de la permuta puede salvar el obstáculo que representa la literalidad del art. 189.3.c) del CP. Como es sabido, el software de los programas P2P posibilita, una vez obtenida la

Vemos por tanto, que en este importante pronunciamiento jurisprudencial se exige, entre otros requisitos, con toda lógica, superando la literalidad del subtipo y adentrándose en su dimensión teleológica, un propósito lucrativo.

Los pronunciamientos jurisprudenciales han sido hasta la fecha escasos, por lo que habrá de darse un tiempo hasta que se produzca una decantación de los criterios a través de los casos que vayan planteándose.

De lege ferenda, creemos que debiera bien suprimirse este subtipo, bien sustituirlo por uno que agravara la responsabilidad de quien distribuyera material pornográfico en cantidad de notoria importancia (con lo que se eludiría el espinoso problema de la valoración del material). Ésta es la línea que sigue la Ley Modelo elaborada por el *International Centre for Missing & Exploited Children*[313].

7.5. *Representación de niños o incapaces víctimas de violencia física o sexual*

En lo que hace a la agravación del artículo 189.3 d) se produce según el texto legal *cuando el material pornográfico represente a niños o a incapaces que son víctimas de violencia física o sexual.*

Se ha defendido que este subtipo solo se debe aplicar respecto de niños, no respecto de todos los menores de edad[314]. En nuestra opinión, el término niños debe asimilarse al de menores, por cuan-

---

descarga, la creación de carpetas excluidas del intercambio y, por tanto, de la permuta...

313 Aggravating factors may include the number of images manufactured/produced/distributed/possessed;. Child Pornography: Model Legislation & Global Review Copyright © 2006, International Centre for Missing & Exploited Children pág. 3.

314 Para URIARTE, op. cit. pág. 18 "el diccionario de la Real Academia de la Lengua Española, define la voz niño como *"que está en la niñez"*, y a su vez define la niñez como *"periodo de la vida humana, que se extiende desde el nacimiento a la pubertad"*, mientras que la minoría de edad es un concepto jurídico, referido actualmente en la legislación española a la menor edad de 18 años. A la vista de tales conceptos, deberá entenderse que lo que castiga el precepto como infracción cualificada, es el empleo de violencia física o sexual sobre impúberes o incapaces, quedando fuera por tanto de la cualificación aquí analizada, el empleo de dicha violencia física o sexual sobre menores de edad que ya hayan entrado en la pubertad".

to siendo el mismo polisémico y concurriendo la misma *ratio* agravatoria no hay razón para excluir a ninguna persona menor de 18 años. *A foriori*, conforme a la definición contenida en el art. 1 de la Convención de Derechos del Niño[315] por niño también habría que entender comprendidos a todos los menores de 18 años. El art. 1 de la Ley Orgánica 1/1996, de 15 de enero, *de Protección Jurídica del Menor*[316]también se declara aplicable a los menores de 18 años.

Entendemos que unas mismas circunstancias no pueden dar lugar a la aplicación simultánea de este subtipo y del subtipo relativo a hechos particularmente degradantes o vejatorios. No obstante, sí concurrirá compatibilidad cuando uno y otro subtipo se apliquen en razón a distintas sevicias cometidas contra el mismo menor (v.gr. además de someter al menor a prácticas de bestialismo, antes o después se le somete a prácticas sadomasoquistas).

El precepto responde a demandas doctrinales tendentes a la represión de las *snaf movies*. Obviamente la producción de tal material pornográfico con incorporación de violencia prevista en el tipo comentado no excluye el correspondiente concurso de delitos con relación a los subyacentes delitos contra la vida o la integridad física[317].

En cuando a la posibilidad de aplicar el subtipo al tipo de difusión, la SAP Guipúzcoa, sec. 1ª, nº 72/2009, de 26 de febrero[318] se muestra favorable. En contra de esta interpretación puede citarse la SAP Pontevedra, sec. 4ª, nº 41/2009, de 13 de octubre[319] que considera que “en relación con los archivos que relata el Ministerio Fiscal en su escrito de acusación... se estima que no es aplicable porque el acusado no elabora o interviene en la elaboración y desde luego no existe prueba alguna de que el acusado seleccionase tales archivos dentro de los numerosos que descargó”.

---

315 Conforme al art. 1 *para los efectos de la presente Convención, se entiende por niño todo ser humano menor de dieciocho años de edad, salvo que, en virtud de la ley que le sea aplicable, haya alcanzado antes la mayoría de edad.*

316 Conforme al art. 1 *la presente Ley y sus disposiciones de desarrollo son de aplicación a los menores de dieciocho años que se encuentren en territorio español, salvo que en virtud de la ley que les sea aplicable hayan alcanzado anteriormente la mayoría de edad.*

317 MORALES PRATS y GARCÍA ALBERO, op. cit. pág. 364.

318 Pte.: Subijana Zunzunegui, Ignacio José.

319 Pte.: Berengua Mosquera, Antonio.

Lo cierto es que el subtipo se refiere no a la utilización de niños sino al material pornográfico, lo que apuntaría a la aplicabilidad tanto a conductas del art 189.1 a) como del art 189 b). No obstante, algunas de las razones de fondo que se utilizan para excluir la aplicabilidad de los subtipos de minoría de 13 años y hechos degradantes a las conductas de difusión son trasladables la interpretación de este subtipo. Una solución podría ser la de no aplicar el subtipo a los supuestos de difusión sin perjuicio de tener en cuenta en estos casos para la graduación de la pena conforme al art. 66 CP la naturaleza especialmente abyecta de este material.

En nuestra opinión cabría aplicar el subtipo para la difusión siempre trasladando las garantías y requisitos que la nº 674/2010, de 5 de julio (Pte.: Marchena Gómez, Manuel), establece para apreciar el subtipo de hechos particularmente degradantes o vejatorios a los que difunden material (vid. epígrafe 7.3 in fine).

La STS nº 588/2010, de 22 de junio (Pte.: Berdugo y Gómez de la Torre, Juan Ramón), de forma un tanto confusa parece decantarse por reservar el subtipo a los tipos de utilización de menores[320].

---

320 ...Entiende el Ministerio Fiscal que actos como atar a un menor o agarrarlo por la fuerza, todo ello con el fin o como consecuencia de someterlo a prácticas sexuales, suponen conductas que exceden de la simple relación sexual y que denotan una mayor antijuricidad y reprochabilidad de la conducta... Con carácter previo debemos realizar una importante precisión cual es que el delito del art. 189.1 a), en su modalidad de utilización de menores para elaborar cualquier clase de material pornográfico y el del art. 189.1 b) en su modalidad de producción, no tutelan prima facie la libertad sexual del menor, por lo que cuando la utilización de menores en la elaboración de material pornográfico se lleve a cabo a través de los medios típicos previstos en los delitos de agresión sexual (arts. 178 y ss.) y de abuso sexual (art. 181 y ss.), y concurran asimismo los actos sexuales exigidos en los mismos, se debería establecer el correspondiente concurso de delitos con aquellos delitos, sino que lo protegido es la seguridad del menor o su derecho a la propia imagen, conectado con la idea anglosajona de privacidad (derecho a no ser molestado o a la tranquilidad en la esfera pensada, en la que el sujeto organiza de modo originario su libre desarrollo de la personalidad). De ahí que parte de la doctrina considera que el bien jurídico protegido en el art. 189 CP. no puede cifrarse en la libertad o indemnidad sexual del menor "lo que se comprueba, básicamente por la irrelevancia del consentimiento de los menores de 18 años que deciden intervenir en la producción de dicho material incluso sin mediar abuso de superioridad o engaño, cuando su consentimiento se estimaría valido para la practica de relacio-

Sin embargo, la STS nº 1098/2010, de 13 de diciembre (Pte: Sánchez Melgar, Julián), admite la aplicación de este subtipo de violencia física o sexual al que se limita a la difusión.

En cuanto a algún supuesto de hecho concreto en que se ha apreciado puede citarse la ya reseñada SAP Guipúzcoa, sec. 1ª, nº 72/2009, de 26 de febrero: "se trata de una circunstancia basada en

---

nes sexuales, sin mediar tales circunstancias"... Efectuada esta precisión previa que permitiría limitar la aplicación de este subtipo agravado d) al igual que el previsto en la letra a) —a quienes utilizan, usan o se sirven de los menores y no a quien se limitan a difundir los soportes ya elaborados—, debemos, asimismo, recordar que en le art. 189.3 d) se contemplan de forma alternativa, dos clases de violencia: una, equivalente a fuerza material o maltrato de obra; y otra coincidente con la naturaleza misma del acto o actos sexuales practicados, susceptibles de despertar un mayor grado de satisfacción de esta índole (sadismo, etc...)... Descartada esta última opción el Ministerio Fiscal en el recurso concreta la violencia física en actos como atar a un menor o agarrarlo por la cabeza para que realice una felación pero si se equipara a la violencia física prevista en el subtipo agravado a la que caracteriza la agresión sexual, ésta ha sido considerada como la que supone el empleo de medios violentos destinados a vencer la resistencia del ofendido. El tema estriba no tanto en constatar si ha existido algún tipo de fuerza física por mínima que sea, como si esa fuerza estaba destinada a vencer una resistencia exteriorizada, ello nos llevaría en el caso de menores de corta edad a no considerar violencia, la fuerza que no se dirige a vencer una inexistente resistencia del menor, totalmente vulnerable a esa edad, precisamente porque no tiene ninguna capacidad de reacción, ni incluso conciencia de estar siendo agredido... Supuesto distinto es ciertamente los hechos que se describen en los archivos n. 3: vídeo de niña de 10 años atada de pies y manos a la que se obliga a realizar una felación a un adulto; y n. 29: vídeo adulto que tiene a una niña menor de 13 años atada de pies y manos a la que introduce el pene por la boca y después se masturba mientras le introduce objetos y un dedo por la vagina, supuestos estos de especial sometimiento e inmovilización de los menores que exceden de la "simple relación sexual con un menor —incluso menos de 13 años—, pero el archivo n.3 se trata de un vídeo localizado en un CD sin que conste en los hechos probados —incluso con las adiciones del motivo primero— se encontrase en el disco duro de su ordenador, en concreto en la carpeta generalmente conocida como INCOMING con posibilidad, por tanto, de descarga por otros usuarios como procedentes del terminal del acusado... Consecuentemente nos encontraríamos en relación a estos supuestos concretos como una tenencia para el propio uso incardinable en el art. 189.2, al que no es aplicable el subtipo agravado del apartado 3, que no ha sido objeto de acusación.

la exaltación de la violencia, en la que se hace apología de la misma contra menores, niños o incapaces. La violencia física alude como mínimo al maltrato de obra. La violencia sexual debe acotarse a la violencia, que ejercida de forma real o simulada, está íntimamente ligada a la satisfacción sexual... En el caso enjuiciado, el archivo cuya ubicación en el tipo agravado se pretende... refleja a un hombre adulto que ase con su mano derecha la cabeza de una niña y, con la mano izquierda, que porta su pene, introduce el mentado órgano sexual en la boca de la misma. La sujeción de la niña se mantiene hasta que el hombre eyacula, siendo elocuentes los gestos de repugnancia y sufrimiento de la niña mientras se introduce y se mantiene el sexo masculino en su boca, así como cuando se produce la eyaculación... El material referido refleja a una niña a quien se involucra en un inequívoco contexto sexual a través de una energía física directiva e impositiva. Supone, por lo tanto, una legitimación de la fuerza como medio de instrumentalizar sexualmente a un niña, exaltando, de esta manera, el uso de la violencia en contextos sexuales explícitos... El comportamiento enjuiciado conlleva, por lo tanto, mayor lesividad, lo que justifica la aplicación del tipo agravado".

Para la STS nº 1098/2010, de 13 de diciembre "en tanto se somete a niñas a prácticas sexuales explícitas con adulto en escenas de violencia sexual equiparable a una violación, como es el caso en que "las niñas aparecen atadas de pies y manos", no parece... que se produzcan muchos problemas interpretativos, porque por violencia sexual hemos de entender acciones o situaciones de forzamiento, y tales ataduras en los miembros inferiores y superiores de las niñas, colman las exigencias típicas de una violación.

La STS nº 30/2011, de 7 de febrero (Pte.: Martín Pallín, José Antonio) partiendo de un hecho probado en el que se declara que al acusado se le intervienen videos en los que se mostraban imágenes en las que se ven menores de trece años, desnudos con exhibición de genitales, y practicando felaciones, masturbaciones y penetración entre sí y con adultos, considera que no procede aplicar el subtipo agravado pues "se trataba de videos que por su contenido eran pornográficos, lo que es un elemento objetivo necesario para la existencia del tipo básico y no se puede volver a utilizar estos mismos hechos para una agravación específica que, como reconoce el Ministerio Fiscal, exaspera la pena[321].

7.6. *Pertenencia del culpable a una organización o asociación dedicada a la realización de tales actividades*

El art. 189.3 e) incorpora un subtipo del siguiente tenor: *cuando el culpable perteneciere a una organización o asociación, incluso de carácter transitorio, que se dedicare a la realización de tales actividades.*

Este supuesto también puede ser aplicado tanto al tipo de utilización como al de difusión, pues el precepto no distingue.

El mismo ha sido apreciado en un supuesto en el que el delito es cometido a través de redes informáticas en la interesante STS nº 1444/2004, de 10 de diciembre (Pte.: Maza Martín, José Manuel). Para esta resolución "cuando de conductas delictivas cometidas por varios partícipes a través de redes informáticas, como Internet, se trate, el propio instrumento comisivo, la "red", bastará para integrar tanto la utilización de medios idóneos para configurar la actuación coordinada propia de la organización delictiva, como para alcanzar la finalidad pretendida... de una mayor facilidad de comisión del delito y capacidad de lesión del bien jurídico protegido, añadiendo especiales dificultades tanto a la prevención como para la persecución del ilícito... Lo esencial en estos nuevos fenómenos delictivos está,

---

321 Continúa la sentencia declarando que "descartada la violencia física, por inexistente, el Ministerio Fiscal, sostiene una interpretación extensiva llegando a la doble incriminación por hechos que, repetimos, constituyen el tipo básico e implican comportamientos de tipo sexual en los que, a priori, no existe la violencia sexual que se derivaría del ejercicio de una fuerza física o coactiva para obligarles a realizar el acto sexual... La cita que meritoriamente hace el Ministerio Fiscal de acuerdos internacionales sobre menores no autoriza, en el ámbito del Derecho Penal equiparar y castigar el mismo hecho como pornografía infantil y, asimismo, como violencia sexual, cuando nos encontremos con hechos como los que se declara probados en esta sentencia. Habrá casos en los que la violencia sexual sea de tal manera explícita y superior a la mera participación que podría hacer compatible el tipo básico con el subtipo agravado".

precisamente, en que la simple utilización de la red de comunicaciones informáticas supone ya el aporte del elemento de coordinación y el empleo de medio excepcional que se proyecta hacia una mayor lesividad, imprescindibles, aunque no del todo suficientes, para la consideración de la existencia de una organización criminal... Precisándose a partir de ello, tan sólo, la puesta en relación de los diferentes sujetos intervinientes con el propósito de difusión de las imágenes con una atribución de concretos cometidos, para ver completados, en estos casos, los requisitos exigibles para la integración del concepto "organización"... Sin que haya de requerirse para configurar la trama estructurada, en este ámbito de la comunicación "redial", un conocimiento personal, directo y recíproco de los diferentes integrantes del grupo, ya que el mismo se produce precisamente por medio de la red, alcanzándose el concierto mutuo, la distribución de "papeles" y la coordinación potenciadora de la incrementada agresividad lesiva de las conductas, a través del acatamiento y cumplimiento, por cada uno de los partícipes, de las reglas que así mismo se dan los grupos constituidos en torno a los "lugares de encuentro" que constituyen las direcciones y páginas "web" de la propia red... No es lo mismo, por tanto, ni merece igual consideración punitiva, la conducta del infractor aislado que capta, elabora y distribuye por sí solo material pornográfico, incluso mediante Internet, que el supuesto de hallarnos ante una pluralidad de usuarios que, coincidentes en ese "lugar de encuentro" virtual, coordinan sus acciones para potenciar las posibilidades de consumo de las imágenes dañinas para los derechos de los menores, permitiendo, además, su difusión incluso a otras personas ajenas al grupo organizado..."

El TS concluye con que concurre "organización" "toda vez que no sólo el recurrente actuó en colaboración con los otros integrantes del "grupo" de proveedores y consumidores del material pornográfico prohibido, con una específica atribución de funciones, cual la confección y aporte de "álbumes" de fotografías por él elaborados a un "depósito" centralizado en una específica página "web", sino que, además, con ello posibilitaba también el acceso de terceros a esa oferta... ampliando la agresión al derecho a la indemnidad sexual de las víctimas de la infracción que es, en definitiva, la razón de ser esencial y el fundamento de la previsión legal agravatoria de la conducta".

En sentido contrario se pronuncia la STS nº 913/2006, de 20 de septiembre (Martín Pallín, José Antonio), en la que se desestima la concurrencia del subtipo de organización al no considerar a las llamadas 'comunidades de Microsof' verdaderas organizaciones o asociaciones de delincuentes de pornografía infantil[322].

---

322 Los hechos probados son los siguientes: "el acusado J. A... vivía con sus padres en el domicilio sito en esta ciudad de Jerez,... en la que el referido acusado utilizaba con exclusividad su propio servidor u ordenador personal, haciéndolo a través de la línea telefónica NUM000, con número de usuario NUM001 y con nombre de dirección de correo electrónico *mailto:* DIRECCION000. A través de dicho ordenador y desde época no determinada, fue el acusado visitando páginas *webs* de pornografía infantil, en concreto direcciones de correo compuestas de grupos de usuarios que forman las llamadas "comunidades de Microsoft" y que se dedican a insertar fotografías de contenido pornográfico de menores de edad, en ocasiones de niños menores de 13 años, que realizaban actos de naturaleza sexual (/..). Dichas comunidades tienen como finalidad tanto difundir el material pornográfico indicado como constituir un punto de encuentro de pedófilos. En fecha 29 de mayo de 2004, el acusado se incorporó como miembro de una de estas comunidades denominada *niosgays,* para lo cual debía aportar a la misma fotos de contenido pornográfico con menores de edad. Por ello, el día 6 de junio de 2004, el acusado, como usuario de la cuenta de correo antes reseñada, aportó a la referida comunidad y como miembro de la misma, una fotografía en la que aparecían dos varones menores de edad (inferior a trece años), tumbados en una cama y totalmente desnudos y en erección. Y el día 11 de junio de 2004, aportó a la comunidad otra fotografía donde un menor de edad inferior a los trece años exhibía el ano ayudado por la mano de un adulto, otra de un menor en igual posición y otras dos fotografías de dos niños desnudos, un de ellos de muy corta edad...". La sentencia rechaza el subtipo agravado, no apreciando la existencia de un grupo organizado, al entender que "introducir, sin matices, los conceptos vigentes para las organizaciones criminales que se dedican al tráfico de drogas, blanqueo de dinero, tráfico de seres humanos, sustracción y venta de vehículos de alta gama o grandes tramas financieras, a un hecho de estas características parece a primera vista, evidentemente desorbitado, contrario a la esencia del concepto típico y a la proporcionalidad de la respuesta". Entiende la sentencia que es necesaria una previa concertación "y es muy difícil construir una forma de colaboración con personas con las que no se ha hablado, no se conoce, y con las que no se ha mantenido ningún acuerdo previo"..."el legislador, con vaguedad e imprecisiones, define la organización como un conjunto de tres a más malhechores y les exige una mínima estructura y coordinación. Esto supone que el concepto de organización lleva implícito un pacto previo en el que se diseñen los modos o formas de actuación, la estructura jerárquica, el reparto de papeles y la continua o frecuente comunicación entre sus componentes. Atribuir todas estas condiciones a una persona que excitada por sus inclinaciones sexuales, actuado en la intimidad de su domicilio, se incorpo-

La aplicación del subtipo de organización a la pertenencia a grupos de intercambio en Internet ha generado división doctrinal: algunos autores la critican abiertamente[323] mientras que otros la apoyan[324].

Desde luego, en nuestra opinión, una interpretación que aplicara el subtipo al mero intercambio *peer to peer* de archivos sería claramente extensiva y contraria al principio de proporcionalidad. No merecería este juicio crítico la aplicación del subtipo en supuestos de comunidades virtuales en las que realmente existe un reparto de papeles y una coordinación en circunstancias tales que se incremente el potencial lesivo de la conducta[325].

---

ra a la red y facilita o participa en lo que, en términos internautas se denomina *chat,* me parece una desmesura difícilmente aceptable por el derecho penal. La organización guarda ciertas similitudes con la asociación ilícita. Las acciones ejecutivas imputables a una persona a la que se la adjudica la condición de miembro de una asociación pasa por un cierto dominio del hecho, caso que no concurre en el consumo y aportación de imágenes de origen desconocido a la red de pornografía infantil. Los autores de hechos como el que estamos examinando casi siempre actuarán en función de sus instintos sexuales y nunca por medio de órdenes, instrucciones o cualquier otra tarea previamente convenida".

323 Para QUERALT JIMÉNEZ, op. cit. pág. 222 "una cosa es que esté la red a disposición de los sujetos y otra muy distinta es que exista una mínima estructuración por el hecho de servirse de la red, pues el mero intercambio no significa organización alguna".
En esta línea para ÚBEDA DE LOS COBOS, op. cit. "cabe pensar en estructuras organizadas con la finalidad de producir o distribuir este tipo de material, que encajarían de forma estricta con sus postulados. Mayor dificultad plantea su aplicación a las personas que acceden a sitios en la red, en los que los usuarios se descargan pornografía infantil o la cuelgan a disposición de otros consumidores (web, chat, foro...). En muchas ocasiones será difícil determinar la frecuencia de acceso de los diferentes acusados y, aun en el caso de que se acredite un uso continuado, considero ciertamente forzado entender que estos sujetos configuran una estructura organizada. Nos referimos, generalmente, a personas que no se conocen, que carecen del más mínimo vínculo (pueden residir en países distintos) y que no hacen planteamiento alguno de futuro. Se limitan a aprovechar de forma temporal la posibilidad de obtener o intercambiar imágenes".

324 URIARTE VALIENTE, op. cit. pág. 21.

325 SALOM CLOTET, op. cit. pág. 21 ha descrito el funcionamiento de las Comunidades de Microsoft y los Grupos de Yahoo: "la entrada de un usuario en unos y otros exige la aprobación por parte del administrador, que suele coincidir con la persona que los creó, no pudiendo acceder salvo que aquel

En este sentido cabe citar la STS nº 107/2010, de 16 de febrero (Pte.: Ramos Gancedo, Diego Antonio) que rechaza aplicar el subtipo declarando que "sobre esta cuestión tampoco aparece dato alguno que vincule al recurrente con tales organizaciones, a no ser, como acertadamente señala el Tribunal a quo que se tenga por tal las redes de intercambios masivos de archivos en Internet que, precisamente, constituyen el vehículo para la comisión de las acciones típicas del art. 189.1.b) CP".

En nuestra opinión, si la utilización de los programas P2P no puede colmar los requisitos de la organización, la integración en *newsgroups*, y la explotación de *websites* sí podría dar lugar a la apreciación del subtipo.

El ATS nº 25/2011, de 10 de febrero, rec. 11134/2010 (Pte.: Andrés Ibáñez, Perfecto) inadmite un recurso de casación contra una sentencia en la que se aplica la agravación contenida en el art. 189.3 e) del Código Penal. Los hechos probados afirman que el recurrente además de proporcionar material de pornografía infantil a terceros pertenecía a un foro, ocupando una posición jerárquica descrita como "nobles del reino" que le permitía tener acceso a zonas específicas de la red a las que no podían acceder otros usuarios. El hecho de que el acusado alcanzara una posición relevante en dicho foro se debió al número de imágenes que aportó, tanto tomadas por él mismo como procedentes de otras descargadas por él previamente realizadas de Internet. Para el TS "se estima correcta pues, la subsunción de esta conducta en el art. 189.3 e) del Código Penal bajo la referencia a la integración del recurrente en una organización, incluso de carácter transitorio, que se dedica a este tipo de actividad".

En el ámbito del tráfico de drogas, para la jurisprudencia "lo decisivo para aplicar la agravación de organización, es verificar que el proyecto delictivo tenga una consistencia propia y hasta cierto punto independiente de las personas individuales, precisamente por descansar en una estructura lo suficientemente sólida, con independencia de que tenga o no una vocación de permanencia en el tiempo, pues sólo desde esta perspectiva puede hablarse de empresa crimi-

---

otorgue su permiso. Existe una jerarquía por Grupo o Comunidad, la cual se autoabastece de los contenidos que cada uno de sus miembros decide introducir".

El art. 197.4 castiga con pena de prisión de dos a cinco años si se difunden, revelan o ceden a terceros... las imágenes captadas a que se refieren los números anteriores y con las penas de prisión de uno a tres años y multa de doce a veinticuatro meses, al que realizare la misma conducta, *con conocimiento de su origen ilícito y sin haber tomado parte en su descubrimiento.*

El art. 197.6 establece que cuando los hechos descritos en los apartados anteriores afecten a datos de carácter personal que revelen la... vida sexual, o la víctima fuere un menor de edad o un incapaz, se impondrán las penas previstas en su mitad superior.

Por último, el apartado séptimo dispone que si los hechos se realizan con fines lucrativos, se impondrán las penas respectivamente previstas en los apartados 1 al 4 de este artículo en su mitad superior. Si además afectan a datos de los mencionados en el apartado 6, la pena a imponer será la de prisión de cuatro a siete años.

Desde luego debe partirse de que las relaciones entre ambos grupos de delitos distan mucho de ser claras[329].

En nuestra opinión, captar imágenes de menores o infantes de forma subrepticia o difundirlas conociendo estas circunstancias implicaría la incriminación de la citada conducta conforme al art. 197[330].

---

329 Así, para TAMARIT SUMALLA, op. cit. pág. 186 "una de las conductas respecto a cuya específica incriminación parecía existir un mayor grado de consenso era la difusión o la venta del material pornográfico obtenido mediante la efectiva utilización de menores de edad. La introducción de un nuevo supuesto típico en el art. 189.1 CP en el que se recogen tales comportamientos se ha hecho sin una suficiente reflexión previa sobre los bienes jurídicos afectados y sobre el efecto de solapamiento con los delitos contra la intimidad del art. 197 párrafos primero y tercero... entiendo... que hubiera sido preferible abordar la cuestión en el seno de las infracciones contra la intimidad, dado que se trata de hechos que se producen con posterioridad a la consumación del ataque a la libertad sexual del menor y que en cualquier caso afectan a aspectos relativos a su intimidad cuya revelación es contraria a sus intereses".

330 En el mismo sentido, para ORTS BERENGUER y SUÁREZ-MIRA RODRÍGUEZ, op. cit. pág. 250 "si alguien filma a un menor sin ropas o ejecutando tocamientos íntimos sin ellos saberlo incurre en un delito del art. 197 y si difunde la filmación en la cualificación del nº 3 del referido artículo, mas la agravación del número 5; tampoco aquí hay propiamente una utilización del menor o del incapaz típica con arreglo al art. 189".

Analiza esta cuestión con amplitud la Consulta de la Fiscalía General del Estado 3/2006, de 29 de noviembre, *sobre determinadas cuestiones respecto de los delitos relacionados con la pornografía infantil* que considera que "cuando el acto de distribución de pornografía infantil pueda subsumirse también en el tipo específico acuñado para proteger la intimidad y la propia imagen —art. 197 CP— no quedará uno desplazado por otro, aplicando las disposiciones del concurso de normas, sino —en tanto necesarios ambos para abarcar la total antijuridicidad de los hechos— habrán de aplicarse simultáneamente, como concurso ideal de delitos".

Continúa la Consulta 3/2006 defendiendo que "cuando la operación de captación de la imagen se hubiera llevado a cabo de manera subrepticia, de modo que el menor no hubiera sido consciente de la filmación o grabación, el bien jurídico lesionado no sería otro que la intimidad y propia imagen del sujeto pasivo, no resultando lesionada la indemnidad sexual del mismo, por lo que habrían de calificarse los hechos conforme al art. 197.1 CP...[331] una eventual distribución o

---

Sigue esta interpretación MORILLAS FERNÁNDEZ, op. cit. pág. 267 para quien "en el supuesto de que la grabación fuera llevada a cabo de manera subrepticia sin que el menor advierta su participación en la filmación, el bien jurídico protegido debe ser la intimidad del sujeto pasivo por cuanto al no ser consciente de semejante situación no existirá afección a la indemnidad sexual relativa, debiendo, en consecuencia, aplicar el art. 197 CP"... "si los sujetos pasivos advierten la circunstancia de la grabación de imágenes, no constituye una conducta integrada en el art. 197.1 CP, aplicándose a partir de ese momento el parágrafo 189.1 CP".

En esta línea se ha apuntado que "...el art. 197.3 apartado segundo incrimina la difusión o tráfico de pornografía infantil, y en particular por Internet, cuando la filmación antecedente se ha verificado de forma subrepticia, de modo que el menor no ha advertido tal circunstancia. En los supuestos de tráfico o difusión de tales imágenes, constando que el menor ha advertido que era objeto de filmación, será de aplicación el delito previsto en el art. 189.1 b)... MORALES PRATS, Fermín "Pornografía infantil e internet: la respuesta en el código penal español" Cuadernos de Derecho Judicial. En el mismo sentido, MORALES PRATS, Fermín y GARCÍA ALBERO, Ramón (VVAA) "Comentarios al Código Penal" Thomson Aranzadi, Tomo II Parte especial 5ª edición, 2008, pág. 391.

331 En este mismo sentido para ÚBEDA DE LOS COBOS, op. cit. "al margen de estas grabaciones efectuadas sobre menores que conocen que están participando en la elaboración de pornografía infantil, pueden producirse otras subrepticias, en las que el menor puede ser sorprendido mientras realiza posturas de provocación sexual o actos sexuales. Este tipo de filmaciones

exhibición del material pornográfico subrepticiamente obtenido daría lugar a la aplicación, además del delito del art. 197.1, 3 y 5 CP, a la del previsto en el art. 189.1 b) CP en régimen de concurso, pues a la lesión típica de la intimidad y propia imagen se acumularía la puesta en peligro de la indemnidad de los menores en general como bien jurídico protegido por el tipo de distribución de pornografía infantil".

También para la Consulta 3/2006 en relación a la conducta del que no habiendo participado en la fase de elaboración interviene *a posteriori* difundiendo el material pornográfico, cuando los menores que aparezcan en dicho material sean personas perfectamente identificadas y quede acreditado que su imagen fue captada subrepticiamente, devendrá aplicable, además del delito de distribución de pornografía infantil, el del art. 197.4 CP párrafo segundo (difusión de imágenes atentatorias contra la intimidad). Para ello será necesario que el distribuidor aún no habiendo participado previamente en la filmación o elaboración de imágenes, hubiera tenido conocimiento de las circunstancias en que fueron llevadas a cabo. En estos supuestos, en tanto se lesiona la intimidad del menor y simultáneamente se ataca al bien jurídico protegido por el tipo del art. 189.1 b), para abarcar la total antijuridicidad del hecho deberá acudirse a la calificación conforme a ambos tipos en régimen de concurso ideal[332].

---

son cada vez más habituales en la red. En estos casos, más que una conducta que atente contra la libertad sexual del menor o su desarrollo, se produce un delito contra la intimidad (revelación de secretos] del art. 197.1 del CP" Igualmente en la misma línea, HERNÁNDEZ HERNÁNDEZ, Ángeles y SERRANO, José Alberto "La pornografía infantil" en Nuevas tecnologías de la información y derechos humanos: seminario organizado por la Fundación Internacional Olof Palme, 2003, ISBN 84-95665-18-2, págs. 87-120.

332 Continúa la Consulta afirmando que no cabe duda "que también subyace en estas conductas una lesión al bien jurídico intimidad y propia imagen de los menores afectados, pero esta lesión es relativa, no concurre siempre ni es la *ratio* de la tipificación. De manera aún más pronunciada que los supuestos del tipo del art. 189.1 a), la protección a la imagen del menor a través del delito de distribución de pornografía es indirecta y refleja. Debe desde luego descartarse la tesis de que es precisamente este bien jurídico el que justifica la existencia de los tipos relativos a la distribución y a la posesión. Debe repararse en que el tipo del art. 189.1 b) sanciona las conductas aunque el material tuviera su origen en el extranjero o fuera desconocido. En estos casos es evidente que no se protege el bien jurídico intimidad, pues puede suceder que el material sea extranjero y en el país de procedencia la

También en estos supuestos cabría construir un concurso de delitos entre los abusos sexuales y las agresiones sexuales y los delitos de los artículos 197.1 ó 197.4 en relación con el artículo 197.6 y, en su caso, 197.7[333].

Algunos autores defienden la aplicación preferente de los tipos contra la intimidad como vía para evitar una expansión del concepto de pornografía infantil[334].

---

edad para prestar el consentimiento a actos intromisivos en la intimidad y la edad para consentir válidamente participar en actos pornográficos sea inferior a los 18 años. En los supuestos en los que no estuviera identificado el menor que aparece en el material pornográfico (la mayoría en la práctica), tal desconocimiento impide descartar la anterior circunstancia (menor extranjero que ha consentido válidamente), y otros obstáculos semejantes (por ejemplo que el menor desconocido pueda ser ya mayor de edad y no quiera denunciar los hechos, teniendo en cuenta la cláusula del art. 201 CP). El Legislador ha tipificado expresamente los ataques a la intimidad y a la propia imagen en otro precepto del Código Penal, abarcando solo... unas modalidades concretas de ataque a este bien jurídico. Esta falta de coincidencia entre el objeto de protección de uno y otro tipo implica que cuando el acto de distribución de pornografía infantil pueda subsumirse también en el tipo específico acuñado para proteger la intimidad y la propia imagen —art. 197 CP— no quedará uno desplazado por otro, aplicando las disposiciones del concurso de normas, sino —en tanto necesarios ambos para abarcar la total antijuridicidad de los hechos— habrán de aplicarse simultáneamente, como concurso ideal de delitos".

333 En este sentido, GÓMEZ TOMILLO, op. cit.

334 Vid. TAMARIT SUMALLA, op. cit. pág. 135 "la intimidad del menor es un bien jurídico fundamentado constitucionalmente y jurídico penalmente susceptible de protección... Además de este bien jurídico debe considerarse el de la libertad o indemnidad sexual del menor. La combinación entre los atentados a ambos bienes jurídicos y la pertinente graduación de los mismos en atención a las circunstancias típicas concurrentes conduce a una diversidad de situaciones imaginables susceptibles de ser resueltas a través de las reglas concursales genéricas. Lejos de eliminar hipótesis de concurso de infracciones, la reforma de 1999 refuerza en parte la necesidad de tales soluciones al preverse, según los casos, penas de menor gravedad para los delitos tipificados en el art. 189.1 y 2 que para los delitos contra la intimidad... la conducta de quien capta imágenes de menores desnudos o semidesnudos, ya sea subrepticiamente o con la colaboración voluntaria o forzada del menor realiza el tipo del ar 197.1 con la agravación del párrafo quinto en todo caso y la del tercero si difunde o cede a terceros la imagen... la presencia del tipo contra la intimidad permite así evitar un uso expansivo del concepto pornografía y ofrece una respuesta a conductas cometidas

No procede aplicar el tipo del 197 cuando las imágenes se obtienen no subrepticiamente sino mediante coacción. En este sentido, la SAP Barcelona, sec. 10ª, nº 381/2009, de 14 de abril[335] analiza un supuesto en el que el acusado contacta con una menor de la que consigue fotos sexuales y a la que para que siga proveyéndole de material, amenaza con colgar las fotos en Internet, amenaza que cumple. El Fiscal acusó simultáneamente de difusión de pornografía, coacciones y delito contra la intimidad. Para la Sala "...la acción típica es el apoderamiento... este apoderamiento ha de ser sin consentimiento del titular del derecho a la intimidad... lo relevante a efectos de la configuración del tipo no es la apertura de la correspondencia, sino el apoderamiento de su contenido sin consentimiento, que es lo que constituye la conducta típica sancionada por el legislador. En el presente caso es cuestión indiscutida que el acusado no se apoderó de estas imágenes de Penélope sin el consentimiento de ésta sino que le fueron suministradas por ella, cierto que con el consentimiento viciado, pero este consentimiento es lo que integra el delito de coacciones cuya existencia también es declarada por este Tribunal".

8.3. Utilización de menores para elaborar pornografía infantil y prostitución

Se ha defendido que la utilización de un menor con fines pornográficos es en realidad una forma específica de promoción, facilitación o favorecimiento de la prostitución que no requiere retribución económica, por lo que no serían aplicables simultáneamente en concurso estos dos tipos. La expresa previsión de un concurso de delitos entre el de prostitución y los de abusos sexuales y agresiones sexuales (art 188 apartado último)[336] podría interpretarse *a contrario* co-

---

por pedófilos contra la intimidad de menores sin involucración de los mismo o de sus imágenes en un contexto sexual (piénsese a título de ejemplo en el caso de pedófilos que espían a menores de edad mientras éstos se desnudan).

335 Pte.: Pijuan Canadell, José María.

336 Conforme al que las penas señaladas se impondrán en sus respectivos casos sin perjuicio de las que correspondan por las agresiones o abusos sexuales cometidos sobre la persona prostituida.

mo una exclusión del concurso de delitos entre el de prostitución y el de pornografía infantil[337].

Cuando los concretos actos no tengan encaje en la figura del art. 187.1º, si han consistido en utilizar al menor para fines o para un espectáculo de carácter exhibicionista o pornográfico, pueden ser sancionado por la figura penal específica. No se vulneraría el principio acusatorio si se acusa por prostitución de menores y se condena por utilización de menores para elaborar material pornográfico[338].

En nuestra opinión la cuestión concursal es dudosa. Atendiendo a los diversos bienes jurídicos protegidos, entendemos que puede apreciarse concurso en determinados supuestos en los que además de prostituir a un menor, se le utiliza con fines pornográficos. Así, será necesario para abarcar la antijuridicidad global de la conducta, aplicar el tipo de prostitución y el de difusión de pornografía en los supuestos en los que el que comete el delito de prostitución y graba el acto sexual posteriormente difunde las imágenes.

---

337 Vid. RODRÍGUEZ MESA, María José "Explotación sexual y pornografía infantil. Un análisis de la regulación penal en España a la luz de los requerimientos internacionales y comunitarios" en "La adecuación del Derecho Penal Español al ordenamiento de la Unión Europea" Tirant Lo Blanch, 2009 pág. 335.

338 STS nº 195/1998, de 16 de febrero Pte.: Martín Canivell, Joaquín "aunque en la redacción del número primero del artículo 189 no se exige como elemento del tipo la existencia de precio por la utilización de menores con fines o en espectáculos exhibicionistas o pornográficos, la ubicación de la figura que se crea en el capítulo de los delitos relativos a la prostitución implica que tal actividad se ha de considerar como una forma específica de promoción, facilitación o favorecimiento de la prostitución, constituyendo un peligro para los menores utilizados de caer posteriormente en conductas de entrega carnal retribuida por lo cual la acusación de realizar actos de facilitación de la prostitución de menores como son los de retribuirles por contactos físicos con ellos de significación sexual, cuando tales actos no tengan su encaje en la figura del 187.1º, si han consistido en ser objeto o materia para fines o para un espectáculo de carácter exhibicionista o pornográfico cuya realización ha sido atribuida a los imputados, puede ser sancionado por la figura penal específica, que incluye en sus elementos tipificadores algunos de la figura general del artículo 187.1º, cual es la facilitación de la prostitución de los menores utilizados, aunque no el de la retribución de sus utilizaciones.

La criminología norteamericana ha descrito las relaciones entre pornografía infantil y prostitución[339].

8.4. Pornografía infantil y agresiones o abusos sexuales

Algunos autores consideran que la relación con los delitos de agresión o abuso sexual en los que pudiera haberse incurrido para elaborar el material es de concurso de leyes, siendo éstas de aplicación preferente[340]. En nuestra opinión la solución es aplicar el concurso de delitos, pues para abarcar toda la antijuridicidad y culpabilidad de la conducta han de aplicarse simultáneamente todos[341].

---

339 "Forcing performance in pornography is another means by which pimps achieve control over the girls they prostitute. They may take photographs of the nude girl in the context of their relationship and then threaten to send them to the girl's family or school. By learning about the girl's family and friends, the pimp gets her home address and other personal information, then blackmails her. Pimps also use the pornography to control and humiliate the girl and break her resistance. Pornography is often used to normalize the practice of prostitution during the "seasoning" process by weakening the child's resistance. Pimps may also show pornographic pictures to advertise their women, while customers often want to take pictures for their later gratification. Customers may also use pornography to describe the sexual act they want and to rationalize their behavior and their demands of the child". KLAIN, Eva J. "Prostitution of Children and Child-Sex Tourism: An Analysis of Domestic and International Responses" 1999 National Center for Missing & Exploited Children.

340 Para ORTS BERENGUER y SUÁREZ-MIRA RODRÍGUEZ, op. cit., pág. 250 "si un menor es utilizado en actos exhibicionistas o para la elaboración de material pornográfico con su consentimiento procede aplicar el art. 189.1 pero si el referido menor tiene menos de trece años y realiza el coito con un adulto ante una cámara que lo registra, surge un conflicto de normas con el delito de abusos sexuales cualificados de art. 182.1 que es de aplicación preferente, de acuerdo con la regla 4ª del art. 8, al no haber una relación de género a especie ni de subsidiariedad ni de consunción entre los preceptos citados".

341 En el mismo sentido, JIMÉNEZ VILLAREJO, op. cit. pág. 1486.
También para GÓMEZ TOMILLO, op. cit. "no debe descartarse de antemano, pese a la coincidencia de bienes jurídicos, el posible concurso de delitos con las agresiones o los abusos sexuales, presentes los requisitos típicos de estos delitos (por ejemplo, cuando se graba videográficamente una violación). El mencionado concurso de delitos se explica si se tiene en cuenta

En este sentido, la Consulta de la Fiscalía General del Estado 3/2006, de 29 de noviembre, *sobre determinadas cuestiones respecto de los delitos relacionados con la pornografía infantil* considera que "en relación con el tipo previsto en el art. 189.1 a), si además de la utilización del menor para elaborar material pornográfico, los actos grabados, filmados o fotografiados son en sí constitutivos de abuso sexual o agresión sexual, también deberán ser aplicados estos tipos en régimen de concurso real". Algunos autores entienden aplicable el régimen del concurso ideal[342]. La SAP Pontevedra, sec. 5ª, nº 61/2010, de 10 de diciembre asume la tesis del concurso real.

El Tribunal Supremo asume la exégesis de la aplicación simultánea de tipos: "no forman parte del tipo, ni por tanto quedan absorbidos en él los actos sexuales efectuados y grabados, los que seguirán

---

que los bienes jurídicos protegidos por unas y otras figuras delictivas no son exactamente coincidentes. En el artículo 189.1.a) del Código Penal no sólo tutela la indemnidad sexual del menor, o incapaz, sino también su derecho a la intimidad, o, si se quiere, su derecho a la propia imagen".

Igualmente para BOLDOVA, op. cit. "el concurso de delitos entre la utilización del art. 189.1 y los delitos de abusos o agresiones sexuales es obligado si tienen lugar sus respectivos presupuestos típicos, dado que aunque todos estos delitos lesionan el mismo bien jurídico (la libertad sexual) estamos ante distintas maneras de atacarlo, compatibles entre sí y que no se presuponen unas a otras".

También para MORALES, op. cit. "cuando la utilización de menores con fines pornográficos o exhibicionistas o en la elaboración de material pornográfico se lleve a cabo a través de los medios típicos previstos en los delitos de agresión sexual (arts. 178 y ss.) y de abuso sexual (arts. 181 y ss.) y concurran asimismo los actos sexuales exigidos en los mismos, se deberá establecer el correspondiente concurso de delitos con la infracción prevista en el art. 189.1.a) Código penal".

En el mismo sentido, MORALES PRATS y GARCÍA ALBERO, op. cit. pág. 269.

342 Sigue este criterio TAMARIT SUMALLA, op. cit. pág. 131, que considera que "nos encontraremos ante un concurso ideal de delitos por relación de medio a fin por ser el abuso sexual un medio para la utilización del menor para el 189"... "el criterio determinante para afirmar la existencia de unidad delictiva no puede ser el de la unidad del bien jurídico, pues la pluralidad delictiva puede responder, entre otras razones, a la existencia de distintas formas de atentar contra un mismo bien jurídico o a un mayor grado de afección al mismo y en estos casos cabe concluir que la utilización del menor con finalidad pornográfica supone una ofensa que se añade a la que constituye el contenido material del abuso sexual".

siendo actos de agresión sexual o abuso sexual" (STS nº 947/2009, de 2 de octubre). También en esta línea cabe citar la STS nº 795/2009, de 28 de mayo.

Igualmente se ha aplicado el concurso de delitos en un supuesto en el que el agresor sexual en el transcurso de las relaciones sexuales que mantenía con la menor, utilizaba su teléfono móvil para fotografiarla desnuda e incluso grabar las relaciones (SAP Córdoba, sec. 1ª, nº 488/2009, de 22 de junio[343]).

8.5. Pluralidad de sujetos pasivos

Como ya adelantábamos al estudiar el tipo, en los supuestos del art. 189.1 a) habrá tantos delitos como menores afectados, al ser el bien jurídico protegido individual. La mayoría de los autores (aún con alguna disensión)[344] se decantan por esta posición[345] y en este sentido se pronuncia la Consulta de la Fiscalía General del Estado 3/2006, de 29 de noviembre, *sobre determinadas cuestiones respecto de los delitos relacionados con la pornografía infantil*[346].

---

343 Pte.: Fernández Carrión, Antonio.

344 Para JIMÉNEZ VILLAREJO, op. cit. pág. 1487 "teniendo en cuenta que la actividad recae solo de forma indirecta sobre los menores... parece lógico sostener que el hecho de que se hiciera intervenir a varios de aquellos en la elaboración es compatible con la existencia de un solo delito".

345 Para MORILLAS FERNÁNDEZ, op. cit. pág. 416 "como regla general cuando las conductas tengan como destinatarios o protagonistas a menores o incapaces, parece claro —toda vez que se ha aceptado que el bien jurídico es de titularidad individual— que habrá un concurso real de delitos..." MORILLAS cita en apoyo de esta tesis a Cuerda Arnau, Carmona Salgado, Orts Berenguer y Roig Torres y Diez Sánchez.
En este sentido también BOLDOVA op. cit. entiende que "existen tantos delitos como menores o incapaces hayan sido utilizados con fines o en espectáculos exhibicionistas o pornográficos, dado que el bien jurídico afectado por estos delitos es personal".
Acoge esta tesis la SAP Valladolid, sec. 2ª, nº 866/2002, de 30 de noviembre rec. 1151/2002. Pte.: Trebolle Fernández, Feliciano.

346 Conforme a la Consulta de la Fiscalía General del Estado "en cuanto a la conducta de quien directamente elabora el material pornográfico incidiendo sobre menores concretos, habrá de entenderse aplicable el tipo del art. 189.1 a)... En caso de operarse sobre varios menores habrán de apreciarse tantos delitos del art. 189.1 a) cuantos menores hubieran resultado afectados".

En los supuestos de difusión y posesión (arts. 189.1 b) y 189.2) al no ser el bien jurídico individual y operarse sobre el material pornográfico ya elaborado, habrá un único delito aunque el material represente a distintos menores. Este es el criterio también asumido por la Consulta 3/2006, de 29 de noviembre[347]. Además de por razones dogmáticas, entendemos que apreciar tantos delitos como menores aparezcan puede presentar problemas incluso de formalización de la acusación, teniendo en cuenta que es frecuente que a los consumidores de pornografía infantil se les intervengan miles de archivos distintos, con miles de de menores afectados.

No obstante, debe reconocerse que doctrinalmente la cuestión no es pacífica, existiendo un sector que defiende la apreciación de tantos delitos como menores intervinientes[348].

---

347 Para la Fiscalía General del Estado los tipos de los arts. 189.1 b) y 189.2, a diferencia del tipo del art. 189.1 a) protegen la indemnidad, la seguridad y la dignidad de la infancia en abstracto, adelantando las barreras de protección y atacando el peligro inherente a conductas que pueden fomentar prácticas pedofílicas sobre menores concretos. Siendo el objeto material del delito el material pornográfico como un todo, no puede dividirse el título de imputación en atención al número de menores que aparezcan en el mismo. Cuando el sujeto activo del delito actúa sobre un material ya elaborado, no ataca el bien jurídico individual libertad/indemnidad sexual de los menores afectados, por lo que los Sres. Fiscales partirán de que la conducta y la valoración jurídica son únicas, con independencia de si es un único menor o si son varios los afectados, por lo que se apreciará un único delito.

348 Defiende la pluralidad de delitos MORILLAS FERNÁNDEZ, op. cit. pág. 272, para quien "de la dicción literal del precepto 189.1 b) pudiera derivarse que para su aplicación debe desarrollarse la conducta típica sobre una pluralidad de víctimas —menores de edad o incapaces— sin embargo... cabe apreciar "tantas infracciones como menores o incapaces resulten involucrados en el material pornográfico" siempre y cuando se mantenga una opción de bien jurídico individual.

También BOLDOVA, op. cit. que considera que "...a pesar de la impresión que produce su redacción literal, que refiere el sujeto pasivo en plural, deberían apreciarse tantas infracciones como menores o incapaces resulten involucrados en el material pornográfico. Apreciar un único delito cuando existe una pluralidad de víctimas puede dar la impresión de que no protege personalmente al concreto menor o incapaz, sino solo colectivamente... además si se estima irrelevante a los efectos de apreciar una sola infracción que sean uno o varios los sujetos pasivos del delito, este criterio puede hacer pensar que no se investiga hasta el fondo la verdadera dimensión de los hechos".

En la práctica puede apreciarse que las condenas por distribución de material pornográfico referido a plurales menores castigan por un solo delito[349].

9. CONTINUIDAD DELICTIVA

Se ha entendido que cuando pueda acreditarse que los actos de distribución de material pornográfico han sido plurales, la calificación habrá de ser conforme al régimen de la continuidad delictiva[350],

---

349 Vid. a título de ejemplo: SAP Sección Octava (Gijón) Oviedo de 23 de octubre de 2003; SAP Málaga, sec. 3ª, nº 413/2004, de 5 de julio Pte.: Prieto Macías, Carlos; SAP Madrid, sec. 2ª, nº 206/2004, de 6 de mayo Pte.: Polo García, Susana; SAP Jaén, sec. 1ª, nº 50/2002, de 26 de septiembre Pte.: Jurado Cabrera, Mª Jesús; SAP Alicante, sec. 1ª, nº 614/2001, de 15 de octubre Pte.: González Pastor, Carmen Paloma: SAP Guipúzcoa Secc. 2ª 2112/2004, de 20 de mayo Ponente: Ane Maite Loyola Iriondo; SAP Alicante, sec. 2ª, nº 21/2006, de 17 de enero Pte.: Úbeda de los Cobos, Julio José; SAP Cáceres, sec. 2ª, nº 84/2004, de 17 de junio Pte.: Tena Aragón, María Félix SAP Valencia, sec. 5ª, nº 178/2005, de 17 de mayo; SAP Córdoba 188/2003, de 7 de octubre; SAP Sevilla, sec. 1ª, nº 604/2005, de 30 de noviembre; SAP Jaén, sec. 1ª, nº 50/2002, de 26 de septiembre.

350 SAP Guipúzcoa Secc. 2ª 2112/2004, de 20 de mayo Ponente: Ane Maite Loyola Iriondo "en todo caso, no está demás llamar la atención sobre la especialidad del delito que ahora nos ocupa, dado el medio empleado para llevar a cabo la difusión de las imágenes con contenido de pornografía infantil, lo cual impide sin duda, la realización de acotaciones temporales, más allá de aquellas que han quedado reflejadas en el disco duro del ordenador o en su caso de aquellas a las cuales se contrae la labor de investigación (téngase en cuenta que los servidores de chat almacenan durante un corto espacio de tiempo los registros de acceso; los ordenadores a su vez tienen un reloj interno y no todos tienen la hora exacta, pero en todo caso de la documentación obrante en autos se desprende que la actuación del acusado en lo que a la presente causa se refiere discurre en el periodo comprendido entre los meses de enero y febrero de 2002 y el 7 de marzo de 2002... Ciertamente en el caso de autos no existe duda de que el acusado ejecutó en más de una ocasión la acción prevista en el tipo penal de referencia, lo cual ya es suficiente para integrar el requisito de la pluralidad de acciones, y tal repetición de la acción descrita supone obviamente infracción del mismo precepto penal... Habiendo declarado el TS en múltiples ocasiones entre otras las Sentencias de 28 de diciembre, 2 de febrero y 4 de mayo de 1998 en relación a la pluralidad de acciones u omisiones típicas requeridas para integrar la figura del delito continuado que los mismas no precisan ser singularizadas con total

aunque los actos de distribución se refieran al mismo material pornográfico.

En contra de esta interpretación, la SAP Guipúzcoa, sec. 1ª, nº 72/2009, de 26 de febrero[351] analiza un supuesto en el que el Ministerio Fiscal defiende la continuidad delictiva, basándose en que cada ac-

---

identificación de cada una de ellas". Circunstancia que se da en este supuesto puesto que a pesar de la dificultad para individualizar o contabilizar cada una de las veces en que sucedieron los hechos, queda clara la pluralidad de ocasiones en que ello ocurrió, tal y como queda reflejado en el estudio del disco duro del ordenador del acusado... siendo precisamente el resultado del análisis del material intervenido al recurrente, lo que permite llegar a la conclusión de que efectivamente nos encontramos ante un delito continuado, ya que entrando en la configuración del FServer se constata no sólo que el mismo estaba configurado para compartir diversas carpetas sino que efectivamente existió intercambio de ficheros, siendo más de 11 los usuarios del FServer, con un gran volumen de intercambio de ficheros... el acusado difundió repetidamente a través de internet material pornográfico y ciertamente no ofrece duda alguna al Tribunal el hecho de que la actuación del acusado se desplegara en más de una ocasión, habida cuenta del elevado número de fotografías interceptado aproximadamente 7000... Así resulta especialmente indicativo de la sucesión de hechos ilícitos por parte del acusado, la propia configuración del FServer, dado que aquél estaba configurado para compartir carpetas con el mensaje publicitario entre otros; 10.S servidor que contiene todas las fotos y videos que has soñado" También aprecia del estudio del disco duro la existencia de diversos usuarios que han utilizado las carpetas del acusado"... Pues bien, en el presente caso nos encontramos ante una pluralidad de hechos, ontológicamente diferenciables, por lo que la imposibilidad de determinar con exactitud la fecha de su comisión en modo alguno impide apreciar esa diversidad, sin olvidar que en todo caso los hechos delictivos se sitúan espacial y temporalmente en la sentencia recurrida... Es evidente también que nos encontramos ante un dolo unitario con un planteamiento único que evidencia el propósito criminal. Existe una trama preparada con carácter previo, programada para la realización de varios hechos delictivos, aunque puedan dejarse los detalles concretos de su realización para precisarlos después conforme surja la oportunidad de ejecutarlos siempre sin embargo con la existencia de elementos comunes que pongan de manifiesto la realidad de esa ideación global... Existe unidad de precepto penal violado, ya que la dinámica comisiva infringe un único e idéntico precepto legal y efectivamente se da homogeneidad en el modus operandi, habida cuenta de la uniformidad entre las técnicas operativas desplegadas por el acusado puestas a contribución del fin ilícito... Por todo lo expuesto, se ha de concluir en el sentido de que efectivamente la dinámica comisiva constituye un delito continuado".

351 Pte.: Subijana Zunzunegui, Ignacio José.

to de distribución o difusión de pornografía infantil constituye un injusto autónomo, que requiere una resolución criminal autónoma y específica, entendiendo que no puede ser lo mismo la conducta de quien aisladamente realiza un acto de difusión de la quien, de forma sistemática o estable, difunde pornografía infantil entre plurales personas pues el desvalor, en ambos casos, no es el mismo. Para la Audiencia Provincial "el tribunal comparte el carácter disímil de ambos supuestos. Sin embargo, estima que ello no genera una continuidad delictiva (que precisa plurales hechos delictivos) sino, más bien, un hecho típico único que presenta especial intensidad lesiva en atención a la entidad de la lesión del bien jurídico protegido".

La Consulta de la Fiscalía General del Estado 3/2006 no se pronuncia sobre este punto.

Quizás no hay tanta diferencia entre una y otra tesis: aplicar el delito continuado sin exasperar desproporcionadamente la pena (teniendo en cuenta que la praxis del intercambio de archivos hace casi impensable un solo acto de difusión) o aplicar un solo delito teniendo en cuenta la pluralidad de actos de difusión a la hora de determinar la pena en concreto.

La STS 829/2008, de 5 de diciembre se decanta por no aplicar la continuidad: "la doctrina de esta Sala ha establecido, en casos como el presente, que la elevación de la conducta a la categoría de difusión o distribución pasa por comprobar e imputar una reiteración de conductas ya que en caso contrario nos encontraríamos ante un mero usuario o consumidor. Por ello no podemos, considerar que la repetición íntegra, el tipo de la difusión y al mismo tiempo constituye un delito continuado, lo que se opone a la doble valoración punitiva de un mismo hecho, por lo que, es necesario eliminar la figura del delito continuado por repetitiva e indebidamente agravatoria".

Por contra, cuando la conducta es de utilización de menores para producir material pornográfico (art. 189.1 a), si se utilizan a varios menores, además de que existirán tantos delitos como menores no cabrá calificarlos conjuntamente como delito continuado. En este sentido, SAP Valladolid, sec. 2ª, nº 866/2002, de 30 de noviembre[352].

---

352 Pte.: Trebolle Fernández, Feliciano "tampoco podemos compartir la tesis del ahora apelante de que las actuaciones del acusado, fotografiando las zonas anales y genitales de 15 niños, constituyen un delito único o continuado del art. 189 núm. 1 letra a) del Código Penal, máxime cuando llevó a cabo tal

Para apreciar delito continuado en el tipo de utilización de menores (art. 189.1 a) debe exigirse unidad de sujeto pasivo[353]. Así, podrá ser de apreciada la continuidad cuando los hechos se refieran a supuestos de varias fotografías o películas con el mismo menor realizadas en distintos momentos[354].

---

conducta sin conexión temporal, existiendo una diferencia de tiempo tan grande, como es el situarse su actuación desde el año 1997 al año 2001. Es cierto que el actual Código Penal, en su artículo 74-3, no impide la posibilidad de aplicación del delito continuado a los delitos contra la libertad sexual, pero también es cierto que restringe tal aplicación, dejando a la resolución de los tribunales el aplicar o no tal continuidad delictiva, teniendo en cuenta la naturaleza del hecho y el precepto infringido. Al amparo de tal facultad, el Tribunal Supremo ha venido manteniendo como criterio general que cada acto contra la libertad sexual constituye un delito, salvo los supuestos de furor erótico, teoría conforme a la cual, si el acusado está dominado por un furor sexual, y actúa en unidad de tiempo y lugar, la repetición de los actos contra la libertad sexual pueden ser considerados cono un delito único o continuado, siempre que el sujeto pasivo sea el mismo, por cuanto que afectando las agresiones sexuales a bienes jurídicos individuales deben entenderse cometidos tantos delitos como sujetos pasivos hayan sido objeto de la agresión aunque concurra idéntica ocasión. La doctrina mayoritaria y más generalizada del Tribunal Supremo ha venido siguiendo en esta materia una interpretación restrictiva, por ello en delitos contra la libertad sexual, en atención a la referencia del bien jurídico protegido, tiende a excluir la unidad del bien jurídico, cuando los hechos afectan a diversos titulares. Aplicando todo ello, a las fotografías de los 15 niños que nos ocupan, y teniendo en cuenta la naturaleza de los hechos y precepto infringido, tratándose de 15 niños menores de 3 años, el lugar en el que se sacaron las fotografías, fin perseguido, imágenes obscenas de tales niños y tiempo que duró la actuación del acusado, desde 1997 al 2001, este Tribunal, hace suyos los razonamientos de la sentencia de instancia, concluyendo que no existió un delito único o continuado de utilización de menores con fines pornográficos, sino 15 delitos del art. 189 núm. 1 letra a) del C. Penal, de los cuales 5 son continuados, al tratarse de varias fotografías de un mismo menor".

353 La SAP Alicante 501/2002, de 11 de noviembre condena por un delito continuado de corrupción de menores del 189.1 a) en relación con las acciones realizadas sobre un mismo menor y tres delitos distintos en relación con las acciones con otros tres menores.

354 SAP Baleares, sec. 2ª nº 38/2005, de 11 de febrero Pte.: Calderón Susín, Eduardo "el otro motivo del recurso denuncia la "aplicación indebida de lo dispuesto en el artículo 74 del código penal en relación con el delito continuado de corrupción de menores del artículo 189.1 del citado texto legal"... Se argumenta que la utilización del plural en la referencia a los espectáculos y la alusión a cualquier clase de material pornográfico invitan a consi-

En este sentido se pronuncia la Consulta 3/2006[355] y un sector de la doctrina[356].

---

derar que, siendo un solo menor el utilizado, estamos ante un delito único y no un delito continuado por mucho que, en el caso concreto, las fotos hayan sido realizadas en diferentes ocasiones y incluso en diferentes lugares; explica y razona la apreciación de la figura del delito continuado en el delito de corrupción de menores pero lo cierto es que el juez "a quo" atendiendo a que hubo varias fotografías con el mismo menor realizadas en distintos momentos, por lo que al no haberse podido concretar los diferentes momentos existe la homogeneidad de actos, el mismo plan y el dolo unitario, además de un sólo sujeto pasivo, que se exige para construir el delito continuado. Da a entender, por tanto y con claridad, la sentencia que si se hubieran podido individualizar situándolos en lugares y momentos determinados las distintas secuencias, tal vez estaríamos en un concurso real de infracciones, pero que esa indiferenciación de las distintas secuencias, habiéndolas habido, es lo que lleva al delito continuado; conclusión que este Tribunal considera acertada porque, de haber considerado los diversos episodios como una unidad de acción y por ende única infracción, no se estaría contemplando el desvalor de todas las ocasiones en que se hicieron las fotos de claro contenido pornográfico, y en esta materia no da igual uno que cien.
No ha encontrado este Tribunal en la doctrina penal ninguna postura que avale la tesis del recurrente, y sí la de quien mantiene que no existen obstáculos para que las conductas penadas en el art.189.1, cuando se repitan en el tiempo con el mismo sujeto pasivo, sean susceptibles de calificarse y valorarse a través del expediente del delito continuado.

355 Para la Consulta "En el tipo de utilización de menores para elaboración de material pornográfico (art. 189.1 a) no existen obstáculos para que cuando se repitan los hechos en el tiempo con el mismo sujeto pasivo, concurriendo los requisitos del art. 74 CP, sean susceptibles de calificarse y valorarse a través del expediente del delito continuado. Debe recordarse que la jurisprudencia del Tribunal Supremo ha admitido la aplicación del delito continuado a delitos contra la libertad sexual ante una homogeneidad de actos que responden a un único plan de su autor presidido por un dolo unitario que se proyecta igualmente en las acciones que inciden sobre un mismo sujeto pasivo en circunstancias semejantes (vid. SSTS nº 1043/2005, de 20 de septiembre nº 28/2006, de 18 de enero, nº 275/2001, de 23 de febrero nº 190/1998, de 16 de febrero nº 784/1998, de 25 de mayo y nº 95/1999, de 26 de enero) Aplicando tal doctrina al tipo del art. 189.1 a) se ha apreciado delito continuado en las SSAP Baleares, sec. 2ª, nº 38/2005, de 11 de febrero, Valladolid, sec. 2ª nº 886/2002, de 30 de noviembre y Alicante nº 501/2002, de 11 de noviembre".

356 Para BOLDOVA PASAMAR, op. cit. "no existen obstáculos para que las conductas penadas en el art. 189.1, cuando se repitan en el tiempo con el

10. CONSENTIMIENTO DE LA VÍCTIMA

El hecho de que concurra o no consentimiento del sujeto pasivo es indiferente, pues se parte de que los menores de 18 años carecen de capacidad para consentir un acto de esta naturaleza. Si se actúa contra la voluntad del menor, con violencia o intimidación podrá aplicarse además, el correspondiente tipo en régimen de concurso y, en su caso, el subtipo agravado[357].

La Consulta de la Fiscalía General del Estado 3/2006, de 29 de noviembre, *sobre determinadas cuestiones respecto de los delitos relacionados con la pornografía infantil* considera que los tres tipos del art. 189 arrancan de un común presupuesto: conforme a nuestro Derecho, los menores de dieciocho años siempre están protegidos frente a su utilización por terceras personas con fines pornográficos, por lo que se parte de la irrelevancia del consentimiento de los menores para intervenir en la producción de este material, aun cuando tal consentimiento pudiera haberse reputado válido para la práctica, en su caso, de las relaciones sexuales subyacentes.

La explicación de la irrelevancia del consentimiento es claramente expuesta en la STS nº 796/2007, de 1 de octubre (Pte.: Puerta Luis, Luis Román) "el bien jurídico protegido por este delito no es otro que el de la indemnidad sexual de los menores, es decir su bienestar psíquico, en cuanto constituye una condición necesaria para su adecuado y normal proceso de formación sexual, que en estas personas es prevalente, sobre el de la libertad sexual, dado que por su edad o incapacidad, estas personas necesitan una adecuada protección por carecer de la madurez necesaria para decidir con responsabilidad sobre este tipo de comportamientos que pueden llegar a condicionar gravemente el resto de su vida, por lo cual es indiferente, a efectos jurídicos penales, que el menor o incapaz consientan en ser utilizados para este tipo de conductas".

También en este sentido la SAP Barcelona, sec. 10ª, nº 381/2009, de 14 de abril[358] declara con contundencia que "el consentimiento del sujeto pasivo es irrelevante".

---

mismo sujeto pasivo, sean susceptibles de calificarse y valorarse a través del expediente del delito continuado (art. 74)".

357 En este sentido BOLDOVA PASAMAR, op. cit.

358 Pte.: Pijuan Canadell, José María.

Por tanto, se puede producir la —al menos— aparente paradoja de que la relación sexual subyacente al material pornográfico sea penalmente irrelevante pero la producción del material grabado o su difusión sea típica[359].

Decimos "aparente" por cuanto si se repara que uno de los bienes jurídicos protegidos en estos delitos —la dignidad y la seguridad de la infancia *in genere*— excede de lo individual, el núcleo de lo injusto no desaparece por el hecho de que el material se obtenga con el consentimiento del menor[360]. *A fortiori*, debe repararse en cómo nuestro ordenamiento protege al menor frente a actos dispositivos de su derecho a la intimidad y a la propia imagen: la LO 1/1996, de 15 de enero, *de protección jurídica del menor* priva de efectos jurídicos al consentimiento del menor maduro en relación con actos de disposición de estos derechos a través de medios de comunicación. Si esta restricción a la capacidad del menor maduro para consentir se aplica genéricamente a cualquier actuación que pueda serle genéricamente perjudicial, con mucha mas razón deberá operar cuando la lesividad sea tan intensa como lo es la de consentir la producción de material pornográfico sacrificando de una forma radical sus derechos fundamentales. Debe recordarse, como se ha dicho, que una

---

359 ÚBEDA DE LOS COBOS, op. cit. pone un ejemplo extremo: "Aunque habitualmente las conductas de difusión tengan relación con el material elaborado en la forma prevista en el art. 189.1.a), ello no tiene por qué ser así necesariamente. Por tanto, pueden ser típicas muchas conductas totalmente ajenas a la explotación sexual de niños o adolescentes. Pensemos, por ejemplo, en una pareja de menores (14 años, por ejemplo) que voluntariamente decide colgar en la red sus relaciones sexuales. Aquel que tras acceder a él ponga a disposición de terceros este material (incluso aquel que lo descargue) cometerá el delito, ya que la conducta penalmente reprochable está desligada del origen de las imágenes, que seguramente no se llegará a conocer, y, ni tan siquiera, a investigar".

360 En este sentido, la Recomendación de Save the children: "children have the right to special protection against sexual exploitation up to the age of 18. The legal age of consent shall be separated from the upper age of protection against sexual exploitation. A child under 18 should not be considered as able to consent to engagement in prostitution, pornography and/or trafficking for sexual purposes". Position paper on child pornography and Internet-related sexual exploitation of Children Save the Children Europe Group May 2004.

vez introducidas las imágenes en Internet, estas ya ni se destruyen ni pueden decomisarse[361].

El art. 3 b) de la Decisión Marco 2004/68/JAI del Consejo, aprobada tras la reforma 15/2003 contempla la posibilidad de excluir de responsabilidad penal la producción de imágenes pornográficas cuando el niño hubiera alcanzado la edad del consentimiento sexual, mediara el consentimiento de ambos y el uso de semejante iconografía fuera estrictamente privado, excluyendo los supuestos en que se hubiera obtenido valiéndose de mayor edad, madurez, posición, status, experiencia o relación de dependencia de la víctima con el autor. Esta posibilidad no ha sido acogida hasta la fecha en nuestro ordenamiento jurídico.

11. CUESTIONES PENOLÓGICAS

11.1. Inhabilitación especial para el ejercicio de la patria potestad y para otros empleos

El art. 192 CP dentro de las disposiciones comunes a los capítulos anteriores del Título VIII (delitos contra la libertad e indemnidad sexual), tras la reforma 5/2010 dispone en su apartado segundo que *los ascendientes, tutores, curadores, guardadores, maestros o cualquier otra persona encargada de hecho o de derecho del menor o incapaz, que intervengan como autores o cómplices en la perpetración de los delitos comprendidos en este Título, serán castigados con la pena que les corresponda, en su mitad superior. No se aplicará esta regla cuando la circunstancia en ella contenida esté específicamente contemplada en el tipo penal de que se trate.*

Al existir una previsión expresa formalizada en un subtipo agravado específico (art. 189.3 f), esta regla no es de aplicación para los tipos de pornografía infantil[362].

El apartado tercero del mismo precepto dispone que en estos casos el Juez o Tribunal podrá imponer razonadamente, además, la

---

361 Vid. VACHSS, Andrew "Let's Fight This Terrible Crime Against Our Children" Parade, February 19, 2006.

362 "Cláusula expresa de inherencia" la denominan MORALES PRATS y GARCÍA ALBERO, op. cit. pág. 379.

pena de inhabilitación especial para el ejercicio de los derechos de la patria potestad, tutela, curatela, guarda, empleo o cargo público o ejercicio de la profesión u oficio, por el tiempo de seis meses a seis años, o bien la privación de la patria potestad.

Esta disposición también será aplicable a los delitos de pornografía infantil. Su imposición está justificada ante delitos que ponen de manifiesto un grave incumplimiento de los deberes inherentes a la patria potestad[363]. Como se ha señalado "la mayor facilidad comisiva que genera la convivencia en algunos de estos supuestos, la vulnerabilidad del sujeto pasivo y el ascendiente que sobre la víctima tiene quien teóricamente es su protector o instructor son factores que determinan indiscutiblemente una mayor reprochabilidad"[364]

Conforme al nuevo art. 33.2 j) dentro de las penas graves se incluye la privación de la patria potestad. El art. 39 la configura como pena privativa de derechos, y el art. 46 CP dispone que "la inhabilitación especial para el ejercicio de la patria potestad, tutela, curatela, guarda o acogimiento, priva al penado de los derechos inherentes a la primera, y supone la extinción de las demás, así como la incapacidad para obtener nombramiento para dichos cargos durante el tiempo de la condena. La pena de privación de la patria potestad implica la pérdida de la titularidad de la misma, subsistiendo los derechos de los que sea titular el hijo respecto del penado. El Juez o Tribunal podrá acordar estas penas respecto de todos o alguno de los menores o incapaces que estén a cargo del penado, en atención a las circunstancias del caso. A los efectos de este artículo, la patria potestad comprende tanto la regulada en el Código Civil, incluida la

---

363 Vid. en este sentido, RUISÁNCHEZ CAPELASTEGUI, Covadonga "Privación de la patria potestad y proceso penal. Comentario a la STS, 2ª, 28.4.2006" Indret 4/2007 pág. 4.
También en esta línea se ha considerado que "Como es lógico, el legislador ha previsto la privación de estos derechos en aquellas infracciones penales que denotan de algún modo la realización de conductas inapropiadas o contrarias al ejercicio de los derechos familiares de que se priva, y las prevé no como una alternativa a la pena privativa de libertad, sino como sanciones adicionales a la misma". REY HUIDOBRO, Luis Fernando. "La pena de inhabilitación especial para el ejercicio de la patria potestad, tutela, curatela, guarda o acogimiento" La Ley, nº 6007.

364 SILVA CASTAÑO, María Luisa, en COBO DEL ROSAL, Manuel (Dir.) "Comentarios al Código Penal. Parte especial (tomo VI) Edersa, Madrid, 2004 pág. 768.

prorrogada, como las instituciones análogas previstas en la legislación civil de las Comunidades Autónomas."

Antes de la reforma 5/2010, algún autor planteaba la insatisfacción de la limitación de esta pena accesoria, por entender insuficiente el máximo de seis años para la inhabilitación, que se dice, debiera extenderse hasta la mayoría de edad del sujeto pasivo[365]. En todo caso el Fiscal podía instar la privación de la patria potestad en el correspondiente proceso civil[366]. *De lege data* hasta ahora no podía privarse de la patria potestad en el proceso penal, sólo cabía la inhabilitación[367]. La improcedencia de acordar la privación de la patria potestad en el orden jurisdiccional penal fue objeto de Acuerdo del Pleno no Jurisdiccional de la Sala Segunda del Tribunal Supremo de 26 de mayo de 2000. *De lege ferenda* sin embargo, parecía mas adecuado admitir expresamente la posibilidad de privar de patria potestad en el propio proceso penal[368].

---

365 SILVA CASTAÑO, op. cit. pág. 769.

366 En efecto, el apartado sexto del art. 189 prevé para los casos de progenitores y asimilados que, con conocimiento del estado de prostitución o corrupción de los hijos no haga lo posible para impedir su continuación en tal estado que *el ministerio fiscal promoverá las acciones pertinentes con objeto de privar de la patria potestad, tutela, guarda o acogimiento familiar, en su caso, a la persona que incurra en alguna de las conductas descritas en el apartado anterior.* Esta disposición, es, obviamente con mayor motivo, aplicable a los progenitores y asimilados que utilizan a sus hijos y asimilados para producir material pornográfico o lo difunden. No se trata de una interpretación extensiva de un precepto penal, pues la privación de patria potestad y asimiladas es una sanción civil que se adopta en un procedimiento civil sin necesidad de que preexista un procedimiento penal previo.

367 STS nº. 780/2000 (Sala de lo Penal), de 11 septiembre Ponente: Excmo. Sr. D. Adolfo Prego de Oliver y Tolivar "Tampoco cabe en este caso acordar la privación de la patria potestad mediante la directa aplicación por el Tribunal penal de las normas de Derecho de familia, que dentro del ámbito del Derecho Privado, disciplinan aquella institución, y cuya aplicación compete a la jurisdicción civil, por los órganos integrados en ella a través de los procedimientos civiles correspondientes".

368 En el mismo sentido RUISÁNCHEZ CAPELASTEGUI, op. cit. pág. 22 ha considerado que "es aconsejable que el legislador —al igual que lo hizo el del Código penal de 1973— introduzca explícitamente la posibilidad de que el juez penal pueda aplicar la medida civil de protección de menores que es la privación de la patria potestad, de forma similar a cómo el art. 193 CP legitima al juez penal para que, en las sentencias condenatorias por delitos

Tras la reforma operada por Ley Orgánica 5/2010, de 22 de junio se introduce, pues, expresamente, la pena de privación de la patria potestad[369]. Conforme al Preámbulo, *para completar el elenco de normas destinadas a otorgar mayor protección a los menores, se considera adecuado crear la pena de privación de la patria potestad o instituciones análogas previstas en la legislación civil de las Comunidades Autónomas que se incluye en el catálogo de penas privativas de derechos previstas en el artículo 39, fijándose su contenido en el artículo 46. Esta nueva pena tendrá el carácter de principal en los supuestos previstos en el artículo 192 y el de pena accesoria de acuerdo a lo establecido en los artículos 55 y 56, cuando los derechos derivados de la patria potestad hubieren tenido una relación directa con el delito cometido.*

También el Convenio de Lanzarote establece en su art 27.4 que *cada Parte podrá adoptar otras medidas en relación con los autores de los delitos, como la retirada de la patria potestad.*

11.2. Otras inhabilitaciones

El propio art. 192 brinda otra posibilidad que puede tener una enorme importancia preventivo especial: la de imponer la pena de inhabilitación especial para empleo, cargo público o ejercicio de cualquier oficio o profesión que pueda tener relación con menores de edad[370].

---

contra la libertad e indemnidad sexuales, pueda hacer pronunciamientos relativos a la filiación y a la fijación de alimentos".

369 Se ha considerado que "ahora hay que entender que estamos ante una privación definitiva de la patria potestad o extinción de la misma, que deberá entenderse añadida al no modificado art. 169 Código Civil" DOLZ LAGO, Manuel-Jesús "Los delitos de pederastia" Diario La Ley, Nº 7534, Sección Tribuna, 23 Dic. 2010, Año XXXI, Editorial LA LEY.

370 Para MORALES PRATS y GARCÍA ALBERO, op. cit. pág. 379 "se trata en definitiva de cargos, empleos públicos o profesiones que comporten específicamente deberes tuitivos sobre el menor o incapaz cual sería el caso de los maestros o responsables de centros públicos de acogida de menores etc. Para el resto de los sujetos nada impedirá que pueda aplicarse la previsión del art. 56 CP —pena accesoria de inhabilitación cuando la pena principal sea de prisión—. Se entiende así la necesidad de ampliar las posibilidades de inhabilitación por razón del específico oficio o cargo, por cuanto no todos

Esta medida estará especialmente indicada para personas que desempeñan profesiones o realizan actividades en contacto con menores: profesores, entrenadores deportivos, monitores de campamentos etc.

Debe tenerse presente que el art 5.3 del Convenio de Lanzarote, ratificado por España, va mas allá, al establecer que *cada Parte adoptará, de conformidad con su derecho interno, las medidas legislativas o de otro tipo necesarias para que las condiciones de acceso a las profesiones cuyo ejercicio conlleve el contacto habitual con niños garanticen que los aspirantes a ejercer dichas profesiones no hayan sido condenados por actos de explotación o abuso sexual de niños.*

Cabrá igualmente utilizar los alejamientos previstos en el art. 57 CP en protección de los menores utilizados para la elaboración del material pornográfico.

Se plantea si cabe imponer al penado por este delito la prohibición de contratar con cualquier proveedor del servicio de Internet

La SAP Madrid, sec. 6ª, nº 138/2009, de 25 de marzo[371] no accede a tal petición del Fiscal en base a que "el tenor del artículo 129 no puede ser mas claro cuando dispone que las consecuencias en el prevista únicamente pueden ser impuestas "en los supuestos previstos en este Código", y el nº 8 del artículo 189 C.P contrae la imposición de las medidas previstas en el art. 129 de este Código cuando el culpable perteneciere a una sociedad, organización o asociación, incluso de carácter transitorio, que se dedicare a la realización de tales actividades. Siendo lo cierto que no consta que el acusado pertenezca a ninguna sociedad, organización o asociación, y mucho menos que se valga de ellas para la comisión del delito por el que viene acusado, circunstancia que por demás ni siquiera es alegada por el Ministerio Público ni se deduce de los hechos por los que formula acusación".

En nuestra opinión, esta medida podrá, tras la reforma 5/2010, tener anclaje dentro de la libertad vigilada.

---

los delitos de Título VIII están castigados con pena de prisión (por ejemplo, arts. 184 y 189.2 CP).

371 Pte.: Fernández-Prieto González, José Manuel.

11.3. Comiso del equipo y del material informático

El artículo 127 del Código Penal considera como consecuencias accesorias del delito y de la pena, la pérdida de los efectos que de ellos provengan y de los instrumentos con que se haya ejecutado.

No existe la menor duda sobre el carácter instrumental del equipo informático en supuestos de comisión del delito de difusión de pornografía infantil a través de la red.

Procede por tanto acordar siempre el comiso del material informático utilizado y de los soportes de las imágenes o vídeos (ordenadores, discos duros externos, CDs y DVDs etc) (*vid. ad exemplum*, SAP Pontevedra, sec. 5ª, nº 38/2009, de 18 de junio).

La SAP Albacete, sec. 1ª, nº 13/2009, de 23 de abril decreta en la propia resolución la realización del material informático y su aplicación a las responsabilidades pecuniarias, y así acuerda que *los ordenadores, teléfono, cámara y material regrabable al ser bienes de lícito consumo se venderán para aplicar su producto a las responsabilidades pecuniarias del acusado, previo borrado de la información que contengan.* Como es lógico, se acuerda también que *los soportes de solo lectura (tales como CD,s y DVD,s) se destruirán.*

Especial trascendencia en la lucha contra este delito presenta la posibilidad de acopio y acumulación de los archivos pornográfico por parte de la Policía, con el fin de facilitar futuras investigaciones. En nuestra opinión, pese a la naturaleza ilícita del material, concurre justificación suficiente (facilitar futuras investigaciones) para permitir que la Policía conserve el mismo. En este sentido la SAP Barcelona, sec. 10ª, nº 381/2009, de 14 de abril[372] asigna el material informático decomisado a la Unidad Orgánica de Policía Judicial que desarrolló la investigación aplicando el art. 127 del Código Penal y autoriza el empleo del material audiovisual por dicha Unidad en futuras investigaciones.

Esta autorización para el empleo del material audiovisual intervenido para futuras investigaciones se concede también en la SAP Gijón, secc. 8ª, de 27 de enero de 2010, ratificada en este punto por la STS nº 842/2010, de 7 de octubre (Pte.: Colmenero Menéndez de Luarca, Miguel).

---

[372] Pte.: Pijuan Canadell, José María.

11.4. Individualización de la pena

La doctrina constitucional ha venido exigiendo la necesidad de motivar, dentro del mínimo y del máximo legal, la concreta pena a imponer[373]. Las resoluciones de los Tribunales se van esforzando en cumplimentar esta exigencia de la motivación. Varios criterios han sido utilizados en materia de delitos de pornografía infantil.

Además de la cantidad de material intervenido[374], se ha utilizado como parámetro para llevar a cabo la individualización (en sentido agravatorio) la intervención de material correspondiente a menores de 13 años (cuando no integra el subtipo agravado). Igualmente se ha utilizado para individualizar (en sentido agravatorio) la dedicación del autor a la docencia[375].

---

373 El fundamento de extender el deber reforzado de motivación a las decisiones judiciales relativas a la fijación de la pena radica en que el margen de discrecionalidad del que legalmente goza el Juez no constituye por sí mismo justificación suficiente de la decisión finalmente adoptada, sino que, por el contrario, el ejercicio de dicha facultad viene condicionado estrechamente por la exigencia de que la resolución esté motivada, pues sólo así puede procederse a su control posterior en evitación de toda arbitrariedad. De este modo también en el ejercicio de las facultades discrecionales que tiene reconocidas legalmente el Juez penal en la individualización de la pena es exigible constitucionalmente, como garantía contenida en el derecho a la tutela judicial efectiva, que se exterioricen las razones que conducen a la adopción de la decisión. y que éstas no sean incoherentes con los elementos objetivos y subjetivos cuya valoración exigen los preceptos legales relativos a la individualización de la pena (SSTC nº 108/2001, de 23 de abril,; 20/2003, de 10 de febrero,; 148/2005, de 6 de junio,; 76/2007, de 16 de abril, nº 91/2009, de 20 de abril)

374 La SAP Madrid, sec. 17ª, nº 238/2009, de 5 de marzo (Pte.: Coronado Buitrago, María Jesús) considera que "en atención al bien jurídico lesionado, y dado que el tipo debe construirse al modo del delito de tráfico de drogas, la cantidad de lesión ocasionada a dicho bien por la reiteración delictiva debe proyectarse en la determinación de la pena... En el presente caso, dada la ingente cantidad de material pornográfico almacenado por el acusado, procede entender que ha tenido lugar una importante lesión del bien jurídico digno de protección, y que por ello procede imponer la pena en su mayor extensión, aún valorándose la colaboración que el acusado prestó en un determinado momento de la investigación policial".

375 "Individualizando la pena en esa extensión, de acuerdo con lo prevenido en el artículo 66.1.6º del Código Penal, en atención a las circunstancias personales del autor y a la mayor gravedad del hecho, habida cuenta de la gran cantidad de material pedófilo almacenado en el equipo informático de su

La STS nº 795/2009, de 28 de mayo (Pte.: Saavedra Ruiz, Juan) valora para la individualización de la pena las especiales circunstancias en que se producen los hechos y su gravedad teniendo en cuenta el parentesco, los deberes inherentes a los autores por razón de dicha relación y la reiteración de los actos llevados a cabo por los mismos.

No obstante el criterio de parentesco no debiera tenerse en cuenta en la individualización cuando se aprecia la agravación del art. 189.3 f) o la del art. 192 CP.

Para la STS nº 340/2010, de 16 de abril (Pte.: Varela Castro, Luciano) "la pena debe ser impuesta con los criterios establecidos en el artículo 66.1.6ª del Código Penal ante la no consideración de circunstancias modificativas. La gravedad del hecho viene dada por la cantidad de archivos con material pornográfico que el acusado poseía para su distribución y los ya distribuidos. Sin que nada en lo personal sea de especial consideración a estos efectos. Por ello, siendo la pena prevista la de prisión entre uno y cuatro años, el Tribunal estima adecuada la de un año y seis meses de prisión, que supera el mínimo, siquiera de modo no significativo, dentro de la mitad inferior". Peca en nuestra opinión de lenidad el Tribunal Supremo, teniendo en cuenta el número de archivos intervenidos y su especialmente denigrante contenido[376].

---

propiedad que revelan un especial desvalor del hecho, valorando también que su dedicación a la docencia le hace especialmente acreedor de la máxima sanción que contempla el tipo penal". (SAP Zaragoza, sec. 3ª, nº 37/2009, de 5 de junio. Pte.: Ruiz Ramo, José).

376 Al acusado se le intervino un disco duro que almacenaba 6.563 archivos con fotografías y videos de personas en actitud sexual y pornográfica, que por la apariencia física de las mismas eran evidentemente impúberes, menores de 13 años, así mismo se localizaron 3 archivos comprimidos que contenían 1.765 archivos fotográficos y de vídeo de contenido pornográfico en los que aparecen menores de edad.– Todos los archivos localizados en el disco duro, en los que intervienen personas que por la apariencia, física de las mismas, son evidentemente impúberes, menores de 13 años, se guardaban en los directorios donde se ubicaban los archivos que permiten ser compartidos en Internet con el programa "E-mule". De los citados archivos se han detectado 1.607 de los que se ha hecho efectiva difusión a través del programa "E-mule".– Algunos de los mismos contenían escenas especialmente humillantes para la idemnidad sexual de los menores, ya que se eyaculaba sobre su rostro, realizaban felaciones, e incluso aparecen animales reali-

Aporta pautas interesantes la sentencia de la *Court of Appeal* inglesa, en el caso Oliver (noviembre 2002): El material pornográfico infantil se divide en 5 categorías: 1) imágenes de menores en posado erótico sin actividad sexual; 2) imágenes con actividad sexual entre menores o de masturbación en solitario 3) actividad sexual sin penetración con intervención de adulto 4) actividad con penetración con adulto 5) sadismo o bestialismo. Par determinar la pena se indicaba que debía atenderse a la naturaleza del material y al papel del acusado. Si existen ganancias comerciales la conducta debe considerarse más grave. El intercambio de imágenes es una forma de actividad comercial, aunque no exista lucro, pues en todo caso alimenta la demanda. La distribución a gran escala, aún sin beneficios, es intrínsecamente más dañina que la transacción limitada a dos o tres individuos. Se considera apropiada una multa cuando el acusado era poseedor solo para uso propio, o cuando no se interviniera más que una pequeña cantidad de pornografía del nivel 1. Una condena condicional puede ser apropiada cuando el acusado reconozca su culpabilidad y no tenga antecedentes. Los delitos referidos a pseudo pornografía deben considerarse menos graves que los que se refieren a fotografías reales pues no concurre el elemento de corrupción de menores. Podrá imponerse una pena no privativa de libertad distinta a la multa en supuestos de posesión de gran cantidad de pornografía de nivel 1 o de una pequeña cantidad de material de nivel 2, siempre que no se haya difundido a terceros. Procederá generalmente la aplicación de penas privativas de libertad cuando exista difusión o se haya poseído gran cantidad de material de nivel 2 o una pequeña cantidad de material de nivel 3[377].

La apreciación de varios subtipos se utiliza para modular la pena. La SAP Ciudad Real, sec. 2ª nº 10/2010, de 25 de marzo[378] impone

---

zando actos sexuales con los niños.– Asimismo se localizaron 8 Cd's que contenían 30 archivos de vídeo conteniendo escenas de personas en actitud pornográfica que por la apariencia física de las mismas eran evidentemente impúberes, sin que se encontraran compartidos por el resto de usuarios de la red." (sic).

377 CARR, John "Child abuse, child pornography and the internet" www.make-it-safe.net/.../Child_pornography_internet_Carr2004.pdf Child abuse, child pornography and the internet www.make-it-safe.net/.../Child_pornography_internet_Carr2004.pdf. pág. 21.

378 Pte.: Catalán Martín de Bernardo, Carmen Pilar.

seis años de prisión en un supuesto de distribución con la apreciación de dos subtipos agravados, declarando que "el núm. 3 del art. 189 del C. Penal señala dicha pena cuando concurra alguna de las circunstancias que describe en las letras a) b) c) d) e) y f), es decir, basta con la concurrencia de una sola para situarnos en dicha penalidad, sin que se haya previsto régimen alguno para cuando, como en este caso acontece, concurran mas de una de ellas, por lo que, han de jugar las reglas de la individualización de las penas. En este sentido, concurriendo en los hechos dos circunstancias que agravan el tipo penal, consideramos que la pena solicitada por el M. Fiscal, que nos sitúa en el grado mínimo y dentro de el, en su máxima extensión, es ajustada tanto a los hechos, como objetivamente a la existencia de dichas circunstancias agravantes".

La cuantía notable de archivos pornográficos es otro factor que justifica la mayor punición. La SAP Madrid, sec. 6ª, nº 52/2010, de 3 de febrero, en un supuesto de posesión impone una pena de 6 meses de prisión, a la vista de la cantidad de fotografías de pornografía infantil encontradas en el disco externo que tenía en su poder el acusado, mas de 1.000, "lo que aconseja no imponer la pena en el mínimo previsto por el tipo penal, a la vista del peligro que puede suponer conductas como la enjuiciada de fomentar prácticas pedofílicas sobre menores concretos".

La edad de las niñas, la expresión de sufrimiento o lo explícito de las conductas también se tiene en cuenta. La SAP Madrid, sec. 1ª, nº 18/2010, de 15 de enero[379] condena por posesión de pornografía infantil para uso propio del art. 189.2 del CP (penado en abstracto de tres meses a un año de prisión o multa de seis meses a dos años) con la "pena de prisión en detrimento de la pena pecuniaria, en una extensión, dentro de su mitad inferior, de siete meses, que se estima proporcionada al reproche que merece la conducta enjuiciada a la vista de la cantidad del material de pornografía infantil que se halló en posesión del acusado, de la edad de algunas de los menores que aparecen en ellos, claramente niñas y no simples adolescentes, de lo explícito de las conductas sexuales en que fueron usadas y grabadas, alguna de ellas con señales de sufrimiento en la cara".

---

379 Pte.: Perdices López, Araceli.

La SAP Barcelona, sec. 3ª, nº 26/2010, de 8 de enero[380] considera que revistiendo los hechos una especial gravedad, "toda vez que en la elaboración de las imágenes pornográficas intervenidas no solo aparecen menores de edad (18 años), sino que también se han utilizado a niños menores de trece años y si bien ello no comporta la aplicación de los subtipos agravados previstos en el tercer apartado del art. 189 del Código Penal, dada la especial vulnerabilidad de los mismos, no dejan de ser hechos que objetivamente revisten una especial gravedad respecto de la conducta típica que se describe en el tipo básico del art. 189.1.b) del Código Penal, por lo que estimamos procedente imponer la pena en su mitad superior, fijándola en dos años y medio de prisión" Esta resolución se refiere a un supuesto en el que al condenado se le intervinieron mas de 15.000 archivos de pornografía infantil, no aplicándose el subtipo agravado de especial valor económico, debiendo en nuestra opinión haberse tenido también en cuenta este dato para la individualización.

En un supuesto en el que el subtipo agravado concurre en uno solo de los materiales intervenidos, la STS nº 803/2010, de 30 de septiembre (Pte.: Berdugo y Gómez de la Torre, Juan Ramón) opta por apreciar el subtipo pero imponiendo la pena mínima[381].

11.5. Libertad vigilada

El nuevo art. 192.1 CP, tras la reforma operada por Ley Orgánica 5/2010, de 22 de junio introduce una nueva consecuencia jurídica, la libertad vigilada, para los delitos contra la libertad e indemnidad sexual, con efectos también sobre el delito de pornografía infantil. En efecto, conforme al precepto mencionado, "a los condenados a pena de prisión por uno o más delitos comprendidos en este Título se les impondrá además la medida de libertad vigilada, que se ejecutará con posterioridad a la pena privativa de libertad. La duración de dicha medida será de cinco a diez años, si alguno de los delitos fuera

---

380 Pte.: Grau Gasso, José.

381 "En la necesaria individualización de las penas, el art. 189.3 b) prevé una penalidad de cuatro a ocho años prisión, las circunstancias personales del acusado y del hecho, se trata de una sola grabación que merezca ser subsumida en aquel tipo, llevan a la Sala a imponer la pena en este delito en su mínima extensión, 4 años".

grave, y de uno a cinco años, si se trata de uno o más delitos menos graves".

El mismo precepto, con buen criterio, flexibiliza la rigidez de la imposición de la libertad vigilada al establecer que en este último caso (debe entenderse en caso de delitos menos graves) *cuando se trate de un solo delito cometido por un delincuente primario, el Tribunal podrá imponer o no la medida de libertad vigilada en atención a la menor peligrosidad del autor.*

Por tanto, la libertad vigilada se impondrá siempre que recaiga condena por delito contra la libertad e indemnidad sexual salvo que se impusiere pena distinta a la de prisión o cuando, pese a imponerse pena de prisión se trate de un delito menos grave, se haya cometido un solo delito, el condenado no hubiera sido condenado con anterioridad y no concurriera peligrosidad.

Se trata de una medida de seguridad imponible a personas plenamente imputables[382]. Es una medida de seguridad sui generis, cuya imposición no está necesariamente vinculada a la constatación de la peligrosidad[383], si bien conforme al art 106.3 b) y c) el juez o Tribunal podrá *reducir la duración de la libertad vigilada o incluso poner fin a la misma en vista del pronóstico positivo de reinserción que considere innecesaria o contraproducente la continuidad de las obliga-*

---

382 Para MANZANARES "no es muy realista pretender controlar judicialmente al condenado solo a través del cumplimiento de las medidas que a continuación se relacionan. Nada hay aquí de amplio seguimiento de la actividad del reo como en la LO 5/2000, por ejemplo, y falta la imprescindible figura del delegado especial, *parole office* o *Bewährungshelfer.* Sobre ello llamó la atención el dictamen del Consejo de Estado al anteproyecto. Ahí radica la principal objeción a la libertad vigilada de la LO 5/2010, de 22 de junio. Hemos creado la libertad vigilada sin vigilante". MANZANARES SAMANIEGO, José Luis "La libertad vigilada" Diario La Ley, Nº 7534, Sección Tribuna, 23 Dic. 2010, Año XXXI, Editorial LA LEY.

383 En este sentido se ha considerado que "la imposición de la medida de libertad vigilada no parece vincularse a un juicio de peligrosidad efectuado por el Juez o Tribunal sentenciador, sino presumirse directamente a partir de la condena por uno o varios delitos (sexuales, en el caso concreto). Sólo para el caso del delincuente primario condenado por un único hecho parece abrirse al Tribunal la opción de no imponer la medida en atención a la «menor peligrosidad» del sujeto. SILVA SÁNCHEZ, Jesús-María "La reforma del Código Penal: una aproximación desde el contexto" Diario La Ley, Nº 7464, Sección Doctrina, 9 Sep. 2010, Año XXXI, Editorial LA LEY

ciones o prohibiciones impuestas y *dejar sin efecto la medida cuando la circunstancia descrita en la letra anterior se dé en el momento de concreción de las medidas*.

El contenido de esta nueva medida de seguridad aparece regulado en el art. 106 CP. Su núcleo básico se integra por el sometimiento del condenado a control judicial. Tal control judicial se ejerce a través del cumplimiento de alguna o algunas de las medidas que el propio precepto establece, entre las que destacan el control electrónico, la obligación de presentarse periódicamente, la de comunicar los cambios de residencia, prohibición de ausentarse del lugar donde resida, alejamiento, prohibición de desempeñar determinadas actividades, obligación de participar en programas formativos u otros similares, y la obligación de seguir tratamiento médico externo. La ejecución de esta medida se somete al principio de flexibilidad.

El Preámbulo de la reforma de 2010 explica su naturaleza y contenido[384].

---

384 "Agotada, pues, la dimensión retributiva de la pena, la peligrosidad subsistente del sujeto halla su respuesta idónea en una medida de seguridad. Por ello la presente Ley introduce, mediante la modificación parcial y una leve reordenación del Título IV del Libro Primero del Código Penal, una nueva medida denominada libertad vigilada, que se inserta naturalmente en el régimen general de dichas medidas de seguridad, algunas de las cuales se integran y refunden en ese concepto común (artículo 106). Así, la libertad vigilada es una medida de seguridad que el Tribunal impone, de manera facultativa o preceptiva, según la propia norma señala en cada caso, y cuyo contenido se concreta en una serie de limitaciones, obligaciones, prohibiciones o reglas de conducta, aplicables separada o conjuntamente, dentro de los márgenes de duración específicos que en su caso resulten de la parte especial del Código, tendentes no solo a la protección a las víctimas, sino también a la rehabilitación y la reinserción social del delincuente, objetivo que preside toda la reforma. Y que puede modificarse, ya en fase de ejecución, atendiendo a la evolución del sujeto y mediante un sencillo trámite que se caracteriza por un reforzamiento de la garantía de contradicción, que alcanza incluso a las víctimas que no sean parte en el proceso... La novedad sustancial que incorpora la libertad vigilada es que resulta aplicable no sólo cuando el pronóstico de peligrosidad del individuo se relaciona con estados patológicos que han determinado su inimputabilidad o semiinimputabilidad, sino también cuando la peligrosidad deriva del específico pronóstico del sujeto imputable en relación con la naturaleza del hecho cometido, siempre y cuando el propio legislador así lo haya previsto de manera expresa. En estos casos, tal y como resulta del nuevo artículo 106.2,

La prohibición de desempeñar determinadas actividades puede tener una importante función desde un punto de vista de prevención especial, prohibiendo a los pederastas desempeñar actividades que impliquen relación con menores de edad o tener acceso a Internet.

También el Convenio de Lanzarote establece en su art 27.4 que cada Parte podrá adoptar otras medidas en relación con los autores de los delitos, como... el control o supervisión de las personas condenadas.

11.6. Responsabilidad de las personas jurídicas

Conforme a las previsiones de la Decisión Marco 2004/68/JAI del Consejo, de 22 de diciembre de 2003, relativa a la lucha contra la explotación sexual de los niños y la pornografía infantil, la reforma operada por Ley Orgánica 5/2010, de 22 de junio establece la responsabilidad de las personas jurídicas en el ámbito de los delitos de pornografía infantil.

Establece el nuevo art. 189 bis que "cuando de acuerdo con lo establecido en el artículo 31 bis una persona jurídica sea responsable de los delitos comprendidos en este Capítulo, se le impondrán las siguientes penas:

a) Multa del triple al quíntuple del beneficio obtenido, si el delito cometido por la persona física tiene prevista una pena de prisión de más de cinco años.

---

la medida no se establece, por obvias razones, con carácter alternativo a la pena de prisión o para su ejecución previa a ésta, sino que se impone en sentencia junto a la pena privativa de libertad para su ejecución posterior a la excarcelación, y se hará o no efectiva justamente en función de ese pronóstico de peligrosidad, formulado cuando se acerca dicho momento extintivo de la pena y reconsiderado después con cadencia como mínimo anual (artículo 98.1). Es importante destacar que en la concreción del contenido de la libertad vigilada y en su eventual sustitución, modificación, suspensión o cesación, intervienen tanto el Juez de Vigilancia Penitenciaria, debidamente informado por los servicios penitenciarios, como el Juez o Tribunal sentenciador al que corresponde hacer ejecutar lo juzgado. Precisamente este último, por haber juzgado, conoce con mayor detalle determinadas circunstancias del caso concurrentes con el pronóstico penitenciario del sujeto, que pueden resultar determinantes para la elección de la medida o medidas en que ha de concretarse la libertad vigilada".

b) Multa del doble al cuádruple del beneficio obtenido, si el delito cometido por la persona física tiene prevista una pena de prisión de más de dos años no incluida en el anterior inciso.

c) Multa del doble al triple del beneficio obtenido, en el resto de los casos.

Atendidas las reglas establecidas en el artículo 66 bis, los jueces y tribunales podrán asimismo imponer las penas recogidas en las letras b) a g) del apartado 7 del artículo 33."

11.7. Período de seguridad en el cumplimiento de la pena privativa de libertad

El art. 36.2 disponía que "cuando la duración de la pena de prisión impuesta sea superior a cinco años, la clasificación del condenado en el tercer grado de tratamiento penitenciario no podrá efectuarse hasta el cumplimiento de la mitad de la pena impuesta"

Tras la reforma operada por Ley Orgánica 5/2010, de 22 de junio se da una nueva redacción al apartado 2 del art 36, optándose por una flexibilización de la regulación de los períodos de seguridad, disponiéndose que cuando la duración de la pena de prisión impuesta sea superior a cinco años, el Juez o Tribunal podrá ordenar que la clasificación del condenado en el tercer grado de tratamiento penitenciario no se efectúe hasta el cumplimiento de la mitad de la pena impuesta.

Sin embargo, esta flexibilización del régimen del período de seguridad no rige para los supuestos que el legislador considera de mayor gravedad. En efecto, se dispone a continuación que en cualquier caso, cuando la duración de la pena de prisión impuesta sea superior a cinco años y se trate de los delitos enumerados a continuación, la clasificación del condenado en el tercer grado de tratamiento penitenciario no podrá efectuarse hasta el cumplimiento de la mitad de la misma: ...d) Delitos del Capítulo V del Título VIII del Libro II de este Código, cuando la víctima sea menor de trece años[385].

Por tanto, también los delitos relativos a la pornografía infantil quedan sometidos al período especial de seguridad. Sin embargo, pa-

---

[385] Es el capítulo dedicado a los delitos de prostitución y corrupción de menores.

ra que ello sea así es necesario que se imponga una pena de prisión superior a cinco años y que la víctima sea menor de trece años, de forma cumulativa.

En nuestra opinión, tal régimen especial será aplicable a las conductas de pornografía infantil que operen sobre un o unos concretos menores, esto es, las conductas susceptibles de incardinarse en el art 189.1 a), y a la inversa, no será aplicable a los delitos de difusión de pornografía infantil en los que no se opere sobre menores concretos sino sobre materiales ya elaborados por terceras personas (esto es, las conductas tipificadas en el art 189.1 b) CP.

11.8. Suspensión de condena

En ocasiones, para delincuentes primarios, cuando se cumplan los requisitos legales y en especial los límites penológicos, será aconsejable hacer uso de la suspensión de condena subordinada en su caso al seguimiento de tratamiento psiquiátrico/psicológico[386].

12. REINCIDENCIA INTERNACIONAL

Conforme al art. 190 CP *la condena de un Juez o Tribunal extranjero, impuesta por delitos comprendidos en este capítulo, será equiparada a las sentencias de los Jueces o Tribunales españoles a los efectos de la aplicación de la circunstancia agravante de reincidencia.*

Este precepto se inspira en las previsiones del Convenio de *Lake Success* de 21 de marzo de 1950 para la represión de la trata de blancas y de la explotación de la prostitución ajena y ya aparecía en el CP de 1973 en su art. 452 bis f).

---

386 En este sentido se ha defendido que "hay estudios muy avalados científicamente que se orientan a la 'recuperación' del sujeto a través de determinados programas de tratamiento, aceptándose que tales medidas alternativas de la pena, en cuanto reúnen parámetros de éxito satisfactorios, resultan adecuadas al principio de proporcionalidad y a las necesidades de prevención general y especial que la sociedad demanda". GUISADO MORENO, Ángela "El consumo de pornografía infantil en internet. El lado oscuro de la red". RCE núm. 81 - 2007 págs. 3-45.

La *ratio* del precepto es acertada, sin perjuicio de las dificultades que pueda representar primero llegar a conocer que el imputado en el proceso español tiene antecedentes en otro país, y segundo, que tal país expida con la debida celeridad la certificación de los antecedentes del imputado[387].

Debe en este punto destacarse en el ámbito de la Unión Europea la Decisión 2005/876/JAI del Consejo de 21 de noviembre de 2005 relativa al intercambio de información de los registros de antecedentes penales. Esta Decisión completa y facilita los mecanismos existentes de transmisión de información sobre condenas basados en los Convenios vigentes[388].

13. COMISIÓN DEL DELITO POR MENORES DE EDAD PENAL

En las operaciones policiales con utilización de programas rastreadores (*sniffers*) es frecuente que resulten implicados menores de 18 años[389].

La comisión de delitos de pornografía infantil por menores dentro del ámbito de la LO 5/2000, de 12 de enero, *de responsabilidad penal del menor* debe ser objeto de un tratamiento singular[390]. En efecto,

---

387 En este sentido MORALES PRATS y GARCÍA ALBERO, op. cit. pág. 376 consideran que "la efectividad y practicabilidad de la previsión del art. 190 dependerá de la adecuada operatividad de un registro internacional relativo a los delitos concernientes a la prostitución".

388 En particular, las disposiciones sobre las solicitudes de antecedentes penales no excluyen la posibilidad de que disponen las autoridades judiciales, en aplicación del artículo 6, apartado 1, del Convenio relativo a la asistencia judicial en material penal entre los Estados miembros de la Unión Europea, establecido por Acto del Consejo de 29 de mayo de 2000, de transmitirse directamente información sobre antecedentes penales.

389 Aunque en España no contamos con estadísticas, en Estados Unidos las cifras de detenidos entre julio de 2000 y julio de 2001 por delitos de posesión de pornografía infantil ascendieron a 1.713, de los que el 3% eran menores de 18.

390 Sobre la materia es interesante el trabajo de FIGUEROA VÁSQUEZ, Rita Arleny "Sexualidad adolescente y Ley Penal" Justicia para crecer. Nº 10 abril-junio 2008 págs. 20 y ss

en el caso de menores, en determinados supuestos, la antijuridicidad y culpabilidad pueden quedar reducidas o incluso descartadas[391].

Como expone el Dictamen de la Fiscal de Sala Coordinadora de Menores 4/2011 "cuando no hay asimetría de edad entre el menor poseedor de pornografía y los menores representados en el material, no puede decirse que exista una lesión al bien jurídico protegido, ni propiamente, una conducta pedófila... Es también en este punto interesante subrayar cómo la Asociación Psiquiátrica Americana exige, para calificar un comportamiento como pedófilo, que la persona tenga mas de 16 años y, como mínimo, 5 años más que el niño objeto de sus fantasías y/o actos sexuales[392].

En la línea expuesta, el Dictamen de la Fiscal de Sala Coordinadora de Menores 4/2011, *sobre tratamiento de delitos cometidos por menores contra la indemnidad sexual de otros menores en supuestos de escasa entidad* sienta, en relación con los delitos de pornografía infantil cometidos por menores, las siguientes conclusiones:

En el ámbito de la responsabilidad penal de menores, la comisión de un delito de pornografía infantil puede presentar unos perfiles singulares que aboguen por una mayor flexibilidad a la hora de articular respuestas sancionadora-educativas (conclusión 6ª).

Antes de formular alegaciones contra un menor por delito de pornografía infantil deben sopesarse con extremo cuidado las consecuencias y los potenciales beneficios, huyendo de automatismos y teniendo presente que los efectos estigmatizadores pueden ser devastadores (conclusión 7ª).

Para determinados supuestos de menor entidad no debe descartarse la utilización de las posibilidades desjudicializadoras previstas

---

391 En esta línea, el Informe del Consejo Fiscal de 4 de febrero de 2009 al Anteproyecto de reforma del Código Penal de 2008, considera que *el contacto sexual entre menores de la misma o similar edad, sin la concurrencia de otros signos de abuso o intrusión, no afectaría a la indemnidad sexual y por ello no debería ser penalmente sancionable.*

392 Para el referido Dictamen "dentro de este grupo de delitos que deben ser objeto de un tratamiento singular se incluiría lo que la doctrina norteamericana denomina sexting, que abarcaría supuestos en los que menores de edad elaboran material de sí mismos, con connotaciones sexuales, para enviar a otros menores con un propósito de provocar una respuesta sexual".

en los arts. 18, 19 y 27.4 LORPM y, en casos extremos, el archivo conforme al art 16 LORPM (conclusión 8ª).

14. ERROR

En las causas por delito de pornografía infantil en la inmensa mayoría de las ocasiones al imputado se le ha intervenido material de esta naturaleza. Ello lleva a que en un buen número de supuestos, la defensa se articule en torno a la ausencia de dolo, bien en base a que la descarga fue accidental, bien fundándose en la ignorancia de la minoría de edad de las personas representadas, bien en el desconocimiento de que se estaba difundiendo material, bien, incluso, alegando que se ignoraba la antijuridicidad de la conducta. Tratándose de hechos internos, que quedan en los arcanos de la conciencia, para acreditar la concurrencia del dolo, la conciencia de poseer y/o difundir pornografía infantil, debe acudirse a la prueba de indicios.

14.1. Error de tipo

14.1.1. Observaciones generales

En el ámbito de los delitos relacionados con la pornografía infantil cometidos a través de la red puede plantearse el error de tipo, tanto respecto del hecho mismo de la descarga, y de las características del material descargado como en cuanto a la edad de las personas que aparecen en el material. Habrá de analizarse con detenimiento el conjunto de circunstancias concurrentes (cantidad de material almacenado, clasificación del mismo en carpetas, almacenamiento en otros soportes, historial de búsquedas anteriores, conocimientos informáticos del imputado, traslado de archivos pornográficos de una carpeta a otra, contenidos de los mensajes de correos electrónicos o de los chats utilizados etc.) para determinar si la alegación de error tiene fundamento o si por el contrario, existen datos objetivos que racionalmente la descartan.

A los efectos de dar credibilidad a las alegaciones de error, un elemento especialmente importante es el de que solamente se hayan intervenido archivos aislados. En este sentido, la SAP Albacete, sec.

1ª nº 9/2010, de 5 de marzo[393] absuelve ante el "el escaso número de archivos pornográficos, sólo dos, cuando lo normal si se dedicara a recibir y difundir pornografía infantil, sería que tuviera un número mayor de archivos a disposición de la red". La SAP Las Palmas, sec. 6ª, de 8 de octubre de 2010[394] opta por la absolución pues "una imagen por sí sola, entendemos que no puede generar la existencia de este delito, pues no aparece de forma inequívoca el elemento subjetivo".

14.1.2. Descargas accidentales

Se plantean con cierta frecuencia como modalidad de error las descargas accidentales. Como subespecie, suele alegarse que se buscaba pornografía para adultos, y que el hallazgo de pornografía infantil fue casual y la intención era eliminarla inmediatamente. El argumento es fácilmente rebatible cuando los criterios de búsqueda utilizados tienen conexión con la pornografía infantil, cuando se organiza el material archivado por carpetas, especialmente cuando a éstas se les da nombres relacionados con la pornografía infantil, cuando se copian en DVD's o soportes similares o cuando se incauta numeroso material de pornografía infantil[395]. En todo caso, debe huirse de apriorismos y examinar caso por caso, descartando el error, cuando proceda, de forma razonada, y sin olvidar que el mismo, como pone de relieve la jurisprudencia, puede ser posible.

Aún admitiendo que se puedan descargar archivos de pornografía infantil por error, la STS nº 107/2010, de 16 de febrero (Pte.: Ramos Gancedo, Diego Antonio), desmonta las alegaciones en tal sentido con datos tales como que "el acusado no sólo compartió el indicado

---

393 Pte.: Salinas Verdeguer, Eduardo.

394 Pte.: Moya Valdés, Emilio J. J.

395 Vid. SAP Zaragoza, sec. 3ª, nº 37/2009, de 5 de junio. Pte.: Ruiz Ramo, José "En efecto, basta con remitirnos al informe pericial —folios 831 a 878— debidamente ratificado en el plenario, para comprobar que la multitud de archivos hallados en el disco duro del ordenador —histórico de archivos al folio 836 y ss.— y carpetas —Lolis variadas bien abiertas, Lolitas Kingdom T y Flas Vladmodels, etc.—, no responden a una mera casualidad, sino que, por el contrario, se corresponden con una reiterada voluntad del acusado de satisfacer sus deseos sexuales a través del visionado del diverso y multitudinario conjunto de archivos y carpetas ocupadas en la diligencia de registro de su domicilio".

archivo, ni todos los que conformaban la carpeta Incoming, sino que de ésta también había arrastrado hasta el disco duro de su ordenador personal hasta otros 78 archivos de idéntico contenido pornográfico con menores de edad" o el nombre de los archivos, cuando "desde luego que tampoco podía llevar a engaño al acusado —5 Yo, 6Yo, 8Yo Kindergarden; incest-babyshivid-sample; hussifan-6yr girl and father; babyj child abuse dark secret-very willing pr; etc.—."

Desvirtúa también las alegaciones de error en la descarga la STS nº 1055/2009, de 3 de noviembre (Pte.: Delgado García, Joaquín) atendiendo al número de archivos de nombre y contenido relativo a pornografía infantil almacenados en el disco duro, dato este que considera incompatible con tal alegación[396].

---

[396] "También aduce el recurrente falta del dolo necesario en esta clase de infracciones, porque, se dice, las bajadas del material pornográfico a las que nos estamos refiriendo se produjeron por azar, cuando el acusado estaba intentando bajar una película, "El señor de los anillos"; aduciendo que quienes manejan estos sistemas de intercambio " peer to peer " saben que este azar existe... Cierto que tal azar existe cuando se utilizan unas palabras claves para bajar algo mediante eMule o Lphant (u otro similar) y esas palabras responden a otro u otros archivos diferentes de los pretendidos. Pero si esto ocurre lo procedente es borrar inmediatamente. En el ordenador de Luis Enrique hubo ciertamente actos de borrar en relación a determinadas imágenes o vídeos de pornografía infantil. Algo de esta clase se borró, como reconoce la sentencia recurrida (hechos probados, apartado 4º, pág. 3), concretamente el archivo de video de 5 minutos y 45 segundos de duración que figuraba en la red, entre otros, con el nombre de "violaciones bestiales.mpg", que es el que estaba siendo compartido por Luis Enrique en aquella ocasión del 10.2.2006 en que lo detectó la mencionada Brigada de Investigación Tecnológica del Cuerpo Nacional de Policía; lo que sirvió para el inicio del presente proceso penal, como ya se ha dicho.
Cierto es también que se encontraron en el disco duro del ordenador de Luis Enrique restos de ese vídeo concreto, como con más detalles se explica en la conclusión D) del informe pericial de la policía científica antes referido como prueba de cargo esencial en este procedimiento.
El azar puede existir, como acabamos de exponer; pero ello sólo para una vez o unas pocas veces; nunca cuando, como aquí, son centenares de archivos de imágenes y de vídeos, todos ellos con nombre y contenido propio de la pornografía infantil. Como bien dice la sentencia recurrida "hay que clicar expresamente sobre todos y cada uno de los nombres o títulos que aparecen (títulos diversos y numerosos como es de ver en el informe pericial) no siendo plausible que se descargaran la importante cantidad de archivos (muchos de ellos ya en el espacio libre del disco duro) por azar y, desde luego,

Igualmente son un importante indicio las órdenes de búsqueda anteriores cuando se introducen palabras que demuestran el tipo de archivos que el acusado pretendía obtener y compartir con otros usuarios (STS nº 1074/2009, de 28 de octubre). La SAP Madrid, sec. 1ª nº 133/2010, de 26 de marzo[397] declara que "en este caso el archivo se denominaba "Russian Pedo, 8 to Girl.avi" y la expresión "pedo" hace referencia inequívoca a pornografía de pedofilia".

En relación con los nombres de los archivos, la STS nº 1012/2010, de 15 de octubre (Pte.: Sánchez Melgar, Julián) analizando el nombre *nelia 11yo defloration with dildo.avi* considera que "es cierto, como afirma el Ministerio Fiscal, que el nombre del archivo en cuestión —en inglés— puede ser sugestivo de imágenes pornográficas, pero también lo es que el acusado es consumidor habitual de pornografía de adultos, y del nombre completo solamente la mención "11yo" puede dar lugar a tal conocimiento o deducción, por lo que la Audiencia razona que "el resto de las palabras no hacen alusión alguna a menores", de manera que "no puede deducirse de forma inequívoca que introdujera un criterio de búsqueda de archivos de contenido claramente pedófilo al no poderse descartar una descarga accidental fruto de una selección también accidental".

La SAP Madrid, sec. 6ª, nº 52/2010, de 3 de febrero[398] rechaza la alegación del acusado de que se limitaba a descargar en su ordenador pornografía de adultos, y que la pornografía infantil se debió introducir en la descarga que efectuaba a través del programa Emule sin que él se diera cuenta en base a que "el hallazgo de tal material desmiente dicha tesis ya que fue encontrado en un disco duro externo que se encontraba conectado a un televisor, a través del cual podían visionarse tales imágenes, manifestando, además, el perito... en el acto del juicio, que el material pornográfico se encontraba clasificado en carpetas con nombres alusivos a su contenido, lo que indica el conocimiento de la existencia de dichos ficheros y el contenido de los mismos, que no ha sido negada, de otro lado, por el acusado".

---

que lo hicieran en un solo día ubicándose por sí solos en distintos espacios del disco duro" (sentencia recurrida, pág. 7, a propósito de la concurrencia del dolo).

397 Pte.: Porres Ortiz de Urbina, Eduardo.

398 Pte.: Rodríguez González-Palacios, Pedro Javier.

En esta línea, la SAP Madrid, sec. 7ª, nº 51/2009, de 5 de mayo[399] refuta la alegación de error en base a que "en uno de los discos duros de su ordenador guardaba mas de 6.000 archivos fotográficos en los que en su mayor parte aparecían menores de edad y lo mismo cabe decir de los archivos que guardaba en muchos de los CDs que fueron intervenidos en su habitación, por lo que no es aceptable la tesis de la obtención ocasional o puntual de algún archivo de esas características".

En algunos casos la alegación de error es incompatible con la lógica: es difícil de aceptar que una persona que tiene guardados en su ordenador más de diez mil archivos de carácter pornográfico, apareciendo en una gran parte de los mismos niños menores de trece años "haya accedido a los mismos de forma fortuita sin ser consciente de su contenido" (SAP Barcelona, sec. 3ª, nº 26/2010, de 8 de enero)[400].

En este sentido son especialmente interesantes las consideraciones de la SAP Álava, secc. 2ª nº 376/2008, de 2 de diciembre[401], para la que "...podríamos admitir en una hipótesis favorable que efectivamente una persona por error puede querer descargarse un determinado material de videos o fotos de Internet y por los "fake" o archivos falsos que existen en Internet realmente se puede descargar otro material, incluido pornografía infantil". Sin embargo, "... no es asumible su versión en el sentido de que descargó unos videos por error, posteriormente no los vio y simplemente los guardó en su disco duro. Precisamente porque el acusado sabía, como reconoció en el juicio oral, que puede ocurrir que una persona puede "bajarse" por error este tipo de material pornográfico infantil, normalmente una persona que rechaza tal material, si no quiere guardarlo, lo mira, y, al ser de este tipo, lo destruye. Además, ese error que podríamos denominar de almacenaje podría ocurrir una vez o dos, pero no con el volumen de material encontrado... Finalmente, como argumento definitivo, cuando una persona, como el imputado, ya decide pasar del disco duro a unos DVD cierto material de video, no es verosímil o creíble que no conozca lo que está grabando en este soporte material,

399 Pte.: Aparicio Carril, Mª Luisa.
400 Pte.: Grau Gasso, José.
401 Esta sentencia, si bien fue declarada nula por la STS nº 247/2010, de 18 de marzo (Pte.: Soriano Soriano, José Ramón), lo fue por motivos ajenos a lo reseñado.

a pesar de que sea mucho el material almacenado en aquél, puesto que, según máximas de experiencia común, el hecho mismo de pasar de un soporte a otro indica una elección o decisión y precisamente para guardar en dichos DVD cualquier persona de tipo medio observa qué se ha descargado y una vez observado lo graba en aquél y, por el contrario, si no se quiere conservar algo lo desecha y destruye.".

La reiteración de descargas e intercambios de archivos con títulos semejantes relativos a pornografía infantil demuestra la búsqueda deliberada de los mismos (STS nº 1074/2009, de 28 de octubre, Pte.: Monterde Ferrer, Francisco). Esta sentencia también descarta el error en base a que se localizaron 3 vídeos "en la carpeta Mis Documentos, lo cual quiere decir que su presencia en dicha carpeta no obedece a una mera casualidad sino a una acción concreta dirigida a mover dichos archivos descargados desde la carpeta "Incoming" a la carpeta Mis documentos, para guardarlos en su propio ordenador".

La SAP Las Palmas, sec. 1ª, nº 42/2009, de 6 de abril[402] considera que "la gran cantidad de archivos pedófilos, unido al título con el que aparecen así grabados en los Cds intervenidos, muchos con la palabra pedofilia en español y un título (generalmente en inglés) alusivo a relaciones sexuales con menores, deben llevar a la única y racional consideración de que el acusado no solo sabía cuando grabó tales archivos que los mismos eran pedófilos, sino que buscó de propósito en la red edonkey a través del emule, videos de tales características para su satisfacción personal, justamente introduciendo el vocablo "pedofilia", a modo de palabra "clave" para su búsqueda... Tal circunstancia excluye el carácter meramente puntual y/o accidental que ha pretendido atribuirle".

La SAP Cantabria, sec. 1ª, nº 3004/2009, de 26 de enero[403] descarta el error de tipo en la actuación del imputado en cuanto a la alegación de que no conocía lo que se descargaba pues "independientemente de que pueda verse o no el contenido de los archivos mientras se descargan, es lo cierto que el gran número de fotografías y vídeos archivados por el imputado lleva a deducir que precisamente su intención era obtener mediante el uso de dichos programas imágenes y vídeos de contenido pornográfico con menores. Lo mismo sucede con

---

402 Pte.: Alemán Almeida, Secundino.
403 Pte.: Sagüillo Tejerina, Ernesto.

los nombres de los archivos; el que fue descargado por el imputado con el nombre relatado en los hechos probados tenía otras denominaciones, varias de las cuales son de las utilizadas habitualmente para captar archivos de este tipo... figuran términos como hardcore o kinder, que son algunos que sirven para identificar archivos que contienen pornografía infantil".

No obstante, pueden encontrarse supuestos en los que en la duda, se acepta la tesis de la defensa de error en la descarga: en este sentido puede citarse la SAP Sevilla, sec. 1ª, nº 11/2009, de 8 de enero[404] que considera que "contando con el único y aislado indicio de que el acusado se haya descargado un solo archivo pornográfico, queda de manifiesto que no disponemos de datos suficientes para inferir la realidad de esa actuación dolosa, y su intención". También ha de mencionarse la SAP Girona, sec. 3ª, nº 422/2009, de 10 de junio[405] que declara que "negando el acusado haber descargado consciente y voluntariamente tal archivo y a falta de cualquier otro dato de dicho archivo salvo el de que estaba siendo compartido el 27 de junio de 2007 y teniendo en cuenta que en el programa eMule cuando se descarga un archivo a partir de 9, 6 megas a la vez se está difundiendo y compartiendo con otros usuarios y que no consta que dicho archivo llegara ni siquiera a ser visualizado por el acusado, no puede del solo hecho de que se produjera la descarga inferir la consciencia y voluntariedad de tal acción por parte del acusado. Aunque es verdad que para descargar el archivo tuvo que ser seleccionado, como del nombre del mismo la única palabra asociada a la posible presencia de menores en el vídeo sería "11yo", pues el resto de las palabras no hacen alusión alguna a menores, y teniendo en cuenta que el acusado era consumidor de pornografía de adultos, no puede deducirse de forma inequívoca que introdujera un criterio de búsqueda de archivos de contenido claramente pedófilo al no poderse descartar una descarga accidental fruto de una selección también accidental"[406].

---

404 Pte.: Calle Peña, Juan Antonio.

405 Pte.: Ramírez Souto, Fátima.

406 Continúa la sentencia "en relación a los cuatro vídeos conteniendo imágenes de prácticas sexuales de personas menores de edad —de las que no puede afirmarse que se trate de menores de 13 años— lo único que ha quedado acreditado es que se encontraban en el disco duro del ordenador del acusado dentro de la carpeta "Incoming", que es aquella que se crea por defecto cuando se producen descargas de ficheros a través del programa

La SAP Madrid, sec. 1ª nº 133/2010, de 26 de marzo[407] absuelve en un supuesto en que no se podía descartar la versión del acusado de que descargó una película de pornografía infantil por error y que nada mas verla la borró.

Son bastante ilustrativos los razonamientos que se recogen en la sentencia de instancia frente a la que se interpuso recurso de casación, resuelto por STS nº 236/2008, de 9 de mayo: "la acusada Ángela era usuaria del sistema de intercambio de archivos Emule del cual se servía para obtener la descarga de archivos de fotografía, música o películas, cuya selección efectuaba introduciendo palabras clave que pudieran aparecer en el título que otros usuarios habían asignado a los archivos que ponían a disposición de otros posibles usuarios para compartir. El propio sistema de intercambio de archivos no verifica que el contenido de cada archivo responda al título mudable que cada usuario pueda asignarle en cada momento, de tal forma que en ocasiones un título inocuo puede resultar con un contenido diferente al que en un principio pudiera sugerir el título con el que se selecciona la descarga, o incluso contener material pornográfico. El contenido únicamente puede ser averiguado a través de su visualización por el usuario que solicita la descarga una vez obtenida la descarga parcial o total del archivo... En algunas ocasiones... la acusada realizó búsquedas de archivos a través de títulos que contuvieran las palabras "bebés", "mamás", "papás", "niñas", "girls", "boys",

---

eMule y dentro de la subcarpeta "nueva carpeta", pero sin que haya quedado probado, pues no se ha practicado pericia alguna al efecto, si los ficheros fueron abiertos por el acusado y si, en consecuencia, pudo ver su contenido y fue consciente del mismo. El necesario conocimiento de dicho contenido no puede inferirse del nombre de los archivos —23m57s, Black Cuban Girl, Brother & Sister in Tub y Dasha Suck Sperm—, pues no anuncian por si mismos pornografía con personas menores, por lo que, siendo además el acusado consumidor de pornografía de adultos, no puede descartarse una descarga accidental. Debe de tenerse en cuenta al efecto, además, que entre todos los vídeos de pornografía que poseía el acusado, que él cifró en 400, sólo se encontraron cuatro en los que aparecían menores de edad, lo que constituye un número insignificante en relación con el monto total y que no consta el tiempo transcurrido desde que se efectuó su descarga, circunstancias todas ellas que impiden llegar a la conclusión de que el acusado llegara a ver el contenido de los archivos y decidiera mantenerlos en su ordenador consciente de su contenido".

407 Pte.: Porres Ortiz de Urbina, Eduardo.

"mamas con bebes", sin que quede acreditado que pretendiera obtener a través de dichas búsquedas archivos que contuvieran pornografía infantil. En varias ocasiones los archivos así descargados, resultaron contener pornografía infantil que la acusada borraba de su ordenador". En este caso, aunque el TS no entra en el fondo, porque declara nula la sentencia recurrida pues a su vez ésta declaró indebidamente nulas las investigaciones policiales, se introduce un inciso final en el que claramente se advierte al Tribunal de instancia de la posibilidad de la concurrencia de un error: "ello no empece... que a pesar de la validez de las pruebas indebidamente expulsadas del proceso, concurrieron en el caso otros elementos probatorios, capaces —quizás— de excluir la culpabilidad de la acusada. Pero ese punto no se cuestiona ni recurre".

14.1.3. Error en cuanto a la minoría de edad

Es habitual que los acusados por delitos relacionados con la difusión o posesión de pornografía infantil manifiesten en su descargo que no conocían que las personas que aparecían en el material intervenido eran menores. Los Tribunales utilizan reglas de la experiencia comúnmente aceptadas. Así, la SAP Álava, secc. 2ª nº 376/2008, de 2 de diciembre entiende que "...su versión no es creíble, porque cualquier persona conoce por el desarrollo sexual de una mujer si ésta es o no menor. Si el cuerpo de la mujer aparece sin senos o con un determinado tipo de senos o sin vello púbico, es fácil inferir para cualquier persona que se trata de una niña. Como se puede comprobar en el material fotográfico obrante en autos... es diáfano que se trataba de menores precisamente por los caracteres sexuales de las niñas, y, sin duda, el acusado, una persona con estudios superiores, así lo debió apreciar".

También la SAP Ciudad Real, sec. 2ª nº 10/2010, de 25 de marzo[408] declara que "tan solo y exclusivamente se ha de responder, que para cualquier persona, el conocimiento de ese dato resulta obvio con la simple visión de las fotos y resto de material pornográfico, que figuran unidas a la causa".

Lógicamente estos criterios sólo son aplicables cuando las personas que aparecen en el material por sus características fisiológicas

---

408 Pte.: Catalán Martín de Bernardo, Carmen Pilar.

claramente sin necesidad de ningún conocimiento especial, puedan considerarse menores (vid. mas ampliamente *supra* epígrafe 3.2).

14.1.4. Error en cuanto a la difusión

El error que con mayor frecuencia se alega es el relativo al desconocimiento de que la utilización de un programa *peer to peer* implica compartir archivos.

Se rechaza que el acusado ignorara que mediante los programas *peer to peer* a la vez que obtenía archivos los ponía a disposición de terceros "pues dicha circunstancia es una característica intrínseca del sistema empleado para compartir archivos, quedando claro, además que el acusado era usuario habitual del mismo, como lo demuestra el histórico de descargas..." (STS nº 1074/2009, de 28 de octubre).

En esta misma línea se sitúa la STS nº 873/2009, de 23 de julio (Pte.: Jorge Barreiro, Alberto G.) que señala "Los argumentos que ha venido exponiendo en su defensa el acusado durante todo el discurrir del proceso evidencian que era un perfecto conocedor del programa Emule y de sus posibilidades y derivaciones. De modo que, tratándose además de un sistema implantado a nivel general para "bajar" de la red archivos de extenso contenido y teniendo una difusión prácticamente universal, se considera inverosímil que no supiera el acusado, que es un asiduo consumidor del programa y un experto en su manejo, cuáles eran las bases de intercambio sobre que operaba y cuáles eran las contraprestaciones a que se veía comprometido con respecto a los restantes internautas de cuyos archivos se beneficiaba.

Para la STS nº 446/2010, de 13 de abril (Pte.: García Pérez, Siro Francisco) "se aduce en el recurso que es razonable que el acusado ignorase el efecto de difusión porque es camionero, no tiene conocimientos de informática y no fue el quien instaló los programas; no pudo aceptar voluntariamente la difusión... Ahora bien, la Audiencia señala como... en los mismos programas de Emule... se aprecia a simple vista como se produce el intercambio de archivos, hasta el punto de que en pantalla del ordenador se visualizan los archivos que se están recibiendo y aquellos que se están remitiendo a otros usuarios. El acusado ha reconocido ser un usuario habitual del programa Emule, por lo que es patente que tenía que saber y conocer que si no borraba los archivos pornográficos que había descargado, necesariamente estaba permitiendo que a través de la red terceras personas pudieran acceder o adquirir dicho material... Asimismo llama la atención la Audiencia acerca de que ha sido probado, a través de la prueba testifical de los miembros del Cuerpo Nacional de Policía, que los programas habían sido manipulados por el usuario dado que se habían creado carpetas y accesos que no vienen predeterminados, lo que implica unos conocimientos informáticos superiores a los que finge poseer el acusado... Queda así razonablemente inferido el conocimiento y la voluntad en el acusado de facilitar la difusión del material pornográfico. No cabe apreciar un error de tipo".

En este sentido puede también citarse la SAP Guipúzcoa, sec. 1ª, nº 72/2009, de 26 de febrero[409] que considera que "el empleo reiterado del programa Emule permite al usuario conocer que se trata de un específico instrumento de intercambio de archivos entre usuarios... máxime cuando, al tiempo de la descarga, en la propia pantalla del ordenador se pueden visualizar los otros usuarios que en ese momento están compartiendo el archivo, del mismo modo que pueden visualizarse los archivos propios de que otros usuarios se están sirviendo... como usuario regular del programa Emule, supo que, durante la descarga, ponía a disposición del resto de usuarios de la red el contenido de los archivos que "bajaba". Es más, la dinámica implementada tras la descarga (traslado de la mayor parte de los archivos a unas carpetas del gestor del correo electrónico cuyo acceso es exclusivo del usuario, y mantenimiento de dos archivos en la carpeta Incoming, de acceso libre para el resto de usuarios del programa) refleja que... conocía, incluso, las opciones que existían para seguir o no compartiendo los archivos pedófilos, discerniendo entre los destinados finalmente al uso propio, de los abocados a seguir siendo objeto de un uso compartido".

Del mismo modo, la SAP Madrid, sec. 4ª, nº 30/2009, de 12 de marzo[410] rechaza la alegación de desconocimiento de la función de compartir de los programas P2P pues, "además de ser de conocimiento general para cualquier usuario de los mismos, y que en el caso del acusado era intenso por el tiempo de su utilización (más de dos años) y la cantidad de archivos pornográficos descargados... en todos ellos

---

409 Pte.: Subijana Zunzunegui, Ignacio José.

410 Pte.: Benito López, Alejandro María.

aparecen junto a las descargas propias, las ajenas realizadas por los otros usuarios, y más concretamente en el programa "Emule" en su página principal aparece visible las descargas de otros usuarios de los archivos guardados".

Debe tenerse presente que el propio Tribunal Supremo ha matizado, llegando a soluciones en las que no se aplica el tipo de distribución automáticamente por el mero hecho de utilizarse un programa P2P. En algunos supuestos se acepta la alegación de error por desconocimiento de la actividad de distribución (vid. STS nº 105/2009, de 30 de enero). Sobre el error respecto a la difusión, puede verse con más amplitud en el epígrafe I.5.2 y en el epígrafe 6., en los que se analiza el reverso del error en la difusión, el dolo de difundir.

14.2. Error de prohibición

Se ha planteado también la posibilidad de apreciar el error de prohibición, sobre la base de ignorar que poseer pornografía infantil es delictivo.

Difícilmente pueden tener éxito estas alegaciones, teniendo en cuenta que estos delitos son de los denominados *mala quia prohibita*, esto es, pertenecen al género de delitos cuya antijuridicidad es de por sí evidente, sin necesidad de mas conocimientos que los que proporciona la propia naturaleza humana.

La STS nº 340/2010, de 16 de abril (Pte.: Varela Castro, Luciano) considera que "en cuanto a la significación antijurídica de tan reprobable comportamiento no cabe sino estimarlo concurrente en cualquier persona común en la que no concurran específicas patologías".

En el caso analizado por la SAP Cuenca, sec. 1ª, nº 93/2009, de 26 de junio también se rechaza el error de prohibición[411].

---

[411] Pte.: Casado Delgado, Ernesto: "El error ha de demostrarse indubitada y palpablemente (STS 123/2001, 5 de febrero), pues la jurisprudencia tiene declarado que el concepto de error o el de creencia errónea excluye por su significación gramatical, la idea de duda; y en este sentido error o creencia errónea equivale a desconocimiento o conocimiento equivocado, pero en todo caso firme. En cualquier caso —recuerda la STS 687/1996, 11 de octubre—, el error o la creencia equivocada no sólo ha de probarse por quien la alega, aunque esto en algún aspecto sea discutible, sino que además, y esto

Del mismo modo analiza el error de prohibición, la SAP Valencia, sec. 3ª nº 302/2009, de 20 de mayo[412]: para esta resolución, "la conciencia de la antijuricidad, cuyo reverso es el error de prohibición, no requiere el conocimiento concreto de la norma penal que castiga el comportamiento de que se trate, ni tampoco el conocimiento de que genéricamente el hecho está castigado como delito. No hace falta saber siquiera que hay un C.P. que castiga determinadas conductas.

---

es lo importante, no es permisible su invocación en aquellas infracciones que sean de ilicitud notoriamente evidente, de tal modo que de manera natural o elemental se conozca y sepa la intrínseca ilicitud. No se olvide que basta con que el agente tenga conciencia de la probabilidad de la antijuricidad del acto, para que no pueda solicitar el amparo del artículo 6 bis, a)... Insiste la STS 411/2006, 18 de abril que "no cabe invocar el error cuando se utilizan vías de hecho desautorizadas por el ordenamiento jurídico, que todo el mundo sabe y a todos consta que están prohibidas", añadiendo que, en el caso de *error iuris* o error de prohibición, impera el principio *ignorantia iuris non excusat*, y cuando el error se proclama respecto de normas fundamentales en el Derecho Penal, no resulta verosímil y por tanto admisible, la invocación de dicho error, no siendo posible conjeturar la concurrencia de errores de prohibición en infracciones de carácter material o elemental, cuya ilicitud es "notoriamente evidente y de comprensión y constancia generalizada".

Pues bien, en el supuesto sometido a revisión en la presente alzada, no existe presupuesto fáctico alguno que autorice a eximir y/o atenuar la culpabilidad del acusado por una supuesta distorsión o creencia valorativa acerca de la significación antijurídica de los actos por él ejecutados.

Por otro lado, constando como hechos declarados probados, que en el domicilio del acusado se hallaron 48 soportes (DVDs y CDs) descargados en los años 2005-2006, conteniendo todos ellos pornografía infantil, con relaciones sexuales explícitas entre los menores y en algunos casos de éstos con adultos..., así como 150 direcciones de "páginas web" de contenido pedófilo que el acusado ha utilizado para descargar las imágenes a través de sus ordenadores, estos hechos tienen difícil encaje con la manifestación del acusado en el acto del juicio donde dijo que "tenía las carpetas antes de que fuese ilegal la pornografía infantil " manifestación que revela, sin género de dudas, que el acusado era perfecto conocedor de la ilicitud de su proceder, y tan es así que, en resultado del reconocimiento de los CDs, DVDs y cintas de video recogidas por la fuerza policial, se analizaron los 48 soportes en los que constaban carpetas con la título " ilegales"..., razones todas ellas que conducen derechamente a considerar que el acusado conocía perfectamente la ilicitud de su conducta y que determinan la íntegra desestimación del recurso objeto de la presente alzada.

412 Pte.: Marrades Gómez, Regina.

Basta con saber, a nivel profano, que las normas que regulan la convivencia social prohíben ese comportamiento que él realiza... no es posible la apreciación del error de prohibición, teniendo en cuenta la naturaleza del delito, que puede asimilarse a los delitos naturales, al tratarse de conductas que reprochan la práctica totalidad de las culturas, así como la difusión que hacen los medios de comunicación de este tipo de delitos que hace imposible alegar su desconocimiento, es decir, se trata de una conducta cuya ilicitud es de común conocimiento, y la propia personalidad del imputado, quien, por su profesión, comercial de la construcción, no vive aislado de la sociedad, sino relacionándose con la misma, y si bien solo reconoce tener conocimientos medios de informática, lo cierto es que el elevado número de archivos que se le han detectado, unos 7.000, denota que sus conocimientos de informática son bastante mas importes de lo que reconoce".

También otorga la consideración de delito natural a los de pornografía infantil a efectos de evaluar la concurrencia del error de prohibición la SAP Alicante, sec. 3ª, nº 689/2010, de 28 de octubre[413].

15. IMPUTABILIDAD

Se ha definido la pedofilia como la atracción erótico/sexual de una persona hacia los niños y la consiguiente disminución de la voluntad para acompasar su actuación a la norma jurídica, y paralelamente la irrefrenabilidad de sus impulsos.

La mera constatación de que un acusado es pedófilo no tiene que tener trascendencia en la valoración de su imputabilidad. Es evidente que en la inmensa mayoría de los supuestos, quienes cometen delito de pornografía infantil son sujetos sexualmente perversos.

---

[413] Pte.: Trascasa Blanco, Cristina "no es posible conjeturar la concurrencia de errores de prohibición en infracciones de carácter natural o elemental, cuya ilicitud es notoriamente evidente y de comprensión y constancia generalizada (...)Desde esta perspectiva es claro que la ilicitud de la pornografía infantil o con menores, y en ocasiones de edad tan escasa como la de menos de trece años cuya capacidad de discernimiento todavía no se encuentra mínimamente formada es hoy notoriamente evidente y de conocimiento general".

Carecería de sentido tipificar estas conductas si hubiera que apreciar automáticamente una disminución de la culpabilidad.

La jurisprudencia viene considerando que la pedofilia afecta a la dirección del instinto sexual *per se* y no supone la ausencia de los mecanismos de dirección de la conducta ni de los correspondientes frenos inhibitorios. Por sí sola, tal inclinación no determina ni exención ni atenuación alguna; para ello debe ir acreditadamente acompañada de trastornos psíquicos relevantes, como el alcoholismo, la toxicomanía o una neurosis depresiva, entre otros (SSTS nº 1433/2000, de 25 de septiembre; 285/2003, de 28 de febrero y 696/2008, de 29 de octubre).

En esta misma línea, la STS nº 947/2009, de 2 de octubre (Pte.: Giménez García, Joaquín) considera que la paidofilia per se, no supone ni ausencia ni disminución de los mecanismos de autocontrol, por lo que, no determina un mecanismo de exención ni de atenuación. Debe ir acompañada de trastornos psíquicos. Esta sentencia aplica la teoría de las acciones *liberae in causa*, en un supuesto en el que el pedófilo consigue que le contraten como canguro[414].

Resulta muy esclarecedora la STS nº 803/2010, de 30 de septiembre (Pte.: Berdugo y Gómez de la Torre, Juan Ramón) que declara que "la pedofilia no es sino un trastorno sexual que determina la excitación sexual con los niños, que solo será reprochable cuando se manifieste con actos que lesionen la libertad sexual de otros. Y admitido que el acusado era pedófilo, su trascendencia a efectos de determinar su culpabilidad vendrá determinada por su capacidad

---

[414] "El recurrente, conocedor de su patógena inclinación sexual, voluntaria y conscientemente se pone en riesgo: en este caso contratándose como "canguro" para cuidar niños pequeños, no puede alegar imposibilidad de refrenar sus impulsos. Se está en un caso paradigmático de las "acciones liberae in causa" en las que el agente se coloca voluntariamente en una situación que sabe que no podría controlar posteriormente para luego alegar la imposibilidad de refrenar sus impulsos, lo que le impide acogerse a cualquier expediente de atenuación por haber buscado y querido libremente aquella situación; dicho llanamente persona concernida no puede colocarse consciente y voluntariamente en "tentación" y luego, cuando ha caído en ella, alegar imposibilidad de resistirse a sus impulsos. Por lo mismo, tampoco puede acogerse tal atenuación desde la petición de someterse voluntariamente a la castración química, lo que en todo caso tendría una proyección de futuro pero que sería inmune en relación a los hechos enjuiciados".

de entender la ilicitud de sus actos y de controlar sus impulsos, ni más ni menos que lo ponderable en la mayoría de las personas que sienten atracción homosexual o heterosexual con adultos y la manifiestan sin lesionar su libertad sexual".

Se rechaza la alegación de inimputabilidad pese a que el acusado padece una pedofilia con atracción sexual por niñas, en base a que "también se habla de personalidad normalizada y de un sentimiento de culpa acerca de su conducta, datos que difícilmente se compaginan con la acreditación palmaria del presupuesto fáctico de las eximentes alegadas". Esta misma resolución mantiene en cuanto a la limitación de las facultades volitivas y a la posibilidad de autocontrolar la conducta para adecuarla a las exigencias de la norma, que la pedofilia "es considerada por la psiquiatría como un trastorno o perversión sexual, como pueden serlo el exhibicionismo, el fetichismo, el sadismo y otros, estimándose que, en líneas generales, los sujetos afectados por estos trastornos tienen capacidad de querer, de entender y obrar plenas" (STS nº 873/2009, de 23 de julio, Pte.: Jorge Barreiro, Alberto G.)[415].

También en esta línea es interesante la SAP Albacete, sec. 1ª, nº 13/2009, de 23 de abril, en la que pese a constatarse que el acusado presentaba una perversión sexual, pedofilia, que debilitaba sus frenos inhibitorios, considera que tal perversión sexual "es un trastorno de la personalidad, de naturaleza caracterial, que se manifiesta en específicas desviaciones de la conducta sexual, tanto en la elección del objeto con que se satisface el instinto, como en los actos a través de los cuales se busca dicha satisfacción, pero no por la mera existencia de una perversión sexual, aunque la misma obligue a considerar personalidad psicopática a quien la presenta, no debe llevar, sin más, a la apreciación de una circunstancia modificativa de la responsabilidad criminal... Las perversiones sexuales, como cualesquiera otras psicopatías, sólo deben merecer una atenuación de la responsabilidad criminal cuando afecten sensiblemente a la capacidad intelectiva y volitiva del sujeto... y, por consiguiente, a su capacidad de autodeterminación... o cuando se asocien con enfermedades mentales o cuando concurran con circunstancias excepcionales... que potencien el desequilibrio afectivo que es característico de las psico-

415 En el mismo sentido, SAP Ciudad Real, sec. 2ª nº 10/2010, de 25 de marzo. (Pte.: Catalán Martín de Bernardo, Carmen Pilar).

patías... Fuera de estos casos, el debilitamiento de los frenos inhibitorios que puede provocar una perversión sexual no debe reflejarse en circunstancia atenuante alguna".

La SAP Palencia, sec. 1ª, nº 1/2011, de 17 de enero no da ninguna relevancia en un supuesto en el que el imputado, según la pericial "no presenta trastornos de la esfera sexual, pero sí tendencia a las actividades solitarias, actitud de reserva, cohibido, tímido, centrado en sus necesidades íntimas" y que "sobrepasa los límites de la normalidad en su adicción a Internet". Para esta resolución "ello no sirve por sí para poder concluir que esté afecto de una anomalía, como sobrentendida causa de modificación de su responsabilidad criminal, al no bastar la existencia de una mera diagnosis para poderse concluir que en él concurre una afectación psíquica, pues el sistema mixto psiquiátrico-psicológico que impera en el CP actual... está cimentado en la necesidad de existencia de una causa biopatológica, pero también de un efecto psicológico. Esto es, la anulación o afectación en cualquiera de sus grados de las facultades intelectivas y volitivas del sujeto que la padece, por lo que para la apreciación de una circunstancia de referido tenor se requeriría no sólo de una diagnosis clínica, también de su constatada relación con el acto delictivo que se imputa, pues en general la enfermedad es condición necesaria pero no suficiente para establecer la relación causal entre ella y el acto delictivo concreto".

La STS nº 803/2010, de 30 de septiembre (Pte.: Berdugo y Gómez de la Torre, Juan Ramón) rechaza que la pedofilia acompañada de un mero consumo ocasional de cocaína pueda merecer atenuación.

La jurisprudencia de manera excepcional ha admitido, en ocasiones, la pedofilia como circunstancia de atenuación en la medida que el afectado por ella, además de esa patológica inclinación a los niños, presenta trastornos psíquicos relevantes (vid. SSTS de 10 de junio de 1999, 25 de septiembre de 2000 y de 13 de febrero de 2001).

En esta línea, la SAP Barcelona, sec. 2ª, nº 343/2009, de 19 de mayo[416] aplica la eximente incompleta imponiendo la pena inferior en grado a la legalmente correspondiente en un supuesto en el que el imputado sufría "un trastorno adaptativo mixto, con dependencia específica cibersexual, trastorno que debe encuadrarse dentro de su

416 Pte.: Martín García, Pedro

marco existencial, hallándose favorecido por las circunstancias vitales del momento en que se produjo, así como por sus circunstancias personales caracteriológicas, presentando una disminución moderada de sus capacidades cognoscitivas y una merma importante de las capacidades volitivas con relación a los hechos por él protagonizados y precedentemente relacionados".

La STS nº 1098/2010, de 13 de diciembre (Pte.: Sánchez Melgar, Julián), aplica una atenuante analógica en un supuesto de personalidad con trastorno de tipo mixto con rasgos paranoides, de ansiedad y compulsivos, con "falta de dominio de su voluntad, su pérdida de capacidad volitiva, lo que por cierto es una de las características de las conductas parafílicas, y en suma, que los actos que se le imputan son cometidos con pérdida de su capacidad volitiva, aspecto inherente a la conducta impulsiva y compulsiva, y que este paciente necesita realizar un tratamiento psiquiátrico y psicológico continuado". No se aplica la eximente incompleta "dado que conoce la ilicitud de su acción, pero se comporta inadecuadamente, con los resortes mentales afectados".

16. OMISIÓN DE PROGENITORES Y ASIMILADOS DE IMPEDIR LA CONTINUACIÓN DE ACTIVIDADES PORNOGRÁFICAS

Conforme al apartado quinto del art. 189 es castigado con la pena de prisión de tres a seis meses o multa de seis a 12 meses *el que tuviere bajo su potestad, tutela, guarda o acogimiento a un menor de edad o incapaz y que, con conocimiento de su estado de prostitución o corrupción, no haga lo posible para impedir su continuación en tal estado, o no acuda a la autoridad competente para el mismo fin si carece de medios para la custodia del menor o incapaz.*

El apartado sexto del mismo precepto prevé para estos casos que *el Ministerio Fiscal promoverá las acciones pertinentes con objeto de privar de la patria potestad, tutela, guarda o acogimiento familiar, en su caso, a la persona que incurra en alguna de las conductas descritas en el apartado anterior.*

Este tipo sería en nuestra opinión claramente aplicable a supuestos en los que el representante legal de un menor no hiciera lo posible para impedir que éste se prestara a la elaboración de material pornográfico.

17. RESPONSABILIDAD DE LOS PROVEEDORES DE SERVICIOS DE INTERNET

La extraordinaria expansión de las redes de telecomunicaciones y, en especial, de Internet como vehículo de transmisión e intercambio de todo tipo de información está generando sin duda innumerables ventajas, en todos los ámbitos de la vida.

Sin embargo son también evidentes las posibilidades de que su uso desemboque en comportamientos antijurídicos.

Debe partirse de la constatación de que, como se ha apuntado "no se pueden poner puertas al campo. Y en consecuencia, pretender manejar adecuadamente lo que pasa en la red de redes es tarea imposible"[417] Baste con señalar que anualmente se envían en todo el mundo más de tres trillones de correos electrónicos[418].

El punto de arranque es el art. 13 Ley 34/2002 de 11 de julio, *de servicios de la sociedad de la información y de comercio electrónico* (en adelante, LSSI), que dispone que los prestadores de servicios de la sociedad de la información están sujetos a la responsabilidad civil, penal y administrativa establecida con carácter general en el ordenamiento jurídico, sin perjuicio de lo dispuesto en esta Ley.

El art. 8.1 de la LSSI[419] establece que en caso de que un determinado servicio de la sociedad de la información atente o pueda atentar contra los principios que la ley recoge, los órganos competentes para su protección, en ejercicio de las funciones que tengan legalmente atribuidas, podrán adoptar las medidas necesarias para que se interrumpa su prestación o para retirar los datos que los vulneran.

---

417 DE URBANO CASTRILLO, Eduardo "La valoración de la prueba electrónica" Tirant Lo Blanch, 2009 pág. 66.

418 INSA, Fredesvinda y LÁZARO, Carmen "La admisibilidad de las pruebas electrónicas en los tribunales: Luchando contra los delitos tecnológicos" Diario La Ley, Nº 6708, Sección Doctrina, 8 may. 2007, Año XXVIII.

419 Esta Ley ha sido modificada por Ley 7/2010, de 31 marzo, General de la Comunicación Audiovisual.

Entre tales principios en la letra d) se incluye el de la protección de la juventud y de la infancia.

Además de la responsabilidad propia del autor y titular de la página web en la que se inserten los contenidos pornográficos, la LSSI establece también las obligaciones y responsabilidades de los prestadores de servicios que realicen actividades de intermediación como las de transmisión, copia, alojamiento y localización de datos en la red. En general, éstas imponen a dichos prestadores un deber de colaboración para impedir que determinados servicios o contenidos ilícitos se sigan divulgando (arts. 11 y 14 a 16 LSSI).

Como expone la Instrucción de la Fiscalía General del Estado 2/2006 "la LSSI parte del principio de no imponer a los prestadores de servicios la obligación de realizar actividades de control y supervisión de los datos que se transmiten o se almacenan, teniendo en cuenta que cuantitativamente son ingentes. Como contrapeso, simultáneamente se les impone a estos prestadores un deber de colaboración para evitar la comisión de delitos o actividades ilícitas en la red en cuanto tomen conocimiento de ellas, retirando e imposibilitando el acceso de aquella información que sea así calificada con la debida diligencia[420]. Estos principios ya se contenían en la Directiva 2000/31/CE, de 8 de junio, del Parlamento Europeo y del Consejo,

---

420 Esto es en definitiva lo que establece el art. 16 LSSI, conforme al que los prestadores de un servicio de intermediación consistente en albergar datos proporcionados por el destinatario de este servicio no serán responsables por la información almacenada a petición del destinatario, siempre que:
a) No tengan conocimiento efectivo de que la actividad o la información almacenada es ilícita o de que lesiona bienes o derechos de un tercero susceptibles de indemnización, o
b) Si lo tienen, actúen con diligencia para retirar los datos o hacer imposible el acceso a ellos.
Se entenderá que el prestador de servicios tiene el conocimiento efectivo a que se refiere el párrafo a) cuando un órgano competente haya declarado la ilicitud de los datos, ordenado su retirada o que se imposibilite el acceso a los mismos, o se hubiera declarado la existencia de la lesión, y el prestador conociera la correspondiente resolución, sin perjuicio de los procedimientos de detección y retirada de contenidos que los prestadores apliquen en virtud de acuerdos voluntarios y de otros medios de conocimiento efectivo que pudieran establecerse.
2. La exención de responsabilidad establecida en el apartado 1 no operará en el supuesto de que el destinatario del servicio actúe bajo la dirección, autoridad o control de su prestador.

relativa a determinados aspectos jurídicos de los servicios de la sociedad de la información. Esta misma Directiva también establecía como objetivo prioritario el de garantizar un alto nivel de protección de los objetivos de interés general y, en especial, la protección de los menores y la dignidad humana[421].

Por tanto, en principio, los proveedores de servicios no responderían ni como personas jurídicas ni aún menos las personas físicas en cargos directivos por los contenidos de páginas web alojados o por los contenidos enviados por terceros utilizando sus medios. Los proveedores de acceso a Internet que actúan proporcionando servicios de *webhosting* no tienen obligación de fiscalizar los contenidos de las páginas ni mucho menos de los mensajes de *e-mail* que se envían a través de su sistema.

Ello no obstante, si con conocimiento de la naturaleza pornográfica infantil los proveedores de servicio, pudiendo evitarlo, permiten estos contenidos podrían incurrir en responsabilidad penal tanto las personas jurídicas como las concretas personas físicas[422] a las que pueda imputarse tal conducta que podría devenir trascendente penalmente en concepto de comisión por omisión[423].

---

421 Continúa la Instrucción de la Fiscalía General del Estado 2/2006 señalando que "a tales efectos, los Sres. Fiscales, cuando dentro del ámbito de aplicación de la LSSI, tengan conocimiento de la existencia de una página web con contenidos que exijan el ejercicio de acciones conforme a lo dispuesto en la LO 1/1996, en el curso de las Diligencias que incoen, se dirigirán formalmente al prestador de servicios, comunicándole los contenidos que se estiman antijurídicos y advirtiéndole que de no retirar dichos contenidos en el plazo prudencial que se señale, se procederá al ejercicio de las correspondientes acciones en defensa de los derechos del menor... De no atenderse al requerimiento, la demanda que en su caso se interponga podrá dirigirse además de contra el autor y titular de la pagina web en la que se inserten los contenidos atentatorios contra los derechos del menor, contra el prestador del servicio".

422 MARTÍN-CASALLO LÓPEZ, Juan "Internet y pornografía infantil" Actualidad informática Aranzadi nº 40 julio de 2001 analiza la cuestión ampliamente distinguiendo varias categorías de proveedores de servicio de internet.

423 También en Brasil se ha seguido esta construcción: "o legislador pretendeu responsabilizar o provedor de serviço de hospedagem de página *web* e o provedor de serviço de acesso à Internet, sempre que contribuam para a disseminação de pornografia infantil. Não somente o praticante direto do ato, mas também aquele que fornece os meios técnicos para sua realização

En Derecho comparado se abren camino las líneas tendentes a exigir responsabilidades a los proveedores de servicios, siempre que pueda acreditarse que conocían los contenidos pornográficos[424].

La Asociación Internacional de Fiscales recomienda que los Proveedores de Servicios sean por Ley obligados a denunciar pornografía infantil a la Policía cuando tengan conocimientos de que tales contenidos están alojados en sus medios.

Los Proveedores debieran en todo caso, siempre que tengan conocimiento, denegar acceso a toda persona que cuelgue este tipo de contenidos, retirar el material de sus sitios y establecer líneas calientes para que los usuarios puedan denunciar este tipo de material[425].

---

incorre no mesmo tipo penal. Assim, por exemplo, quando um provedor sabidamente fornece os meios para a transmissão de uma mensagem de e-mail contendo pornografia infantil pratica conduta típica (descrita no inc. III do par. 1º.). O mesmo ocorre quando hospeda conscientemente página *web* contendo esse tipo de material (inc. II do par. 1º.). Mas é preciso salientar que a configuração dessa modalidade do crime —de fornecimento dos meios técnicos para a sua realização— somente se configura quando o provedor tem *conhecimento* da natureza do material que ele está transportando ou hospedando. Se ele desconhece que uma página eletrônica contendo pornografia infantil está hospedada em seu sistema informático, ou que estão se servindo dele para o envio de material dessa natureza, não pode ser responsabilizado por esses atos". REINALDO FILHO, Democrito "O Crime de Divulgação de Pornografia Infantil pela Internet —Breves Comentários à Lei 10.764/03 No. 066"— enero de 2004.

424 En este sentido, en el informe *innocence Exploited: Child Pornography in the Electronic Age*, Canadian Police College/May 1998, p.23 puede leerse lo siguiente: "in 1998, the New York District Attorney's office seized servers at Dreamline Online and another ISP. The DA accused the firms of knowingly providing access to newsgroups in which child pornography was exchanged. In 1997, Germany passed a law that said that ISPs could be held legally accountable for illegal material on their services if they know about the content and blocking it is technically possible. Holland and Belgium have ISP hotlines for users to report offensive material, and the ISP then warns the offending parties they may be reported to the police if the activity continues".

425 "Child sexual exploitation and the internet" A report prepared by the Canadian Resource Centre for Victims of Crime October 17, 2000.

II. ASPECTOS PROCESALES

Llama la atención la absoluta orfandad de normas procesales específicas que contemplen las peculiaridades inherentes a la investigación y a la instrucción de causas por delitos informáticos, en las que tanto las normas de competencia, como incluso la jurisdicción y determinadas modalidades de investigación (interceptación de correos, análisis de las informaciones contenidas en los equipos informáticos, pericial informática, análisis de los datos contenidos en las memorias de móviles etc.) sin duda exigen una regulación especial[1].

Son numerosas las cuestiones procesales que se plantean. Así por ejemplo, se ha cuestionado si la investigación de un delito de pornografía infantil, cuando finalmente se condena por el tipo de posesión justifica una entrada y registro en domicilio. La SAP Madrid, sec. 1ª, nº 531/2010, de 21 de diciembre[2] rechaza que se vulneren los principios de proporcionalidad y de gravedad del delito en un supuesto en el que la causa arranca de una información facilitada por la policía italiana que detectó que el finalmente condenado por posesión se había descargado a través de un programa de intercambio de archivos una fotografía de pornografía infantil. Para la AP "resulta irrelevante que el delito investigado se calificara provisionalmente, tanto por la policía como por la propia Instructor en el auto de entrada y registro, como de distribución de pornografía infantil , y que finalmente y tras la correspondiente instrucción, el Ministerio Fiscal acusara únicamente al acusado de la posesión de material pornográfico con menores, máxime cuando el propio acusado reconoció, como así constaba en la investigación policial aunque en relación a una sola fotografía, que para su descargas de material pornográfico utilizaba un programa de intercambio de archivos, por lo que en ese momento inicial de la investigación no podía descartarse la posible comisión de un delito de distribución de material pornográfico infantil, aunque tras el análisis de los discos duros de su ordenador, no

1 En esta línea, vid. GARCÍA CALDERÓN, Jesús María "Algunas notas sobre la investigación del Ciberdelito y la proporcionalidad" Centro de Estudios Jurídicos pág. 3.

2 Pte: Álvaro López, Mª Cruz.

se encontrara dicha material en la denominada carpeta de archivos compartidos sino en otras".

1. JURISDICCIÓN Y COMPETENCIA

La doctrina norteamericana ha puesto de manifiesto los problemas que desde el punto de vista de la jurisdicción plantean los delitos de pornografía infantil: tanto el riesgo de que se dupliquen las investigaciones como el de que algunos hechos queden sin investigar, y lo imprescindible de perfeccionar los mecanismos de cooperación jurídica internacional[3].

Nuestro sistema ha tratado de soslayar estos problemas a través de los principios de ubicuidad y de jurisdicción universal y mediante de la atribución de competencias al primer órgano jurisdiccional que conoce de la causa.

En el plano de la jurisdicción, el art. 23.4 e) LOPJ dispone que *igualmente será competente la jurisdicción española para conocer de los hechos cometidos por españoles o extranjeros fuera del territorio nacional susceptibles de tipificarse, según la ley penal española, como... delitos relativos a la prostitución y los de corrupción de menores o incapaces*[4]. Conforme a tal cláusula debieran entenderse comprendidos los tipos de pornografía infantil[5]. Por tanto, en los ca-

---

3 Para WORTLEY and SMALLBONE, op. cit. pág. 25 "the Internet is an international communication tool that crosses jurisdictional boundaries. Not only is cooperation among law enforcement agencies necessary to track offenders across jurisdictions, it is required to coordinate resources and avoid duplication of effort. Parallel operations run from different jurisdictions may unknowingly target the same organization or offender. Equally problematic is the issue of who is responsible for investigating child pornography on the Internet when there is no clue as to where the images originate. There is a potential for pornography crimes to go uninvestigated because they do not fall within a particular law enforcement jurisdiction".

4 MORALES PRATS y GARCÍA ALBERO, op. cit. pág. 360 consideran que la jurisdicción española podrá conocer, incluso, de la creación de dicho material verificado en el extranjero, aunque no haya llegado a exhibirse en España.

5 En esta misma línea MARCHENA GÓMEZ ha defendido que "la difusión en la red de contenidos ilícitos que impliquen o favorezcan mensajes en pro de la superioridad racial y la eliminación étnica, ya encuentra cobertura

sos en los que ni la acción ni el resultado se producen en España, el principio de jurisdicción universal seguiría permitiendo a nuestros Tribunales actuar, si bien la competencia vendría atribuida a la Audiencia Nacional [art. 65.1.e) LOPJ][6].

El Informe de España al Comité de los Derechos del Niño de 2006[7] considera que *los delitos de prostitución y corrupción de menores, entendiendo también incluidos los relacionados con la pornografía de menores quedan sometidos al principio de justicia universal. Así, la persecución penal de estos hechos delictivos no aparece condicionada a que el autor tenga nacionalidad española o sea residente en España ni que el hecho sea constitutivo de delito en el Estado en que se comete.* En nuestra opinión, este último inciso es cuando menos discutible: si se trata de distribución o posesión cometida íntegramente en un país extranjero en el que no está tipificado tal comportamiento, difícilmente podrían conocer los Tribunales españoles, y en el supuesto de que lo hicieran, parece debiera apreciarse error de prohibición.

Debe tenerse en cuenta que la Decisión Marco 2004/68/JAI contiene disposiciones específicas al respecto en su art. 8, imponiendo la necesidad de reconocer cada Estado miembro su competencia cuando: a) la infracción se haya cometido, total o parcialmente en

---

jurídica para su persecución universal a la luz de lo dispuesto en los arts. 607.2 del C. P. y 23.4.a) de la LOPJ. Lo propio puede afirmarse respecto de la incorporación a la red de escenas de contenido sexual que tengan por protagonistas a menores de edad. Así se desprendería de los arts. 189.1 pf. 2 del C.p. y 23.4.e) de la LOPJ" MARCHENA GÓMEZ, Manuel "Algunos aspectos procesales de Internet" Cuadernos de Derecho Judicial 4/2000 págs. 45 a 85.

6 En el mismo sentido, URIARTE VALIENTE, op. cit. pág. 26 que puntualiza que "si bien es cierto que esta atribución de competencia se extiende al conocimiento de aquellos delitos en los que, tanto la acción como el resultado se producen fuera del territorio nacional, no debe perderse de vista la doctrina sentada por nuestro Tribunal Supremo (por todas, la sentencia del Tribunal Supremo 712/2003, de 20 de mayo) en el sentido de que dicha jurisdicción universal queda excluida en aquellos supuestos en los que la jurisdicción territorial se encuentra persiguiendo de modo efectivo el delito de carácter universal cometido en su propio país".

7 Informe emitido en cumplimiento de las previsiones del párrafo 1 del artículo 12 del Protocolo Facultativo de la Convención sobre los Derechos del Niño relativo a la venta de niños, la prostitución infantil y la utilización de niños en la pornografía CRC/C/OPSC/ESP/1 de 17 de octubre de 2006.

su territorio; b) el autor de la infracción sea uno de sus nacionales y c) la infracción haya sido cometida en provecho de una persona jurídica establecida en su territorio. No obstante, el apartado 2º del mismo precepto permite para los casos b y c no aplicar las normas de competencia si el delito se ha cometido fuera de su territorio. Si el Estado no extradita a sus nacionales deberá establecer su competencia para juzgar a su nacional cuando haya cometido el delito fuera de su nación.

También el art 4 del Protocolo facultativo de la CDN y el art 22 del Convenio de Budapest introducen criterios amplios de atribución de jurisdicción.

Parece que en todo caso la amplia previsión del art. 23 LOPJ abarca —y va más allá— los ya de por sí expansivos criterios de atribución de competencia promovidos por los instrumentos internacionales.

Por otra parte, en relación con la competencia territorial, el ATS de 3 de febrero de 1997 (rec. nº 960/1996) asume con claridad la teoría de la ubicuidad de modo que los hechos se deben tener por cometidos en todos los lugares en los que se ha desarrollado la acción, así como en los que ha tenido lugar el resultado[8]. En la misma línea puede citarse la STS de 11 de diciembre de 2003[9] y el ATS de 9 de julio de 2007 (rec. 20186/2007)[10].

---

8 Considera el TS que "...la cuestión del lugar de comisión del delito se debe resolver, según lo vienen reiterando diversos precedentes de esta Sala, de acuerdo con la llamada teoría de la ubicuidad, ampliamente mayoritaria en los derechos vigentes de los Estados miembros de la Unión Europea y postulada también por la teoría entre nosotros. Según ésta, los hechos se deben tener por cometidos en todos los lugares en los que se ha desarrollado la acción, así como en los que ha tenido lugar el resultado".

9 En esta resolución declara el TS que *la doctrina en relación a la competencia se ha decantado a favor de la teoría de la ubicuidad, según la cual el delito se comete tanto en el lugar donde se desarrolla la acción como en aquel otro en el que se produce el resultado, teoría que permite atender con mayor flexibilidad a las características de cada caso concreto. De tal manera que cuando los dos lugares sean distintos, la competencia corresponderá al Juez de cualquiera de ellos pues en todos y cada uno se debe entender cometido el delito, y por lo tanto el que haya iniciado las diligencias deberá continuar conociendo de las mismas.*

10 En este caso debe resolverse la cuestión de competencia negativa según la teoría de la ubicuidad, que esta Sala considera aplicable. En el caso que nos

Este criterio a favor de la teoría de la ubicuidad como determinante de la competencia judicial, ha sido ya asumido por el pleno no jurisdiccional de la Sala de lo Penal del TS de 3 de febrero de 2005.

La asunción de la teoría de la ubicuidad implica la neutralización de potenciales cuestiones de competencia, pues teniéndola tanto los Juzgados del lugar en que se lleva a cabo la acción como los del lugar en que se produce el resultado, será competente el que haya iniciado las diligencias, criterio objetivo fácilmente determinable, con lo que se facilita la persecución de los delitos de pornografía infantil[11].

Una curiosa cuestión de competencia es resuelta por el ATS de 8 de septiembre de 2010, rec. 20239/2010 (Pte.: Granados Pérez, Carlos). En síntesis se trata de una persona que se conecta a Internet en Santiago de Compostela y visita una página en la que aprecia material pornográfico infantil. Al regresar al lugar de su residencia, formula denuncia ante el Juzgado de Instrucción de Baeza. Baeza se inhibe a Santiago y Santiago rechaza la inhibición, en base a que no se conoce aún la dirección IP de la página ni la ubicación del servidor. Considera el TS que no es aplicable la teoría de la ubicuidad pues en Baeza no se ha realizado ningún elemento del tipo, por lo que entiende que es Santiago quien en principio debe instruir.

Debiera en todo caso exigirse el cumplimiento de la norma contenida en el art 759 LECrim, en demasiadas ocasiones olvidada, que dispone que *cuando la cuestión surja en la fase de instrucción, cada uno de los juzgados continuará practicando en todo caso, hasta tanto se dirima definitivamente la controversia, las diligencias conducentes a la comprobación del delito, a la averiguación e identificación de los posibles culpables y a la protección de los ofendidos o perjudicados por el mismo, debiendo remitirse recíprocamente ambos juzgados testimonio de lo actuado y comunicarse cuantas diligencias practiquen.*

---

concierne... corresponde declarar la competencia del juzgado de Instrucción núm. 4 de Manresa (D.Previas 98/07), que inició sus diligencias previas cronológicamente antes que Manresa núm. 3 (D.Previas 233/07) dado que allí se desarrollaron las acciones de los presuntos autores.

11 En esta misma línea, HERNÁNDEZ HERNÁNDEZ, Ángeles y SERRANO, José Alberto "La pornografía infantil" en Nuevas tecnologías de la información y derechos humanos: seminario organizado por la Fundación Internacional Olof Palme, 2003, ISBN 84-95665-18-2, pág. 106.

2. CONEXIDAD

Debe partirse de que no existe conexidad en los supuestos en los que en una misma operación policial se detienen a una pluralidad de presuntos pedófilos en base a que los imputados se descargan los mismos archivos o archivos procedentes de un sitio común. Ello debe entenderse sin perjuicio de que el atestado pueda ser remitido a un único Juzgado, para que inicialmente coordine las primeras diligencias urgentes (normalmente entradas y registro simultáneos).

En este sentido, el ATS de 23 de noviembre de 2004 declara que *"... la presente Cuestión de Competencia se trata de una introducción de pornografía infantil cometida en tres sitios distintos correspondientes a las jurisdicciones territoriales de los Juzgados de Instrucción nº 5 de Lleida, nº 2 de León y nº 2 de Melilla, habrá que concluir que cada uno de estos tres Juzgados es competente para llevar a cabo la encuesta judicial relativa a la propaganda pornográfica introducida en la red de Internet en su respectivo ámbito territorial, sin perjuicio de que en un futuro pudiera acordarse una acumulación de todas en una única causa, lo que se dice como simple juicio de probabilidad, ya que en este momento no existen datos para apreciar conexidad alguna en los términos previstos en el art. 17-2º de la LECrim."* Este mismo criterio se sigue en el ATS de 20 de mayo de 2004 (rec. 166/2003).

El ATS de 20 de mayo de 2004, en otro supuesto de pluralidad de sujetos investigados en relación con pornografía infantil desde diferentes lugares de España, señalaba que *los datos aportados a la presente cuestión de competencia no permiten apreciar la existencia de conexión entre los hechos investigados por el Juzgado de Instrucción de Madrid y el cometido, al parecer, en Lugo... como ya hemos dicho en el auto de 19 de enero de 2004 (Cuestión de Competencia 89/2003), en un caso similar, "a expensas de la continuación de la instrucción por ambos Juzgados", al no ser posible apreciar —al menos por el momento— la conexidad delictiva alegada por el Juzgado de Instrucción de Lugo, cada uno de los Juzgados debe proseguir con la instrucción de la causa sometida a su jurisdicción respectiva.*

El ATS de 14 de enero de 2011, rec. 20628/2010 (Pte.: Giménez García, Joaquín) analiza un supuesto en el que el Juzgado de Instrucción nº 11 de Madrid, investiga unos hechos en los que se comprueba que las descargas de material pornográfico infantil se habían llevado a cabo en Barcelona, Segovia y Baza, sin que constara acuerdo de voluntades entre los distintos autores para la comisión de los delitos. Por ello dicta auto de inhibición a favor de los Juzgados Decanos de Barcelona, Segovia y Baza. El Juzgado de Segovia rechaza su competencia el, argumentando que no concurre ninguna de las reglas determinantes de la competencia de los artículos 14 y 15 LECrim. Para el TS teniendo en cuenta la "dificultad que comporta precisar el lugar de difusión del contenido pornográfico" unido a que "en Madrid no se han descubierto pruebas materiales del delito y que otros dos Juzgados han aceptado la competencia" considera procedente "atribuir la competencia a Segovia, lugar en el que ha sido identificado un presunto autor del delito, al igual que en las otras ciudades que han aceptado la competencia".

El ATS de 18 de febrero de 2011, rec. 20776/2010 (Pte.: Martínez Arrieta, Andrés) resuelve una cuestión de competencia entre los Juzgados de Tarazona y Catarroja. El procedimiento se inicia a raíz de la denuncia de un vecino de la localidad de Tarazona por descarga involuntaria de imágenes de menores en actitudes sexuales explícitas. Tras la oportuna investigación, se determina que el lugar donde se encontraba el ordenador desde el que se realizaron las descargas de los archivos es Catarroja. En la ciudad de Tarazona, solo se incoaron las diligencias previas en virtud de denuncia y las autorizaciones de entradas y registros en lo que fueron descubiertos los titulares de las direcciones de IP con domicilio en otros partidos judiciales y al no apreciar conexidad, se acordó por el Juzgado de Tarazona la inhibición a favor de varios juzgados que aceptaron la inhibición, excepto Catarroja. El TS considera competente a Catarroja "por la dificultad que comporta precisar el lugar de difusión del contenido pornográfico" unido a que en Tarazona no se han descubierto pruebas materiales del delito y que otros Juzgados han aceptado la competencia, por lo que "esta Sala considera procedente, conforme mantiene el Ministerio Fiscal, atribuir la competencia a Catarroja, lugar en el que ha sido identificado un presunto autor del delito, al igual que en las otras ciudades que han aceptado la competencia".

3. RECEPCIÓN DE LA *NOTITIA CRIMINIS*

La colaboración ciudadana y especialmente de la comunidad internauta es fundamental. Los servidores de Internet también deben colaborar, denunciando y cerrando las páginas pornográficas[12].

Es importante promover la colaboración ciudadana, especialmente entre consumidores de pornografía de adultos, pues precisamente estas personas son las que mas probabilidades tienen de descubrir pornografía infantil[13]. Son importantes las vías para facilitar la pre-

---

12 En el Informe Anesbad se hace referencia a que "todos los portales consultados para la realización de este informe colaboran de forma activa para luchar contra esta problemática. Cuando detectan la existencia de contenidos que podrían ser considerados como pornografía infantil, proceden a cerrarlos de forma inmediata, y ponen el hecho en conocimiento de las autoridades competentes, generalmente el Cuerpo Nacional de Policía o la Guardia Civil. El principal problema que se encuentran para detectar pornografía infantil albergada en sus servidores son las miles de webs personales, foros, chats, comunidades que existen... A pesar de todos los sistemas internos que colocan con el objetivo de controlar esta problemática, en muchos casos es imposible. Para detectar estas páginas, la colaboración de sus usuarios es imprescindible, ya que pueden denunciar esas zonas una vez que las descubren. Las brigadas de delitos tecnológicos no disponen de los medios técnicos adecuados para contrarrestar y perseguir las acciones de los internautas pedófilos, lo que se convierte en un problema añadido al del anonimato en el que se escudan los ciber-delincuentes. A pesar de esta situación cada vez es mayor el número de detenciones que se producen por delitos de pornografía infantil (50 en el año 2002), y la cantidad de sitios con contenidos de ese tipo que son cerrados (2089 en el año 2002). Para lograr estos resultados las FSE cuentan con la colaboración de la comunidad internauta, que realizó 8.667 denuncias en el año 2002. En el caso de ANESVAD, desde que se abrió la zona de denuncias en la microweb de Compromiso contra la Pornografía Infantil, en octubre de 2002, se han recibido 1.094 avisos sobre sitios con contenido sexual con menores, de los que se han enviado 634 a la Brigada de Delitos Tecnológicos del Cuerpo Nacional de Policía".

13 Vid. WOLAK, FINKELHOR y MITCHELL, op. cit. pág. 28 "reports from individuals outside of law enforcement played an important role in bringing CP possession to the attention of law enforcement, including cases coming to light as sexual victimizations of children and CP possession. More than half of CP possession cases began with reports from individuals to law enforcement. This response from individuals underscores the importance of education to create public awareness and encourage reporting of CP possession. It is also important to note some of the reporters in these cases discovered child pornography while engaged in what many would consider

sentación de denuncias (*inter alia* denuncias *on line*, con medidas para preservar la intimidad)[14]. Debe ofrecerse al denunciante —como ya se está haciendo— la posibilidad de formular su denuncia sin que ello suponga para él ningún tipo de molestia. Una vez que un ciudadano pone en conocimiento de la autoridad o de sus agentes la ubicación de un sitio desde donde puede estar difundiéndose pornografía infantil, no debe exigírsele, como regla general, ninguna actuación ulterior: las autoridades y sus agentes deben comprobar los hechos partiendo de que el denunciante originario no podrá aportar —y por tanto no deberá exigírsele— ningún elemento informativo que no pueda ser recabado en el curso de la investigación oficial por los propios investigadores. En esta línea deben promoverse las redes internacionales de líneas calientes (*hotlines*) a fin de facilitar la transmisión de información sobre sitios web de pornografía infantil y a efectos de que la información llegue eficazmente al país en el que esté ubicado el servidor[15].

---

aberrant sexual situations. Awareness should be promoted not just among law enforcement, child-welfare advocates, parents, and guardians, but also among people who may come across child pornography because they are exploring Internet sex sites or engaged in unconventional sexual situations".

14 En este sentido es un ejemplo a seguir la Internet Watch Foundation UK en la que a través de una página de Internet (http://www.iwf.org.uk/) se fomenta la formulación de denuncias por parte de los internautas.
En Colombia, la Ley 679 de 2001 por medio de la cual se expide un estatuto para prevenir y contrarrestar la explotación, la pornografía y el turismo sexual con menores, en desarrollo del artículo 44 de la Constitución establece en su art 9 que el Ministerio de Comunicaciones creará... una línea telefónica directa que servirá como punto de información para proveedores y usuarios de redes globales de información acerca de las implicaciones legales de su uso en relación con esta ley. Así mismo, dentro del término arriba señalado, creará una página electrónica en las redes globales, a la cual puedan remitirse los usuarios para formular denuncias contra eventos de pornografía con menores de edad y para señalar las páginas electrónicas en las que se ofrezcan servicios sexuales con menores de edad o de pornografía con menores de edad, así como señalar a los autores o responsables de tales páginas.

15 "NGOs working in this field should be encouraged to join the international hotline network of INHOPE and to increase cross border collaboration" Position paper on child pornography and Internet-related sexual exploitation of Children. Save the Children Europe Group May 2004.

Las nuevas tecnologías han eliminado prácticamente las denuncias de los servicios de revelado fotográfico[16], aunque ahora en ocasiones la denuncia parte de técnicos informáticos que han descubierto pornografía infantil durante la reparación de un equipo[17].

Una de las vías de iniciación de investigaciones de estos delitos tiene lugar mediante rastreos llevados a cabo por la Policía en Internet. La jurisprudencia ha admitido estas prácticas.

En ocasiones estos delitos afloran mientras se están investigando otros hechos contra la libertad e indemnidad sexual[18].

---

16 El informe "Child Pornography: Model Legislation & Global Review 2006", elaborado a instancias del International Centre for Missing & Exploited Children en su pág. 4 apunta esta constatación: "...the second group is comprised primarily of photo developers and IT professionals, who may accidentally discover child pornography images while processing film, repairing a computer that has been brought in, or servicing a company computer in an employee's office. This class of individuals should not be required to search for the illegal material, but rather only to report it to the appropriate authorities if found".

17 El informe anteriormente citado reseña cómo "...other complaints came from businesses or organizations that either found child pornography on a computer they were repairing, renting, or reselling or discovered an employee had used a business computer to download or store child pornography...".

18 Para WOLAK, FINKELHOR y MITCHELL, op. cit. pág. 15 "cases involving CP possession started in several ways. Some began with reports to law-enforcement agencies by individuals who saw or found child pornography in someone's possession. Some began with reports to the CyberTipline by Internet users who received unsolicited electronic mail (E-mail) with child-pornography pictures. Some CP possession cases started with undercover investigations set up to catch people downloading or distributing child pornography online. Law enforcement, however, also discovered child pornography while investigating other crimes, especially other kinds of sex crimes committed against minors. In other words, investigations beginning with allegations of child sexual victimization sometimes uncovered offenders who also possessed child pornography. These cases involved offenders who sexually victimized children who were family members or acquaintances or adolescents they met online as well as offenders who solicited undercover investigators posing online as minors. Overall, of cases involving CP possession and ending in arrests (Figure 1) 53% originated as CP possession or distribution cases; 31% arose as cases of child sexual victimization; 16% arose as solicitations to undercover investigators posing online as minors (attempted child sexual victimization).

La STS nº 803/2010, de 30 de septiembre (Pte.: Berdugo y Gómez de la Torre, Juan Ramón) analiza un supuesto en el que la madre de la menor víctima del delito de utilización denuncia los hechos aportando una grabación de conversaciones mantenidas entre la menor y el denunciado, considerando que en este caso, la inmisión de la madre en la intimidad de su hija menor estaba justificada[19].

4. VÍAS DE INVESTIGACIÓN

Se ha considerado que la investigación de los delitos informáticos "no difiere en esencia de la investigación del resto de delitos más clásicos. En ambos casos se trata de ir localizando y siguiendo las evidencias que los delincuentes, al igual que en el cuento de Pulgarcito, van dejando por cada uno de los lugares que pasan"[20].

---

19 Declara esta resolución que "ejercitar por el menor su derecho a la intimidad supone tanto disponer de ella en el sentido de dar a conocer hechos que le conciernen como el preservarla en el sentido de impedir que determinados datos sean conocidos, incluso por sus padres o representantes legales. En esta dirección en el actual CP desapareció la justificación para padres y tutores de la apertura de la correspondencia del menor y la protección del secreto de las comunicaciones no tiene ningún límite específico, como ocurre en el derecho alemán en que los parágrafos 1626 y 1631 BGB otorgan el derecho a los padres y tutores de controlar el correo de sus hijos o pupilos. En igual dirección la LO. 1/96 de Protección del Menor, art. 4.1 protege el secreto de la correspondencia y la comunicación también respecto de los menores, estableciendo en su apartado 5º, el deber de los padres de respetar estos derechos y además de hacerlos respetar por terceros. Esta protección del secreto de las comunicaciones, también respecto de los menores no excluye que puedan darse situaciones de justificación, siempre que concurran los presupuestos de alguna de ellas y el tipo se realice con la única finalidad de la formación del menor. Por ello, los límites o la protección del secreto del menor, junto a su propia capacidad de disponer, deben buscarse en el interés preponderante del menor en la medida en que se adviertan los peligros que para el menor puedan surgir del mantenimiento del secreto, cual sucediera en el caso que se examina en que la denuncia de la madre se hizo con aquella finalidad y en todo caso, la menor ratificó todo lo realizado por ésta, una vez alcanzada la mayoría de edad.

20 VIOTA MAESTRE, Manuel "La investigación de los delitos informáticos" Centro de Estudios Jurídicos, pág. 1.

Ello no obstante, la localización de pruebas tiene singularidades y especiales dificultades, habiéndose señalado cómo en la actualidad se detecta la actuación de especialistas que utilizan software de navegación anónima, ordenadores víctima (ordenador *zombie*), red *Wi-fi* de otros, *proxy*, y *remailers* anónimos. También se plantean dificultades especiales cuando los hechos se perpetran en cibercafés[21]. Pese a ello, la utilización de cibercafés tampoco asegura la impunidad, pues pueden los delincuentes ser detenidos tras las correspondientes operaciones de trazado de pautas de comportamiento y seguimientos.

Desde la doctrina norteamericana se ha fomentado la especialización, las operaciones de búsqueda policial en Internet y la infiltración policial[22]. La infiltración en algunos casos es imprescindible: suele citarse como ejemplo el desmantelamiento de la organización denominada *Wonderland Club*, en la que compartían archivos pornográficos en un número estimado de dos millones una comunidad selecta de pedófilos con rígidos protocolos para ingresar y con medidas de seguridad casi inexpugnables: utilizaban un sistema de encriptación ideado por el antiguo KGB[23].

También ha dado buenos resultados, cuando se localiza una página web de pornografía infantil de pago, la investigación de las tarjetas de crédito utilizadas para la adquisición de material, para lo cual es crucial la cooperación de las Compañías que emiten las tarjetas[24].

---

[21] Vid. SAN ROMÁN IBARRONDO, Alfonso "Introducción a la delincuencia informática" CEJ, 2008 pág. 27.

[22] Para WOLAK, FINKELHOR y MITCHELL, op. cit. pág. 35 "undercover operations in which investigators posed online as minors accounted for a substantial number of arrests for CP possession and attempted child sexual victimization. These play an important role in deterrence. That more than 40% of solicitors to undercover investigators posing online as minors were dual offenders strengthens the argument for continuing to conduct these investigations".

[23] GRAHAM William R, "Uncovering and eliminating child pornography rings on the internet: issues regarding and avenues facilitating law enforcement's access to 'wonderland'". The Law Review of Michigan State Vol. 2:457 pág. 464.

[24] En este sentido, VISA ha asumido normas de autorregulación a fin de bloquear pagos realizados a webs con material calificado como child erotica Vid. Position paper on child pornography and Internet-related sexual ex-

En este ámbito se han producido importantes avances internacionales[25].

La coordinación y el factor sorpresa también son esenciales en operaciones que en numerosos supuestos exigen entradas y registros simultáneos en una pluralidad de domicilios.

En las entradas y registros tiene interés localizar y aprehender el material que se ha denominado *child erotica*, esto es, materiales que sin llegar a ser pornográficos, denotan un interés por los niños, así como otro tipo de materiales tales como diarios, agendas, libros, ropa interior etc. Estos elementos podrían ser utilizados como elementos de corroboración de otras pruebas. Aunque mucha gente puede tener en su casa un catálogo de ropa de niños, normalmente sólo un pedófilo dispondrá de múltiples álbumes con fotografías comerciales de niños en ropa interior[26].

4.1. El agente encubierto

La figura del agente encubierto introducida por la Ley Orgánica 5/1999, de 13 de enero, se regula en el art. 282 bis LECrim. Posteriormente fue retocada por las LO 15/2003 y 5/2010[27].

---

ploitation of Children. Save the Children Europe Group May 2004 págs. 18 y 25.

25 "the European Financial Coalition against Commercial Sexual Exploitation of Children Online, a network formed by financial and Internet corporations, police agencies, the European Commission and child protection specialists, was founded. The Coalition aims to disrupt the use of all payment chanels such as credit cards and bank transfers for transactions related to child abuse images". Hightlights of progress on World Congress III Recomendations http://www.ecpat.net/EI/Pdf/Child_abuse_image.pdf.

26 Para LANNING, op. cit. pág. 93 "child erotica is valuable evidence of intent and a source of valuable intelligence information. The ledgers, diaries, letters, books, souvenirs, adult pornography, or nonsexually explicit images of children that can be part of a child-erotica collection can be used as supportive or corroborative evidence. The recognition and evaluation of the significance of this type of material requires insight, common sense, and good judgment".

27 La reforma de 2010 amplía la posibilidad de operar con la técnica del agente encubierto a nuevos delitos. Conforme a su Disposición final séptima entra en vigor a los seis meses de su completa publicación en el «Boletín Oficial del Estado» (publicada el 23 de junio de 2010).

Esta modalidad de investigación puede utilizarse en la lucha contra la pornografía infantil, cuando concurran los presupuestos que conforme a dicho precepto la hacen admisible (en especial, cuando se trate de investigaciones que afecten a actividades propias de la delincuencia organizada).

En efecto, la misma dimensión secreta del tráfico en Internet puede facilitar la labor del agente encubierto.

Conforme a la Exposición de Motivos de la LO 5/1999 *"las reformas que se incorporan en la presente Ley parten de la insuficiencia de las técnicas de investigación tradicionales en la lucha contra este tipo de criminalidad organizada, que generalmente actúa en ámbitos transnacionales y con abundancia de medios conducentes a la perpetración de los delitos. De esta forma, se introducen en el ordenamiento jurídico medidas legales especiales que permitan a los miembros de la Policía Judicial participar del entramado organizativo, detectar la comisión de delitos e informar sobre sus actividades, con el fin de obtener pruebas inculpatorias y proceder a la detención de sus autores".*

Cabe plantearse si el art. 263 bis LECrim, regulador de la entrega controlada, es aplicable a la investigación de la pornografía infantil. Lo cierto es que este precepto no menciona el delito de pornografía infantil y la STS nº 249/2004, de 26 de febrero (Pte.: Giménez García, Joaquín) parece se opone a tal posibilidad al establecer con carácter general que "el ámbito de esta técnica de investigación se circunscribe a un catálogo cerrado de delitos".

En nuestra opinión, no obstante, podría la Policía, en el curso de una investigación y con la cobertura de la regulación del agente encubierto, con respeto al principio de proporcionalidad, difundir material pornográfico si ello es necesario, por ejemplo, para infiltrarse en un grupo de pederastas. La doctrina ha puesto de relieve lo necesario de este mecanismo en la lucha contra los ciberpedófilos como consecuencia de que cada vez se rodean de más medidas de seguridad[28]. Lo más conveniente sería que en el propio oficio en el que

---

[28] Apunta URIARTE VALIENTE, op. cit. pág. 28 que "frente a la relativa impunidad o facilidad con que era posible conseguir hace unos años la pornografía infantil en Internet, el importante incremento de la presión policial y judicial producido en los últimos años, ha hecho que los escenarios habitualmente utilizados para la comisión de esta clase de delitos hayan cam-

la Policía solicite autorización para actuar bajo identidad supuesta, se solicite autorización para poder operar con material pornográfico infantil.

No entrarían propiamente dentro de la configuración del agente encubierto supuestos en los que el agente policial se limita a hacerse pasar por un usuario más de la red. La STS nº 752/2010, de 14 de julio (Pte.: Saavedra Ruiz, Juan) en un supuesto ajeno a la investigación de organizaciones criminales, considera que "es cierto que la agente actuó de forma encubierta, haciéndose pasar por un usuario más de la red, pero ello no infringe ningún derecho del acusado en cuanto se limitó a seguir el contacto iniciado por el mismo, que incluyó el envío de las imágenes unidas a las actuaciones... luego se trataba de una actividad de investigación policial lícita".

---

biado profundamente, adoptándose por parte de los delincuentes importantes medidas de protección y seguridad, así como toda clase de cautelas encaminadas a impedir la persecución policial del delito. En la actualidad, quienes se mueven en la órbita del delito de la pornografía infantil, vienen adoptando cautelas, particulares o individuales, entre las que se incluirían la adopción de las máximas medidas de seguridad en la ocultación de los archivos con contenido delictivo por parte de cada partícipe, o la observación del máximo recelo a la hora de contactar con otros posibles pedófilos, de tal modo que sólo se va a proporcionar material pornográfico o información relevante a quienes previamente hayan demostrado sus inclinaciones difundiendo material o información sensible. Como consecuencia de lo anterior, para la persecución de los delitos de pedofilia, ha venido siendo necesario una continua y constante actualización, tecnificación y especialización por parte de los cuerpos policiales encargados de su persecución, que sin embargo hoy en día reclama nuevos instrumentos y herramientas para la lucha contra esta modalidad delictiva... En este sentido, viene siendo cada vez más habitual que la difusión de la pornografía infantil, de la información y de los contactos necesarios para acceder a ella, se produzca exclusivamente en círculos o grupos cerrados y herméticos... Las investigaciones más recientes han venido a poner de manifiesto que para acceder a estos grupos de delincuencia, es preciso con frecuencia difundir previamente pornografía infantil a quienes hacen de filtro o guardianes del grupo... La figura del agente encubierto viene a constituir una interesantísima herramienta a disposición de la persecución del delito, ya que facilita tal acercamiento del investigador al ilícito penal, que en definitiva permite su investigación desde dentro, circunstancia ésta que, por lo que a los delitos relacionados con la pornografía infantil se refiere, se revela como fundamental y determinante para la obtención de resultados, según lo que anteriormente se ponía de relieve".

En fecha 23 de marzo de 2011 el Senado ha aprobado una moción en la que se insta al Gobierno a regular específicamente la figura del agente encubierto en la investigación de los delitos de pornografía infantil.

4.2. Delito provocado

En las investigaciones policiales sobre pornografía infantil pueden darse actuaciones que, tendentes a hacer aflorar el delito, lleguen a provocarlo. Debe claramente delimitarse el "delito provocado", impune y el "delito comprobado".

En síntesis, puede decirse que existe delito provocado cuando la Policía induce a una persona a cometer un delito que sin tal actuación policial no hubiera llegado a cometer. Por contra, en el delito comprobado, la Policía se limita a hacer acopio de pruebas de la comisión de un delito en curso en el que la intención de delinquir había surgido con anterioridad a la intervención policial.

En esta línea, el ATS nº 1439/1994, de 19 de octubre declara que "...en los casos en que hay una actuación de un funcionario policial que obra de modo engañoso fingiendo un comportamiento que incita a una conducta delictiva, originando así de modo artificial una infracción penal que antes no existía, nos encontramos ante la figura del llamado delito provocado, que no merece sanción penal porque carece de realidad, al constituir una mera ficción que no entraña ni lesión ni peligro del correspondiente bien jurídico protegido, ya que la situación se encuentra en todo momento bajo el control del funcionario que actuó de agente provocador...". Esta misma doctrina se preocupa de distinguir este supuesto de aquellos otros en que la actuación policial, si bien utiliza un procedimiento también engañoso fingiendo intenciones irreales; sin embargo, no origina un delito antes inexistente, sino que sólo sirve para descubrir aquel que ya se había cometido con anterioridad, en cuyo caso ha de entenderse que el comportamiento del agente se encuentra dentro de los límites que la Constitución Española le impone en el ejercicio de sus funciones de averiguación del delito y descubrimiento y aseguramiento del delincuente que es la propia de la policía judicial.

En esta misma línea, la STS nº 848/2003, de 13 de junio, mantiene que "el delito provocado aparece cuando la voluntad de delinquir surge en el sujeto, no por su propia y libre decisión, sino como consecuencia de la actividad de otra persona, generalmente un agente o un colaborador de los Cuerpos o Fuerzas de Seguridad, que, guiado por la intención de detener a los sospechosos o de facilitar su detención, provoca a través de su actuación engañosa la ejecución de una conducta delictiva que no había sido planeada ni decidida por aquél, y que de otra forma no hubiera realizado, adoptando al tiempo las medidas de precaución necesarias para evitar la efectiva lesión o puesta en peligro del bien jurídico protegido. Tal forma de proceder lesiona los principios inspiradores del Estado Democrático y de Derecho, afecta negativamente a la dignidad de la persona y al libre desarrollo de su personalidad, fundamento del orden político y de la paz social según el artículo 10 de la Constitución, y desconoce el principio de legalidad y la interdicción de la arbitrariedad de los Poderes Públicos, contenidos en el artículo 9.3 de la misma, sin que resulte admisible que en un Estado de Derecho las autoridades se dediquen a provocar actuaciones delictivas".

Debe igualmente reseñarse la clarificadora STS nº 1992/1993, de 15 de septiembre, que considera que "para la existencia del delito provocado es exigible que la provocación —en realidad, una forma de instigación o inducción— parta del agente provocador, de tal modo que se incite a cometer un delito a quien no tenía previamente tal propósito, surgiendo así en el agente todo el "iter criminis", desde la fase de ideación o deliberación, a la de ejecución, como consecuencia de la iniciativa y comportamiento del provocador, que es por ello la verdadera causa de toda la actividad criminal, que nace viciada, pues no podrá llegar nunca a perfeccionarse, por la ya prevista "ab initio" intervención policial. Esta clase de delito provocado, tanto desde el punto de vista de la técnica penal —por el carácter imposible de su producción—, como desde el más fundamental principio constitucional de la interdicción de la arbitrariedad de los poderes públicos... y hasta desde el de la lícita obtención de la prueba..., debe considerarse como penalmente irrelevante, procesalmente inexistente y, por todo ello, impune".

Pero no existe delito provocado, como dice la STS nº 1114/2002, de 12 de junio, cuando los agentes de la autoridad sospechan o conocen la existencia de una actividad delictiva y se infiltran entre quienes la llevan a cabo, en busca de información o pruebas que permitan impedir o sancionar el delito. En estas ocasiones, la decisión de delinquir ya ha surgido firmemente en el sujeto con independencia del agente provocador, que, camuflado bajo una personalidad supuesta, se limita a comprobar la actuación del delincuente e incluso a realizar algunas actividades de colaboración con el mismo, en la actualidad reguladas, desde la entrada en vigor de la Ley Orgánica 5/1999, de 13 de enero, en el artículo 282 bis... que se refiere concretamente a adquirir y transportar los objetos, instrumentos o efectos del delito. La intervención policial puede producirse en cualquier fase del "iter criminis", en el momento en que el delito ya se ha cometido o se está cometiendo, especialmente en delitos de tracto sucesivo como los de tráfico de drogas, y aun en sus fases iniciales de elaboración o preparación, siendo lícita mientras permita la evolución libre de la voluntad del sujeto y no suponga una inducción a cometer el delito que de alguna forma la condicione. En estos casos, la actuación policial no supone una auténtica provocación, pues la decisión del sujeto activo siempre es libre y anterior a la intervención puntual del agente encubierto, aunque éste, siempre por iniciativa del autor de la infracción criminal, llegue a ejecutar labores de adquisición o transporte de los efectos del delito (art. 282 bis de la LECrim), u otras tareas de auxilio o colaboración similares, simulando así una disposición a delinquir que permite una más efectiva intervención policial[29].

El delito provocado —*entrapment* en la terminología anglosajona— ha sido estudiado por la jurisprudencia norteamericana específicamente en relación con el delito de pornografía infantil. En el caso Jacobson se establecieron las bases: "en el celo para aplicar la Ley, la autoridad y sus agentes no pueden hacer nacer un designio criminal, implantar en la mente de una persona inocente la decisión de cometer un acto criminal y entonces instigar la comisión del delito a fin de que la Autoridad pueda perseguirlo[30].

4.3. La investigación del IP

Las IP son claves de acceso que los Proveedores de Servicios de Internet asignan a cada ordenador en el momento en el que se conec-

---

[29] Es también de interés en relación con la delimitación del delito provocado las STS nº 975/2007, de 15 de noviembre.

[30] Jacobson v. United States, 503 U.S. 540 (1992). La autoridad debe acreditar que el acusado estaba "predisposed, independent of the Government's acts and beyond a reasonable doubt, to violate the law by receiving child pornography through the mails".

ta a Internet, las cuales permiten identificar de forma indubitada a través de dichos Proveedores el número telefónico desde el que se produce la conexión. Son numeraciones asignadas por las empresas proveedoras de servicios de Internet a los usuarios del sistema en el momento de establecerse la conexión. Se trata de un dato clave en cualquier investigación sobre delitos de pornografía infantil cometidos en Internet. La dirección IP es imprescindible para poder navegar por Internet, no pudiendo tampoco ocultarse ni modificarse.

En la actualidad, debido al limitado número de direcciones IP y con el fin de optimizar los recursos de las operadoras de comunicaciones electrónicas y evitar accesos inconsentidos, los proveedores de Internet asignan éstas a sus usuarios durante el periodo de tiempo que dura su conexión y tras la desconexión, la misma dirección IP es asignada a otro usuario. Son las denominadas IP dinámicas, números de IP asignados por sesión, conforme al protocolo internacional de asignación DHCP *(Dynamic Host Configuration Protocol).*

Estas IP dinámicas no resultan apropiadas para aquellos usuarios que necesitan ser identificados con una misma dirección IP, denominada estática, como por ejemplo para disponer de una página web[31] servidores de correo, DNS, y FTP públicos[32].

La Policía, a través de rastreos en la red puede conocer por sí los IP mediante los que se ha accedido a archivos relacionados con la pornografía infantil. Tras el descubrimiento del IP la Policía puede fácilmente localizar el IPS o Proveedor de Servicios de Internet que ha asignado a la concreta comunicación el IP sospechoso[33]. El paso

---

31 Vid. FERNÁNDEZ LÁZARO, Fernando "Medios técnicos en la investigación de los delitos informáticos" Cuadernos de Derecho Judicial 2/2007, págs. 125 a 143.

32 RODRÍGUEZ LAINZ, José Luis "Dirección IP, IMSI e intervención judicial de comunicaciones electrónicas" Diario La Ley, Nº 7086, Sección Doctrina, 2 Ene. 2009, Año XXIX, Ref. D-382, Editorial LA LEY.

33 Siguiendo a VIOTA MAESTRE, op. cit. pág. 5 debe tenerse en cuenta que "los rangos asignados y gestionados por los distintos PSIs son almacenados en varias bases de datos de carácter público, es decir, cualquier persona puede consultar sus registros en busca de información sobre quien es el titular de una determinada dirección IP. Para realizar estas consultas existen varios métodos, desde la consulta a las páginas web de los registradores (www.arin.net), a programas ofrecidos dentro de los sistemas operativos (whois), o incluso programas comerciales o gratuitos que realizan esta ges-

siguiente es solicitar del Juez de Instrucción la emisión de mandamiento judicial dirigido a los proveedores de servicios de Internet para que identifiquen al titular, domicilio, número de teléfono y forma de pago correspondiente al IP identificado en los rastreos. Si los Proveedores de Servicios están en el extranjero, la cuestión se complica pues tendrían que ponerse en marcha los mecanismos de la cooperación jurídica internacional.

El Grupo de Delitos Telemáticos de la Guardia Civil ha desarrollado dos herramientas para la localización y detección en Internet de pedófilos que se sirven de algunas de las redes P2P para la difusión de imágenes de pornografía infantil. Las herramientas en cuestión son dos aplicaciones ("HISPALIS" y "NAUTILUS"), que permiten localizar en las redes P2P ficheros de la referida pornografía. Con estos sistemas se pueden identificar las IP mediante las cuales se están compartiendo archivos con contenido de pornografía infantil.

La investigación es mas dificultosa cuando los internautas tratan de efectuar una navegación anónima, utilizando una dirección IP de un servidor que no va a aportar datos sobre sus usuarios, o introduciendo un intermediario entre el ordenador utilizado y la página o servicio al que se accede, de forma que en éste queden sólo sus datos y no los datos propios.

En efecto, aunque es imposible que se atienda a un cliente sin dirección IP, es factible interponer un equipo entre el propio y el servidor[34], con las consiguientes dificultades en la investigación.

La STS nº 680/2010, de 14 de julio (Pte.: Ramos Gancedo, Diego Antonio) considera que "los rastreos que realiza el equipo de delitos telemáticos de la Guardia Civil en Internet tienen por objeto desenmascarar la identidad críptica de los IPS... que habían accedido a los "hush" que contenían pornografía infantil. El acceso a dicha información, calificada de ilegítima o irregular, puede efectuarla cualquier

---

tión de manera automática y presentan los resultados en un formato más amigable".

34 El **servidor proxy** es un punto intermedio entre un ordenador conectado a Internet y el servidor que está accediendo. La navegación a través de un programa o dispositivo proxy, hace que el usuario no acceda directamente al servidor, sino que lo que realiza es una solicitud sobre el Proxy, siendo éste el que se conecta con el servidor y devuelve el resultado de la solicitud. De esta forma se incrementa el anonimato.

usuario. No se precisa de autorización judicial para conseguir lo que es público y el propio usuario de la red es quien lo ha introducido en la misma. La huella de la entrada queda registrada siempre y ello lo sabe el usuario".

En la actualidad debe considerarse asentado el criterio de la no necesidad de autorización judicial para investigar un IP, cuando el usuario investigado utiliza programas que hacen público en la red tal dato[35]. En este sentido puede citarse la STS nº 842/2010, de 7 de octubre (Pte.: Colmenero Menéndez de Luarca, Miguel) y las que en ella se citan[36].

Por contra, pese a las críticas de algún sector doctrinal[37], se viene exigiendo una orden judicial para que los prestadores de servicio identifiquen la línea de teléfono desde donde se produjo la conexión.

En este punto es clave la STS nº 236/2008, de 9 de mayo que realiza dos pronunciamientos esenciales:

1) "no se precisa de autorización judicial para conseguir lo que es público y el propio usuario de la red es quien lo ha introducido en la

[35] "Quedan fuera de este manto tutelador aquellas comunicaciones que se hacen de manera pública, a través de cauces en los que no se excluya el conocimiento de terceros. En estos supuestos la posible recopilación de los datos de tráfico libremente accesibles para cualquiera (momento inicial y final de la conexión, contraseñas, etc.) es una de las consecuencias que el usuario asume al utilizar tales medios". PÉREZ GIL, Julio "El Convenio sobre Cibercriminalidad: apuntes para su incorporación al proceso penal español" Centro de Estudios Jurídicos pág. 22.

[36] "Quien utiliza un programa P2P asume que muchos de los datos que él mismo incorpora a la red con su actividad se convierten en públicos para los usuarios de Internet, circunstancia que conocen o deben conocer los internautas, y tales datos conocidos por la policía, datos públicos en internet, no se hallaban protegidos por el art. 18-1º ni por el 18-3 C.E, por lo que no era precisa la autorización judicial para obtener las identificaciones de las IPs involucradas en la descarga de archivos de contenido pedófilo".

[37] Apunta FERNÁNDEZ LÁZARO, op. cit., págs. 125 a 143 "mientras que el número telefónico de un usuario aparece en una guía pública, para saber cual es la dirección IP de un usuario de internet las empresas proveedoras de servicios de Internet solicitan un mandamiento judicial. Es esta una medida, desde mi punto de vista, excesiva y que dificulta las investigaciones de una manera innecesaria haciendo precisa una solución por parte de la Administración para aclarar esta situación".

misma. La huella de la entrada (IP) queda registrada siempre y ello lo sabe el usuario... quien utiliza un programa P2P, en nuestro caso Emule, asume que muchos de los datos se convierten en públicos para los usuarios de Internet, circunstancia que conocen o deben conocer los internautas, y tales datos conocidos por la policía, datos públicos en Internet, no se hallaban protegidos por el art. 18-1º ni por el 18.3 C.E... al verificar los rastreos la policía judicial estaba cumpliendo con su función de perseguir delitos y detener a los delincuentes que los cometen, siendo legítimos y regulares los rastreos efectuados, lo que trae como consecuencia la validez de los mismos y la de las diligencias policiales practicadas en ejecución del auto autorizando la identificación de los usuarios de IPs y el posterior de entrada y registro".

2) "Entender que conforme a la legalidad... se hacía preciso acudir a la autorización del juez instructor para desvelar la identidad de la terminal, teléfono o titular del contrato de un determinado IP, en salvaguarda del derecho a la intimidad personal (habeas data)..."

Esta línea es seguida por las Audiencias Provinciales, v. gr. por la SAP Guipúzcoa, sec. 1ª, nº 72/2009, de 26 de febrero[38] y por la SAP Las Palmas, sec. 1ª, nº 42/2009, de 6 de abril[39], que sin embargo

---

38 Pte.: Subijana Zunzunegui, Ignacio José quien utiliza un programa P2P (en nuestro caso el EMule) asume que muchos de los datos se convierten en públicos para los usuarios de Internet, lo que ubica su existencia fuera del área de protección ofrecido por los artículos 18.1 y 18.3 CE. Entre los referidos datos se encuentra el IP, definido, de forma gráfica, como la huella de la entrada al programa, que queda registrada siempre, pues se trata de las claves de acceso que los proveedores de servicios de Internet asignan a cada ordenador en el momento se conecta a Internet. Por lo tanto, el acceso a dicha información puede efectuarla cualquier usuario de la red, entre ellos, la policía judicial en su función de obtener fuentes de prueba de la comisión de un ilícito penal.

39 Pte.: Alemán Almeida, Secundino "cuando la comunicación a través de la Red se establece mediante un programa P2P... al que puede acceder cualquier usuario de aquélla, el operador asume que muchos de los datos que incorpora a la red pasen a ser de público conocimiento para cualquier usuario de Internet, como, por ejemplo el I.P., es decir, la huella de la entrada al programa, que queda registrada siempre. Y fue este dato, el I.P. del acusado, el que obtuvo la Guardia Civil en su rastreo de programas de contenido pedófilo, dato que —conviene repetir y subrayar— era público al haberlo introducido en la Red el propio usuario —el acusado— al utilizar el programa P2P. Por ello, no se precisa autorización judicial para conocer lo que

matiza que "cuestión distinta será en los supuestos en los que en las diligencias de investigación desarrolladas por las Fuerzas y Cuerpos Policiales en la persecución de actividades delictivas de cualquier naturaleza para cuyo progreso sea necesario conocer el IP (o el número telefónico) de una determinada persona que hasta el momento es desconocido, se tenga que acatar esa exigencia legal." (en estos casos será necesario solicitar mandamiento judicial, conforme a las exigencias de la Ley 25/2007, de 18 de octubre, *de Conservación de Datos Relativos a las Comunicaciones Electrónicas y a las Redes Públicas de Comunicaciones*)".

Un supuesto especial es el analizado por la SAP Álava, secc. 2ª nº 376/2008, de 2 de diciembre, en la que asumiendo las pautas de la STS nº 236/2008, opta por la nulidad de la investigación porque se obtuvo la identificación del ordenador al que asignaron las direcciones IP a través del Decreto de un Fiscal en lugar de mediante auto judicial.

Esta sentencia fue anulada por la STS nº 247/2010, de 18 de marzo (Pte.: Soriano Soriano, José Ramón) que distingue entre datos personales externos o de tráfico que hacen referencia a una comunicación concreta y contribuyen a desvelar todo o parte del secreto que protege el art. 18-3 C.E y datos o circunstancias personales referentes a la intimidad de una persona (art. 18-1º C.E.), pero autónomos o desconectados de cualquier comunicación, que caerán dentro del derecho a la protección de datos informáticos o habeas data del art. 18-4 C.E. que no pueden comprometer un proceso de comunicación. A partir de esta distinción se declara que "la absoluta equiparación

---

es público, y esos datos legítimamente obtenidos por la Guardia Civil en cumplimiento de su obligación de persecución del delito y detención de los delincuentes, no se encuentran protegidos por el art. 18.3 C.E... el I.P. del acusado que averiguó la Guardia Civil, no identifica la persona del usuario, lo que hace necesario para conocer el número del teléfono y titular del contrato la autorización judicial, que es lo que se hizo aquí, pues la Policía judicial a través de un oficio de 6 de noviembre de 2005, completado por un informe de 24 de octubre del mismo año del Grupo de delitos telemáticos de la Guardia Civil interesa la preceptiva autorización que obtuvo con el libramiento de mandamiento judicial dirigido a los operadores de Internet para identificar ciertas direcciones IP del ordenador al objeto de proseguir la investigación... lo que resulta incuestionable es el necesario control judicial para la obtención de los datos que permitan anudar un IP determinado a concreto usuario, esto es, su nombre, número de hash y su domicilio".

de todo tipo de datos de tráfico o externos o la inclusión de todos ellos dentro del derecho al secreto de las comunicaciones comportaría un auténtico desenfoque del problema, pues incorporaría en el ámbito de la protección constitucional del art. 18-3, circunstancias cuyo tratamiento jurídico no debería separarse del que se dispensa a la protección de datos o al derecho a la autodeterminación informática del art. 18-4 C.E... En el caso concernido es patente que los datos cuyo obtención se pretende por el Fiscal no tienen relación ni afectan ni interceptan ni descubren ni tratan de descubrir una comunicación concreta, sino que por ser preciso para la acción investigadora el conocimiento del domicilio, número de teléfono o identidad del titular del terminal informático que opera en la Red (I.P.), la solicita a la operadora, al objeto de pedir del juez un mandamiento de entrada y registro con fines indagatorios o de investigación de un posible delito, acerca del que se conocen datos indiciarios... El Mº Fiscal se hallaba en el ejercicio de sus funciones, entre otras, promover la acción de la justicia... y también investigando los hechos delictivos, dentro del marco de unas diligencias preprocesales de naturaleza criminal (art. 773-2 LECrim)... Tal proceder del Mº Fiscal no afecta al secreto de las comunicaciones sino que se desenvuelve en el marco del derecho a la intimidad, más concretamente dada la escasa intensidad en que es efectuada, la cuestión se proyectaría sobre la obligación que establece la Ley Orgánica de Protección de Datos de no publicar los datos personales de los usuarios que un servidor de Internet posee, los cuales no pueden cederse sin el consentimiento del titular, pero la ley establece diversas excepciones...".

Obviamente, como el propio TS declara, este régimen jurídico (posibilidad de que el Fiscal recabe por sí los datos de identificación de un IP) sólo es aplicable antes de la ley 25/2007 de 18 de octubre, pues con posterioridad a su vigencia rige el acuerdo del Pleno no jurisdiccional de 23 de febrero de 2010 conforme al que *es necesaria la autorización judicial para que los operadores que prestan servicios de comunicaciones electrónicas o de redes públicas de comunicación cedan los datos generados o tratados con tal motivo. Por lo cual, el Ministerio Fiscal precisará de tal autorización para obtener de los operadores los datos conservados que se especifican en el art. 3 de la Ley 25/2007, de 18 de octubre.*

4.4. Informática forense

Las singularidades de la investigación de estos delitos no sólo radican en los aspectos relativos a Internet sino también en relación con los análisis de los ordenadores desde los que se opera. Deben utilizarse técnicas de policía científica que descarten cualquier sospecha de posible manipulación por el investigador. En este sentido se emplea el término “informática forense”[40] o, utilizando la terminología anglosajona, *computer forensics.*

En relación con el acceso a ordenadores en el curso de una investigación, el art. 19.1 del Convenio sobre Cibercrimen contiene previsiones: tales accesos a datos tendrán por objeto: a) Sistemas informáticos o alguna de sus partes (el continente), así como también los datos en ellos albergados (el contenido). No se trata sólo de permitir el traslado físico del sistema para dejarlo en manos de peritos que se encarguen de extraer la información, sino también de dar cabida a la posibilidad de accesos remotos en búsqueda de información (allí donde esto sea posible, pues no todos los sistemas están conectados en redes). Se contempla así la utilización por los cuerpos policiales de programas rastreadores (“sniffers”) con el fin de acceder a los da-

---

40 Como expone FERNÁNDEZ LÁZARO, op. cit., págs. 125 a 143 “hace referencia a aquella forma de investigar sobre los ordenadores de manera que se pueda analizar la información contenida en los mismos sin realizar alteraciones por parte del investigador, recuperando los datos que no son accesibles sino utilizando métodos que requieran un método de trabajo específico. Debemos tener en cuenta que cada vez que se enciende un ordenador se producen en el mismo unos cambios que realiza el propio sistema operativo y que necesita para poder funcionar. Estas modificaciones, en principio, no afectarían a los documentos que vienen siendo la base de las investigaciones policiales pero ya permiten sembrar la duda sobre posibles manipulaciones a la hora de presentar las pruebas ante los tribunales. Estos cambios suelen afectar al llamado “Registro del sistema” y básicamente hacen referencia a fechas, estadística sobre usuarios... pero podrían llegar a producir alteraciones en algún documento que tenga en su contenido referencias al sistema para poder completarse. Para evitar cualquier tipo de manipulación sobre el disco duro en la Brigada de Investigación Tecnológica se suele utilizar unos dispositivos que bloquean la escritura en el disco y que permiten exclusivamente el flujo de datos en un único sentido, lo que nos permite visualizar el contenido del disco sin alterar su contenido”.

tos archivados en un sistema que puedan ser de utilidad a los fines de la investigación[41].

En cuanto a la intervención de ordenadores, si ésta —como es habitual— tiene lugar durante una entrada y registro domiciliario, autorizada judicialmente, habrá de entenderse que tal autorización se extiende a la intervención del cuerpo del delito, comprendiendo los ordenadores que hubieran podido ser el medio de comisión (art. 546 LECrim). Por ello no ha de considerarse necesario un nuevo mandamiento judicial para su intervención[42]. Además en las entradas y registros será conveniente intervenir otros instrumentos que pueden haber sido utilizados en la producción, almacenaje o archivo

41 PÉREZ GIL, op. cit. pág. 19 señala cómo "se incluye asimismo entre estas previsiones la posibilidad de extender el registro con carácter inmediato cuando existan razones para creer que los datos buscados estén almacenados en otro sistema informático al que se tenga acceso legal desde el originariamente registrado (art. 19.1.a) y 19.2 CCib), tal y como ocurrirá, por ejemplo, en el caso de una Intranet o de dispositivos desde los que se controlen otros. Para que sea posible esta extensión en la habilitación del registro, el sistema informático deberá hallarse en territorio del Estado correspondiente, excluyéndose por ende la posibilidad de una investigación transfronteriza que, en caso de ser precisa, deberá realizarse a través de los mecanismos de asistencia mutua previstos en el convenio o de otros que pudieren ser aplicables.

42 Para VELASCO NÚÑEZ, op, cit. "el desprecinto para clonado es una diligencia que debe acordarse por providencia. Hay quien señala que si el Juzgado ordena el estudio e informe de lo ocupado, indirectamente está autorizando el desprecinto, sin el cual, obviamente no se puede iniciar. No es lo recomendable, porque aunque la resolución judicial de desprecinto no precise de motivación per se, y no se afectan cuestiones de rango constitucional, sí supone la realización de un trasvase de información sobre el que la ley obliga a la dación de fe pública judicial, garantizando que la copia "espejo" coincide con el original, que debe conservarse bajo dominio judicial, por si fueran necesarios posteriores contrastes o contrapericias. Sin embargo, como nos hallamos ante un problema de mera legalidad ordinaria, puede suplirse tal omisión por el contraste de los hash inicial y posterior a la pericia, si se conservan, que técnicamente podrían acallar las dudas así suscitadas... En los casos extremos en que la urgencia y necesidad de la pericia no admita dilaciones porque de su resultado dependa la adopción de decisiones judiciales inaplazables, la policía judicial puede realizarlas per se".

de pornografía (video cámaras, teléfonos móviles, Vds., CDs, discos duros externos etc.)[43].

Es, no obstante, una buena práctica la de especificar en el propio auto de entrada y registro el apoderamiento a la Policía actuante para que intervenga ordenadores, discos duros, DVDs y material videográfico en el que pudiera haberse archivado pornografía infantil, así como cualesquiera otros efectos o instrumentos que pudieran tener relación con la misma.

Desde luego, puede decirse que la intervención del ordenador es prácticamente indispensable para poder llegar a formular acusación por delitos de difusión o posesión de pornografía cuando ésta tiene lugar por medio de equipos informáticos[44].

En cuanto al acceso a los archivos del ordenador, se trata de una diligencia esencial que puede proporcionar las imágenes descarga-

---

43 Vid. WORTLEY y SMALLBONE, op. cit. "downloaded images saved to a computer's hard drive are the most obvious evidence of pornography use. However, there are also more subtle records that technicians can locate when examining a suspect's computer. For example, log files show who was logged into the computer and when; modem logs record when a computer was connected to the Internet; Web browser history entries show an offender's online activity; and e-mail and chat logs reveal online communication with cohorts or potential victims. Note, however, that seizure of a suspect's computer requires specialized expertise, and, if handled incorrectly, may result in the loss of critical evidence... An increasing number of devices contain components of a computer (referred to as embedded computer systems) and can be used in child pornography. These devices include digital cameras, personal digital assistants (PDAs), and mobile phones. For example, digital cameras can be used to record abuse; the files can then be easily uploaded to the Internet. Similarly, in addition to voice conversations between perpetrators, mobile phones increasingly permit the recording, storing, and transmitting of digital images. These devices may have incriminating digital records stored on their memory cards...".

44 Para ÚBEDA DE LOS COBOS, op. cit. "va a resultar prácticamente imprescindible la ocupación de los ordenadores. A tal efecto personal formado en este ámbito de los cuerpos y fuerzas de seguridad del Estado, amparados por la oportuna autorización judicial y en presencia del Secretario judicial, deberán copiar el disco duro del ordenador, para posteriormente identificar los posibles archivos conteniendo el material pornográfico. Si no se ocupa el ordenador, el imputado siempre podrá alegar que la descarga de material pornográfico se ha hecho desde otro ordenador utilizando su IP, o que el archivo ha sido introducido por un tercero a través de la red".

das y archivadas en el disco duro, que son las pruebas más evidentes de posesión/uso de pornografía infantil. También pueden aportar datos tales como el historial de navegación, que puede ser un elemento esencial para descartar alegaciones de error o los datos de la fecha y hora en la que el ordenador estuvo conectado a Internet, los correos electrónicos, los chats, la clasificación del material por carpetas, etc.

Respecto a los requisitos exigibles para acceder a los contenidos del ordenador, la cuestión dista de estar clara. Debe plantearse si es necesario obtener un mandamiento judicial para intervenir y para acceder a los ordenadores.

Existe una línea jurisprudencial que defiende que las prevenciones constitucionales y legales en orden a la detención y apertura de la correspondencia postal, telegráfica o telefónica han de hacerse extensivas al control de ordenadores (STS 24 de junio de 1993), y que también la persona tiene derecho a la reserva de sus ordenadores que pueden contener un caudal de datos que nadie tiene derecho a descubrir y exteriorizar (STS de 10 de junio de 1993)[45].

Por nuestra parte creemos que a estos supuestos les es aplicable la doctrina sentada por la STC nº 70/2002, de 3 de abril en el sentido de que existe una habilitación legal específica que faculta a la policía para recoger los efectos, instrumentos y pruebas del delito y ponerlos a disposición judicial, y para practicar las diligencias necesarias para la averiguación del delito y el descubrimiento del delincuente. En este contexto cabe defender que la policía podría examinar o acceder al contenido de los ordenadores, respetando los parámetros de necesidad en relación con las circunstancias del caso y de la proporcionalidad. En caso de no concurrir la nota de urgencia, el acceso a los ordenadores debiera realizarse bajo control judicial. Por tanto debe admitirse la posibilidad de acceder sin necesidad de autorización judicial en caso de urgencia, flagrancia o aseguramiento de la investigación[46].

Parece que lo más razonable, a fin de evitar problemas, es que en el propio oficio policial en el que se solicita la entrada y registro,

---

45 Vid. RIVES SEVA, Antonio Pablo "La prueba en el proceso penal. Doctrina de la Sala Segunda del Tribunal Supremos" Thomson Aranzadi 2008 4ª edición pág. 750.

46 En esta línea vid. VELASCO NÚÑEZ, Eloy "Pericias informáticas: aspectos procesales penales (2ª Parte)" Editorial: El Derecho Editores Revista de Jurisprudencia, nº 4.

se interese la autorización para intervenir el material informático y para acceder a su contenido. El Juzgado de Instrucción puede —es lo lógico— en el mismo auto autorizar simultáneamente la entrada y registro, la intervención del material informático y el acceso y análisis de los datos contenidos en el mismo[47].

Otro problema distinto es el relativo a si es necesario que el acceso al ordenador se realice bajo la fé del Secretario Judicial. La STS nº 1599/1999, de 15 de noviembre (Pte.: Martín Pallín, José Antonio) no exige la presencia continua del Secretario "al tratarse de un procedimiento técnico ininteligible para un profano"[48]. En este mismo sentido se pronuncia la STS nº 256/2008, de 14 de mayo[49] y la STS nº 1139/2006, de 21 de noviembre (Pte.: Andrés Ibáñez, Perfecto)[50].

---

47 Esta es por lo demás la línea propuesta por las Conclusiones de las Jornadas de Fiscales Delegados de Menores, celebradas en Alcalá de Henares en noviembre de 2010.

48 Declara esta sentencia que "en lo que se refiere a lo que se denomina "volcaje de datos", su práctica se llevó a cabo con todas las garantías exigidas por la ley. En primer lugar, la entrada y registro se realizó de forma correcta y con la intervención del Secretario Judicial que cumplió estrictamente con las previsiones procesales y ocupó los tres ordenadores, los disquetes y el ordenador personal. Lo que no se puede pretender es que el fedatario público esté presente durante todo el proceso, extremadamente complejo e incomprensible para un profano, que supone el análisis y desentrañamiento de los datos incorporados a un sistema informático. Ninguna garantía podría añadirse con la presencia del funcionario judicial al que no se le puede exigir que permanezca inmovilizado durante la extracción y ordenación de los datos, identificando su origen y procedencia".

49 Esta sentencia establece que "la sala de la Audiencia se ocupó de esta misma objeción en el tercero de los fundamentos de derecho, para desestimarla. Y lo hizo en atención a que el auto... acordando la entrada y registro en el domicilio del que ahora recurre habilitaba a la policía para la incautación, entre otras cosas, del material informático que allí pudiera encontrarse; y fue con esta cobertura como por providencia del día 23 del mismo mes se ordenó el análisis de la información de los ordenadores que ya estaba a disposición del juzgado... Es cierto que esta última actividad no fue practicada ante el secretario judicial, sino por los técnicos policiales en su propia sede. Pero también lo es que, como razona la Audiencia, esa presencia que se reclama habría sido, de facto, tan inútil —y, por tanto, innecesaria— como la que pudiera darse en el desarrollo de cualquier otra de las muchas imaginables en cuya técnica el fedatario judicial no fuera experto...".

50 "Tampoco la ausencia del secretario, efectivamente producida en los términos indicados, debe acarrear las consecuencias que se reclaman. Porque

Por último, debe entenderse que si el imputado-usuario del ordenador objeto de la investigación ha protegido éste con una clave de acceso o con un sistema de encriptado, no puede obligársele a revelar las claves, pues ello supondría conculcar el derecho a no declarar contra sí mismo[51].

También se plantea si se conculcan los derechos del acusado cuando el material pornográfico es descubierto por un técnico al que le es encomendada la reparación del ordenador. La STS nº 307/2009, de 18 de febrero (Pte.: García Pérez, Siro Francisco) rechaza la ilicitud de la utilización del testimonio del técnico, en base a que el acusado entregó voluntariamente el ordenador y no puso límites para acceder a los archivos[52].

---

afectó exclusivamente a la operación de obtención de copias de los archivos informáticos y, tratándose de una actuación de carácter técnico, asimilable a una diligencia pericial, la presencia del fedatario, por tanto, de un alcance meramente formal, no habría añadido nada en términos de control de la actividad. Un control que, en cambio, conviene insistir, sí estuvo al alcance de la defensa, que, por lo anticipado, ha gozado de la posibilidad efectiva de contrastar en todo momento con sus originales la autenticidad de los duplicados".

51 En el mismo sentido, DE URBANO CASTRILLO, Eduardo "La valoración de la prueba electrónica" Tirant Lo Blanch, 2009 págs. 61 y 62.

52 "1. El primero de los motivos ha sido deducido al amparo del art. 5.4 de la Ley Orgánica del Poder Judicial (LOPJ), por vulneración del derecho a la intimidad, reconocido en el art. 18 del Constitución (CE)... Se aduce que no contaron con autorización de Nicanor o con autorización judicial el propietario del establecimiento que realizó la reparación del ordenador y encontró el material pornográfico que contenía ni la Policía que procedió a la grabación y apertura del disco duro... Mas lo ocurrido es que sí existió la autorización de Nicanor. En efecto, declara, hasta en el juicio oral, el dueño del establecimiento, acompañando una hoja de trabajo que dice "cambiar grabadora DVD.– No lee muchos DVD", que Nicanor le llevó el ordenadora portátil para que se lo reparara, porque funcionaba mal la grabadora, y no le puso límite alguno para entrar en el ordenador; uno de los técnicos procedió al cambio de la grabadora y se trató de probar, como es habitual, el correcto funcionamiento de las piezas, para lo que el técnico fue a la carpeta "mis documentos/mis imágenes" y, de repente, se pudo ver en miniatura lo que parecían fotografías de pornografía infantil y comprobaron que eran imágenes de niños desnudos y realizando prácticas sexuales; no fue necesario el empleo de contraseña alguna y Nicanor le había dicho que no la había; y llevó el ordenador a la Policía... Nicanor no quiso declarar en el juicio, pero había manifestado en el Juzgado, asistido de letrado, que había llevado el

En cuanto a la realización de la copia informática, como se ha mantenido, "lo más conveniente es obtener la copia en el mismo lugar en que se halle, en el caso de aparatos con información electrónica, lo que requiere personal técnico especializado además del hardware y software adecuado"[53].

Debe tenerse presente que es posible acceder a los archivos borrados. Aun cuando se vacíe la papelera de reciclaje existen programas específicos para recuperarlos, recuperación que cabe llevar a cabo siempre que no se haya sobrescrito en la memoria del disco duro por falta de espacio en el mismo[54]. Además, existen programas

---

ordenador al establecimiento para que le formatearan el disco y cambiar la grabadora DVD... Es decir, no hubo injerencia inconsentida para disponer de un elemento de prueba, sino la voluntaria puesta por el afectado, de ese elemento, a disposición de un número abierto de receptores... Pero es más, el informe pericial establece que el ordenador tenía instalado el programa eMule de intercambio de ficheros tipo Peer to Peer; con el cual programa se accede a los contenidos que tienen compartidos todos los equipos conectados a Internet que estén utilizando eMule, y, a su vez, se comparten las carpetas que se determinen del equipo propio; en la carpeta de descarga por defecto llamada Incoming se almacenan los ficheros descargados; se pueden determinar las carpetas a compartir con los demás usuarios, pero hay algo común en todos, la carpeta de descarga siempre es compartida; en el contenido de la carpeta de descarga y compartida Incoming se encontraban los archivos con las imágenes a que afecta este proceso... Con todo ello ha de concluirse la existencia de dos factores interconectados: a) Nicanor no había dispuesto un ámbito de privacidad respecto al contenido pornográfico infantil del ordenador y b) no fue necesaria, en el presente caso, gestión alguna para desvelar la identidad de Nicanor, como usuario del ordenador y de su contenido... No existía, en el supuesto que nos ocupa, protección incluible en el art. 18.1 o en el 18.3 CE; ni hubo injerencia contraria a los derechos reconocidos en esos preceptos.

53 SAN ROMÁN IBARRONDO, Alfonso "Introducción a la delincuencia informatica" CEJ, 2008. Añade este autor que "incluso contando con los medios personales y materiales necesarios el copiado puede prolongarse durante demasiado tiempo por lo que será preciso retirar los soportes para ser analizados en dependencias policiales especializadas".

54 Siguiendo a FERNÁNDEZ LÁZARO, op. cit., págs. 125 a 143 "cuando eliminamos un archivo, lo único que estamos haciendo básicamente es cambiarle el nombre y suprimiendo su nombre de la lista de archivos existentes. En un primer momento, y mientras permanezca en la papelera de reciclaje, el archivo es renombrado y se mantendrá allí hasta que lo eliminemos o el espacio asignado para este menester se llene y entonces sea el propio sistema quien lo elimine. Pero aún entonces el contenido del archivo puede

de fácil disponibilidad que pueden recuperar la información borrada de cualquier soporte informático[55].

En cuanto a las dificultades derivadas del borrado del disco duro del ordenador (indeterminación de la fecha de borrado) es de interés la STS nº 432/2008, de 27 de mayo (Ponente Juan Saavedra Ruiz) que declara que "sostiene el recurrente que la Ley Orgánica citada entró en vigor en fecha 01/10/04 y teniendo en cuenta que los ficheros del ordenador que contenían las imágenes pornográficas estaban borrados y la pericial practicada por la Policía Científica no ha podido determinar con certeza la fecha en que ello se llevó a cabo, la vulneración del derecho invocado es consecuencia de lo anterior... Después de exponer los estudios realizados por los peritos en el disco duro, que se encontraba totalmente vacío, consiguieron recuperar una serie de ficheros, siendo posible determinar la fecha de su creación, modificación y último acceso, pero no la fecha de borrado. Teniendo en cuenta lo anterior, el informe aventura la hipótesis de que fueron borrados recientemente debido a que se recuperaron de forma completa, teniendo en cuenta que no es posible recuperar las imágenes borradas si hubiesen sido "*machacadas*" por el uso del ordenador. La

permanecer en el disco duro hasta que por necesidades de espacio el sistema sobrescriba en el lugar que ocupaba. Simplificando mucho las cosas podemos decir que por un lado se encuentran los datos para localizar el fichero dentro del disco duro, con todos sus atributos, y por otro el contenido del fichero. Al borrar definitivamente un archivo el sistema elimina, de esa tabla donde se contiene, la localización cualquier dato del fichero por lo que el sistema no puede acceder a él y lo considera desde ese momento como definitivamente borrado y marca el espacio ocupado por el archivo como disponible. Sin embargo el contenido permanece en alguna otra parte del disco duro y sólo cuando el sistema necesite espacio para un nuevo archivo será cuando sobrescriba sobre los datos originales. Esto significa que las oportunidades de recuperar un fichero borrado se incrementan en gran medida cuanto menos haya sido utilizado el ordenador posteriormente. Lamentablemente llegados a este punto la recuperación de archivos va más allá de lo que Windows puede hacer por lo que se hará necesario utilizar programas específicos para la recuperación de archivos que nos permitan acceder al contenido de ese archivo o, al menos a parte de él".

55 Para VIOTA MAESTRE, op. cit. pág. 1 "el caso más frecuente últimamente es el de recuperación de fotografías borradas de las tarjetas utilizadas en las cámaras digitales. Obviamente existen otras condiciones en las que la recuperación de esos ficheros se torna imposible, o extremadamente costosa".

conclusión en todo caso es "*que no se puede determinar las fechas de recepción de los ficheros borrados ni su fecha de borrado, si bien se puede hacer una estimación de la fecha de borrado, siendo ésta muy próxima a la última vez que se utilizó el ordenador*"... El motivo debe ser estimado... porque la conclusión es excesivamente abierta, careciendo de la rotundidad necesaria para establecer una convicción inequívoca sobre la cuestión sustancial que consiste en la posesión y existencia de los ficheros después de la entrada en vigor del precepto penal aplicado".

La SAP Madrid, sec. 7ª, nº 969/2010, de 2 de noviembre opta por la absolución en un supuesto en el que el acusado borró el material pornográfico, sin que se hubiera conseguido contradecir la versión del acusado de que procedió al inmediato borrado de los archivos pornográficos.

Se entiende justificado, en atención a lo sensible del material, denegar a la defensa una copia del disco duro conteniendo el material pornográfico, siendo suficiente ponerlo a su disposición en el Juzgado para su examen pericial (STS nº 842/2010, de 7 de octubre Pte.: Colmenero Menéndez de Luarca, Miguel).

4.5. Correo electrónico

Los contenidos de un mensaje electrónico no guardan gran diferencia con otros tipos de comunicaciones, por lo que deben entenderse protegidos por el derecho al secreto de las comunicaciones, y de conformidad con los arts. 18.3 CE, 579 LECrim y 35 de la Ley General de Telecomunicaciones su interceptación requiere autorización judicial[56].

Sin embargo, el correo electrónico presenta peculiaridades que hacen que la equiparación no sea plena[57].

---

56 En el mismo sentido, DE URBANO CASTRILLO, Eduardo "La valoración de la prueba electrónica" Tirant Lo Blanch, 2009 pág. 68.

57 Así se ha mantenido que "está fuera de toda duda que el contenido de los mensajes que se transmiten y reciben por la vía telemática afectan a derechos fundamentales y libertades públicas consagradas en la constitución, por lo que la intervención estatal sobre ellos requiere, de acuerdo con la doctrina del TC de la habilitación legal necesaria... Que el correo electrónico constituye una comunicación parece estar fuera de dudas. Conforme al art. 2 d) de la Directiva 58/2002/CE se entiende por tal "cualquier infor-

No será necesaria en todo caso autorización judicial ni citación del imputado para acceder a los correos electrónicos ya recibidos y abiertos[58]. En casos de urgencia y de acuerdo con los parámetros de la proporcionalidad, podría practicar por sí esta diligencia la Policía Judicial.

Puede apoyarse esta tesis en la doctrina sentada por la STC nº 70/2002, de 3 de abril que declara que "la protección del derecho al secreto de las comunicaciones alcanza al proceso de comunicación

---

mación intercambiada o conducida entre un número finito de interesados por medio de un servicio de comunicaciones electrónicas disponibles para el público. Sin embargo, la jurisprudencia del TC ha tenido oportunidad de pronunciarse acerca del verdadero alcance del derecho al secreto de las comunicaciones, introduciendo un importante matiz en las SSTC 70/2002, de 3 de abril y 123/2002 de 20 de mayo. Su lectura da pie a pensar que no todo el correo electrónico es vehículo de expresión de aquel derecho constitucional" RIVES SEVA, Antonio Pablo "La prueba en el proceso penal. Doctrina de la Sala Segunda del Tribunal Supremo" Thomson Aranzadi 2008 4ª edición pág. 751.

58 En este sentido "habría que distinguir un primer grupo integrado por el correo electrónico ya enviado y recibido pero aún no leído —se hallen los mensajes en el servidor o descargados en el ordenador del destinatario—, así como por los mensajes todavía en proceso de transferencia. La intervención jurisdiccional de este primer bloque de mensajes quedaría sujeta al régimen general del secreto de las comunicaciones, con la consiguiente aplicación, en función del criterio que se suscriba, de las normas relativas a la intervención judicial de las comunicaciones telefónicas o las que rigen la interceptación y apertura de la correspondencia. Pero, en todo caso, exigiendo siempre el presupuesto de legitimación representado por la previa autorización judicial. En cambio, un segundo bloque, compuesto por los mensajes de correo electrónico no enviados y los ya enviados, recibidos y leídos que se encuentren almacenados en el ordenador personal, se regirían por las normas generales sobre limitación al derecho a la intimidad, con la consiguiente modulación de los términos de la injerencia". MARCHENA GÓMEZ, Manuel "Dimensión jurídico penal del correo electrónico" Diario La Ley AÑO XXVII. Número 6475. Jueves, 4 de mayo de 2006. Este autor, a la vista de las dificultades que este régimen plantea postula una reforma legislativa y de lege data propone que "todas las incógnitas que ocasione la práctica de ese acto de investigación se resuelvan con arreglo a una perspectiva garantista, que no añada a la lamentable omisión legislativa el debilitamiento de las garantías que ofrece la intervención jurisdiccional".

En el mismo sentido, VELASCO NÚÑEZ, Eloy "Pericias informáticas: aspectos procesales penales (2ª Parte)" Editorial: El Derecho Editores Revista de Jurisprudencia, nº 4.

mismo, pero finalizado el proceso en que la comunicación consiste, la protección constitucional de lo recibido se realiza en su caso a través de las normas que tutelan la intimidad u otros derechos... En cuanto a la necesidad de autorización judicial... no existe en la Constitución reserva absoluta de previa resolución judicial... en la STC 37/1989, de 15 de febrero, en relación con la práctica de diligencias limitativas del ámbito constitucionalmente protegido del derecho a la intimidad, establecimos que era "sólo posible por decisión judicial"... aunque sin descartar la posibilidad de que en determinados casos y con la conveniente habilitación legislativa... tales actuaciones pudieran ser dispuestas por la policía judicial".

En el ámbito específico de la jurisdicción de menores se ha considerado necesaria la intervención del Juzgado para acordar el volcado de los datos de un ordenador procedentes de correos electrónicos[59].

4.6. Agendas de móviles

La problemática derivada del examen de la memoria del teléfono móvil ha sido abordada por la jurisprudencia del TC (vid. SSTC nº 70/2002 y 120/2002 y del TS (vid. SSTS nº 316/2000, 1235/2002, 1086/2003 y 1397/2005, de 30 de noviembre), partiéndose de que "la protección del derecho al secreto de las comunicaciones alcanza el proceso de comunicación del mismo, pero finalizado el proceso en que la comunicación consiste, la protección constitucional de lo recibido se realiza en su caso a través de las normas que tutelan la intimidad u otros derechos". En este contexto, la injerencia en el derecho a la intimidad "puede ser realizada por la Policía Judicial cuando exista un fin constitucionalmente legítimo, proporcionado para alcanzarlo y, en todo caso, sea respetuoso con el contenido esencial del derecho".

---

59 AAP Guipúzcoa (Sección 1ª) de 23 junio 2005 Ponente: Ilmo. Sr. D. Ignacio José Subijana Zunzunegui "la prueba propuesta por la acusación particular en este segundo grado jurisdiccional ya fue practicada en la instancia. A instancias del Ministerio Fiscal, y con el necesario aval judicial (autos del Juzgado de Menores de uno de febrero de 2005), se procedió al volcado, en presencia del Secretario Judicial, de los discos duros de los ordenadores personales de los menores radicados en sus respectivos domicilios y ulterior estudio de su contenido por la División de Policía de lo Criminal (Sección de Tecnología de la Información)".

Serían, pues, aplicables los mismos criterios que los referidos a la intervención de correo electrónico abierto[60].

En un supuesto de lectura de la agenda electrónica de un teléfono móvil, la STS nº 449/2006, de 17 de abril (Ponente Sánchez Melgar) considera que debe dársele el mismo tratamiento que a cualquier documento intervenido a un detenido porque la agenda electrónica "no es más que el trasunto de una agenda convencional, pero digitalizada". Por tanto, el derecho afectado sería el de intimidad y no el de secreto de comunicaciones, no existiendo por tanto monopolio jurisdiccional para su interceptación[61].

Debe mencionarse también la STS nº 316/2000, de 3 marzo (Pte.: Prego de Oliver y Tolivar, Adolfo), que declara que "la visión del número emisor que automáticamente aparece en la pantalla del receptor al margen de la voluntad de quien llama, y perceptible por cualquiera que tenga a la vista el aparato no entraña interferencia en el ámbito privado de la comunicación; ni tampoco lo es la previa

---

60 En este sentido "habría que distinguir un primer grupo integrado por el correo electrónico ya enviado y recibido pero aún no leído —se hallen los mensajes en el servidor o descargados en el ordenador del destinatario—, así como por los mensajes todavía en proceso de transferencia. La intervención jurisdiccional de este primer bloque de mensajes quedaría sujeta al régimen general del secreto de las comunicaciones, con la consiguiente aplicación, en función del criterio que se suscriba, de las normas relativas a la intervención judicial de las comunicaciones telefónicas o las que rigen la interceptación y apertura de la correspondencia. Pero, en todo caso, exigiendo siempre el presupuesto de legitimación representado por la previa autorización judicial. En cambio, un segundo bloque, compuesto por los mensajes de correo electrónico no enviados y los ya enviados, recibidos y leídos que se encuentren almacenados en el ordenador personal, se regirían por las normas generales sobre limitación al derecho a la intimidad, con la consiguiente modulación de los términos de la injerencia". MARCHENA GÓMEZ, Manuel "Dimensión jurídico penal del correo electrónico" Diario La Ley AÑO XXVII. Número 6475. Jueves, 4 de mayo de 2006. Este autor, a la vista de las dificultades que este régimen plantea postula una reforma legislativa y de lege data propone que "todas las incógnitas que ocasione la práctica de ese acto de investigación se resuelvan con arreglo a una perspectiva garantista, que no añada a la lamentable omisión legislativa el debilitamiento de las garantías que ofrece la intervención jurisdiccional".

61 En esta línea, VELASCO NÚÑEZ, Eloy "Pericias informáticas: aspectos procesales penales (2ª Parte)" Editorial: El Derecho Editores Revista de Jurisprudencia El Derecho, nº 4.

comprobación de la memoria del aparato, que tiene a tal efecto el simple carácter de una agenda electrónica y no la consideración de un teléfono en funciones de transmisión del pensamiento dentro de una relación privada de comunicación entre dos personas."

Las SSTS nº 1273/2009, de 17 de diciembre y 1315/2009, de 18 de diciembre también admiten el acceso policial a las agendas de los teléfonos móviles para comprobar identidades y coincidencias de números telefónicos, y para comprobación de contactos, siempre que la medida resultara *justificada y proporcional*; el contenido de agendas de teléfonos móviles estaría amparado tan solo por la protección del derecho a la intimidad.

No obstante, se ha apuntado que esta línea jurisprudencial no ha acabado de consolidarse, existiendo resoluciones contradictorias mas restrictivas[62].

4.7. Supuestos en los que es necesaria autorización judicial

El art. 1 del Convenio de Budapest da una definición de datos de tráfico: cualesquiera datos informáticos relativos a una comunicación por medio de un sistema informático, generados por un sistema informático como elemento de la cadena de comunicación, que indiquen el origen, destino, ruta, hora, fecha, tamaño y duración de la comunicación o el tipo de servicio subyacente.

Estos datos están protegidos en primer lugar por las normas relativas a la protección de datos personales, pero en la medida en que integran el proceso comunicativo, pueden verse amparados también por el derecho fundamental al secreto de las comunicaciones si se trata de comunicaciones en curso en las que se pretende vedar el acceso público.

Queda también protegido por el secreto de las comunicaciones además del contenido de las mismas, los datos externos de la conexión telefónica: su momento, duración y destino, por lo que para

62 Vid. RODRÍGUEZ LAÍNZ, José Luis "Incautación policial de teléfonos móviles y secreto de las comunicaciones" Diario La Ley, Nº 7536, Sección Doctrina, 28 Dic. 2010, Año XXXI, Editorial LA LEY. En este trabajo se analiza especialmente la STC 230/2007, de 5 de noviembre.

acceder a estos datos será también necesaria autorización judicial. En este sentido puede citarse la STS nº 236/2008, de 9 de mayo[63].

En la misma línea, la STS nº 292/2008, de 28 de mayo considera que "...en cualquier caso, y en principio, la comunicación de una persona con otra, a través de las posibilidades que ofrece la Red, se encuentra dentro del ámbito constitucionalmente protegido por el art. 18.3 C.E, que, recordemos, garantiza el secreto de las comunicaciones en general, aunque "en especial" de las postales, telefónicas y telegráficas siempre, claro está, que en cada caso quede constatado que tales comunicaciones se realizan en el ámbito de la privacidad de los comunicantes y en el ejercicio de su derecho a la intimidad, es decir, con voluntad de excluir toda injerencia de terceros en esa relación comunicativa, situación que habrá de ponderarse en cada supuesto atendiendo a las circunstancias concurrentes".

El término IMSI es el acrónimo de International Mobile Subscriber Identity. Se trata de un código de identificación único para cada dispositivo de telefonía móvil, representado por una serie de algoritmos, que se integra en la tarjeta SIM y que permite su identificación a través de las redes GSM y UMTS. Proporciona una medida adicional de seguridad en la telefonía móvil y, sobre todo, facilita la prevención del fraude en la telefonía celular.

---

63 "...Planteado así el problema, se hace preciso o cuando menos conveniente esbozar un esquema de los criterios legales y jurisprudenciales en orden a la calificación de la actuación policial de acuerdo con la legalidad procesal y constitucional... Desde la sentencia del Tribunal Constitucional nº 123 de 20 de mayo de 2002, se establece, haciéndose eco del caso Malone (2-8-84), resuelto por el Tribunal de Estrasburgo de Derechos Humanos, que la obtención del listado de llamadas hechas por los usuarios mediante el mecanismo técnico utilizado por las compañías telefónicas constituye una injerencia en el derecho fundamental al secreto de las comunicaciones reconocido en el art. 8 del Convenio Europeo, equivalente al 18-3 C.E. En cuanto al concepto de secreto de la comunicación no sólo cubre su contenido, sino otros aspectos de la comunicación, como la identidad subjetiva de los interlocutores. Consecuentemente podemos afirmar que el secreto a las comunicaciones telefónicas garantiza también la confidencialidad de los comunicantes, esto es, alcanzaría no sólo al secreto de la existencia de la comunicación misma y el contenido de lo comunicado, sino a la confidencialidad de las circunstancias o datos externos de la conexión telefónica: su momento, duración y destino...".

No es necesaria la autorización judicial para la recogida o captación técnica del IMSI, pero sí lo sería para recabar información sobre el número de abonado relacionado con el IMSI y el titular conocido (vid. STS nº 249/2008, de 20 de mayo Pte.: Marchena Gómez, Manuel)[64]. Doctrinalmente esta sentencia ha sido criticada, partiendo de que también debiera ser necesaria autorización judicial para acceder al IMSI[65].

Conforme a la Ley 25/2007, de 28 de octubre la petición de datos externos de la comunicación (listado de llamadas) requiere autorización judicial[66].

---

64 *«Para que la numeración IMSI brinde a los investigadores toda la información que alberga, es preciso que esa serie numérica se ponga en relación con otros datos que obran en poder del operador. Y es entonces cuando las garantías propias del derecho a la autodeterminación informativa o, lo que es lo mismo, del derecho a controlar la información que sobre cada uno de nosotros obra en poder de terceros, adquieren pleno significado. Los mismos agentes de Policía que hayan logrado la captación del IMSI en el marco de la investigación criminal, habrán de solicitar autorización judicial para que la operadora correspondiente ceda en su favor otros datos que, debidamente tratados, permitirán obtener información singularmente valiosa para la investigación. En definitiva, así como la recogida o captación técnica del IMSI no necesita autorización judicial, sin embargo, la obtención de su plena funcionalidad, mediante la cesión de los datos que obran en los ficheros de la operadora, sí impondrá el control jurisdiccional de su procedencia»*.

65 "...el barrido por procedimientos tecnológicos de las redes GSM con motivo de la emisión de una llamada telefónica por un sospechoso para acceder al número de IMSI... debería ser objeto de una concreta autorización judicial, al afectar a datos de tráfico de comunicaciones en el momento en que éstas tienen lugar, sometidas por tanto al imperio del art. 18.3 CE; no siendo dable en ningún caso hablar de una tangencial afectación del derecho a la protección de datos de carácter personal que permitiera un lícito acceso por parte de las Fuerzas y Cuerpos de Seguridad". RODRÍGUEZ LAINZ, José Luis "Dirección IP, IMSI e intervención judicial de comunicaciones electrónicas" Diario La Ley, Nº 7086, Sección Doctrina, 2 Ene. 2009, Año XXIX, Ref. D-382, Editorial LA LEY.

66 El nuevo régimen jurídico derivado de la Ley 25/2007 es analizado por RODRÍGUEZ LAINZ, José Luis "Dirección IP, IMSI e intervención judicial de comunicaciones electrónicas" Diario La Ley, Nº 7086, Sección Doctrina, 2 Ene. 2009, Año XXIX, Ref. D-382, Editorial LA LEY. Para este autor "la LOCDCE no hace sino crear una nueva fuente legal de información, un sistema de bases de datos, disponibles a los solos efectos de una ulterior eventual investigación criminal o en materia de inteligencia, y cuya utilidad queda garantizada por la proscrita utilización para fines diversos, así

La Ley 25/2007 ha introducido cambios esenciales, lo que ha motivado cierta perplejidad, reconocida en la STS 292/2008, de 28 de mayo, que declara que l*a complejidad de la materia, su ductilidad, y las singulares características de la normativa que la regula, hace necesario que futuras resoluciones de esta Sala vayan perfilando un cuerpo de doctrina atendiendo a las peculiaridades de cada caso en concreto*[67]. En nuestra opinión, la Ley 25/2007 incurre en un hipergarantismo entorpecedor de las investigaciones, no justificado desde el punto de vista de la proporcionalidad[68].

---

como por la limitación de las autoridades que pueden acceder lícitamente a su contenido, previo el recabo, siempre y en todo caso de la preceptiva autorización judicial. Pero la homologación y unificación de instituciones ha supuesto también la unificación del régimen jurídico, elevando el nivel de exigencias para el lícito acceso a la información, incluso en aquellos supuestos en que la misma, conforme al anterior régimen, estaba sometida a la disciplina de la protección de datos de carácter personal; toda vez que ya no servirá en general para la investigación de cualquier infracción criminal, sino de aquellos delitos que puedan calificarse como graves, bien según su acepción literal establecida en los arts. 13.1 y 33.2 del Código Penal, bien por la extensión jurisprudencial de la noción de delito grave a la *relevancia social del hecho* o *del bien jurídico protegido,* como sostuvieran entre otras las SSTC 299/2000, de 11 de diciembre; 14/2001, de 18 de enero, y 202/2001, de 15 de octubre, y STC, Pleno, 167/2002, de 18 de septiembre; y con la reciente STC 104/2006, de 3 de abril, a *la potencialidad lesiva del uso de instrumentos informáticos para la comisión del delito".*

67 Vid. igualmente RODRÍGUEZ LAINZ, José Luis "El principio de proporcionalidad en la nueva Ley de conservación de datos relativos a las comunicaciones" Diario La Ley, Nº 6859, Sección Doctrina, 11 Ene. 2008, Año XXIX, Ref. D-10.

68 En este sentido se ha considerado que "Habría que distinguir *de lege ferenda* entre los datos que verdaderamente afectan al derecho a la intimidad y los que no. Cualquier persona puede conocer, sin dificultades y sin violentar derecho fundamental alguno, la dirección física, la matrícula del vehículo, el número de teléfono, propiedades inmobiliarias, cargos en una sociedad, etc de una persona. Pero parece que no se puede acceder a los datos genéricos del usuario de una determinada IP. Cabría preguntarse si se está utilizando adecuadamente la proporcionalidad al proteger de igual forma datos que afectan de modo muy distinto a la esfera de la intimidad. Desde aquí se postula un correcto entendimiento de los bienes en conflicto sin extensiones artificiales del derecho a la intimidad que redunden en facilitar la impunidad de los delitos realizados a través de Internet". SAN ROMÁN IBARRONDO, Alfonso "Introducción a la delincuencia informática" CEJ, 2008.

El Pleno no jurisdiccional de la sala segunda del Tribunal Supremo de fecha 23 de febrero de 2010 ha acordado que *es necesaria la autorización judicial para que los operadores que prestan servicios de comunicaciones electrónicas o de redes públicas de comunicación cedan los datos generados o tratados con tal motivo. Por lo cual, el Ministerio Fiscal precisará de tal autorización para obtener de los operadores los datos conservados que se especifican en el art. 3 de la Ley 25/2007, de 18 de octubre.*

4.8. La cadena de custodia

Puede ser definida la cadena de custodia como el procedimiento exigido por el art. 326 LECrim, a través del que se trata de asegurar que lo aprehendido en la instrucción y que ha de ser analizado pericialmente o examinado directamente por el órgano jurisprudencial que ha de valorar la prueba sea lo mismo y permanezca en las mismas condiciones que en el momento en que se incorporó al proceso, a fin de garantizar su eficacia y validez probatoria.

La obligación de dejar debida constancia de la cadena de custodia, es de tal entidad que su infracción puede llevar a la nulidad de la diligencia (vid. SSTS nº 701/2006, de 27 de junio y nº 501/2005, de 19 de abril).

Es importante documentar debidamente en el acta de entrada y registro los ordenadores, unidades de disco duro y demás material intervenido, a fin de asegurar que la cadena de custodia no quede interrumpida, de modo que pueda acreditarse que el material analizado por los peritos se corresponde con el intervenido al imputado.

Un supuesto de ruptura de la cadena de custodia lo analiza la SAP Pontevedra, sec. 5ª, nº 38/2009, de 18 de junio[69]. Para esta resolución, "la consecuencia de la rotura de la cadena de custodia no ha de ser la nulidad de la pericia, como se solicitó por la defensa, pues la misma no supone la infracción de derecho fundamental alguno, sino que, por afectar sólo a la atendibilidad probatoria, la única consecuencia sería no poder dar a las conclusiones del perito valor de

---

69 Pte.: Ferrer González, José.

prueba de cargo apta para enervar la presunción de inocencia (artículo 24 de la Constitución Española)”[70].

4.9. El hash

Cada fichero informático tiene una firma digital o valor hash que lo identifica, lo hace único, independientemente del nombre del fichero, lo que permite comprobar qué usuarios comparten dicho archivo, incluyendo la dirección IP de conexión y el nombre con el que se almacena el archivo. (vid. SAP Albacete, sec. 1ª, nº 13/2009, de 23 de abril[71]).

Por tanto la investigación a través del *hash* se torna en estos casos en potente medio probatorio.

La función *hash*, combinada con la utilización de buscadores especiales, facilita las investigaciones de la difusión a través de programas P2P. El hash de los archivos informáticos como elemento de identificación es equivalente al ADN. De hecho, la tecnología utilizada, creada por Microsoft, se denomina PhotoDNA. La Guardia Civil tiene clasificadas e identificadas cerca de 50.000 imágenes de

---

70 “En el acta en la que se documenta la diligencia de entrada y registro en la vivienda del acusado no aparece identificado el disco duro de la CPU del equipo intervenido (lo que hubiera exigido reseñar la marca y el número de serie de tal unidad de almacenamiento), no reseñándose más que un número de IP que sólo identifica al equipo informático durante su conexión a internet; 2.– En el acta en que habría de documentarse la diligencia de realización de copias del disco duro para su entrega el perito que habría de realizar el informe (folios 84 y 85) aparecen dos CPUs y tres discos duros,; 3.– Si a la falta de identificación del disco duro de la CPU intervenida al acusado (y que era una sola unidad de almacenamiento la intervenida aparece acreditado por la declaración en el juicio del funcionario policial 63432 que intervino en el registro al manifestar que había un solo disco duro y estaba dentro del ordenador) se une la falta de coincidencia no sólo del número de discos duros (tres) sino incluso de CPUs (dos) cuya copia se entrega al perito que ha de elaborar el informe no puede asegurarse, con la certeza necesaria en un proceso penal, que alguno de los discos duros que fueron analizados por el perito fuera el disco duro incautado en el registro al acusado, y, por tanto, tampoco puede tenerse como probado cual fuera el concreto contenido del mismo”.

71 Pte.: García Bleda, José.

contenido pedófilo que están en Internet y que con asiduidad son intercambiadas por los pedófilos

La utilización de aplicaciones (Hispalis, Nautilus)[72] para rastrear en las redes P2P a fin de localizar equipos informáticos que están descargando, poseen o comparten fotografías y videos de carácter pedófilo a través del hash ha sido admitida por el Tribunal Supremo (vid. STS nº 680/2010, de 14 de julio).

5. MEDIDAS CAUTELARES, PENAS Y CONSECUENCIAS ACCESORIAS PARA PERSONAS JURÍDICAS Y ASIMILADAS

Tras la reforma operada por Ley Orgánica 5/2010, de 22 de junio se suprime el art 189.8 CP, que habilitaba para imponer las medidas previstas en el artículo 129 CP (clausura temporal de locales o establecimientos y la suspensión tanto en sentencia como previamente con carácter cautelar) en materia de pornografía infantil *cuando el culpable perteneciere a una sociedad, organización o asociación, incluso de carácter transitorio, que se dedicare a la realización de tales actividades*.

Conforme al nuevo art. 189 bis, introducido por LO 5/2010 cuando una persona jurídica sea responsable de los delitos de pornografía infantil se someterán al nuevo régimen especial de responsabilidad penal (art. 31 bis). Para estos casos, además, el nuevo art. 33.7 prevé la posibilidad de acordar como medida cautelar durante la instrucción de la causa la clausura temporal de los locales o establecimientos, la suspensión de las actividades sociales y la intervención judicial.

El art. 129 CP se reserva para delitos o faltas cometidos en el seno, con la colaboración, a través o por medio de empresas, organizaciones, grupos o cualquier otra clase de entidades o agrupaciones de personas que, por carecer de personalidad jurídica, no estén comprendidas en el artículo 31 bis. El apartado tercero de este precepto también prevé la posibilidad de acordar estas medidas con carácter cautelar.

---

[72] http://www.guardiacivil.org/prensa/notas/noticia.jsp?idnoticia=1828

Conforme al nuevo art. 129.2 CP *las consecuencias accesorias a las que se refiere en el apartado anterior sólo podrán aplicarse a las empresas, organizaciones, grupos o entidades o agrupaciones en él mencionados cuando este Código lo prevea expresamente, o cuando se trate de alguno de los delitos o faltas por los que el mismo permite exigir responsabilidad penal a las personas jurídicas.*

En estos casos, en el procedimiento habrá de darse audiencia al Fiscal y a los titulares o sus representantes legales y dictar resolución motivada, que deberán estar orientadas a prevenir la continuidad en la actividad delictiva y los efectos de la misma.

6. PERICIAL PÚBLICA Y RATIFICACIÓN EN JUICIO ORAL

Entendemos que a las periciales públicas derivadas de las investigaciones sobre ordenadores le debe ser de aplicación la jurisprudencia del TS que tiende a considerarlas prueba preconstituida documental, válida y valorable sin necesidad de citar a los autores de la pericial, salvo que sean impugnadas en tiempo hábil.

En principio podrían ser aplicables —*mutatis mutandis*— las conclusiones de la Instrucción de la Fiscalía General del Estado 7/2004, de 26 de noviembre, *sobre citación para el acto del juicio oral de los peritos autores de informes sobre análisis de sustancias intervenidas en causas por delitos contra la salud pública*: 1º Cuando se proponga como documental el informe sobre análisis de la sustancia intervenida, solicitarán los Sres. Fiscales en el acto del juicio oral la reproducción de la misma con la lectura del análisis documentado. B 1º Cuando ya durante la fase de instrucción la Defensa ha impugnado el informe pericial, los Sres. Fiscales habrán de interesar en su escrito de calificación la práctica de la prueba pericial con citación de los autores del informe. 2º En otro caso, los Sres. Fiscales, con carácter general, al proponer la prueba en las conclusiones provisionales, interesarán la citación como peritos de los autores del informe..., pero a esa petición de prueba añadirán por Otrosí que en caso de que la Defensa no impugne en sus conclusiones provisionales la prueba pericial, se renuncia a su práctica y se interesa expresamente que no sean citados los peritos a juicio. 3º En todo caso, se propondrá con carácter de prueba documental, con expresa reseña del folio o folios, el informe de análisis de droga emitido por los correspondientes centros oficiales.

No obstante, la complejidad inherente a la pericial informática, las necesidades de conocimientos especializados, y la riqueza de cuestiones que pueden plantearse en el juicio oral hacen necesaria la citación de los peritos, salvo supuestos en los que acusación y defensa expresamente acepten el informe y prescindan de proponer la práctica de esta prueba. En estos casos deberá ser propuesto el informe como documental.

Las dificultades que pudieran presentarse por saturación de trabajo de los peritos oficiales podrían fácilmente orillarse mediante el empleo de la videoconferencia.

7. PRINCIPIO ACUSATORIO

El cambio de la acusación de posesión de pornografía a distribución de pornografía exige dar la oportunidad a la defensa de articular pruebas y alegaciones de descargo. En otro caso, se genera indefensión[73].

---

73 Para la STS nº 1152/2009, de 27 de octubre (Pte.: Granados Pérez, Carlos) "es cierto que, entre la calificación provisional y la calificación definitiva, el Ministerio Fiscal modificó no solo la modalidad delictiva objeto de acusación, ya que inicialmente lo fue de un delito de posesión de material pornográfico de menores de edad para uso propio, ...y en las definitivas lo fue de un delito de facilitación de la distribución o exhibición de material pornográfico en cuya elaboración se han utilizado menores de trece años, de carácter continuado, previsto en el artículo 189.1.b) en relación con los artículos 189.3 a) y 74, todos del Código Penal, sino que también se modificó el relato de hechos objeto de la acusación en cuanto en las conclusiones definitivas se incluyó la siguiente frase: "mediante el programa Emule, a sabiendas de que con ello estaba compartiendo dicho material con el resto de usuarios de la red", frase que no constaba en las conclusiones provisionales... no toda modificación de las calificaciones provisionales al fijarse las definitivas que incide en elementos esenciales del hecho constitutivo de delito o que implica una nueva calificación jurídica infringe el derecho de defensa si, utilizando las vías habilitadas al efecto por la Ley de Enjuiciamiento Criminal, se permite su ejercicio respecto de esos nuevos hechos y su calificación jurídica... una alteración tan significativa de los hechos objeto de acusación ha de efectuarse sin limitar en modo alguno al acusado su derecho de defensa...

No existe por contra ningún problema desde la perspectiva del principio acusatorio en modificar la inicial calificación de difusión por la de posesión, teniendo en cuenta que la primera es mas grave y contiene todos los elementos de la segunda.

En este sentido, la SAP Madrid, sec. 1ª, nº 18/2010, de 15 de enero[74] rechaza que se produzca vulneración alguna del principio acusatorio, "porque por descarte, si se constata que se posee intencionadamente pornografía infantil, y la misma no es para facilitarla o distribuirla a terceros, es porque se detenta para uso personal, y tal condena cumple los presupuestos establecidos en el art. 789.3 de la LECrim, toda vez que no conlleva mutación sustancial del hecho imputado ni diversidad del bien jurídico protegido, y la pena con la que está castigado el delito del art. 189.2 del CP es inferior a la de los tipos penales cuya aplicación instaba el Ministerio Fiscal".

8. PRUEBA DE LA AUTORÍA

No es infrecuente que el acusado trate de difuminar la autoría alegando que el ordenador era utilizado por una pluralidad de personas. En este sentido es interesante la STS nº 107/2010, de 16 de febrero (Pte.: Ramos Gancedo, Diego Antonio) que utiliza máximas de experiencia para dar por acreditada la autoría. Declara esta sentencia que "descartamos toda participación en tales hechos de amigos y familiares que acudían al domicilio del acusado, ya que incluso llegando a admitir el uso del ordenador por parte de aquéllos para comunicarse a través de los chats o correos electrónicos con otras personas, resulta fuera de toda máxima de experiencia el empleo del ordenador situado en un domicilio para realizar descargas de inter-

---

en la modificación efectuada en las conclusiones definitivas, se ha producido, asimismo, una alteración esencial en los hechos en los que se sustenta la acusación, sin que se haya ofrecido a la defensa la oportunidad de cuestionar tal alteración fáctica que permite una calificación jurídica distinta y más grave... Así las cosas, procede estimar el motivo en el sentido de limitar la acusación por un delito de posesión de material pornográfico, en cuya elaboración se hubieran utilizado menores de edad, para uso propio, previsto y penado en el artículo 189.2 del Código Penal, como se solicitaba en el escrito de conclusiones provisionales del Ministerio Fiscal.

74 Pte.: Perdices López, Araceli.

net que, en ocasiones, por la propia conexión, las colas, etc., duran horas y se interrumpen. Tampoco se encontraría explicación para el hecho de que, realizada entonces la descarga, la visita o pariente la hubiese dejado en el ordenador del acusado y no la hubiese borrado o llevado consigo en uno de los varios dispositivos de almacenamiento de los existentes en el mercado".

9. LA ESPECIALIZACIÓN EN LA PERSECUCIÓN

La complejidad de la persecución de los delitos informáticos hace más que aconsejable, necesaria la especialización no solo por parte de Policía Judicial sino también por el Ministerio Fiscal y los Jueces[75], habiéndose impulsado este proceso desde diversas instancias[76].

En relación con la Fiscalía, ya en 1999 el informe de la Comisión Especial sobre Redes Informáticas del Senado propuso la creación de una Fiscalía Especial para combatir los delitos cometidos por medio de Internet. Esta propuesta fue también planteada por el Defensor del Menor de la Comunidad de Madrid.

---

75 PÉREZ GIL, op. cit. pág. 28 apunta con precisión la justificación de la especialización "se habrá de evitar convertir al juez en mero homologador formal de resoluciones que ya le vengan dadas. La requerida especialización para una investigación precisada de una tecnificación y grado de conocimiento exacerbado puede ser una de las vías para que la Policía pueda verse liberada de controles por parte del instructor y el fiscal. La complejidad técnica en la investigación de determinados delitos o la urgencia para asegurar fuentes de prueba se han erigido en muchas ocasiones en la única motivación para delegar en la Policía Judicial funciones eminentemente ligadas a facultades judiciales instructoras".
Para LANNING, op. cit. pág. 182 agente especial destinado en la Unidad de Ciencias de la Conducta del FBI y con mas de cuarenta años de experiencia en delitos sexuales contra menores, *Any law-enforcement officer assigned to the investigation of child sexual exploitation should be a volunteer, even if reluctant at first, who has been carefully selected and trained in this highly specialized work.*

76 En este sentido, las Recomendaciones de Save the children: "Save the Children welcomes the growing knowledge base amongst law enforcement agencies about child sexual abuse in relation to the Internet and encourages the further training of specialized child protection teams" Position paper on child pornography and Internet-related sexual exploitation of Children Save the Children Europe Group May 2004.

El Fiscal General del Estado delegó en 2006 en un Fiscal de Sala la coordinación de la persecución de la criminalidad informática, habiéndose constituido en algunas Fiscalías provinciales el denominado Servicio de Criminalidad Informática (SCI). Este conato de especialización aún no ha cristalizado, a diferencia de otras áreas (menores, violencia de género, siniestralidad laboral, extranjería, medio ambiente, seguridad vial) que cuentan con Secciones especializadas y Fiscales Delegados a nivel territorial y Fiscales de Sala y Fiscales adscritos dentro de la Fiscalía General del Estado.

No obstante, el reciente Real Decreto 1735/2010, de 23 de diciembre, *por el que se establece la plantilla orgánica del Ministerio Fiscal para el año 2010* prevé en su art 1 a) la creación en la Fiscalía General del Estado de una plaza de primera categoría de Fiscal de Sala Coordinador de la criminalidad informática, por lo que parece que la Fiscalía General del Estado va a impulsar la especialización en este área. Es de suponer que esta nueva Unidad asumirá la coordinación en materia de delitos de pornografía infantil cometidos por medio de Internet.

Por lo que toca a la policía judicial, en 1996 se creó en el seno de la Unidad Central Operativa de la Guardia Civil el Grupo de Delitos Telemáticos[77].

En el ámbito de la Policía Nacional funciona la denominada Brigada de Investigaciones Tecnológicas (BIT)[78].

10. COOPERACIÓN JUDICIAL INTERNACIONAL

Ya la Recomendación nº R (95) 13 del Comité de Ministros del Consejo de Europa de 11 de septiembre de 1995, relativa a problemas de derecho procesal penal relacionados con las tecnologías de la información subrayaba la necesidad de coordinar la investigación para combatir los delitos informáticos en un contexto internacional.

---

77 http: //www.guardiacivil.es/telematicos/index.htm.

78 Vid. en relación con esta unidad especializada, http: //www.mir.es/policia/bit/index.htm Actualmente, la Brigada de Investigación Tecnológica, la BIT, dispone de 45 agentes especializados en este tipo de ciberdelitos, en total, algo más de 200 ciberagentes que rastrean la red e investigan esta grave forma de violencia contra la infancia.

La propia naturaleza de Internet, como red de redes que opera sin fronteras, obliga a estrechar los mecanismos de cooperación jurídica internacional. La pornografía puede haberse obtenido en un país, haberse distribuido en otro distinto y haber sido descargada en un tercer país, no siendo éste —pese a lo que pudiera parecer— un supuesto de laboratorio sino que se da con frecuencia en la práctica[79]. Las investigaciones importantes casi siempre tienen un elemento transnacional[80]. Resulta ilustrativa la recientemente ejecutada operación "Azahar", en octubre de 2005, que coordinada por Eurojust, se saldó con 24 detenciones en distintas CCAA españolas además de las realizadas en otros 15 países de los cuatro continentes, localizándose un total de 629 objetivos[81]. En la operación *Candyman*, llevada a cabo por el FBI, en el año 2002, se investigó a un total de 7000 miembros, 2.400 de los cuales residían en el extranjero[82]. En la operación *Avalanche* el *United States Postal Inspection Service* inició actuaciones contra 75.000 personas, que habían adquirido pornografía infantil en una web mediante pago con tarjeta de crédito.

Ello exige mecanismos como los previstos por el Convenio de Budapest, que incluye el establecimiento de una red permanente para asegurar la asistencia rápida entre los Estados signatarios "24/7" (24 horas, 7 días).

---

79 Para PÉREZ GIL, op. cit. pág. 19 "el carácter transfronterizo o desterritorializado de la delincuencia que se sirve de sistemas informáticos nos viene a hablar de que cualquier medida normativa que no sea de carácter universal contiene en sí misma las vías para escapar de ella. Se hace evidente que una regulación en esta materia sólo puede venir predeterminada por instrumentos que superen las barreras que suponen las fronteras entre los Estados".

80 Vid. WORTLEY y SMALLBONE, op. cit. "Internet child pornography is unlike most crimes local police departments handle. Local citizens may access child pornography images that were produced and/or stored in another city or on another continent. Alternatively, they may produce or distribute images that are downloaded by people thousands of miles away. An investigation that begins in one police district will almost certainly cross jurisdictional boundaries. Therefore, most of the major investigations of Internet child pornography have involved cooperation among jurisdictions, often at an international level".

81 http://www.guardiacivil.org/prensa/notas/noticia.jsp?idnoticia=1829.

82 http://www.fbi.gov/pressrel/pressrel02/cm031802.htm.

Como especialidades de los instrumentos de cooperación puede mencionarse en relación con la aplicación de la orden europea de detención la previsión del delito de pornografía infantil como uno de los que debe dar lugar a la entrega de la persona reclamada sin control de la doble tipificación de los hechos[83].

En la misma línea, la Decisión Marco 2008/909/JAI del Consejo de 27 de noviembre de 2008 relativa a la aplicación del principio de reconocimiento mutuo de sentencias en materia penal por las que se imponen penas u otras medidas privativas de libertad a efectos de su ejecución en la Unión Europea incluye en su art. 7.1 al delito de pornografía infantil como uno de los supuestos que dan lugar al reconocimiento de la sentencia y su ejecución sin control de la doble tipificación de los hechos[84].

Esto mismo es aplicable a la Decisión Marco 2003/557/JAI en materia de embargos y aseguramiento de pruebas.

Se ha destacado el importante papel que juega INTERPOL a la hora de cursar solicitudes[85]. Debe no obstante tenerse presente que en una investigación llevada a cabo en 2002 por el *International Centre for Missing & Exploited Children* entre los 184 países miembros de INTERPOL, resultó que en un total de 94 países no existía un tipo penal para combatir la pornografía infantil[86].

---

83 En este sentido, PRADA SOLAESA, José Ricardo de "La orden europea de detención y entrega" Estudios de Derecho Judicial 61/2004 págs. 347 a 433.

84 Dispone este precepto que *darán lugar al reconocimiento de la sentencia y a la ejecución de la condena impuesta, en las condiciones que establece la presente Decisión Marco y sin control de la doble tipificación de los hechos, las infracciones siguientes, siempre que estén castigadas en el Estado de emisión con una pena o una medida privativa de libertad de un máximo de al menos tres años, tal como se definen en el Derecho del Estado de emisión: – explotación sexual de los niños y pornografía infantil.*

85 SALOM CLOTET op. cit. pág. 23 ha considerado que INTERPOL "se ha convertido en el organismo mas comúnmente empleado para gestionar todas las peticiones a nivel internacional" Este mismo autor apunta a una exitosa utilización de otras vías al margen de INTERPOL tales como EUROPOL, EUROJUST, IBERRED, Oficiales de Enlace, G-8 etc.

86 Child Pornography: Model Legislation & Global Review Copyright © 2006, International Centre for Missing & Exploited Children pág. 5.

III. ASPECTOS CRIMINOLÓGICOS

1. PAPEL DE INTERNET Y DE LAS NUEVAS TECNOLOGÍAS

En la actualidad, desde una perspectiva criminológica, puede decirse que el delito de pornografía infantil se perpetra básicamente a través de Internet. Obviamente antes de que existiera Internet también se cometía este delito, pues el tratamiento de niños como objetos sexuales ha existido desde siempre, en las primeras fases en forma de literatura erótica e ilustraciones relativas a menores. La pornografía en su sentido actual comienza con la aparición de la cámara a principios del Siglo XIX. De forma inmediata empezaron a producirse, comerciarse y coleccionarse imágenes sexuales de menores. No obstante, la pornografía infantil fue una actividad muy marginal durante la mayor parte del Siglo XX. Las imágenes eran de una calidad muy pobre, caras y de difícil obtención. La relajación de los estándares de la censura fomentó el incremento en la disponibilidad de pornografía infantil. En 1977 se calculaba que existían en los Estados Unidos 250 revistas de pornografía infantil, muchas importadas de Europa. Pese a la preocupación por la extensión de la pornografía infantil, las Fuerzas de Seguridad tenían un razonable éxito y frenaban estas manifestaciones criminales. Desde mediados de los 80 en Estados Unidos y Canadá se produjo un claro descenso en el número de niños representados en pornografía distribuida comercialmente. Este declinar de la pornografía infantil comercial fue sin embargo sustituido por material elaborado por aficionados por medio de video cámaras. Pese a ello, aún en la actualidad se ha detectado utilización de menores en algunas revistas pornográficas, por lo que puede decirse que pese a la disminución de la producción comercial, ésta sigue existiendo, y de hecho se está incrementando en Japón[1], donde además tiene gran impacto las denominadas revistas manga[2].

---

1 HEALY, op. cit. menciona a la revista *Seventeen*.

2 "In Japan the possession and distribution of very explicit manga is perfectly legal although they can portray very detailed images of sexual abuses such as child rape. The proposed Virtual Child Pornography Bill, which would

En la Declaración del Primer Congreso Mundial contra la Explotación Comercial de los Niños se identificaron como factores que contribuyen al incremento de la pornografía infantil los siguientes: disparidades económicas, estructuras socioeconómicas injustas, la desintegración familiar, la carencia de educación, el creciente consumismo, la migración rural-urbana, la discriminación de género, la conducta sexual masculina irresponsable, las prácticas tradicionales nocivas y el tráfico de niños, la ausencia de legislación adecuada, la laxitud en el cumplimiento de la Ley y la limitada sensibilidad del personal encargado de la aplicación de la ley en relación con los efectos nocivos sobre los niños[3].

La situación dio un giro dramático a partir de la aparición de Internet, generando la necesidad de nuevos abordajes del problema. Desde un punto de vista meramente cuantitativo, el impacto de la Red puede calificarse de brutal[4]. Tras la eclosión de Internet, la primera fase de distribución de pornografía infantil tuvo lugar a través de páginas web. Las páginas se alojaban en un servidor de Internet

---

criminalize virtual child pornography in Japan, has been recently put on hold". Hightlights of progress on world congress iii recommendationShttp://www.ecpat.net/EI/Pdf/Child_abuse_image.pdf.

3 Vid. MARCOS MARTÍN, Teresa "Pornografía infantil en Internet: los Derechos del niño y su protección internacional" VVAA "Los derechos de la infancia y de la adolescencia" Ariel, 2006, pág. 320.

4 CARR aporta datos espectaculares: "In 1995, arguably the last year before the internet started to take off in the UK, the Greater Manchester Police Abusive Images Unit seized the grand total of 12 indecent images of children, all of them on paper or on video. In 1999 the same squad seized 41,000, all barthree of which were on computers and had come from the internet.43 Preinternet a typical arrest for possession of child abuse images would involve only a handful of pictures, all printed on paper or on tape of some kind. A haul of hundreds would have been sensational. In December 2003 a UK man was convicted of having 450,000 images in his possession, easily beating the record, set earlier in the year, of 250,000 images. In the Wonderland case in 1999 police seized 750,000 images from around 100 men in one operation. In New York, in a single raid on one address, police seized an estimated one million images. All of these numbers are a very long way from the 12 seized in Manchester in 1995. CARR, John "Child abuse, child pornography and the internet" www.make-it-safe.net/.../Child_pornography_internet_Carr2004.pdf Child abuse, child pornography and the internet www.make-it-safe.net/.../Child_pornography_internet_Carr2004.pdf, pág. 18.

y el traficante de pornografía ofrecía su material permitiendo el acceso a cambio de un cargo en la tarjeta de crédito del cliente cuyo número previamente tenía que facilitar éste. Estas páginas web entraron en crisis como consecuencia de denuncias y de acciones de *hackers*. Las páginas web dejaron de estar registradas en buscadores pero continuaron ubicadas en un servidor, que es el que ofrece la dirección en la red.

Cada vez se detecta mas la tendencia a la especialización en los ciberpedófilos, que no pierden comba ante los rápidos avances de la tecnología de Internet. Las redes P2P, los denominados remailers (servidores que ocultan la identidad del remitente) y sobre todo la encriptación de archivos, son retos para las Brigadas Policiales, de manera que puede hablarse de una verdadera carrera entre los pedófilos y la policía[5].

La libertad, incluso podríamos decir, la anarquía que "gobierna" Internet está en la base de la fácil y masiva introducción de pornografía infantil en su seno[6]. Se ha argumentado que Internet es la última entidad democrática y que es por esencia ingobernable[7]. Internet es un nuevo concepto de medio de comunicación de masas, pues en él los roles de emisor y receptor se difuminan y confunden. Cualquier usuario puede pasar a desempeñar el papel de emisor de contenidos. Además, las posibilidades de reaccionar contra contenidos ilegales se reducen drásticamente pues por el sencillo expediente de alojar una página en un servidor ubicado en un país más permisivo pueden burlarse los controles desplegados por un ordenamiento jurídico. También Internet ha incrementado dramáticamente la cantidad de material disponible, la eficacia en la distribución y la facilidad de

---

5 WORTLEY/ SMALLBONE. op. cit. pág. 13.

6 Se ha mantenido que "el mejor ejemplo de la falta de regulación y control de la red sea la difusión, realmente espectacular, de pornografía infantil a través de sus páginas. Es sumamente sencillo, tanto como acceder a la página Web de un diario nacional, el acceder a imágenes de pederastia, pornografía infantil, vídeos sexuales con menores, etc., sin que hasta ahora la acción de los Estados parezca suficiente para evitar tan triste ejemplo de decadencia" LÓPEZ MORENO, Juana / FERNÁNDEZ GARCÍA, Emilio Manuel, "La world wide web como vehículo de delincuencia: supuestos frecuentes" Cuadernos de Derecho Judicial 10/2001 págs. 399 a 456.

7 Ibidem pág. 25.

su accesibilidad. Además, se han abierto paso las posibilidades de experiencias interactivas y en tiempo real[8].

En cuanto al volumen de la actividad en Internet puede decirse que las cifras del tráfico de pornografía hacen prácticamente imposible investigar a todos los que se descargan material de este tipo[9]. En tanto Internet es un sistema descentralizado, el control de la pornografía infantil es muy difícil, pues como red de redes, cuando un acceso es bloqueado, aparecen nuevos accesos alternativos que llevan al mismo destino. Del mismo modo, si una web o grupo de noticias es cerrado, de modo instantáneo otros lo reemplazan. La naturaleza descentralizada de Internet y las dificultades resultantes para restringir la distribución de este material queda ejemplificada por las redes P2P que suponen conexiones directas entre ordenadores sin necesidad de un servidor central.

Se ha hablado de efecto acumulativo y efecto bola de nieve, en tanto que hasta la fecha no ha sido posible retirar completamente de Internet ningún material y en cuanto simultáneamente va incorporándose material nuevo.

Según el informe de UNICEF "la infancia amenazada" dos millones de menores son explotados en la industria del sexo[10].

Por otro lado, un efecto adicional perverso de Internet ha sido el de ofrecer un ámbito amistoso para los pedófilos, que entablan redes, se intercambian material, se animan mutuamente y, en definitiva, dan una justificación recíproca a sus conductas, reforzándolos en sus perversiones.

La aparición de las video cámaras y su progresivo abaratamiento también tuvo un poderoso impacto en el incremento del material

---

8 WORTLEY/ SMALLBONE. op. cit. pág. 15.

9 CARR da datos recientes realmente espectaculares: en 2006 la policía danesa estimó que 238.000 usuarios habían intentado acceder a sitios de pornografía infantil en un período de cinco meses. En Noruega, con la introducción de tecnología de bloqueo se estimó que se estaba impidiendo entre 10.000 y 12.000 accesos diarios a sitios de pornografía infantil CARR, John "The Internet dimension of sexual violence against children" Protecting children from sexual violence. A comprehensive approach" Publishing Editions. Council of Europe. Novermber, 2010 pág. 279.

10 KUNICKA-MICHALSKA, Bárbara "Pornografía infantil y delitos conexos. Problemas escogidos" VVAA Universitas vitae. Homenaje a Ruperto Núñez Barbero. Ediciones Universidad de Salamanca, 2007 pág. 352.

de pornografía infantil. El material videográfico presentaba claras ventajas para los productores de este material, al no tener proceso de revelado comercial y al poder fácilmente obtenerse duplicados. Ello ha generado la producción de muchos videos de aficionados. En Estados Unidos la detección de videos caseros sigue siendo una prioridad para la Policía. Sigue de hecho interviniéndose material de este tipo por el *U.S. Postal Service*. Los expertos pronostican que este material pronto estará disponible en Internet[11].

El impacto de Internet en la pornografía infantil ha sido expuesto en toda su dimensión por el Informe de Anesbad que subraya el hecho de que la Red permite la posibilidad de unir y poner en contacto a los miles de pedófilos y pederastas que existen en el mundo. Igualmente, facilita la distribución y transmisión de pornografía infantil de una forma fácil, rápida y sencilla, bajo el supuesto anonimato que concede la red de redes. La facilidad para crear sitios webs, comunidades, foros, chats... y el conocimiento de este medio por parte de la sociedad, está permitiendo que cada vez sea mayor el número de usuarios que acceden a zonas de este tipo que contienen pornografía infantil. De este modo, los pedófilos ven 'normalizada' su situación y pierden el miedo a 'salir a luz' y comparten las fotografías, vídeos... con el resto de usuarios interesados en este negocio. El intercambio entre usuarios está provocando que el número de zonas gratuitas donde se puede visualizar y compartir material de sexo con menores se acerque cada vez más al número de webs de pago, que hasta hace pocos años, era la única forma que tenían los pedófilos de poder visualizar la pornografía en la que están realmente interesados. La nueva situación lleva al consumidor a convertirse en distribuidor de pornografía infantil, ya que en las comunidades, foros, chats... en los que quiera participar deberá hacerlo de una forma activa. Es decir, deberá compartir con el resto de los usuarios el material que tiene en propiedad, de manera que se fomenta, cada vez más, esta problemática. Principalmente en países de la antigua Unión Soviética (Rusia, Ucrania, Moldavia...) las mafias alojan sus páginas. El desarrollo de la pornografía infantil en Internet también se debe, en parte, a las diferentes legislaciones sobre esta problemática que existen en cada país. Esto provoca, en muchas ocasiones, grandes vacíos legales que son aprovechados para utilizar la Red de

---

11 HEALY, op. cit. pág. 6.

forma fraudulenta. Internet ha generado una verdadera revolución en el mercado de la pornografía infantil absorviéndolo casi totalmente en base a los siguientes factores: la simplicidad del procedimiento de descarga de archivos, el enorme número de usuarios que pueden acceder e intercambiar, lo limitado de los costes, la calidad visual de las fotografías y vídeos que circulan y la posibilidad de un acceso anónimo al contenido pornográfico sin necesidad de identificarse o con posibilidad de identificarse con nombre falso[12].

Como vías alternativas a las páginas web se han sucedido los *chats* desarrollados en tiempo real y los grupos de noticias y foros como medio de comunicación. También se ha procedido al camuflaje de las páginas web[13].

La creación de zonas específicas dedicadas a las más diversas aficiones, permite a algunos usuarios publicar áreas de pornografía infantil. Son sitios en los que el administrador puede restringir la entrada de los usuarios, lo que dificulta que se puedan localizar los contenidos ilegales. En la actualidad esta es una de las formas más comunes de poder visualizar material de sexo con menores. En las comunidades, además de acceder a los contenidos colgados, existe la posibilidad de aportar material propio para que lo puedan visuali-

---

12 ANESVAD, Informe sobre la pornografía infantil en Internet http://www.anesvad.org/informe.pdf.

13 Expone MORILLAS FERNÁNDEZ, op. cit. pág. 202 que "la principal variable de esta modalidad se produce mediante el empleo de chats a través de los cuales se ponen en contacto con otras personas de semejante tendencia sexual. Este mecanismo es bastante más rápido que cualquier otro pues la conexión se produce inmediatamente procediendo a intercambiar documentos de esta naturaleza, información sobre otros lugares de Internet donde puede hallarse material pornográfico infantil etc. Tales operaciones conforman un pequeño mercado ilícito en el que la introducción de material nuevo garantiza el éxito del intercambio".
En este sentido también se ha subrayado que "en cuanto a los espacios virtuales donde se desarrolla la distribución de pornografía infantil puede afirmarse que de un modo principal son los chats o conversaciones entre personas que permiten intercambiar textos y fotografías (especialmente los canales IRC) donde se concentran aproximadamente el 85% de estos materiales, aunque en algunos casos la difusión se realiza en grupos de noticias (newsgroups) e incluso a través de páginas web" FERNÁNDEZ TERUELO, Javier Gustavo. "La sanción penal de la distribución de pornografía infantil a través de internet: cuestiones claves" Universidad Nacional de Educación a Distancia. Boletín de la Facultad de Derecho, nº 20 2002 pág. 254.

zar el resto de usuarios. De hecho, en la mayoría de los casos, para poder formar parte de estas zonas, se exige tomar parte activa. Es decir, los miembros deben compartir pornografía infantil, con el objetivo de ir renovando los archivos comunes. Los usuarios que no compartan material en el tiempo que establezca el administrador serán expulsados. Esta situación provoca que el consumidor de pornografía infantil se convierta, al mismo tiempo, en un distribuidor de este tipo de material[14]. Los esfuerzos de Policía y Proveedores de Servicios de Internet para parar la difusión de pornografía infantil ha generado un cambio de comportamiento en los pedófilos. Los sitios de pornografía infantil son cerrados en cuanto son descubiertos, y el comercio abierto vía correo electrónico o chats es arriesgado por la posibilidad de ser descubiertos por agentes encubiertos. Los distribuidores de este material cada vez más emplean medidas de seguridad mas sofisticadas para eludir ser descubiertos. Grupos de noticias (*newsgroups*) específicamente dedicados a pornografía infantil ponen a disposición de sus miembros un foro en el que discutir sus preferencias sexuales y enviar pornografía infantil. Los *chat rooms* pueden ser usados para intercambiar material y localizar a víctimas potenciales, pudiendo protegerse mediante contraseñas. Los *chat ro-*

---

14 Vid. Anesvad "Informe sobre la pornografía infantil en Internet". Según este Informe, las dimensiones del fenómeno son ciertamente preocupantes: esta organización estima que en el mundo existen más de 4.000.000 de zonas de Internet que contienen material de sexo con menores, y que cada día se crean 500 sitios nuevos. En total, reciben más de dos mil millones de visitas anuales. Respecto a la cantidad de material que incluyen, baste como ejemplo que la mayor base de datos de pornografía infantil ha sido elaborada por la policía británica, y cuenta con unos 3.000.000 de fotografías diferentes. A esto se suman los vídeos, relatos y otros modos de pornografía infantil... Puede establecerse que existen más de 2.400.000 webs de pornografía infantil de pago. La cuota media de acceso son 40 euros al mes. El número de visitas diarias que pueden recibir estos sitios ronda las mil, con una media de unas diez altas mensuales por sitio. De estas cifras puede extraerse la conclusión de que el negocio de la pornografía infantil en Internet genera alrededor de 960.000.000 euros al mes, en todo el mundo. El 40% de las zonas que contienen material sexual con menores son gratuitas, y las que más están proliferando. La clave de este aumento es que muchos portales ofrecen espacios para que cualquier usuario pueda colocar páginas personales sin coste alguno. Los aficionados a la pornografía infantil se aprovechan de esa facilidad para crear sitios en los que poder intercambiar material sin ánimo de lucro económico.

oms abiertos son evitados por los pedófilos al darse éstos cuenta de que pueden estar infiltrados por agentes encubiertos[15].

El punto 24 del Informe del Parlamento europeo sobre la Comunicación de la Comisión relativa a los contenidos ilícitos y nocivos en Internet, de 20 de marzo de 1997 considera que el principal problema relativo a los contenidos ilícitos afecta no tanto a las propias páginas como a los grupos de debate y al correo electrónico, en la medida en que las actividades delictivas realizadas a través de estos medios son tan difíciles de controlar como las actividades realizadas a través del servicio de correos o de teléfonos normal.

La circulación del material pornográfico a gran escala en la red estimula la demanda, con el consiguiente incremento de la oferta, que en última instancia y salvo casos residuales (pornografía virtual, técnica y pseudopornografía) habrá de utilizar a menores en prácticas de naturaleza sexual para tomar las imágenes. En este contexto se justifica la intervención penal para evitar en definitiva la utilización de menores para la pornografía[16].

Muchas de las imágenes que circulan en Internet pueden tener antigüedad de décadas, tomadas de las primeras revistas y películas. Las imágenes producidas profesionalmente suelen documentar actos de abuso de menores en países del Tercer Mundo. De todas formas, la mayor cantidad de material procede de aficionados que graban sus propios actos de abuso. Se ha señalado también que con la llegada de los teléfonos móviles multimedia, la toma clandestina de fotos en lugares públicos se está convirtiendo en un problema[17]. Los imparables avances técnicos hacen cada vez más fácil la introducción de material pornográfico infantil en la red: ya ni siquiera es necesario un ordenador o un equipo de video: un simple teléfono móvil con cámara incorporada y conexión a Internet será suficiente para ejecutar todas las operaciones necesarias. A través de las *webcams*

---

15 WORTLEY, Richard and SMALLBONE, Stephen "Child Pornography on the Internet" Problem-Oriented Guides for Police ISBN: 1-932582-65-7 may 2006 www.cops.usdoj.gov pág. 10.

16 En el mismo sentido, FERNÁNDEZ TERUELO, Javier Gustavo. "La sanción penal de la distribución de pornografía infantil a través de internet: cuestiones claves" Universidad Nacional de Educación a Distancia. Boletín de la Facultad de Derecho, nº 20 2002 pág. 254.

17 WORTLEY/ SMALLBONE. op. cit. pág. 21.

pueden difundirse en tiempo real actos pornográficos con menores, imágenes que a su vez pueden ser almacenadas por el receptor.

Es difícil aportar datos cuantitativos de la pornografía infantil en Internet, pero todas las evidencias disponibles apuntan a un grave y creciente problema. Un delincuente detenido en Reino Unido estaba en posesión de 450.000 imágenes de pornografía infantil. Un sitio de este tipo recibió un millón de visitas en un mes. Se ha estimado que la cifra de pedófilos implicados en pornografía infantil organizada asciende entre 50.000 y 100.000[18].

La naturaleza secreta de esta actividad unida al tamaño de la Red hace que las estimaciones exactas sean virtualmente imposibles, aunque algunos apuntan a la cifra de un millón de imágenes sexualmente explícitas de menores en Internet[19] con 200 nuevas imágenes nuevas al día.

Hacia mayo de 1999 había mas de 21.000 sitios web dedicados a pornografía infantil y pedofilia[20].

Mayor auge ha experimentado el intercambio de materiales de pornografía infantil entre pedófilos, sin propósito comercial y con el único ánimo de satisfacer su desviación sexual, de forma que se crean espontáneamente auténticas redes de pedófilos, sin mas contacto que el que recíprocamente le proporciona los programas de intercambio de archivos[21].

También desde el área de la criminología se ha puesto de relieve la frecuencia con la que los consumidores de pornografía infantil por Internet acaban intercambiando o compartiendo el material pornográfico[22].

---

18 WORTLEY/ SMALLBONE. op. cit. pág. 13.

19 *Innocence Exploited: Child Pornography in the Electronic Age*, Canadian Police College/May 1998, p. 16).

20 "Child sexual exploitation and the internet" A report prepared by the Canadian Resource Centre for Victims of Crime October 17, 2000.

21 Para CABRERA MARTÍN, op. cit. pág. 401 "La pornografía infantil constituye, probablemente, la parcela de la explotación sexual infantil que ha experimentado una mayor profusión y unos cambios mas llamativos a lo largo de los últimos años, en gran medida originados por la especial vinculación que existe entre el fenómeno de la pornografía y el desarrollo de las tecnologías de la comunicación y de la información, particularmente Internet".

22 "Exceptuando supuestos muy puntuales, todos los individuos consumidores de este tipo de pornografía tarde o temprano acaban intercambiándola

La pornografía infantil es un fenómeno con una dimensión global. La mayoría de los datos existentes sobre la extensión y naturaleza del problema se ha centrado en Norteamérica y en Europa. Se piensa que el mercado de EEUU es el mas lucrativo del mundo, según el propio Senado norteamericano en su informe *Child Pornography and Paedophilia*[23]. En los países en vías de desarrollo el problema no es tan visible al quedar oculto por otros más acuciantes, pero también están afectados por el mismo.

El denominado turismo sexual también tiene gran impacto en el volumen de pornografía infantil que circula por Internet, comprobándose que muchas de las imágenes proceden de países receptores de este tipo de turismo, habiéndose obtenido por turistas que tienen relaciones sexuales con menores, en especial en Asia[24]. La intensificación de las diferencias entre los países del Sur y del Norte, el abaratamiento de los vuelos comerciales y el aumento de la sociedad de consumo y del ocio, ha fomentado el desarrollo y el auge del llamado "turismo sexual" por un lado, y de los flujos migratorios Sur-Norte por otro, aumentando de este modo la vulnerabilidad de la infancia y adolescencia ante la explotación sexual en los viajes y/o la trata con fines de explotación sexual. Según Naciones Unidas, unos 2 millones de niñas entre 5 y 15 años son introducidas anualmente en el comercio sexual en todo el mundo. También se ha cuantificado la existencia de explotación sexual infantil en Europa occidental, en la que unos 6.000 menores de edades comprendidas entre los 12 y los 16 años son introducidos en la industria del sexo[25].

---

con otros sujetos por una cuestión de mera lógica: obtener nuevo material. Este comportamiento no es extraño y ocurre en otros ámbitos pues es un acto innato al ser humano buscar la novedad como fuente de satisfacción" "Los delitos de pornografía infantil en el Derecho comparado" MORILLAS FERNÁNDEZ, David "Cuadernos de política criminal", segunda época 2004 nº 84 pág. 47.

23 *Report Made by the Permanent Subcommittee on Investigations* U.S. Senate, 99th Cong. 2d Sess. 34 (1986).

24 Vid. MARCOS MARTÍN, Teresa "Pornografía infantil en Internet: los Derechos del niño y su protección internacional" VVAA "Los derechos de la infancia y de la adolescencia" Ariel, 2006, pág. 320.

25 LIENAS, G. "Quiero ser puta. Contra la regulación del comercio sexual", Ed. Península, Barcelona.

Igualmente existe una clara conexión entre los responsables criminales de delitos de prostitución infantil y la producción de pornografía infantil: los menores utilizados lo son para ambas actividades[26].

Los datos sobre causas abiertas en España por delito de pornografía infantil, conforme a las Memorias de la Fiscalía General del Estado son los siguientes: en 2005 se incoaron 135 causas; en 2006 se incoaron 206 causas; en 2007 se incoaron 341 causas mientras que en 2008 consta el dato de que se incoaron 791 causas y en 2009, 766. La progresión en el número de causas se ha multiplicado por seis en cuatro años. El dato se comenta por sí solo.

No obstante, debe partirse de que este tipo de delitos presenta una enorme cifra negra de criminalidad[27].

El impacto de Internet se multiplica a través del denominado *grooming*. Tras la reforma operada por Ley Orgánica 5/2010, de 22 de junio se tipifica expresamente este delito. Conforme al Preámbulo, "...la extensión de la utilización de Internet y de las tecnologías de la información y la comunicación con fines sexuales contra menores ha evidenciado la necesidad de castigar penalmente las conductas que una persona adulta desarrolla a través de tales medios para ganarse la confianza de menores con el fin de concertar encuentros para obtener concesiones de índole sexual. Por ello, se introduce un nuevo artículo 183 bis mediante el que se regula el internacionalmente denominado «child grooming», previéndose además penas agravadas cuando el acercamiento al menor se obtenga mediante coacción, intimidación o engaño"[28].

---

26 Position paper on child pornography and Internet-related sexual exploitation of Children. Save the Children Europe Group May 2004 pág. 23.

27 En el mismo sentido, WOLAK, Janis; FINKELHOR, David and MITCHELL, Kimberly "Internet Sex Crimes Against Minors: The Response of Law Enforcement" 2003 National Center for Missing & Exploited Children pág. 1.

28 Conforme al nuevo art 183 bis CP "el que a través de Internet, del teléfono o de cualquier otra tecnología de la información y la comunicación contacte con un menor de trece años y proponga concertar un encuentro con el mismo a fin de cometer cualquiera de los delitos descritos en los artículos 178 a 183 y 189, siempre que tal propuesta se acompañe de actos materiales encaminados al acercamiento, será castigado con la pena de uno a tres años de prisión o multa de doce a veinticuatro meses, sin perjuicio de las penas

2. PERFIL DEL CONSUMIDOR DE PORNOGRAFÍA INFANTIL

La criminología norteamericana ha construido una tipología de las personas que incurren en conductas delictivas relacionadas con la pornografía infantil, acuñando hasta nueve categorías distintas:

1) *Browsers*: que serían delincuentes que se encuentran este material pero a sabiendas guardan las imágenes. No están involucrados en redes de consumidores de este material y no emplean estrategias de seguridad para evitar la detención.
2) *Private fantasizers*: serían quienes crean imágenes digitales para uso privado y satisfacción personal.
3) *Trawlers*, que son personas que buscan pornografía infantil en la red a través de navegadores abiertos. Pueden involucrarse en redes de consumidores pero de forma poco intensa.
4) *Non-secure collectors*: quienes buscan pornografía infantil en chats no seguras. Tienen conexión con redes y por definición no emplean estrategias de seguridad. Tienen limitaciones en cuanto a la naturaleza y número de las imágenes que pueden almacenar.
5) *Secure collectors*: personas miembros de grupos de noticias cerrados (*closed newsgroup or other secret pedophile ring*). Pueden involucrarse en altos niveles de uso de redes, y emplear medidas de seguridad sofisticadas. Al ocupar niveles ocultos de Internet, tienen acceso a un amplio campo de archivos. Pueden llegar a niveles de coleccionismo obsesivo, que no solamente implican el archivar un enorme número de imágenes sino también su cuidadosa catalogación y organización. Pueden invertir gran cantidad de esfuerzos para obtener imagines raras. La colección puede convertirse en un fin en si mismo.
6) *Groomers*: son personas que desarrollan relaciones *on line* con niños y que les mandan pornografía. Sus actividades constituyen un abuso directo de niños

---

correspondientes a los delitos en su caso cometidos. Las penas se impondrán en su mitad superior cuando el acercamiento se obtenga mediante coacción, intimidación o engaño".

7) *Physical abusers*: son personas que abusan sexualmente de niños y cuyo interés por la pornografía infantil es una parte de sus intereses pedófilos. Pueden grabar sus propios comportamientos abusivos para su uso personal.
8) *Producers*: son personas que graban actos de abuso sexual a menores con el fin de difundirlos.
9) *Distributors*: son personas que se dedican a difundir pornografía infantil. En ocasiones tienen un interés exclusivamente lucrativo[29].

Los mas veteranos pedófilos suelen tener unos altos conocimientos técnico/informáticos[30], de manera que ponen en graves dificultades las investigaciones policiales, en las que suelen ser descubiertos los pedófilos informáticos de menor experiencia y por tanto de un nivel técnico inferior[31]. Efectivamente, parece que en la mayoría de las redadas policiales solamente son detenidos los delincuentes inexpertos y de perfil mas bajo[32].Se ha considerado que detener a

---

29 WORTLEY/ SMALLBONE. op. cit. pág. 17.

30 "CP possessors could have basic equipment, but be skilled Internet users who knew how to evade detection by using advanced technologies to hide their identities and pictures. Interviewers asked investigators to assess CP possessors' degree of knowledge about the Internet. Investigators described 10% of arrested CP possessors as being "extremely knowledgeable" about the Internet. Three percent were described as "not at all" knowledgeable, and the rest were described as "somewhat" (40%) or "very" (44%) knowledgeable. These were subjective judgments by the investigators we interviewed, who had different degrees of knowledge about the Internet themselves" Vid. WOLAK/FINKELHOR/MITCHELL, op. cit.

31 Para el Informe de Anesvad los consumidores de este tipo de material no perciben la presión policial. A pesar de que son conscientes de que las zonas de pornografía infantil se cierran al cabo de cierto tiempo, también saben que por cada una que se desaparece, se abren otras con total impunidad. Igualmente, no sienten que ellos mismos puedan ser perseguidos, porque piensan que no dejan ningún tipo de dato cuando están en estos sitios. Creen que son totalmente anónimos y que no podrán ser identificados ni localizados. En cambio, sí sienten que la sociedad se opone cada vez más a sus prácticas, que son considerados los 'malos de Internet'. Sin embargo, el anonimato social (que el resto de usuarios no sepa quien está detrás de un ordenador, que no se pueda reconocer a un consumidor de pornografía infantil por la calle) hace que no se preocupen por ello.

32 "The expertise of offenders: As the typology of Internet offending behavior suggests, offenders vary in the degree to which they employ elaborate se-

delincuentes secundarios en lugar de a los responsables principales puede tener globalmente muy poco impacto en la extensión del problema[33]. En nuestra opinión, sin embargo, los efectos preventivo generales de las operaciones contra el intercambio de archivos de pornografía infantil son considerables.

El perfil del usuario suele ser el de una persona con pareja, de un coeficiente intelectual superior a la media, de raza blanca, de entre 26 y 40 años. Puede proceder de cualquier estrato social, incluidas las capas más altas: en las operaciones contra redes han sido detenidos jueces, abogados, políticos, policías, músicos famosos etc. Algunos pedófilos sienten atracción por menores de su mismo sexo, pero la mayoría son heterosexuales[34]. La mayor parte de los detenidos en Estados Unidos no eran enfermos mentales ni alcohólicos[35].La

---

curity measures to avoid detection. There is a core of veteran offenders, some of whom have been active in pedophile newsgroups for more than 20 years, who possess high levels of technological expertise. Pedophile bulletin boards often contain technical advice from old hands to newcomers. It has been argued that many Internet sting operations succeed only in catching inexperienced, low-level offenders" WORTLEY/ SMALLBONE. op. cit. pág. 26.

33 Ibidem pág. 27.

34 En Estados Unidos las cifras de detenidos entre julio de 2000 y julio de 2001 por delitos de posesión de pornografía infantil ascendieron a 1.713. De ellos, casi todos eran varones, el 91% eran blancos, el 86% eran mayores de 25 años y solo el 3% eran menores de 18.

35 WOLAK/FINKELHOR/MITCHELL, op. cit, aportan los siguientes datos: Diagnosed Mental Illness Yes 5% No 89% Don't Know 6% Diagnosed Sexual Disorder Yes 3% No 87% Don't Know 10% Evidence of Deviant Sexual Behavior Not Involving minors Yes 12% No 84% Any Known Problems With Drugs or Alcohol Yes 18% No 75% Don't Know 7%.
El Informe Anesvad también resalta el cambio detectado en el perfil de estas personas: durante los primeros años, las unidades de Delitos Tecnológicos de los cuerpos policiales detectaron un perfil bastante concreto. Se trataba de un varón, de edad comprendida entre los 30 y los 45, soltero, que vivía solo, con trabajo estable, estudios, conocimientos o mucho interés sobre informática, y grandes problemas de relacionarse normalmente. Últimamente, el perfil ha variado. Se trata de una persona más joven —desde los 25 años—, cansada de consumir pornografía de adultos en la Red, que busca nuevas sensaciones para su autoestímulo derivando su consumo en la pornografía infantil. Su conducta se ve reforzada por la gran oferta que existe de este tipo de productos en Internet, y por la efectividad de los canales de comunicación entre los consumidores. En ambos casos, se trata de gente con un nivel

Asociación psiquiátrica Americana define la pedofilia como un desorden en el que la atracción primaria de un adulto se centra en niños de edades de 13 años hacia abajo (prepubescentes)[36]. El pedófilo de-

---

económico medio-alto —hay que tener en cuenta que para poder acceder se necesita disponer de un ordenador, con conexión a Internet— y que navegan desde su vivienda. Psicológicamente, el perfil de un consumidor de pornografía infantil se corresponde con una persona reservada, insegura, con una percepción subjetiva de déficit de cariño, introvertida, inmadura, dependiente, exenta de empatía, agresiva, poco sociable, de pobreza afectiva, incapaz de establecer relaciones significativas y duraderas no patológicas, dominada por la fantasía, poco realista... En algunos casos, incluso puede producirse una patología dual, mediante la que se combina las adicciones a Internet y a la pornografía infantil. Según el comportamiento o la motivación a la hora de acercarse a la pornografía infantil, pueden distinguirse dos tipos de consumidores. Los curiosos, o personas que acceden a la pornografía infantil sin buscarlo, prácticamente se encuentran con ella en la Red, y acceden para ver de qué se trata. En la mayoría de los casos, dejan de ver pornografía infantil cuando tienen familia, por la proyección que hacen de sus hijos en los menores que aparecen en esas webs. Por otro lado, los adictos, o usuarios realmente interesados en contenidos de sexo con menores, buscan activamente ese tipo de material, y disfrutan con él. La mayoría ha perdido el interés por la pornografía adulta, buscan algo que les excite más, y encuentran morbo en que los protagonistas sean menores. Los adictos a la pornografía acaban cayendo en la exigencia de una dedicación cada vez mayor. Van aumentando su consumo para prolongar la sensación que les produce. Cuando la excitación pierde intensidad, necesitan algo nuevo. Esto les lleva a buscar contenidos más *hardcore*: violaciones, zoofilia o pornografía infantil. En otros casos, además, existe un gusto por los niños. Buscan candidez, inocencia... y admiran la belleza infantil. Las imágenes de sexo con niños o entre menores les inspiran una mezcla de excitación y dulzura, diferente a la lascivia que denota la de adultos, que les parece sucia. En definitiva, sienten amor por los menores, y en muchas ocasiones llegan a defender la libertad sexual infantil. También se añade a la satisfacción por los contenidos en sí el riesgo de lo prohibido, e incluso haber sufrido abusos sexuales en la infancia —en más de un tercio de los casos—. ANESVAD, Informe sobre la pornografía infantil en Internet http://www.anesvad.org/informe.pdf.

36 Para el Informe Anesvad desde el punto de vista psicológico, los adictos a la pornografía infantil no deben ser calificados como enfermos. Su comportamiento responde a una necesidad imperiosa de consumir material pornográfico con menores, del mismo modo que ocurre con otras adicciones (alcoholismo, drogadicción, ludopatía...). Tratan de satisfacer un apetito insaciable en una búsqueda constante de la satisfacción sexual parcial, ya que no se produce —al menos en un primer momento— un contacto directo

be tener más de 16 años. Estos criterios se han incorporado al DSM-IV. La denominada hebefilia o efebofilia que básicamente se refiere a la atracción de los adultos por adolescentes quedaría, pues, fuera de la definición médica de la pedofilia. La "Guía Latinoamericana de Diagnóstico Psiquiátrico (GLADP)" de la Asociación Psiquiátrica de América Latina (2003) define la pedofilia como la "preferencia sexual por los niños, de uno u otro sexo, o de ambos, por lo general de apariencia prepuberal."

Como quiera que la definición legal de pornografía infantil es más amplia[37], debe expandirse también el concepto, para incluir a adultos con preferencias sexuales centradas en personas legalmente consideradas menores (personas de menos de 18 años). Esta definición incluiría personas atraídas por adolescentes pubescentes.

No debe olvidarse que no todos los pedófilos abusan de menores. Se ha distinguido así al pedófilo (que siente atracción por menores) del pederasta (que llega a abusar de los mismos). Del mismo modo, no todos los pederastas son pedófilos, pues los hay que aún teniendo preferencia por el sexo con adultos abusan de menores por causas diversas (curiosidad, disponibilidad, ánimo de hacer daño etc)[38].

---

con el menor. Internet favorece esta adicción porque no tiene ningún freno exterior; no existen rasgos que determinen que alguien es adicto a la pornografía infantil. Además, el anonimato y la soledad en la que actúan los consumidores de este tipo de material dificultan que tomen conciencia de que necesitan ayuda.

37 La extensión del concepto de material pornográfico a adolescentes no es admitida pacíficamente, existiendo grupos partidarios de dejar fuera a los menores a partir de la adolescencia. Vid. "Teenage female nudity and sexuality in commercial media, past to present by the Teen Appreciation Coalition" 12th Edition - 31 may 2010 wwwup01.ayame.jp/.../TAC%202010%20 12th%20Edition%20-%2031%20May%202010.pdf. De hecho, el Convenio sobre Ciberdelincuencia dispone en su art 9 que *por "menor" se entenderá toda persona menor de 18 años. No obstante, cualquier Parte podrá establecer un límite de edad inferior, que será como mínimo de 16 años.*

38 Para LANNING, op. cit. pág. 29 "not all pedophiles are child molesters. A person suffering from any paraphilia can legally engage in it simply by fantasizing and masturbating. A child molester is an individual who sexually molests children. A pedophile might have a sexual preference for children and fantasize about having sex with them, but if he does not act on that preference or those fantasies with a child, he is not a child molester".

Los criminólogos han subrayado cómo gran número de consumidores de estos materiales tienen un afán coleccionista[39], clasificando el material por carpetas, con una dedicación intensa. Este patrón de *collecting behaviour* todavía no ha sido suficientemente investigado e interpretado[40]. No obstante, puede aportar datos sobre el grado en el que se está involucrado en la adquisición de material, el tiempo que se emplea y hasta qué extremos se encuentra identificado el concreto sujeto de la investigación con la comunidad de pedófilos. La presencia en la colección de material nuevo puede aportar datos del fácil acceso del coleccionista a los productores de material y sus conexiones con el mundo de la pornografía infantil.

Se ha apuntado la necesidad de analizar cuidadosamente estas colecciones en cada concreta investigación a fin de aprehender las preferencias sexuales del investigado (edad de los menores, género, actos deseados etc.)[41].

El tamaño de la colección suele depender de ciertas características del pedófilo: a mayores ingresos mayor cantidad; a mayor nivel de privacidad, mayor cantidad; a mayor edad (la colección va acumulándose) mayor cantidad. No obstante, la irrupción de Internet ha trastocado estos parámetros[42].

En cuanto a los lugares en los que las colecciones pueden estar escondidas, de interés para los investigadores, se han apuntado los

---

39 En algunos casos se han detectado pedófilos que habían estado coleccionando material durante 10 años antes de ser detenidos. Vid. CARR, John "The Internet dimension..." op. cit. pág. 281.

40 TAYLOR, Max; HOLLAND, Gemma; QUAYLE, Ethel "Typology of paedophile picture collections" The Police Journal, Volume 74 (2001) pág. 3.

41 LANNING, op. cit. pág. 79.

42 Ibidem, op. cit. pág. 79 "almost anyone with online access can, in a relatively short time and at minimal expense, have a large collection of pornography including child pornography. A short time ago it would have taken years at great expense to accumulate such a collection. The ability to easily download or share large files online containing digital images may have even re-defined what constitutes a "large" collection. On a computer or peripheral, digital-memory storage devices the collection can also be easily hidden from family members and friends. With online access a 20-year-old, blue-collar worker living with his parents can now have a collection as large as a 55-year-old executive living alone in a mansion. The older, more affluent offender, however, may still have some of his collection not on a computer or digital-memory storage device".

sitios más frecuentes, según el coleccionista viva solo (en estos casos suele bajar la guardia), o con más personas (éstos adoptan mas cautelas), pero partiendo de que los dispositivos de almacenamiento masivo han trastocado esta tendencia en relación con las medidas de seguridad que se adoptan. Igualmente se ha subrayado la necesidad o la tendencia del coleccionista a compartir su colección, como un modo de validación o de autoafirmación, lo que le lleva en ocasiones a bajar la guardia y a no adoptar medidas de seguridad, punto este que puede ser aprovechado por los investigadores en las operaciones encubiertas[43].

También debe tenerse presente que con el uso masivo de Internet ha aparecido una nueva categoría de personas que acaban consumiendo pornografía infantil pese a no tener preferencia por los niños, tras haberse saturado de pornografía de adultos, buscando nuevas experiencias[44]. Incluso el Informe de Anesvad apunta a que Internet puede, en ciertos casos, sustituir a los posibles abusos sexuales de menores, por cuanto suele facilitar un contacto fantaseado con esa situación. A diferencia de los hechos consumados, esto tiene consecuencias y riesgos mucho menores. Es más, para algunas personas, Internet significa una vía segura de dar rienda suelta a una fantasía. Esta denominada hipótesis catártica ha sido fuertemente contestada en otros informes[45].

---

43 Ibidem, op. cit. pág. 92 "where offenders hide their collections often depends on their living arrangements. If living alone or with someone aware of his illegal preferences, the collection will be less concealed. It might be in a trunk, box, cabinet, bookcase, out in the open, or on some digital-memory storage device (e.g., computer, thumb drive, memory card). The child pornography might be better hidden than the erotica. If living with family members or others not aware of his activity, it will be better concealed. The collection might be found behind a false panel, in the ductwork, under insulation, or on a password-protected computer. The collection is usually in the offender's home, but it could be in an automobile or a camper, at his place of business, in a safety deposit box, or in a rented storage locker. The most difficult location to find is a secret place in a remote rural area. The investigator should search any area that is under the control of the offender. Again, digital technology has changed much of this. Computers and various types of digital-memory storage devices make it possible to hide illegal and incriminating material in "plain sight".

44 HEALY, op. cit. pág. 4.

45 "Position paper on child pornography and Internet-related sexual exploitation of Children". Save the Children Europe Group May 2004, pág. 12.

Se han ensayado otras categorías de usuarios de pornografía en Internet: 1) usuarios lúdicos, que son aquellos que visitan sitios de pornografía infantil por curiosidad o como una forma de entretenimiento breve; 2) usuarios en situación de riesgo, que son aquellos que han desarrollado un interés en la pornografía infantil pero que no lo hubieran hecho si no hubiesen tenido las facilidades que proporciona Internet y 3) compulsivos sexuales, que son aquellos que tienen un interés específico en niños como objetos sexuales y buscan pornografía infantil[46].

Las motivaciones de los poseedores de pornografía infantil dan lugar a otra clasificación:

1) Interesados sexualmente en niños prepubescentes (pedófilos) o en adolescentes (hebéfilos), que usan esta pornografía para sus fantasías sexuales;
2) Usuarios de pornografía sin límites, que son personas que están constantemente buscando nuevos y diferentes estímulos sexuales;
3) Personas con curiosidad sexual, que se descargan unas pocas imágenes para satisfacer tal "inquietud";
4) Personas interesadas en obtener lucro por medio de la venta de imágenes o del establecimiento de sitios web que requieren prepago para acceder a sus contenidos[47].

Cabría en todo caso distinguir entre el traficante que adquiere de un tercero este tipo de material y lo comercializa sin intervención alguna en su elaboración; el que elabora material para su propia comercialización asumiendo labores de dirección, cámara etc como si se tratase de la producción de una sesión de fotos o el rodaje de una película convencional y por último, la persona que además de producir y comercializar el material pornográfico interviene en él solo o en compañía de otras personas realizando conductas de abuso sexual sobre los menores.

Desde un esquema criminológico debe tenerse en cuenta, pues, que la figura del traficante de pornografía infantil y la figura del simple consumidor de pornografía infantil se ha visto superada por una síntesis de ambos representada por el consumidor en red, esto

---

46 Vid. WORTLEY/ SMALLBONE. op. cit. pág. 21.

47 Vid. Vid. WOLAK/ FINKELHOR/MITCHELL, op. cit.

es, el consumidor que comparte sus archivos sin ánimo de lucro con otros consumidores, de modo que al propio tiempo es consumidor/distribuidor[48], llegando en ocasiones a poseer enormes colecciones de material que se va sucesivamente ampliando con los archivos ajenos, invirtiendo ingentes cantidades de tiempo y esfuerzo y que simultáneamente son puestos a disposición de otros usuarios de estos programas de archivos compartidos. Así, la distribución comercial de pornografía infantil ha cedido el paso al intercambio entre pedófilos sin motivo comercial. Según el Informe del Senado Norteamericano, la inmensa mayoría de la pornografía infantil interceptada en los Estados Unidos no se ha producido o distribuido con ánimo de lucro. No obstante, se ha detectado un repunte en la difusión por motivos crematísticos[49], desmontándose en ocasiones entramados organizativos que generaban enormes ganancias[50].

Por último, debe ponerse de manifiesto que estadísticamente rara vez se detectan mujeres pedófilas.

3. LOS DENOMINADOS *DUAL OFFENDERS*

Los denominados *dual offenders* son los consumidores de pornografía infantil que además abusan de menores directamente, descubriéndose normalmente esta doble faceta en el curso de una misma investigación, a veces a partir de una investigación de pornografía, que lleva a descubrir un delito de agresión o de abusos sexuales y otras veces a la inversa.

Dentro del concepto amplio de *dual offenders* podría distinguirse entre: 1) los pederastas que además consumen y/o trafican con por-

48 "The Internet has made the consumers virtually inseparable from producers because consumers by re-trading images, in effect, become distributers" GRAHAM William R, "Uncovering and eliminating child pornography rings on the internet: issues regarding and avenues facilitating law enforcement's access to 'wonderland'". The Law Review of Michigan State Vol. 2:457 pág. 461.

49 LANNING, op. cit. pág. 128.

50 Suele citarse la operación Avalanche, en la que se investigó una página web de pornografía infantil, Landslide, que en el último mes en que permaneció operativa había generado unos ingresos de 1.4 millones de dólares, a través de cargos en las tarjetas de crédito de sus clientes.

nografía infantil[51] y 2) los que se inician en el consumo de pornografía infantil para posteriormente llevar a la realidad sus fantasías atacando a concretos menores.

El primer grupo es fácilmente identificable, siendo comúnmente aceptado que con gran frecuencia los abusadores sexuales hacen acopio de material pornográfico infantil. Por ello, se ha considerado una buena práctica que en las investigaciones por delitos contra la libertad e indemnidad sexual de menores se investigue también por sistema si el imputado tiene en su poder pornografía infantil[52].

En Estados Unidos se ha cifrado la proporción de personas que simultáneamente comenten ambos delitos entre un 35% y un 51%. También el *US Postal Inspection Service* ha llevado a cabo un estudio sobre la materia concluyendo que aproximadamente un 35% de los consumidores de pornografía abusan o llegan a abusar de menores concretos. De todas formas, los investigadores reconocen todavía zonas oscuras en cuanto al número y dinámica comisiva de los *dual offenders*[53].

El Fiscal General de Nueva Jersey cifraba sobre un 70% el porcentaje de condenados por abusos a menores que también coleccionaban pornografía infantil[54].

Para la Asociación Americana de Fiscales de Distrito, a la vista de los vínculos documentados entre personas que consumen pornografía infantil y personas que abusan de menores, cada caso de por-

---

51 En el estudio N-JOV se estimó en un 40% los "dual offenders", poseedores de pornografía infantil que además victimizaban a niños. Un 15% adicional intentaron victimizar a niños requiriendo a investigadores encubiertos que se presentaban on line como menores.

52 LANNING op. cit. Pág. 79.

53 Vid. WOLAK/FINKELHOR/MITCHELL, op. cit. En esta línea, "some collectors will become involved in hands-on child abuse and some will not. The truth is no one knows for sure exactly how the different activities are connected. Very few academics are researching this area and there are major methodological and ethical problems associated with researching it". CARR, John "Child abuse, child pornography and the internet" www.make-it-safe.net/.../Child_pornography_internet_Carr2004.pdf Child abuse, child pornography and the internet www.make-it-safe.net/.../Child_pornography_internet_Carr2004.pdf, pág. 15.

54 "Child sexual exploitation and the internet" A report prepared by the Canadian Resource Centre for Victims of Crime October 17, 2000.

nografía infantil debiera partir de la posibilidad de que concurra una agresión o abuso sexual a menores en curso[55].

Mas compleja es la cuestión de si en el salto cualitativo de la pedofilia, entendida como mera tendencia sexual, hacia la pederastia, concretada en el efectivo abuso o agresión sexual a menores juega un papel reseñable el consumo de pornografía infantil.

Para *Save the children*, la pornografía infantil puede disminuir las inhibiciones del delincuente y permite al infractor minimizar y distorsionar las conductas abusivas. Para esta organización, las investigaciones han demostrado que el uso de pornografía infantil en algunos delincuentes opera como un mecanismo que les permite vencer sus inhibiciones, contradiciendo la desacreditada "hipótesis catártica"[56]

---

55 www.ndaa.org/publications/newsletters/child_sexual_exploitation_update_volume_1_number_3_2004.html.
En este mismo sentido para LANNING, op. cit. pág. 93 "the investigation of child molestation should always consider the **possibility** there might be child pornography. The investigation of child pornography should always consider the **possibility** there might be child molestation".

56 MORILLAS FERNÁNDEZ, op. cit. pág. 199 expone esta tesis catártica: con cita de Carter se refiere a "la naturaleza positiva ejercida por este tipo de documentación como freno a los impulsos delictivos del pedófilo, esto es la mayor parte de estas personas únicamente poseen o intercambian este tipo de material no desarrollando ningún tipo de agresiones sexuales directas a menores. Por ello no es de extrañar que algunos autores como es el caso de Quayle y Taylor subrayan la función preventiva ejercitada por la simple posesión de material pornográfico infantil sobre la futura realización de conductas delictivas, si bien es cierto que como pone de manifiesto Marshall, en el 53 % de los supuestos de abuso sexual infantil el victimario utilizó pornografía de manera estimulatoria. En cualquier caso como señalan Seto, Maric y Barbarie, la mayor parte de los pedófilos utilizan la citada documentación con la única finalidad de alcanzar un estado de excitación propio, como puede demostrarlo el hecho de que una vez que concluyen el acto sexual individual, tras el visionado de un video o fotografías pornográficas infantiles a través de internet, inmediatamente apagan el ordenador o bien entran en alguna otra página de contenido no sexual. Es mas, los propios usuarios de este tipo de material consideran el consumo a través de esta vía una terapia mediante la cual pueden satisfacer sus fantasías sexuales controlar su adicción y servirles de freno ante la posible comisión de actos ilícitos con menores".

según la cual el uso de este material puede ayudar a potenciales abusadores a controlar sus impulsos[57].

Algunos investigadores mantienen que cuando alcanzan un nivel superior de interés, la mayoría de los adictos a la pornografía infantil desean tener un contacto directo y real con menores[58]. El consumo de imágenes termina por no ser suficiente, por lo que la pretensión de mantener relaciones sexuales con niños es el siguiente paso. De modo que utilizan chats o foros donde saben que va a haber menores, con el objetivo de contactar con ellos, tratar de establecer una amistad, para al final llegar a ese contacto sexual. Para muchos de ellos, la presión familiar y social, saber que cometerían un delito más grave, y las dificultades para llevarlo a cabo, impide en muchas ocasiones que se produzca el contacto directo. También influyen factores psicológicos internos como la capacidad de control de los propios impulsos, el nivel de satisfacción en su actividad sexual cotidiana, empatía con el sufrimiento del menor o la asimetría entre las características del adulto y del menor (edad, fuerza, inteligencia...). Se ha estimado por ANESVAD que en torno al 30% de los adictos a la pornografía infantil termina poniendo en práctica lo que ve en los contenidos a los que está habituado. Posteriormente, podrán querer plasmarlo en imágenes, con lo que se convertirán en productores de pornografía infantil. Incluso sentirán la necesidad de mostrar el material que han realizado al resto de los pedófilos con los que se relaciona a través de Internet, de manera que también incurrirán en distribución[59].

Sin embargo, no existe ningún estudio científico que de manera concluyente demuestre que el que se inicia consumiendo pornografía infantil se convertirá en abusador de menores. Podría no obstante decirse que la colección de pornografía infantil poseída por un pedó-

57 "Position paper on child pornography and Internet-related sexual exploitation of Children". Save the Children Europe Group May 2004, pág. 12.

58 Para LANNING, op. cit. pág. 90 "some offenders only collect and fantasize about the material without acting out the fantasies, but for others the arousal and fantasy fuelled by the pornography is only a prelude to actual sexual activity with children".

59 Anesvad "Informe sobre la pornografía infantil en Internet".

filo indica el tipo de actividad sexual que le gustaría llevar a cabo, pero no indica si la ha llevado a cabo o si la va a llevar a cabo[60].

Algunos autores defienden que la conversión del pedófilo en pederasta se ve facilitada por los contactos entre pedófilos en Internet, contactos que generan el reforzamiento de sus conductas y la adquisición de conciencia de grupo. Este reforzamiento se manifiesta en páginas web abiertas en defensa de la pedofilia. El reforzamiento puede llevar a los pedófilos a dar el salto a la pederastia, siendo normalmente el primer paso el turismo sexual con menores[61].

Para CARR, aunque no ha llegado a demostrarse la cadena causal, si que se cuenta con testimonios de pedófilos que reconocen que a mayor exposición a material pornográfico infantil, mayor probabilidad de poner las fantasías en práctica[62]. Este mismo autor apunta la existencia de estudios que apoyan esta idea[63].

Por contra, el Juez Kennedy, ponente de la sentencia *Ashcroft versus Free Speech Coalition* declaró en la misma que no existía prue-

---

60 LANNING op. cit. pág., 108. No obstante, este mismo autor realiza la siguiente reflexión: "my 35 years of studying criminal sexual behavior tells me not all sexual fantasies are acted out but many sex crimes are born in sexual fantasy. Documented sexual behavior has been compared with the seized collections and fantasy material of sex offenders. The ongoing study by the FBI's BAU of Internet sexual exploitation of children found when the collector was also a child molester there was a striking similarity between the children and the sex acts depicted in the collection and the actual hands-on offenses (Eakin, 2009). To suggest regular, repeated, time-consuming sexual fantasies accompanied by masturbation have nothing to do with behavior is absurd".

61 SALOM CLOTET op. cit. pág. 23.
En el mismo sentido, REINALDO FILHO, Democrito "O Crime de Divulgação de Pornografia Infantil pela Internet —Breves Comentários à Lei 10.764/03 No. 066"— enero de 2004 "Muitas pesquisas sugerem que a divulgação de "*pornografia infantil*" [4] contribui para o aumento de crimes sexuais contra menores".

62 CARR, op. cit. pág. 17.

63 Concretamente, hace referencia al "Self-reported contact sexual offenses by participants in the Federal Bureau of Prisions's Sex Offender Treatment Program: implications for Internte Sex Offenders (Hernadez, novembre 2000) y al informe "From Fantasy to Reality. The link between viewing child pornography and molesting children" Vid. CARR, John "The Internet dimension..." op. cit. pág. 281.

bas concluyentes de que el consumo de pornografía infantil incitara a la comisión de delitos de abusos sexuales.

Frente a alguna línea jurisprudencial que critica la severidad de las penas previstas para los delitos de pornografía infantil, URIARTE VALIENTE considera que existe una acreditada relación entre el consumo de este material y las agresiones y abusos sexuales a menores[64].

Dentro de este grupo de *dual offenders*, destacan los individuos que combinan el turismo sexual con la grabación de sus abusos y con la posterior difusión en la red, en ocasiones para recibir otros materiales o para tener acceso a grupos restringidos de pedófilos[65].

---

64 URIARTE VALIENTE, Luis M. "Pornografía infantil y proporcionalidad de las penas" Diario La Ley, Nº 7372, Sección Doctrina, 30 Mar. 2010, Año XXXI, Editorial LA LEY. Este autor se basa en el denominado «*Butner Study Redux:* un reporte sobre la incidencia de los delitos sexuales en personas condenadas por pornografía infantil», elaborado por Michael L. BOURKE y Andrés E. HERNÁNDEZ. Para URIARTE "los resultados de este estudio permitieron afirmar a sus autores que la mayoría de los condenados por delitos relacionados con la pornografía infantil a través de internet, son en realidad abusadores de niños no detectados, en los que el consumo de pornografía infantil a través de internet no deja de ser más que un comportamiento complementario e indicador de su parafilia. Concluyen los autores señalando que entre el consumo de pornografía infantil y el abuso sexual sobre menores de edad, existe una interacción compleja y recíproca... los autores del trabajo pudieron concluir que la exposición a la pornografía infantil de estos delincuentes, así como el contexto tecnológico a través del cual habían llevado a cabo su comportamiento delictivo, producía un tremendo efecto perjudicial sobre ellos que hacía que llegaran a normalizar el protagonismo del menor dentro de la sexualidad adulta, deshumanizando a los niños y desensibilizando al agresor respecto de las tremendas consecuencias victimizadoras sobre el menor de este tipo de conductas. Añadían, por último, que todos estos efectos se veían potenciados sobremanera en los casos de participación del delincuente en algún tipo de cibercomunidad, ya que éstas no se limitan a desempeñar el papel de «puestos de mercado» del material ilícito, sino que también proporcionan una validación social de la conducta y un fuerte apoyo al individuo como consecuencia de su pertenencia al grupo.

65 Position paper on child pornography and Internet-related sexual exploitation of Children. Save the Children Europe Group May 2004 pág. 14.

4. CLASIFICACIONES DE MATERIAL PORNOGRÁFICO INFANTIL

Los materiales pornográficos infantiles han sido clasificados en diez niveles, atendiendo a su grado de lesividad:

1) Iniciación: fotografías sin contenido sexual recopiladas de fuentes legales (revistas, catálogos);
2) Desnudos: fotografías de desnudos o semidesnudos de menores recopiladas de fuentes legales;
3) Erótica: fotografías tomadas subrepticiamente de niños en los que aparecen distintos grados de desnudez;
4) Posados: fotografías de posados de niños en distintos grados de desnudez;
5) Posado erótico: fotografías de niños en posados con contenido sexual y en distintos grados de desnudez[66];
6) Posados explícitamente eróticos: fotografías poniendo énfasis en los genitales;
7) Actividad sexual explícita: grabaciones de actividad sexual en la que intervienen menores pero no adultos;
8) Abuso sexual: grabaciones de menores sometidos a abusos sexual con tocamientos con adultos;
9) Abuso sexual extremo: grabaciones de menores sometidos a abuso sexual incluyendo penetración, masturbación o sexo oral con mayores;
10) Sadismo/bestialismo: grabaciones de menores sometidos a sufrimiento o implicados en actividades sexuales con animales[67].

Existen algunas categorías del material pornográfico infantil usualmente utilizadas por los investigadores que aunque no llegan a integrar la tipicidad penal, si que pueden tener interés para la

---

66 Estas fotografías subrepticias son frecuentemente tomadas en piscinas infantiles o en parques, utilizando cámaras con teleobjetivos potentes, que permiten situarse hasta 50 metros del niño fotografiado o con cámaras con lentes de 90º que permiten camuflar las intenciones del fotógrafo.

67 Vid. WORTLEY/ SMALLBONE. op. cit. y TAYLOR, Max; HOLLAND, Gemma; QUAYLE, Ethel "Typology of paedophile picture collections" The Police Journal, Volume 74 (2001) pág. 6.

investigación al ser susceptibles de ser utilizados como indicios para acreditar el ánimo de poseer o difundir respecto de otros materiales intervenidos inequívocamente pornográficos. Dentro de estos grupos estarían las fotografías no eróticas y no sexualizadas, fotos de niños en ropa interior o bañadores procedentes de fuentes privadas o de anuncios, cuando del contexto o de la organización del material puede inferirse el ánimo lúbrico y el interés sexual. La segunda categoría comprende fotos de niños desnudos o semidesnudos, tomadas sin propósito lascivo. La tercera categoría comprendería fotografías tomadas subrepticiamente de niños en parques infantiles o en otros ambientes seguros, enseñando la ropa interior o varios grados de desnudez[68].

En cuanto al material incautado, en Estados Unidos las cifras entre julio de 2000 y julio de 2001 apuntan a que la mayoría de los detenidos tenía imágenes de niños que no habían alcanzado la pubertad y dentro de ellos un 83% poseía imágenes de menores de entre 6 y 12 años, un 39% tenía imágenes de menores de entre tres y cinco años y un 19% poseía imágenes de niños de menos de tres años[69]. Aproximadamente 1 de cada 5 detenidos tenía imagines representando violencia sexual incluyendo violaciones y torturas; el 39% tenía al menos un video con imágenes en movimiento de pornografía infantil. El 53% de los casos terminaron en el sistema de justicia penal como posesión o distribución, el 31% llegó como caso de agresión sexual y el 16% fueron casos de solicitudes vía Internet a agentes encubiertos (*undercover investigators*) en concepto de agresión sexual a menores en grado de tentativa (*attempted child sexual victimization*). La mayoría de las detenciones por posesión (57%) se originaron por denuncias de particulares[70].

Otra clasificación es la que distingue entre material comercial y material casero. El primero es el producido con la finalidad de obtener un lucro. El segundo no tiene tal finalidad aunque no por ello ha de ser técnicamente de menos calidad que el comercial. Ambos tipos no son compartimentos estancos y así es frecuente que el material casero sea finalmente vendido y se incorpore a los catálogos comerciales. De hecho se han detectado casos de material tomado

---

68 KRONE, op. cit.

69 Vid. WOLAK/FINKELHOR/MITCHELL, op. cit. pág. 7.

70 Vid. WOLAK/FINKELHOR/MITCHELL, op. cit. pág. pág. 7.

por adolescentes de ellos mismos, que finalmente y sin su voluntad, han acabado en circuitos comerciales[71].

Como clasificación del tipo de pornografía con menores se pueden distinguir los siguientes niveles según la edad:

- Young women: Mujeres jóvenes que rozan la mayoría de edad legal, de 18 a 21 años, según países.
- Teens: Adolescentes entre 15 y 18 años.
- Early Teens: Adolescentes tempranas de entre 13 y 15 años.
- Preteens: Preadolescentes de entre 7 y 12 años.
- Child: Niños y niñas de 4 a 6 años.
- Baby Sex: Bebés de 0 a 3 años[72].

5. LOS MENORES VÍCTIMAS

Es difícil valorar el daño que las víctimas de estos delitos sufren, pues éste depende de una pluralidad de factores. Normalmente los niños representados en el material pornográfico son victimizados por primera vez cuando el abuso o la agresión es perpetrada y grabada. La ulterior victimización tiene lugar con la difusión y visionado del material[73]. Si partimos del dato de que una vez introducido en Internet, es prácticamente imposible retirar completamente el material, comprenderemos los enormes efectos de esta ulterior y permanente revictimización[74]. Desde esta perspectiva pueden com-

71 LANNING, op. cit. pág. 82.

72 SILVESTRE MARCO, María "La imagen de la preadolescente y su representación en el arte" Tesis Doctoral Universidad Politécnica de Valencia Código UNESCO: 6200 00 pág. 343.

73 WORTLEY/ SMALLBONE. op. cit. pág. 18.

74 "Children whose pornographic, abusive pictures have been distributed via the Internet are victims for a lifetime due to the fact that the pictures might circulate forever on the Internet. This form of re-victimisation needs to be combated" EUROPOL PUBLIC INFORMATION Annex I Child Pornography Legislation within the European Union Europol 2005 pág. 22.

batirse los argumentos profusamente utilizados para abogar por la descriminalización de la mera posesión: ésta sí genera daños[75].

El menor víctima nunca puede estar seguro de quién o cuantos pueden haber visto o descargado el material, de modo que cualquier mirada de un extraño la puede interpretar como un signo de reconocimiento, con la consiguiente destrucción de la autoestima y de la confianza en sí mismo. Ello puede llevar a síntomas de desórdenes de stress postraumático, depresión o ansiedad, e incluso a paranoia[76].

El número de menores sexualmente explotados es, desde una perspectiva global, enorme, no ciñéndose el fenómeno, ni siquiera en su vertiente de comercialización, a los países del tercer mundo[77].

Los menores víctimas proceden mayoritariamente de Rusia, Ucrania y otros antiguos países de la Unión Soviética, países del Sudeste asiático y de Centro América y América del Sur. Esta afirmación es básicamente aplicable a la pornografía *soft core*. La pornografía *hard core*, con violaciones y tortura, puede proceder de cualquier lugar del mundo[78].

---

75 "Personally-manufactured illegal images of children are especially valuable on the Internet, and often times molesters will trade images of their own sexual exploits. When these images reach cyberspace, they are irretrievable and can continue to circulate forever; thus, the child is revictimized as the images are viewed again and again". Child Pornography: Model Legislation & Global Review Copyright © 2006, International Centre for Missing & Exploited Children pág. 2.

76 CARR, John "The Internet dimension..." op. cit. pág. 283.

77 Para ESTES, op. cit. "though estimates vary concerning the number of sexually exploited children, the United Nation's Children's Fund (UNICEF) believes their numbers to exceed 100 million worldwide, not all of whom are located in "poor" or "developing" countries (UNICEF, 1997). Indeed, the first *World Congress Against the Commercial Sexual Exploitation of Children* (Muntarbhorn, 1996) confirmed that large numbers of child "sex workers" are to be found in rich countries, including in the U.S. for which the "End Child Prostitution, Child Pornography, and the Trafficking of Children for Sexual Exploitation" (ECPAT) estimated their numbers to be between 100,000 and 300,000".

78 EUROPOL PUBLIC INFORMATION Annex I Child Pornography Legislation within the European Union Europol 2005 pág. 9.

En cuanto a qué niños despiertan la atracción de los pedófilos, según varios estudios, lo que atrae no es necesariamente la corta edad, sino más bien el perfil aún sin desarrollar del cuerpo del niño[79].

El número de casos en que se llega a identificar a los concretos menores que aparecen en el material pornográfico es muy escaso, habiéndose cifrado en el 1%, según fuentes de INTERPOL[80].

Este déficit en la identificación de las víctimas ha sido denunciado desde numerosas instancias[81]. En efecto, parece que las políticas criminales se centran más en la identificación y sanción al infractor que en la identificación y protección del niño víctima. Serían necesarias estrategias a nivel internacional a fin de asegurar una respuesta coherente e integradora, con intercambio de información y recursos técnicos[82].

Dentro de INTERPOL se ha creado un Grupo Internacional de Identificación de Víctimas integrado por 20 investigadores, que forman una red virtual con la finalidad de compartir buenas prácticas y aportar experiencia en relación con imágenes relativas a determinadas áreas geográficas[83].

---

79 ÅSTRÖM, Per-Eric "Pornografía infantil en Internet. Más allá de cualquier tipo de tolerancia" © 2004 Save the Children Suecia pág. 19.

80 http://abcnews.go.com/US/Story?id=3665900&page=1 | title=Clues Caught on Tape Key to Child Porn Cases | accessdate=2008-04-30 | work=Abcnews |

81 Save the children ha hecho un llamamiento a la Unión europea y a los Estados Miembros en colaboración con organismos internacionales y nacionales para asegurar apoyo político y los recursos necesarios para crear las estructuras a fin de asegurar la efectiva identificación y protección de las víctimas de la pornografía infantil. Vid. Visible evidence-forgotten children. Save the children, 2006.

82 Vid. HOLLAND, Gemma Identifying children who are victims of child abuse images. Lyme House Press, 2005.
"Niños sexualmente explotados a través de imágenes corren el peligro de desaparecer en el gran grupo de víctimas de pornografía infantil no identificados, siendo susceptibles de sufrir nuevos abusos. Es muy probable que esos niños no reciban ningún tipo de ayuda para superar esas experiencias ni justicia por las violaciones a las que habían sido sometidos. Existe una gran falta de conocimientos, experiencia y procedimientos establecidos para tratar ese problema de forma individualizada para cada niño afectado". ÅSTRÖM, Per-Eric "Pornografía infantil en Internet. Más allá de cualquier tipo de tolerancia" © 2004 Save the Children Suecia pág. 5.

83 Visible evidence-forgotten children. Save the children, 2006.

El Convenio de Lanzarote promueve con decisión la necesaria identificación de las víctimas. En su art. 30.5 dispone que cada Parte adoptará las medidas legislativas y de otro tipo que sean necesarias para permitir a las unidades o servicios de investigación identificar a las víctimas de los delitos de pornografía infantil, *en particular mediante el análisis de material de pornografía infantil, como fotografías y grabaciones audiovisuales, que se haya transmitido o hecho accesible recurriendo a tecnologías de la información y la comunicación.*

También la Declaración de Río emanada del III Congreso Mundial sobre Explotación Sexual de Niños, Niñas y Adolescentes promueve la necesidad de aplicar esfuerzos hacia la identificación de las víctimas[84].

Suele mencionarse como ejemplo de buena práctica la llevada a cabo por las Policías sueca y noruega en la operación *Deep Water*, en la que a partir de los elementos que aparecían en las series de fotografías difundidas en Internet (se llegaron a analizar formaciones rocosas, condiciones meteorológicas y la vegetación que aparecía en las imágenes) se consiguió localizar a las menores víctimas.

También llama la atención el dato de que progresivamente ha ido bajando la edad de los menores afectados, descendiendo de los cinco años. Esto añade un dato de gravedad, teniendo en cuenta el absoluto desamparo en el que se encuentran, ya que en muchos casos ni siquiera son conscientes de la naturaleza sexual del acto. La máxima gravedad viene representada por el material en el que se involucra a bebés, en situación de total dependencia respecto de sus abusadores[85].

El Convenio de Lanzarote también presta especial atención a la asistencia a los menores víctimas, estableciendo en su art 11.1 que *cada Parte establecerá programas sociales eficaces y creará estructuras pluridisciplinares que presten el apoyo necesario a las víctimas, a sus parientes cercanos y a las personas a cuyo cargo se encuentren.*

---

84 En el punto II. (12): Promote public/private partnerships to enhance the research and development of robust technologies to investigate and to trace the victims with a view to immediately stop their exploitation and provide them with all the necessary support for full recovery.

85 TAYLOR, Max; HOLLAND, Gemma; QUAYLE, Ethel "Typology of paedophile picture collections" The Police Journal, Volume 74 (2001) pág. 10.

En su art 14 dispone que *cada Parte adoptará las medidas legislativas o de otro tipo que sean necesarias para prestar asistencia a las víctimas, a corto y a largo plazo, con vistas a su recuperación física y psicosocial. Las medidas adoptadas en aplicación del presente apartado tendrán debidamente en cuenta las opiniones, necesidades y preocupaciones del niño.*

6. OTROS MÉTODOS DE LUCHA CONTRA LA PORNOGRAFÍA INFANTIL EN LA RED

Se han constatado grandes dilaciones a la hora de retirar de la red el material pornográfico detectado. No parece que en el futuro próximo estos problemas puedan solucionarse. Por esta razón se están abriendo paso las medidas tendentes a bloquear el acceso a estos materiales como una pieza clave en la protección de los menores afectados y en la lucha contra la pornografía infantil[86].

El bloqueo del acceso a estos materiales puede además estrangular los ingresos de las mafias que los comercializan en Internet.

CIRCAMP (*Cospol Internet Related Child Abusive Material Project*) es un sistema creado por la Policía noruega y británica con la colaboración de las policías europeas EUROPOL e INTERPOL para impedir el acceso a páginas web con pornografía infantil. Este sistema está funcionando ya en Dinamarca, Bélgica, Francia, Irlanda, Italia, Malta, Polonia, Suecia, Holanda, Nueva Zelanda y Alemania.

CIRCAMP parte de la constatación de que las imágenes y videos de pornografía infantil son de acceso libre desde todos los ordenadores con capacidad para conectarse a Internet, con independencia del país y de su legislación. También se distribuye el material de pornografía infantil a través de *pay-per-view websites* de las que se sabe que están controladas por redes del crimen organizado[87]. La idea es

---

86 CARR, John "The Internet dimension..." op. cit. pág. 282.

87 Se ha mantenido no obstante que aunque existen indicios de la infiltración del crimen organizado en la pornografía de adultos, no existen pruebas de infiltración a gran escala en el ámbito de la pornografía infantil: "the late 1970's and early 80's brought increased governmental regulation, first in the United States and later in Europe. As a result, commercial distribution is no longer a major means of circulating such material. The majority

focalizar las acciones limitando o suprimiendo el acceso de los consumidores a los sitios comerciales que distribuyen pornografía infantil. Se incluyen objetivos de filtro y de ejecución de una página STOP que aparecería en el ordenador o dispositivo móvil de un usuario de Internet que tratara de acceder a un sitio web con contenidos de pornografía infantil, con los objetivos de prevenir: 1) la revictimización de niños que son o han sido víctimas de abusos, 2) el acceso fortuito a estos contenidos ilegales y lesivos, 3) el acceso deliberado a material pornográfico, y 4) reducir la clientela de estos sitios web con el auxilio de los proveedores de servicio.

Debe partirse de que se trata de una medida preventiva y que no está orientada a fines de investigación penal.

En los países que participan, los servicios policiales reciben quejas del público. A través de tales quejas se elabora una lista de sitios web que contienen material de pornografía infantil. La lista se elabora conforme a la legislación de cada país, por lo que el número de sitios bloqueados y su naturaleza puede diferir entre los países participantes.

Según el diario La Razón, en su edición de 31 de enero de 2010, en septiembre de 2007, el ministro Rubalcaba anunció que España se sumaría rápidamente a la iniciativa, por lo que fue unánimemente elogiado. Las compañías de telefonía se pusieron a la entera disposición del Ministerio del Interior, al que facilitaron toda suerte de colaboración tecnológica. Sin embargo, el tiempo ha pasado y el proyecto duerme en algún cajón ministerial a la espera de que una mano diligente le estampe la firma que lo ponga en marcha.

El mismo diario, en su edición de 4 de febrero de 2010 da cuenta de que la oposición ha registrado una petición para que el ministro del Interior comparezca y explique los motivos del preocupante retardo en la puesta en marcha del CIRCAMP.

---

of child pornography disseminated internationally is, in fact, exchanged between paedophiles and child molesters without any commercial motive. Furthermore, while there is evidence that organised crime is involved in adult pornography, the same is not generally true in regard to child pornography. Pornography produced using underage models resembling adults (sometimes referred to a "technical" child pornography), however, accounts for a small portion of pornography controlled by organised crime" HEALY, op. cit. pág. 5.

El Borrador de Directiva del Parlamento Europeo y del Consejo *on combating the sexual abuse, sexual exploitation of children and child pornography, repealing Framework Decision 2004/68/JHA*[88] de 2010 aborda la regulación del bloqueo de páginas web. Su redacción vino precedida de un intenso debate. Conforme al art 21.1 *member States shall take the necessary measures to obtain the blocking of access by Internet users in their territory to Internet pages containing or disseminating child pornography. The blocking of access shall be subject to adequate safeguards, in particular to ensure that the blocking is limited to what is necessary, that users are informed of the reason for the blocking and that content providers, as far as possible, are informed of the possibility of challenging it.*

La utilización de la técnica del *blocking of access* también fue debatida en el III Congreso Mundial de Rio de Janeiro, haciéndose hincapié en la necesidad de impedir la circulación de material pornográfico sin incurrir en ataques a la libertad de expresión.

---

[88] COM(2010)94 final 2010/0064 (COD).

IV. ALGUNAS PROPUESTAS

Nos parece muy conveniente tipificar expresamente los anuncios sobre pornografía infantil y las informaciones sobre dónde encontrarla[1]. El informe del Consejo Fiscal de 2009 propuso tal medida.

Creemos que debe tipificarse expresamente la difusión de pornografía infantil técnica y virtual. El fundamento en nuestra opinión es el de que aunque no afecte a concretos niños reales, si que genera la banalización del abuso a menores, siendo evidente que puede suponer para un número indeterminado de personas un estímulo, un incremento o incluso puede generar *ex novo* el deseo sexual hacia los menores, con el consiguiente incremento del riesgo de ataque a la libertad e indemnidad sexual de los mismos. Debieran además tipificarse para dar cumplimiento a la Decisión Marco 2004/68/JAI.

La tipificación *de lege ferenda* de la elaboración/difusión de relatos de contenido pedófilo es discutible, al poder generar excesiva tensión con los derechos de libertad de expresión. No puede olvidarse que determinadas obras artísticas tienen contenidos colin-

---

1 "Offering information on where to find child pornography by providing a web site address, for example, should be penalized. An individual who assists in the commission of a crime (*i.e.*, possession or downloading of child pornography) through offering advice or taking actions necessary to facilitate the possession or downloading of illegal content should be, at a minimum, fined" Child Pornography: Model Legislation & Global Review 2006 Copyright © 2006, International Centre for Missing & Exploited Children, pág. 3.

dantes[2], aunque no faltan argumentos favorables a esta tipificación[3].

Debiera tipificarse expresamente la conducta de *asistir, con conocimiento de causa, a espectáculos pornográficos en los que participen niños* por imponerlo el art. 21.1.c) del Convenio de Lanzarote.

Sería conveniente hacer un uso amplio de la posibilidad que el ordenamiento penal brinda y que puede tener una enorme importancia preventivo especial: la de que de conformidad con lo previsto en el art. 192.3 del Código Penal, se imponga la pena de inhabilitación

---

[2] i.e. la novela Lolita de Vladimir Nabokov, y sus secuelas cinematográficas de la mano de Kubrick o de Adrian Lyne. Vid. SILVESTRE MARCO, María "La imagen de la preadolescente y su representación en el arte" Tesis Doctoral Universidad Politécnica de Valencia Código UNESCO: 6200 00 "A pesar de que a comienzos del siglo XX las leyes comenzaran a proteger a los menores y se concretaran biológicamente las edades que a éstos comprendían, en la sociedad occidental permanecería la heredada concepción victoriana de la imagen de la preadolescente ligada a una inocencia ambiguamente erótica. El icono de la preadolescente desarrollado por los pintores y los fotógrafos victorianos como Millais, Lewis Carroll o Julia Margaret Cameron, generó décadas más tarde multitud de representaciones condicionadas a las nuevas formas de los medios de masas como los iconos femeninos cinematográficos, desde la adulta aniñada en la actriz Mary Pickford a la niña erotizada en Shirley Temple, asimismo en los personajes marcados por la que sin duda dio nombre al icono de la preadolescente, Lolita de Vladimir Nabokov en la que se consolida la inocencia y la naturaleza demoníaca y perversa. La Lolita como icono sería desarrollado por numerosos artistas del siglo XX como Balthus, buscando un tipo de ideal de pureza romántica y mística cristiana mediante un uso de la desnudez y del erotismo de las niñas que va más allá de lo anecdótico o lo provocativo; también los fotógrafos Sally Mann o Graham Ovenden, asociando la naturaleza primigenia infantil a la sensualidad evidente y provocadora de los metamórficos cuerpos durante la preadolescencia femenina, pero que en la fotografía de Sally Mann, como lo fuera en la de Julia Margaret Cameron, se integra una visión de la infancia y el erotismo desde el imaginario femenino y desde la maternidad".

[3] "Take away the material and you reduce the risk. In that context the fact that, within the UK, the law seems to be only concerned with photographic images and seems to turn a blind eye to explicit paedophile texts, continues to be a concern, Some paedophiles are drawn much more to words than they are to images, but these words can have an equally serious effect". CARR, John "Child abuse, child pornography and the internet" www.make-it-safe.net/.../Child_pornography_internet_Carr2004.pdf Child abuse, child pornography and the internet www.make-it-safe.net/.../Child_pornography_internet_Carr2004.pdf.

especial para empleo, cargo público o ejercicio de cualquier oficio o profesión que pueda tener relación con menores de edad.

Estas medidas debieran poder implementarse en terceros países a los que el penado pudiera haberse trasladado. A estos efectos, debiera crearse un registro internacional de delincuentes sexuales.

Ha de darse debido cumplimiento a la previsión del art 5.3 del Convenio de Lanzarote, que en esta línea va mas allá, al establecer que *cada Parte adoptará, de conformidad con su derecho interno, las medidas legislativas o de otro tipo necesarias para que las condiciones de acceso a las profesiones cuyo ejercicio conlleve el contacto habitual con niños garanticen que los aspirantes a ejercer dichas profesiones no hayan sido condenados por actos de explotación o abuso sexual de niños.* En nuestra opinión, esta previsión del Convenio obliga a España a introducir una normativa específica, no penal sino administrativa, en la regulación de las condiciones de acceso a profesiones que impliquen contacto con menores, con lo que el nivel de protección frente a personas condenadas por delitos contra la libertad o la indemnidad sexual de menores se vería fuertemente potenciada.

En relación con este punto también debiera ponerse en marcha la previsión del Convenio de Lanzarote, conforme al que *a efectos de la prevención y enjuiciamiento de los delitos tipificados con arreglo al presente Convenio, cada Parte adoptará las medidas legislativas o de otro tipo que sean necesarias para recoger y almacenar, de conformidad con las disposiciones aplicables sobre protección de datos de carácter personal y otras normas y garantías apropiadas que el derecho interno prevea, los datos relativos a la identidad y perfil genético (ADN) de las personas condenadas por los delitos tipificados con arreglo al presente Convenio.*

También debe mejorarse en las identificaciones de los niños que aparecen en el material pornográfico a través de la creación y perfeccionamiento de bases de datos de víctimas. En algunos casos ello puede llevar a poner fin a actos de explotación en curso[4]. En Estados

---

4 Also of concern is the lack of a coordinate effort to identify children found in child pornography. One predator may have thousands of images on his computer, and much of this may be dated material that has been traded for years. However, some of the images may involve children who are being abused now, and if no one is trying to find out who they are and where they

Unidos se ha llevado a cabo el *National Child Victim Identification Program* dando lugar a la base de datos de víctimas más grande del mundo. INTERPOL también dispone de una[5]. Debiera promoverse la cooperación y el volcado de datos de todas las bases disponibles. En el Reino Unido, el CEOP también dispone de una nutrida base de datos. El G8 ha promovido también la creación de la *International Child Pornography Image Database*, una base de datos que permitirá localizar con mucha mayor facilidad a las víctimas. También la Declaración de Río emanada del III Congreso Mundial sobre Explotación Sexual de Niños, Niñas y Adolescentes promueve el fortalecimiento de la base de datos de INTERPOL[6].

Igualmente debiera tipificarse expresamente la conducta de los directivos de un Proveedor de servicios que a sabiendas, permitieran el uso de sus plataformas para la ubicación de pornografía infantil[7].

---

are, the victimization may still be going on. Canada needs a national database of images coupled with an attempt to identify those images that may involve ongoing abuse. "Child sexual exploitation and the internet" A report prepared by the Canadian Resource Centre for Victims of Crime October 17, 2000.

5 "The International Child Sexual Exploitation Image Database (ICSE DB) was announced by INTERPOL during the World Congress and launched in 2009. ICSE DB uses a sophisticated system of images comparison to identify and record suspected abusers and also can connect victims with places through intelligent software. Moreover the new database provides the authorized law enforcement in a country to access the database directly and in real time, thereby facilitating immediate response to queries and aiding investigation" Hightlights of progress on world congress III Rccomendations http://www.ecpat.net/EI/Pdf/Child_abuse_image.pdf.

6 En su punto 58: *Support and contribute to the Interpol international child abuse images database and nominate a responsible national focal point person or unit to collect and update promptly national data on sexual exploitation of children and adolescents, and systematically share this information with Interpol in order to support cross-border (international) law enforcement action and strengthen its effectiveness, and adopt multilateral agreements especially for police investigation work.*

7 En este sentido "Child sexual exploitation and the internet" A report prepared by the Canadian Resource Centre for Victims of Crime October 17, 2000.

Y ello aunque cabe defender la relevancia penal de tal conducta *de lege data*.

Debiera preverse asimismo la posibilidad de prohibir al condenado por delito de pornografía infantil el acceso, por un tiempo determinado, a cualquier servicio de Internet, como pena accesoria o como condición de la suspensión de condena. La nueva regulación de la medida de libertad vigilada, contenida en el art 106.1 i) CP en su redacción dada por LO 5/2010 puede dar cobertura a esta medida.

El fenómeno de la pornografía infantil en la era de Internet supone un enorme desafío que requiere un importante esfuerzo técnico. Las instituciones encargadas de perseguir los delitos precisan de formación técnica. Los gobiernos deben financiar tal formación y los equipos necesarios[8].

Sería conveniente la creación de una organización internacional dotada de un equipo de especialistas en las áreas de investigación, Derecho, ciencias del comportamiento, y tecnología informática. Tal recurso podría ser muy importante para toda la Comunidad Internacional[9]. Los niños merecen un esfuerzo financiero de la Comunidad Internacional para la efectiva erradicación de esta plaga.

---

8 Siguiendo a WOLAK, FINKELHOR y MITCHELL, op. cit. pág. 35 "legislators must make long-term commitments to invest in sophisticated equipment and technologically skilled staff members for law enforcement. These cases and the agencies responding to them require financial resources to acquire, maintain, and upgrade equipment; pay and keep staff with expertise in computer technology; provide training in specialized investigation methods; and promote interjurisdictional cooperation. Because of the ongoing advancements in computers and the Internet, investments in sophisticated equipment and technologically skilled staff members are and will continue to be necessary for law enforcement, not just in regard to CP possession, but to other forms of Internetrelated crimes that are likely permanent side effects of widespread Internet use such as identity theft, hacking, and Internet-related fraud. Further, protocols and guidelines for interagency collaborations, like those developed by the ICAC Task Forces, should be widely disseminated and used. Law-enforcement officials at all levels also need to be sensitive to the psychological reactions of investigators in CP possession cases. These cases can be emotionally difficult. Many of the investigators who were interviewed remarked about how disturbing it was to view child pornography".

9 En esta línea, HEALY, op. cit.

A nivel interno sería recomendable establecer un Centro de Investigación e Inteligencia sobre explotación sexual de menores[10], en tanto es necesario el acopio de inteligencia y un aparato capacitado para planificar estrategias que monitoricen el seguimiento de este fenómeno delictivo[11]. La justificación es clara: la utilización masiva de Internet y de los sistemas informáticos plantean nuevas necesidades que no pueden resolverse con los mecanismos tradicionales. Es necesaria especialización, cooperación internacional y un abordaje multidisciplinar, incorporando a instancias tales como los proveedores de servicios de Internet y expertos en tecnologías de la información. Es imprescindible la actualización de los conocimientos sobre estos fenómenos, teniendo en cuenta que una de sus características es su rápida evolución y transformación y la difusión e intercambio de estos conocimientos con otras agencias involucradas.

También deben promoverse, al margen del proceso penal, medidas tendentes a eliminar contenidos nocivos de la red, involucrando

---

10 Esto se ha llevado a cabo con gran éxito en países como el Reino Unido en 2006 a través del CEOP (Child Exploitation and Online Protection Centre) “the Government recognised that the protection of children required a multiorganisational approach with local, national and international cross-sector co-operation in order to limit offender opportunities and protect the community, in particular children and young people. As a consequence, the Government created CEOP, strongly supported by the police, the internet industry and by the third sector, both of whom recognised the need for a new coordinated and holistic approach to the issue of child protection in a digital age - including developing and implementing a ‘one stop shop’ for internet-related issues that had an impact on the safety and security of children and young people online. Vid. Child Exploitation and Online Protection Centre (CEOP) The Way Forward Presented to Parliament by the Secretary of State for the Home Department by Command of Her Majesty January 2010 pág. 5.

11 En este sentido, ESTES, Richard J. and WEINER. Neil Alan The Commercial Sexual Exploitation of Children in the U.S., Canada and Mexico (Philadelphia: University of Pennsylvania School of Social Work). 2001, pág. 203.

a los servidores[12] e intensificando sus obligaciones[13] y previendo mecanismos de transmisión internacional de denuncias. Especialmente efectivo puede ser la puesta en marcha del programa de bloqueo de contenidos CIRCAMP.

Debieran intensificarse los controles policiales preventivos en la Red[14].

---

12 ESQUINAS VALVERDE, op. cit. pág. 28 considera que "interesaría implantar, como ya ha ocurrido en algunos Ordenamientos jurídicos, un procedimiento de *autorregulación* de los denominados «darse cuenta y tomar nota» (*«notice and take down procedure»*), de manera que se sancione jurídico-penalmente a aquel proveedor que omita *bloquear* o *interceptar* esos contenidos perniciosos una vez que haya tomado conocimiento de ellos, por ejemplo a través de denunciantes particulares. En la misma corriente están surgiendo, con resultados muy halagüeños, los que se designan como «puestos de aviso» (*Meldestellen*) o «líneas calientes» (*Hotlines*), fundados por los propios servidores o por fuentes privadas, y a veces incluso con participación estatal, cuya misión reside en poner en contacto a los usuarios que detectan contenidos irregulares con los servidores o proveedores de la información que faciliten, de forma más o menos directa, el acceso a tales páginas, *links*, archivos, etc., a fin de que puedan localizar los datos en sus espacios internáuticos y eliminarlos. En definitiva, de ese modo se trata de conformar un sistema general por medio del que se consiga a nivel mundial, y en especial involucrando a los usuarios, eliminar las materias ilegales presentes en la Red".

13 En Colombia, la Ley 679 de 2001 *por medio de la cual se expide un estatuto para prevenir y contrarrestar la explotación, la pornografía y el turismo sexual con menores, en desarrollo del artículo 44 de la Constitución* establece en su art 8 obligaciones intensificadas para los proveedores de servicios de Internet en relación con contenidos de pornografía infantil: Sin perjuicio de la obligación de denuncia consagrada en la ley para todos los residentes en Colombia, los proveedores, administradores y usuarios de redes globales de información deberán: 1. Denunciar ante las autoridades competentes cualquier acto criminal contra menores de edad de que tengan conocimiento, incluso de la difusión de material pornográfico asociado a menores. 2. Combatir con todos los medios técnicos a su alcance la difusión de material pornográfico con menores de edad. 3. Abstenerse de usar las redes globales de información para divulgación de material ilegal con menores de edad. 4. Establecer mecanismos técnicos de bloqueo por medio de los cuales los usuarios se puedan proteger a sí mismos o a sus hijos de material ilegal, ofensivo o indeseable en relación con menores de edad.

14 GRAHAM William R, "Uncovering and eliminating child pornography rings on the internet: issues regarding and avenues facilitating law enforcement's access to 'wonderland'". The Law Review of Michigan State Vol. 2:457.

Debería igualmente establecerse un protocolo para, en los casos en que hubiera posibilidad de identificar a los menores víctimas, se procediera del modo mas rápido posible, a fin de evitar una posible continuidad en la situación de abuso[15].

Como mecanismo preventivo, debieran fomentarse campañas de sensibilización, especialmente entre internautas, reforzando la prevención general[16].

El principio de proporcionalidad impondría discriminar conductas subsumibles genéricamente en el art 189.1 b), de forma que el consumo compartido (normalmente a través de programas P2P) no sea sancionado con la misma pena que una actividad de distribución realizada con ánimo de lucro. Son conductas en las que concurre una antijuridicidad y culpabilidad completamente distintas.

Es también importante dar cumplimiento a la previsión contenida en el art 3 de la Decisión del Consejo de la Unión Europea de 29 de mayo de 2000, relativa a la lucha contra la pornografía infantil en Internet conforme al que se insta a los Estados a revisar periódicamente los avances tecnológicos que se van produciendo para así mantener la eficacia de la lucha contra la pornografía infantil y proceder a cuantas modificaciones legislativas se puedan considerar necesarias para ello.

Sería también fundamental dar el debido cumplimiento a la previsión contenida en el art 6 del Convenio de Lanzarote conforme al

---

15 "In Germany the police posted pictures of the faces oftwo children in newspapers asking anyone who recognised them to come forward. In the UK an experiment was tried, working with local social services departments and schools, in another attempt to locate children who had appeared in abusive images on the internet". CARR, John "Child abuse, child pornography and the internet" www.make-it-safe.net/.../Child_pornography_internet_Carr2004.pdf Child abuse, child pornography and the internet www.make-it-safe.net/.../Child_pornography_internet_Carr2004.pdf, pág. 24.

16 Siguiendo a WOLAK, FINKELHOR y MITCHELL, op. cit. pág. 35 "publicity about enforcement efforts should be aggressively promoted as a deterrent. Aggressive messages about the penalties imposed on CP possessors and humiliation and life disruption resulting from arrest could have deterrent value for some CP possessors. These messages should be delivered through conventional sources —media advertising, reports, and news stories— as well as through Internet sources like the major Internet Service Providers".

que *cada Parte adoptará las medidas legislativas o de otro tipo que sean necesarias para que los niños reciban, durante su educación primaria y secundaria, información sobre los riesgos de explotación y abuso sexual, así como sobre los medios para protegerse, adaptada a su etapa evolutiva.*

BIBLIOGRAFÍA

ALONSO PÉREZ, Francisco "Los nuevos delitos de exhibicionismo y pornografía infantil" Diario La Ley, Sección Doctrina, 2001, Ref. D-224, tomo 6, Editorial LA LEY.

ÁLVAREZ GARCÍA, Javier "Explotación sexual y pornografía infantil" Boletín de Información del Ministerio de Justicia ISSN 0211-4267, Año 60, Nº Extra 2015, 2006 (Ejemplar dedicado a: la armonización del derecho penal español: una evaluación legislativa).

ÅSTRÖM, Per-Eric "Pornografía infantil en Internet. Más allá de cualquier tipo de tolerancia" © 2004 Save the Children Suecia.

BEGUÉ LEZAUN, Juan José "Sobre las tribulaciones del bien jurídico objeto de protección en los delitos contra la libertad e indemnidad sexual" Revista del Ministerio Fiscal.

BERGELT Kelley "Stimulation by simulation: is there really any difference between actual and virtual child pornography?", Capital University Law Review 2003 culsnet.law.capital.edu/LawReview/BackIssues/31-3/Bergelt6.pdf.

BOLDOVA PASAMAR "Comentarios al código penal. parte especial". "Títulos VII-XII y faltas correspondientes" Tirant lo Blanch, 2004.

CABRERA MARTÍN, Myriam "La pornografía infantil: nuevos retos para el Derecho Penal" Jornadas sobre Derecho de los menores. Documentos de trabajo. Publicaciones de la Universidad Pontificia Comillas, 2003.

CARR, John "Child abuse, child pornography and the internet" www.make-it-safe.net/.../Child_pornography_internet_Carr2004.pdf.

CARR, John "The Internet dimension of sexual violence against children" Protecting children from sexual violence. A comprehensive approach" Publishing Editions. Council of Europe. November, 2010.

CUESTA ARZAMENDI, José Luis de la "Las nuevas corrientes internacionales en materia de persecución de delitos sexuales a la luz de los documentos de organismos internacionales y europeos" Estudios de Derecho Judicial 21/1999.

CURRY, Ann "Child Pornography Legislation in Canada: Its History and Current Developments" www.ualberta.ca/~macurry/pdf.

DE URBANO CASTRILLO, Eduardo "La valoración de la prueba electrónica" Tirant Lo Blanch, 2009.

DOLZ LAGO, Manuel-Jesús "Los delitos de pederastia" Diario La Ley, Nº 7534, Sección Tribuna, 23 Dic. 2010, Año XXXI, Editorial LA LEY.

ESCOBAR JIMÉNEZ, Rafael "Análisis de los delitos relacionados con la pornografía de menores" Centro de Estudios Jurídicos. Edición electrónica. 2006.

ESQUINAS VALVERDE, Patricia "El tipo de mera posesión de pornografía infantil en el código penal español (art. 189.2): razones para su destipificación". Revista de Derecho Penal y Criminología, 2ª Época, nº 18 (2006) págs. 171-228 © UNED.

ESTES, Richard J. "The sexual exploitation of children. A Working Guide to the Empirical Literature" University of Pennsylvania August, 2001.

ESTES, Richard J. and WEINER. Neil Alan The Commercial Sexual Exploitation of Children in the U.S., Canada and Mexico (Philadelphia: University of Pennsylvania School of Social Work). 2001.

FERNÁNDEZ LÁZARO, Fernando "Medios técnicos en la investigación de los delitos informáticos" Cuadernos de Derecho Judicial 2/2007,

FERNÁNDEZ-PACHECO ESTRADA, Cristina "Pornografía infantil e Internet: ¿reto jurídico o problema social?" Revista general de legislación y jurisprudencia, ISSN 0210-8518, Nº 2, 2006 pags. 245-277.

FERNÁNDEZ TERUELO, Javier Gustavo. "La sanción penal de la distribución de pornografía infantil a través de internet: cuestiones claves" Universidad Nacional de Educación a Distancia. Boletín de la Facultad de Derecho, nº 20 2002.

FIGUEROA VÁSQUEZ, Rita Arleny "Sexualidad adolescente y Ley Penal" Justicia para crecer. Nº 10 abril-junio 2008.

FINKELHOR, David and ORMROD, Richard "Child Pornography: Patterns From NIBRS" Office of Juvenile Justice and Delinquency Prevention December 2004J. U.S. Department of Justice Office of Justice Programs www.ojp.usdoj.gov.

FORDE. Patrick and PATTERSON, Andrew "Paedophile Internet Activity" "Trends & issues in crime and criminal justice" No. 97 Australian Government Australian Institute of Criminology.

GARCÍA CALDERÓN, Jesús María "Algunas notas sobre la investigación del Ciberdelito y la proporcionalidad" Centro de Estudios Jurídico.

GARCÍA PÉREZ, Juan Jacinto Código Penal Sepín GARCÍA VALDÉS, Carlos "Acerca del delito de pornografía infantil" Estudios penales en recuerdo del profesor Ruiz Antón. Tirant Lo Blanch, Valencia 2004.

GIL RUBIO, Jaime "Pedofilia virtual" Diario La Ley, Nº 6961, Sección Tribuna, 5 Jun. 2008, Año XXIX, Editorial LA LEY.

GIMBERNAT ORDEIG, Enrique, Prólogo a la 5.a ed. del Código Penal, Edit. Tecnos, Madrid, 2000.

GÓMEZ TOMILLO Manuel "Derecho penal sexual y reforma legal: Análisis desde una perspectiva político criminal" Revista Electrónica de Ciencia Penal y Criminología http://criminet.ugr.es/recpc ISSN 1695-0194.

nal. Situación cualitativamente diferente de la codelincuencia" (STS nº 280/2004, de 8 de marzo Pte.: Giménez García).

Es también muy ilustrativa, también en el ámbito de las drogas la STS nº 759/2003, de 23 de mayo (Pte.: Colmenero Menéndez de Luarca, Miguel) que declara que "la mera delincuencia se supera cuando se aprecia, además de la pluralidad de personas, la existencia de una estructura jerárquica, más o menos formalizada, más o menos rígida, con una cierta estabilidad, que se manifiesta en la capacidad de dirección a distancia de las operaciones delictivas por quienes asumen la jefatura, sin excluir su intervención personal, y en el hecho de que la ejecución de la operación puede subsistir y ser independiente de la actuación individual de cada uno de los partícipes, y se puede comprobar un inicial reparto coordinado de cometidos o papeles y el empleo de medios idóneos... Lo que se trata de perseguir es la comisión del delito mediante redes ya mínimamente estructuradas en cuanto que, por los medios de que disponen, por la posibilidad de desarrollar un plan delictivo con independencia de las vicisitudes que afecten individualmente a sus integrantes, su aprovechamiento supone una mayor facilidad, y también una eventual gravedad de superior intensidad, en el ataque al bien jurídico que se protege, debido especialmente a su capacidad de lesión".

Parece que estas pautas podrían trasladarse al subtipo objeto de análisis.

7.7. *Hechos cometidos por ascendiente, tutor, curador, guardador, maestro o encargado del menor*

También se construye un subtipo agravado *cuando el responsable sea ascendiente, tutor, curador, guardador, maestro o cualquier otra persona encargada, de hecho o de derecho, del menor o incapaz* (art 189.3 f).

La mayor antijuridicidad y culpabilidad de la conducta es evidente, toda vez que quien así actúa quebranta la posición de garante y los deberes específicos respecto del menor que el ordenamiento jurídico le atribuye[326].

---

326 En esta línea, MORALES PRATS y GARCÍA ALBERO, op. cit. pág. 364 consideran que "en este caso el tipo agravado se sitúa en conexión directa con el bien jurídico protegido, identificándose un incremento de desvalor en

Para el ATS nº 1839/2010, de 14 de octubre (Pte.: Saavedra Ruiz, Juan) "resulta de aplicación el art. 189.3 f) porque en los hechos probados se indica que se elaboró material pornográfico con una menor con la que convivía y ejercía autoridad paterna (como se indica en los hechos el recurrente la estima como su hija, considerándola como hijo adoptiva y cuidándola como tal aunque no haya formalizado la adopción y la niña le ha considerado su padre)".

Debe también entenderse aplicable este subtipo a las personas que ejercen de "canguros", cuanto cometen los hechos con los menores cuyo cuidado les ha sido encomendado.

Cuando la condición de padre del acusado se tuvo en consideración para apreciar el supuesto agravatorio del art. 189.3 f) no cabe aplicar el supuesto agravatorio del art. 192.2 CP. En este sentido se pronuncia la SAP Pontevedra, sec. 5ª, nº 61/2010, de 10 de diciembre[327].

8. CUESTIONES CONCURSALES

8.1. Utilización de menores para la pornografía infantil y corrupción de menores

Parece que en principio no cabe apreciar conjuntamente utilización de menores del 189.1 y la corrupción de menores del 189.3 pues "toda acción pornográfica infantil lleva implícita, por sí sola, la corrupción del menor o incapaz"[328], debiendo aplicarse preferentemente conforme al principio de especialidad el 189.1.

8.2. Pornografía infantil y delitos contra la intimidad y el derecho a la propia imagen

El art. 197.1 CP castiga al que para vulnerar la intimidad de otro, sin su consentimiento... utilice artificios técnicos de... grabación o reproducción... de la imagen...

---

la conducta, por tratarse de personas que precisamente deben velar por la preservación de una formación adecuada y del libre desarrollo del menor o incapaz".

327 Pte: Fariña Conde, Victoria Eugenia.

328 MORILLAS FERNÁNDEZ, op. cit. pág. 417.

GORI, Marina y PERIS, Isabelle "Explotación sexual comercial infantil:contextualización y marco normativo en España" VVAA "Los derechos de la infancia y de la adolescencia" Ariel, 2006.

GRAHAM William R, "Uncovering and eliminating child pornography rings on the internet: issues regarding and avenues facilitating law enforcement's access to 'wonderland'". The Law Review of Michigan State Vol. 2.

GRASZ, L. Steven and PFALTZGRAFF Patrick J. "Child pornography and child nudity: why and how states may constitutionally regulate the production, possession, and distribution of nude visual depictions of children" Temple Law Review Volume 71 (c) 1998 Temple University of the Commonwealth System of Higher Education.

GUISADO MORENO, Angela "El consumo de pornografía infantil en internet. El lado oscuro de la red". RCE núm. 81 - 2007.

HEALY, Margaret A "Computer Crime Research Center Child pornography: an international perspective" August 02, 2004. United Stated Embassy Stockholm.

HERNÁNDEZ HERNÁNDEZ, Angeles y SERRANO, José Alberto "La pornografía infantil" en Nuevas tecnologías de la información y derechos humanos: seminario organizado por la Fundación Internacional Olof Palme, 2003, ISBN 84-95665-18-2, pags. 87-120.

HOLLAND, Gemma Identifying children who are victims of child abuse images. Lyme House Press, 2005.

JIMÉNEZ VILLAREJO, José en CONDE PUMPIDO TOURÓN, Cándido (Dir) "Comentarios al Código Penal" Volumen 2º. Bosch, 2007.

KLAIN, Eva J. "Prostitution of Children and Child-Sex Tourism: An Analysis of Domestic and International Responses" 1999 National Center for Missing & Exploited Children.

KRONE, Tony "A Typology of Online Child Pornography Offending" "Trends & issues in crime and criminal justice" No. 279 Australian Government Australian Institute of Criminology July 2004.

KUNICKA-MICHALSKA, Bárbara "Pornografía infantil y delitos conexos. Problemas escogidos" VVAA Universitas vitae. Homenaje a Ruperto Núñez Barbero. Ediciones Universidad de Salamanca, 2007.

LESCE, Tony "Pedophiles on the Internet: Law Enforcement Investigates Abuse." Law and Order 47, no. 5 (May 1999).

LANNING, Kenneth V. "Child Molesters: A Behavioral Analysis For Professionals Investigating the Sexual Exploitation of Children". Fifth Edition. National Center for Missing & Exploited Children 2010.

LIENAS, G. "Quiero ser puta. Contra la regulación del comercio sexual", Ed. Península, Barcelona.

LÓPEZ MORENO, Juana / FERNÁNDEZ GARCÍA, Emilio Manuel La world wide web como vehículo de delincuencia: supuestos frecuentes" Cuadernos de Derecho Judicial 10/2001.

MADRIGAL MARTÍNEZ-PEREDA, Consuelo "Los delitos contra la libertad sexual", en Cuadernos de la Guardia Civil, núm. 15, 1996.

MANZANARES SAMANIEGO, José Luis "La libertad vigilada" Diario La Ley, Nº 7534, Sección Tribuna, 23 Dic. 2010, Año XXXI, Editorial LA LEY.

MARCHENA GÓMEZ, Manuel "Algunos aspectos procesales de Internet" Cuadernos de Derecho Judicial 4/2000.

MARCOS MARTÍN, Teresa "Pornografía infantil en Internet:los Derechos del niño y su protección internacional" VVAA "Los derechos de la infancia y de la adolescencia" Ariel, 2006.

MARTÍN-CASALLO LÓPEZ, Juan "Internet y pornografía infantil" Actualidad informática Aranzadi nº 40 julio de 2001.

MONTFORT FERRERO, María Jesús "Algunas cuestiones civiles en torno a la sustracción de menores en el ámbito familiar" en LLORIA GARCÍA, Paz (Directora) "Secuestro de menores en el ámbito familiar: un estudio interdisciplinar" Iustel, 2008.

MORALES PRATS, Fermín "Pornografía infantil e internet: la respuesta en el código penal español" Cuadernos de Derecho Judicial 4/2000, pags. 175 a 205.

MORALES PRATS, Fermín y GARCÍA ALBERO, Ramón (VVAA) "Comentarios a la parte especial de Derecho Penal" Thomson Aranzadi, 7ª edición, 2008.

MORALES PRATS, Fermín y GARCÍA ALBERO, Ramón (VVAA) "Comentarios al Código Penal" Thomson Aranzadi, Tomo II Parte especial 5ª edición, 2008.

MORILLAS FERNÁNDEZ, David Lorenzo "Análisis dogmático y criminológico de los delitos de pornografía infantil". Dyckinson. Monografías de Derecho Penal. 2005.

MORILLAS FERNÁNDEZ, David Lorenzo "Los delitos de pornografía infantil en el Derecho comparado" Cuadernos de política criminal segunda época 2004 nº 84.

ORTS BERENGUER, Enrique y SUÁREZ-MIRA RODRIGUEZ, Carlos "Los delitos contra la libertad e indemnidad sexuales" Tirant Lo Blanch "colección los delitos", 2001.

PÉREZ LUÑO, Antonio Enrique "La protección de los datos personales del menor en Internet" Revista Española de Protección de Datos, nº 5, julio-diciembre de 2008.

PÉREZ GIL, Julio "El Convenio sobre Cibercriminalidad: apuntes para su incorporación al proceso penal español" Centro de Estudios Jurídicos.

PRADA SOLAESA, José Ricardo de "La orden europea de detención y entrega" Estudios de Derecho Judicial 61/2004 pags. 347 a 433.

QUERALT JIMÉNEZ, Joan J. "Derecho penal español. Parte especial" Quinta edición. Atelier, 2008.

REDONDO HERMIDA, Álvaro, "El delito de difusión de pornografía infantil por internet". Diario La Ley, nº 6463, 2006.

REINALDO FILHO, Democrito "O Crime de Divulgação de Pornografia Infantil pela Internet - Breves Comentários à Lei 10.764/03 No. 066" - enero de 2004.

REINALDO FILHO, Democrito "A Pornografia Infantil Virtual e as Dificultades Jurídicas para Comatê-La - O caso do Second Life" Revista de Derecho Informático ISSN 1681-5726 No. 110 - septiembre de 2007.

REY HUIDOBRO, Luis Fernando. "La pena de inhabilitación especial para el ejercicio de la patria potestad, tutela, curatela, guarda o acogimiento" La Ley, nº 6007.

RIVES SEVA, Antonio Pablo "La prueba en el proceso penal. Doctrina de la Sala Segunda del Tribunal Supremos"Thomson Aranzadi 2008 4ª edición.

RODRÍGUEZ LAINZ, José Luis "Dirección IP, IMSI e intervención judicial de comunicaciones electrónicas" Diario La Ley, Nº 7086, Sección Doctrina, 2 ene. 2009, Año XXIX, Ref. D-382, Editorial LA LEY.

RODRÍGUEZ LAINZ, José Luis "El principio de proporcionalidad en la nueva Ley de conservación de datos relativos a las comunicaciones" Diario La Ley, Nº 6859, Sección Doctrina, 11 Ene. 2008, Año XXIX, Ref. D-10.

RODRÍGUEZ LAÍNZ, José Luis "Incautación policial de teléfonos móviles y secreto de las comunicaciones" Diario La Ley, Nº 7536, Sección Doctrina, 28 Dic. 2010, Año XXXI.

RODRÍGUEZ MESA, María José "Explotación sexual y pornografía infantil. Un análisis de la regulación penal en España a la luz de los requerimientos internacionales y comunitarios" en "La adecuación del Derecho Penal Español al ordenamiento de la Unión Europea" Tirant Lo Blanch, 2009.

RODRÍGUEZ PADRÓN, Celso "Los delitos de utilización de menores o incapaces en fines o espectáculos exhibicionistas o pornográficos, o para la elaboración de material pornográfico" Cuadernos de Derecho Judicial.

ROJO GARCÍA, Juan Carlos. "La realidad de la pornografía infantil en Internet". Revista de Derecho Penal y Criminología. Universidad Nacional de Educación a Distancia. Facultad de Derecho. 2ª época. Enero 2002. Nº 9.

RUISÁNCHEZ CAPELASTEGUI, Covadonga "Privación de la patria potestad y proceso penal. Comentario a la STS, 2ª, 28.4.2006" Indret 4/2007.

SALOM CLOTET, Juan "Pornografía infantil en Internet" Cuadernos de la Guardia Civil. Revista de Seguridad Pública. Número XXXVI, 2007.

SAN ROMÁN IBARRONDO, Alfonso "Introducción a la delincuencia informatica" CEJ, 2008 pág. 27.

SILVA CASTAÑO, Maria Luisa, en COBO DEL ROSAL, Manuel (Dir) "Comentarios al Código Penal. Parte especial (tomo VI) Edersa, Madrid, 2004.

SILVA SÁNCHEZ, Jesús-María "La reforma del Código Penal: una aproximación desde el contexto" Diario La Ley, Nº 7464, Sección Doctrina, 9 Sep. 2010, Año XXXI, Editorial LA LEY.

SILVESTRE MARCO, María "La imagen de la preadolescente y su representación en el arte" Tesis Doctoral Universidad Politécnica de Valencia Código UNESCO: 6200 00.

STANLEY, Janet "Child abuse and the Internet" Issues. Australian Institute of Family Studies nº 15 summer 2001.

TAMARIT SUMALLA, Josep Mª "La protección penal del menor frente al abuso y explotación sexual. Aranzadi, 2000.

TAYLOR, Max; HOLLAND, Gemma; QUAYLE, Ethel "Typology of paedophile picture collections" The Police Journal, Volume 74 (2001).

ÚBEDA DE LOS COBOS, Julio José "La persecución de la pornografía infantil. Problemas relacionados con su distribución por Internet" La Ley Penal, Nº 37, Sección Estudios, abril 2007, Editorial LA LEY.

URIARTE VALIENTE Luis M. "Delitos relativos a la pornografía infantil y corrupción de menores" Centro de Estudios Jurídicos.

URIARTE VALIENTE, Luis M. "Pornografía infantil y proporcionalidad de las penas" Diario La Ley, Nº 7372, Sección Doctrina, 30 Mar. 2010, Año XXXI, Editorial LA LEY.

VACHSS, Andrew "Let's Fight This Terrible Crime Against Our Children" Parade, February 19, 2006.

VELASCO NUÑEZ, Eloy "Pericias informáticas: aspectos procesales penales (2ª Parte)" Editorial: El Derecho Editores Revista de Jurisprudencia El Derecho, nº 4.

VIOTA MAESTRE, Manuel "La investigación de los delitos informáticos" Centro de Estudios Jurídicos.

WOLAK, Janis; FINKELHOR, David and MITCHELL, Kimberly "Child-Pornography Possessors Arrested in Internet-Related Crimes: Findings From the National Juvenile Online Victimization Study" 2005. Funded by the U.S. Congress Through a Grant to the National Center for Missing & Exploited Children®. www.oijj.

WOLAK, Janis; FINKELHOR, David and MITCHELL, Kimberly "Online Victimization: A Report on the Nation's Youth" 2000 National Center for Missing & Exploited Children.

WOLAK, Janis; FINKELHOR, David and MITCHELL, Kimberly "Internet Sex Crimes Against Minors: The Response of Law Enforcement" 2003 National Center for Missing & Exploited Children.

WORTLEY, Richard and SMALLBONE, Stephen "Child Pornography on the Internet" Problem-Oriented Guides for Police ISBN: 1-932582-65-7 May 2006 www.cops.usdoj.gov.

WORTLEY, Richard and SMALLBONE, Stephen "Child sexual abuse in Queensland: Offender characteristics and modus operandi", 2000 -www.crimecom.qld.gov.au.

DOCUMENTOS E INFORMES

"Los menores no acompañados en Europa. Declaración de Buenas Prácticas". Save the Children/ ACNUR www.savethechildren.net.

Child Pornography: Model Legislation & Global Review Copyright © 2006, International Centre for Missing & Exploited Children.

"Child sexual exploitation and the internet" A report prepared by the Canadian Resource Centre for Victims of Crime October 17, 2000.

Innocence Exploited: Child Pornography in the Electronic Age, Canadian Police College/May 1998.

Child Pornography: Model Legislation & Global Review Copyright © 2006, International Centre for Missing & Exploited Children.

Child Exploitation and Online Protection Centre (CEOP) The Way Forward Presented to Parliament by the Secretary of State for the Home Department by Command of Her Majesty January 2010.

EUROPOL PUBLIC INFORMATION Annex I Child Pornography Legislation within the European Union Europol 2005.

Hightlights of progress on world congress III Rccomendations http://www.ecpat.net/EI/Pdf/Child_abuse_image.pdf.

Position paper on child pornography and Internet-related sexual exploitation of Children. Save the Children Europe Group May 2004 http://www.savethechildren.it/2003/download/pubblicazioni/Stop-It/SC_Europe_Group_PositionPaper2005.pdf.

ANESVAD, Informe sobre la pornografía infantil en Internet http://www.anesvad.org/informe.pdf.

ACPI: Pornografía Infantil y prostitución, "Consecuencias", Acción Contra la Pornografía Infantil (ACPI), en http://www.asociacion-acpi.org/consecuencias.htm (15/07/08).

Teenage female nudity and sexuality in commercial media, past to present by the Teen Appreciation Coalition" 12th Edition - 31 May 2010.

Visible evidence-forgotten children. Save the children, 2006.

Consulta de la Fiscalía General del Estado 3/2006, de 29 de noviembre, *sobre determinadas cuestiones respecto de los delitos relacionados con la pornografía infantil.*